mario bellini
italian beauty

architecture, design and more / architettura, design e altro

Updated Edition
Edizione aggiornata

edited by / a cura di
Francesco Moschini

LA TRIENNALE DI MILANO
Triennale Design Museum

SilvanaEditoriale

mario bellini
italian beauty

architecture, design and more
architettura, design e altro

19 January—19 March 2017
19 gennaio — 19 marzo 2017
Triennale di Milano

Mostra a cura di / Exhibition Curated by
Deyan Sudjic
Ermanno Ranzani (Architettura / Architecture)
Marco Sammicheli (Design)

Progetto di allestimento / Exhibition Design
Mario Bellini Architects

Filmati / Videos
3D Produzioni
regia di / directed by Giovanni Piscaglia

Progetto grafico / Graphic Design
Zetalab

Manifesto / Poster
Leonardo Sonnoli

Allestimento / Set up
Way spa

Audio Video / Audio Videos
Volume srl

Impianto elettrico / Electrical System
Marzoratimpianti snc

Restauro dei modelli / Model Restoration
Erminio Rizzotti

Assicurazioni / Insurance
Helvetia tramite Mansutti spa

Trasporti / Transport
E. S. Logistica srl
Gondrand International sa

Catalogo a cura di / Catalogue Edited by
Francesco Moschini

Coordinamento editoriale / Editorial Coordinator
Elena Marco

Copertina / Cover
Leonardo Sonnoli

Saggi di / Essays By
Germano Celant
Francesco Moschini
Deyan Sudjic
Ermanno Ranzani
Marco Sammicheli
Francesco Maggiore e Martina Motta
Kenneth Frampton
Enrico Morteo
Franco Purini
Lorenzo Pietropaolo
Francesco Binfaré
Gabriele Basilico
Mario Calabresi
Marco Romano
Italo Lupi
Arturo Carlo Quintavalle
Vittorio Sgarbi

Crediti fotografici / Photo Credits
Mario Bellini Architects
Archivio Mario Bellini
Artothek/Bridgeman Images
Foto Giacomelli, Venezia-Roma
Foto Scala, Firenze

Un ringraziamento particolare a / With thanks to
Giuseppe Romagno, Francesco Maggiore,
Martina Motta

Si ringraziano inoltre / With thanks also to
Massimo Adriante, Luca Bosetti, Raffaele Cipolletta,
Veronica Guariello, Marco Parravicini, Nour Abi Saad,
Flavia Sandelewski, Francesco Savoini

We are honored to have invited Mario Bellini, a leading figure in design culture in Italy and worldwide, to the Triennale, exactly thirty years after his invitation to MoMA, New York, in 1987. The MoMA exhibition was a retrospective of his work as a designer. Our show instead also presents his architectural activity, to which he devoted himself starting precisely that year. Bellini's history with the Triennale di Milano, however, began much earlier, when he participated in the scientific committee for the thematic sections of the XVI Triennale (1979–1982). He then played a fundamental part in the XVII Triennale, "Le città del mondo e il futuro delle metropolis," with his important contribution in particular with the conception and direction of the exhibition "Progetto domestico: la scatola dell'anima."
The exhibition we are hosting today includes a scenographic citation of his exhibition design for that show: a vast bookcase filled with Bellini's design and architecture works, facing the atrium of the Triennale, to pay homage to that brilliant and spectacular event.
Also on show are his designs for the Triennale exhibitions "Christopher Dresser. Un designer alla corte della regina Vittoria" (2001-2002) and "Annisettanta. Il decennio lungo del secolo breve" (2007), which are further evidence of his passion for this scenographic art.
The eclecticism of Bellini's production is a perfect fit for the multiplicity of artistic expressions that make up the cultural focus of our institution. The exhibition also presents a new, private Bellini, one unfamiliar to a public who knows him primarily for his famous designs and architectural interventions such as that at the Louvre. It offers a multifaceted vision that also touches upon his sources of inspiration, from music and lighting design to photography, visual art and fashion.
It shows us not just the Bellini who won eight Compasso d'Oro awards, but also the artist, the architect, the designer and his secret world.
This exhibition carries on the Triennale's commitment to presenting twentieth-century Italian and international artists, architects and designers with dedicated retrospectives and solo exhibitions.

Clarice Pecori Giraldi

Vice President of the Triennale di Milano

Siamo onorati di aver invitato Mario Bellini in Triennale, un grande protagonista italiano della cultura del progetto, a trent'anni esatti dall'invito che gli fece il MoMA di New York, nel 1987.
Allora si trattò di una retrospettiva sulla sua attività di designer, in questa occasione invece si presenta anche la sua produzione architettonica alla quale si è dedicato proprio a partire da quella data.
La storia di Bellini con la Triennale di Milano ha origini ben più lontane: con la XVI Triennale (1979-1982) e la sua partecipazione al comitato scientifico delle aree tematiche. Fu successivamente uno dei protagonisti della XVII Esposizione Internazionale con l'importante contributo a *Le città del mondo e il futuro delle metropoli* e soprattutto con l'ideazione e direzione della mostra *Progetto domestico: la scatola dell'anima*.
La mostra che oggi ospitiamo propone una scenografica citazione proprio da quell'allestimento. Una grandissima libreria di opere disegnate e progettate dall'architetto Bellini si affaccia sull'atrio della Triennale, come omaggio a un intervento brillante e spettacolare.
In mostra ci sono anche i progetti di allestimento per le mostre della Triennale *Christopher Dresser. Un designer alla corte della regina Vittoria* (2001-2002) e *Annisettanta. Il decennio lungo del secolo breve* (2007), che testimoniano la sua passione per questa arte scenografica.
L'eclettismo della capacità progettuale di Mario Bellini ben si inserisce nella molteplicità di rappresentazioni artistiche che contraddistingue l'offerta culturale della nostra Istituzione.
Infatti la mostra presenta anche un Bellini inedito, intimo e meno noto al pubblico, che lo conosce soprattutto per i suoi famosi progetti di design e gli interventi architettonici, come quello al Louvre; troviamo in mostra una visione multisfaccettata che tocca anche le sue fonti di ispirazione, dalla musica al *light design*, alla fotografia, all'arte visiva, alla moda.
Possiamo conoscere non solo il Bellini che ha vinto ben otto Compassi d'Oro, ma un artista, un architetto, un designer e il suo mondo nascosto.
Questa esposizione prosegue il *leitmotiv* della Triennale, cioè raccontare e testimoniare gli artisti architetti e designer del XX secolo, italiani e internazionali, con retrospettive e mostre monografiche.

Clarice Pecori Girardi

Vicepresidente della Triennale di Milano

With the exhibition "Mario Bellini. Italian Beauty," the Triennale presents the public with a special opportunity to take a close look at the career of the influential architect, designer, and exhibition designer Mario Bellini, reconstructing the professional and artistic path of his sixty-year long creative career.
Bellini himself curated the exhibition design for this show, which covers both his architectural vision, through plans, models and videos, and his design production, through objects and pieces of furniture.
This retrospective contextualises Bellini's work and looks at different periods of his production, from past projects to a few works in progress presented in the last section 0. It invites visitors to explore the development of the thought of an architect and designer who, thanks
to his ability to masterfully adapt his design production from the large to the small scale, has left an original and important mark on Italian architecture and design in the world.

Filippo Del Corno

City of Milan Councillor for Culture

Con la mostra *Mario Bellini. Italian Beauty* la Triennale di Milano offre una preziosa occasione per approfondire sessant'anni di carriera di Mario Bellini – architetto, designer, curatore di allestimenti espositivi –, ricostruendo il percorso professionale e artistico della sua lunga attività creativa.
È Bellini stesso a ideare l'allestimento di questa narrazione che ripercorre attraverso varie tappe sia la sua visione architettonica, grazie alla presenza di progetti, modelli, video, sia la sua produzione di design, tramite oggetti e arredi.
Questa retrospettiva, collocando l'opera di Bellini tra tempi diversi di realizzazione, tra progetti passati e alcuni, nell'ultima parte del percorso espositivo, ancora in divenire, invita il visitatore a cogliere lo sviluppo del pensiero di un architetto che sapendo magistralmente variare la sua progettazione da grandi a piccole scale ha tracciato un segno di originalità e autorialità nell'architettura e nel design italiano nel mondo.

Filippo Del Corno

Assessore alla Cultura del Comune di Milano

Contents Sommario

Mario Bellini. Italian Beauty

"Mario Bellini. Italian Beauty" is the title of the Triennale di Milano's exhibition devoted to the career of the world-famous Milanese architect, in an all-encompassing journey through nearly sixty years of design, architecture, exhibition design and much more. The retrospective opens thirty years after the one dedicated to Bellini by the MoMA in New York in 1987, which, however, only covered his activity as a designer. It was indeed in that same year, 1987, that Bellini shifted the main focus of his work towards architecture and urban design.

And so this exhibition is an homage to the multifaceted career of an Italian designer who has achieved resounding success working on a small scale (eight Compasso d'oro awards, furniture and product designs that have become icons, often anticipating or revolutionizing taste and styles), but also on a large scale (conference and exhibition centers and museums all over the world and, in 2012, the Department of Islamic Arts for the Louvre in the shape of a golden wave).

The Triennale's exploration of Bellini's work also seeks to bring back to the center of debate the subversive and salvific role of "beauty" and the unique capacity of Italian culture to be its interpreter and champion in the world.

The exhibition starts with an entrance "Portal" and continues through a gallery that links together four rooms and a central space.

The "Portal/Bookshelf" (25 meters long and 6 meters high) is a scenic device displaying a summa of the exhibition. The gallery presents furniture, objects and machines, which are organized by product type and magically amplified by a sequence of mirrors. One of the two passageways between the wings of the gallery hosts the images and videos of the Kar-a-sutra, a concept car Bellini designed for MoMA in 1972, while the other contains a Wunderkammer filled with hundred photographs, put together by Zetalab, showing a selection of items of special importance to Bellini. A sequence of over 300 images hangs from the gallery ceiling, creating a "wordless" journey that encapsulates Bellini's approach, method and poetics. The final section of the gallery, titled "Next," presents the designer's most important works-in-progress, in a sudden reversal that transforms the exhibition's gaze at the past into a glimpse of the future.

Bellini's architecture projects and exhibition designs are presented in four large rooms (divided into as many themes: "Complexity," "Fundamentals," "Metamorphosis" and "Utilitas") as well as a main room ("The World Stage") in which videos and "immersive" images—created for the exhibition by 3D Produzioni—are projected the full height of the rooms' walls, which serve as screens.

The decision to illustrate the architecture projects primarily through videos filmed on site was made to present Bellini's work to visitors in a way that goes beyond the typical methods of exhibiting architecture and urban designs (plans, drawings, photos, etc.), putting viewers in direct "contact" with the architecture through sequences that engage them in a large-scale dynamic, resonant experience.

Mario Bellini. Italian Beauty

Mario Bellini. Italian Beauty è il titolo della mostra che la Triennale di Milano dedica all'intera opera dell'architetto milanese noto in tutto il mondo, un viaggio trasversale lungo quasi sessant'anni tra design, architettura, allestimenti e molto altro. La retrospettiva si inaugura a trent'anni di distanza da quella a lui dedicata dal MoMA di New York nel 1987 che dava conto solo della sua attività di designer. Proprio a partire 1987, infatti, Bellini si è dedicato prevalentemente all'architettura e al disegno urbano. Un omaggio, dunque, all'opera poliedrica di un progettista italiano che ha ottenuto ogni successo nella piccola scala (otto Compassi d'Oro, arredi e oggetti diventati icone che spesso hanno anticipato o rivoluzionato gusto e stile); ma anche nella grande scala: centri congressi, fiere, musei progettati in tutto il mondo e, nel 2012, il Dipartimento delle Arti Islamiche, un'onda dorata per il Louvre di Parigi.

L'indagine compiuta sul lavoro di Bellini ha anche il compito di riportare al centro del dibattito il ruolo eversivo e salvifico della "bellezza" e la capacità propria alla cultura italiana di esserne interprete nel mondo.

La mostra è articolata partendo da un "Portale" di ingresso, e si snoda poi attraverso una Galleria, che collega quattro Stanze e una Stanza Centrale.

Il "Portale/Biblioteca" (lungo più di 25 metri e alto 6) è la "macchina" scenica che espone la "summa" della mostra. Nella Galleria, magicamente amplificata da una sequenza di specchi, sono esposti arredi, oggetti, macchine, ordinati secondo una suddivisione tipologica. I due passaggi tra le ali della Galleria sono occupati l'uno da *Kar-a-sutra*, concept car progettato su invito del MoMA nel 1972, qui mostrato con foto e video; l'altro da una "Wunderkammer" realizzata con cento fotografie di Zetalab che raccontano gli oggetti d'affezione di Mario Bellini. Appese al soffitto della Galleria più di trecento immagini in sequenza ritmano un percorso "senza parole" che condensa pensiero, approccio, metodo e poetica di Bellini. Chiude l'ultimo settore della Galleria la sezione "Next" che annuncia i principali progetti in corso: un capovolgimento improvviso della Retrospettiva in Prospettiva. I progetti di architettura e quelli di allestimento sono collocati in quattro grandi Stanze (tematicamente suddivise in "Complessità", "Fundamentals", "Metamorfosi" e "Utilitas") oltre a una Stanza Centrale ("Il Teatro del Mondo") nelle quali filmati e immagini "immersive" – realizzati per l'occasione da 3D Produzioni – sono proiettati a tutta altezza sulle pareti/schermo delle stanze.

La scelta espositiva di illustrare i progetti di architettura soprattutto con filmati girati in sito corrisponde alla volontà di far conoscere ai visitatori i contenuti del lavoro di Bellini al di là delle mediazioni tipiche del progetto architettonico e urbano (planimetrie, disegni, foto, ecc.) mettendo in presa diretta pubblico e architettura attraverso sequenze che lo coinvolgono in una esplorazione dinamica e sonora in grande scala.

Preface

Germano Celant

The career path of Mario Bellini clearly shows the operational and pragmatic, rational and emotional, direct and imaginative character of his grasp of form, as well as an orientation aimed principally at giving a strategic yet fanciful response to the various requests to design and build. All of his work, in both the design and architectural fields, is imbued with a sensibility geared towards the expressive resolution of the circumstances provided by the production of an object or the definition of a residential complex or industrial building. At the very center of his approach he posits an expressiveness of forms and materials, of volumes and surfaces, which thrives on an intense interaction between a concern for novelty—the starting point of the present towards the future—and a questioning of those traditional components whose exemplary quality can provide cues for references and inspiration, even while acknowledging their remoteness. His design method is never, in this sense, the cold, mechanical product of an activity aiming for usefulness; it is, rather, an attempt to embed a work's identity in its autonomy from the history of design and architecture, as well as in its difference from his own personal itinerary. From this arises the complexity of his adventure, which is multiform and pluralist; his gaze, like his method, are continually shifting their attention between abstraction and expression, function and creativity, without involving any defense of a style or continuous definition of a linguistic sphere. It is, therefore, a search for an anti-style, entailing a constant "jumping aside," outside of any univocal, repetitive plan. Such a balance, which is in constant tension, derives perhaps from a strong attraction to the artistic method, with its continual shifts and repeated absorption of data from real life, allowing no crystallization or congealment of one's own movement: it makes it difficult to leave the present goings-on. Bellini's method, like life and art for Rauschenberg, lives in the interval between the ephemerality of design and the affirmation of architecture, between the fiction and the function of the object, the fugacity of the artifact and the permanence of the building—a play between the suspension and the affirmation of language.

Starting in 1963, the year he designed his first object for Olivetti, the CMC7, followed in 1965 by the P101 Electronic Desktop Computer, and in 1966 by the TCV 250 Video Display Terminal, he gives shape to the desire to design an object that would not be irrevocably defined and recognizable, as though it were in transition from one form to another. In such a conception, entities are always in motion, passing from one into another, in an endless flux, as displayed by the details of the keyboard, which present themselves as a homogeneous whole in which the keys with numbers and letters become a communicating network of material forming a single "landscape." This same attitude informs the TCV 250. A flow of structural and informational,

Prefazione

Germano Celant

Il percorso di Mario Bellini evidenzia il carattere operativo e pragmatico, razionale ed emotivo, diretto e immaginario del sapere formale quanto il suo orientamento rivolto precipuamente a una risposta strategica, quanto fantastica all'invito progettuale e costruttivo.

Tutto il suo lavoro, sia nell'ambito del design che dell'architettura, è impregnato di una sensibilità verso la risoluzione espressiva delle circostanze offerte dalla produzione di un oggetto e dalla definizione di un complesso abitativo o di un edificio industriale. Pone al centro del suo fare un'espressività delle forme e delle materie, dei volumi e delle superfici che vive su un rapporto intenso tra la preoccupazione del nuovo, che costituisce il punto di partenza del presente verso il futuro, e la messa in discussione delle componenti tradizionali che nella loro esemplarità possono offrire spunti di rimando e di ispirazione, riconoscendone però la lontananza. In tal senso il suo progettare non è mai un prodotto freddo e meccanico di un'attività rivolta all'utilità, ma ogni "cosa" pensata, progettata e costruita, sia in scala abitativa o urbana, è un tentativo di identificare un'opera con una sua autonomia, rispetto alla storia del design e dell'architettura, quanto con una sua diversità rispetto al proprio percorso personale. Da qui nasce la complessità della sua avventura, multiforme e plurale, perché il suo sguardo, quanto il suo fare, spostano continuamente l'attenzione tra astrazione ed espressione, funzione e creatività, senza alcuna difesa di uno stile e di una continua definizione di ambito linguistico. Ricerca quindi di un antistile, che significa continuo "salto a lato", fuori da un'univoca e ripetitiva progettazione. Tale equilibrio, che è continua tensione, deriva forse da una forte attrazione per il fare artistico, con i suoi continui spostamenti e rinnovati assorbimenti dei dati del reale, che non permettono una cristallizzazione e un congelamento del proprio muoversi, pena l'uscita dall'attualità. Piuttosto il fare di Belllini, come Robert Rauschenberg per vita e arte, vive nell'intervallo tra la caducità del design e l'affermazione dell'architettura, tra finzione e funzione dell'oggetto, tra fugacità dell'artefatto e permanenza dell'edificato, un gioco tra sospensione e affermazione del linguaggio.

Fin dal 1963, data del primo oggetto disegnato per Olivetti, la *CMC 7*, seguito nel 1965 da *P 101, desktop computer* e nel 1966 da *TCV 250, video terminal*, la volontà è di progettare un oggetto che non sia irrevocabilmente definito e riconoscibile, ma quasi in transito da una forma all'altra. Un pensare in cui le entità sono in movimento, passino una nell'altra, in un fluire inarrestabile, come dimostra il dettaglio dei *keyboards* che si offrono come insieme omogeneo, in cui i tasti o *keys* con i numeri diventano una rete comunicante di materia a formare un "paesaggio" unico. È la stessa

signic and iconic components become inseparable, forming a magma which in moving from one function to another acquires "difference." The Video Display Terminal is born of the mediation between video and object; it translates the will to broadcast through images as an autonomous "thing," even while preserving the operative functions in the object. The screen, which repeats on an enlarged scale the undulatory movement and membrane of the keys of the P101, becomes the "fulcrum" of a workplace reality that by the 1960s was beginning to revolve around a complexity at once tactile and optical, homogenous and piecemeal, impersonal and participatory. At the same time the emergence of the video terminal points towards a utopian vision, marking a new, future consciousness of creation and perception. The TCV 250 is the prototype of a medium capable of altering everyday reality. It transforms the worktable into a "spectacle" suspended in space, a sort of mise en scène of a science-fiction industrial piano concerto. Except that the screen is a protrusive organ that reigns over everything, because all information converges in it: what is known as well as what is seen, what is transmitted as well as what is preserved.

The integration of plastic, chromatic, and communications elements closely associated in the TCV 250 also attest to an "artistic" approach in which an interchangeability of disciplines provides continuous inspiration for innovation, a process first begun by Futurists such as Giacomo Balla and Antonio Sant'Elia and carried on by proponents of the second wave of Futurism who oscillated between art and design, education and information, such as Bruno Munari. Bellini in fact collaborated with Munari in 1961 on the installation of the exhibition for the first Compasso d'Oro award at the Italia '61 expo in Turin, in a dialogue between the master artist-designer and the young architect that became an exchange between an eclectic approach and a search for osmosis involving a grafting of function with imagination. The experience can be considered a major matrix in Bellini's design method, and his whole itinerary will unfold with an eye to figures ranging from Munari to Donald Judd, Piet Mondrian and Claes Oldenburg and ultimately yield an assortment of artistic reflections and connections marking his gradual shifts. His is a search for a "cross-project" unconcerned with upholding univocal metaphysical values, one which thrives instead on the situation provided, where, combining technology and creative emotion, what matters most is the authentic value of the experience. It was hardly an accident that an early architectural design of his, from 1965 (the time of his work for Olivetti), is for the construction of an Asilo d'infanzia *(kindergarten) at Paderno Dugnano, in which a capacity for aesthetic and environmental reflection on childhood is grafted onto the childhood tendency towards daydreaming.*

Returning to design, the transverse relationships that create differences are evident in the specific echo of Pop Art, in their search both for compact thingness and a sensuality of the object, and in the echo of Minimalist Art, in their quest for the reduction and permutation of primary volume. Such interplay may be noticed in the tension between pop and minimalism in the 932/2 Armchair, single seat, 1965, and the Amanta Modular Lounge Chair,

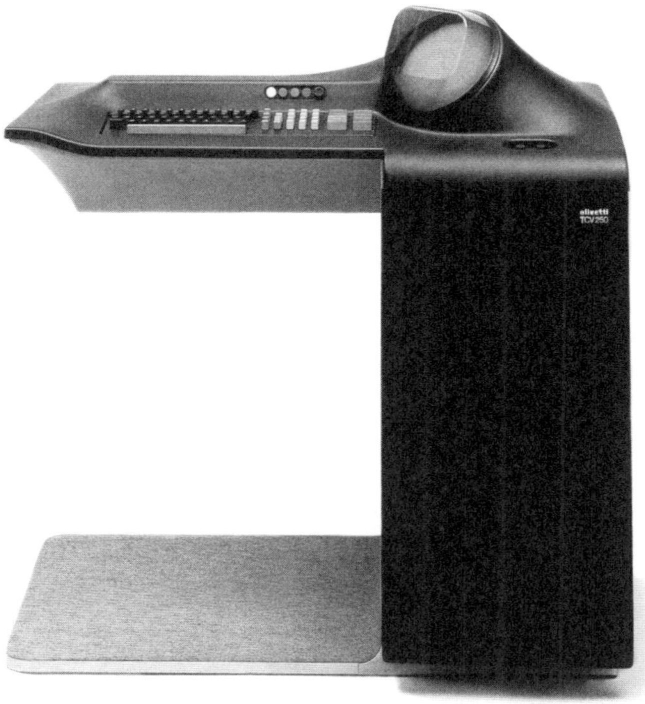

TCV 250, *video terminal, Olivetti, 1966*

TCV 250, video terminal, Olivetti, 1966

attitudine che informa il *TVC 250*, un flusso di componenti strutturali e informative, segniche e iconiche che si fanno inseparabili, costituiscono un magma che nel movimento da una funzione all'altra assume "differenza". Il *video terminal* nasce dalla mediazione tra video e oggetto, traduce la volontà della trasmissione per immagini a imporsi come "cosa" autonoma, pur mantenendo nell'oggetto le funzioni operative. Lo schermo, che riprende in scala allargata l'andamento ondulatorio e la membrana dei tasti del *P 101*, diventa lo "snodo" di una realtà di lavoro, che dagli anni sessanta comincia a ruotare su una dimensione complessa che è tattile e ottica, omogenea e spezzata, impersonale e partecipativa. Al tempo stesso l'apparizione del video terminale è indice di una vicenda utopica, segna una nuova e futura coscienza del fare e del percepire, il *TCV 250* è prototipo di un *medium* capace di modificare la realtà quotidiana. Trasforma il piano di lavoro in uno "spettacolo" che è sospeso nel vuoto, quasi una messa in scena di un concerto *science fiction* con pianoforte industriale. Soltanto che lo schermo è un organo protuberante che vince su tutto perché in esso convergono tutte le informazioni, il sapere quanto il vedere, la trasmissione quanto la conservazione.

L'integrazione tra elemento plastico, cromatico e mediatico, che nel *TCV 250* appaiono strettamente congiunti, attestano anche un procedere "artistico" dove l'interscambiabilità delle ricerche è continua ispirazione di innovazioni, un processo avviato dai futuristi, da Giacomo Balla ad Antonio Sant'Elia, e continuato da protagonisti dal secondo futurismo che oscillano tra arte e design, educazione e informazione, come Bruno

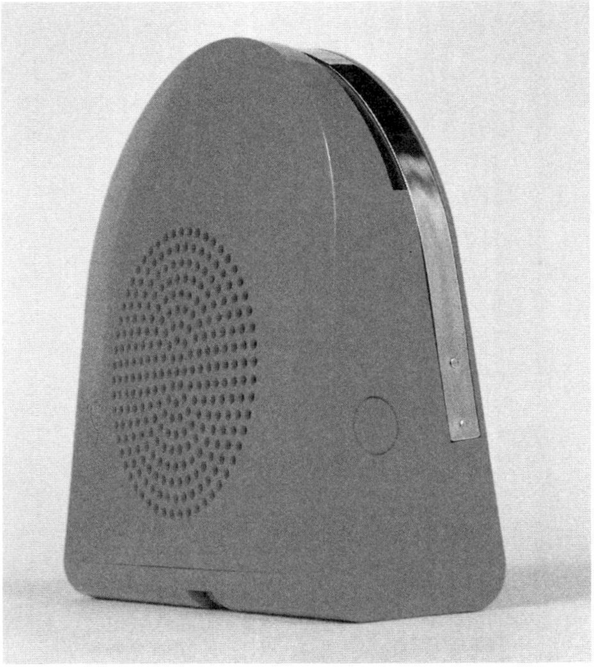

Ga 45 Pop, *portable disk player, Minerva / Grundig, 1968. With hundreds of thousands made, it immediately became an icon and is considered a predecessor of the iPod*

Ga 45 Pop, mangiadischi, Minerva / Grundig, 1968; prodotto in centinaia di migliaia di esemplari, è diventato subito un'icona, oltre a essere considerato un antesignano dell'iPod

1966, in which the iconic and sensual charge given the materials and the positioning of the bodies becomes compact and reductive. The artist takes into consideration the visual transformations that occurred in the 1960s, where the solemnization of the object leads to its loss of functional identity and transforms it into an icon. Such ambiguous imagery between reality and fiction already finds concrete realization in the GA 45 Pop Portable Disk Player, *1968, where the turntable is asserted as a visual "sign" that has no recognizable function, but is powerful in its enigmatic presence. Appearance prevails here and becomes a vehicle of seduction, transforming the entrance slot into metal lips that function also as a handle, a tool for grabbing and possessing. The industrial entity loses the very identity it had been guaranteed by the exemplarity of its use and becomes an image, an ambiguous product that is thereby spectacular and attractive. The designated thing, in fact, closes in upon itself, offering no traditional reference or identity to the consumer's gaze. It lives only on the possibility of a "discovery" which, once revealed, proves to be highly publicity-oriented and promotional, with design being transformed into the definition of objects of a hypothetical functionality that makes the viewer-consumer more of an accomplice than a user. It is an ironic approach, reminiscent of Munari, where it becomes no longer possible to discriminate between things, as they all become elements of a fanciful method extraneous to any reference model.*

Such introjection is nullified and condensed in the Totem Stereo Record Player with Detachable Speakers, 1970, where the form of the stereo contains within itself all sound-use functions but externally appears to be a minimal white cube. The opposition between art and design is annulled, and the product becomes a simile, to the point that the volumetrics of the

Munari, con cui Bellini realizza l'allestimento della mostra del premio "Compasso d'Oro" nell'area dell'esposizione Italia '61 a Torino, un dialogo tra il maestro artista-designer e il giovane architetto che segna uno scambio tra fare eclettico e ricerca di osmosi dove conta l'innesto tra funzione e fantasia, che può considerarsi una forte matrice del progettare di Bellini, il cui intero percorso si svilupperà con un'attenzione che va da Munari a Donald Judd, da Piet Mondrian a Claes Oldenburg, per definire una raccolta di riflessioni e di connessioni artistiche capaci di sottolineare i suoi spostamenti. Una ricerca di *crossproject* che non si arroga la difesa di valori univoci e metafisici, ma vive sulla situazione offerta, in un incrocio tra tecnologia ed emotività creativa, dove conta il valore autentico dell'esperienza. Non a caso, un primo progetto d'architettura, nel 1965, al tempo della collaborazione con Olivetti, è rivolto alla costruzione di un asilo d'infanzia a Paderno Dugnano, in cui si innesta la capacità di una riflessione estetica e ambientale sull'infanzia e sul suo fantasticare.

Tornando al design, le relazioni trasversali che creano differenze sono evidenti nel richiamo individuale alla Pop Art, sia nella loro ricerca di oggettualità compatta che di sensualità oggettuale, e alla Minimal Art, per la sua ricerca di riduttività e di permutazione dei volumi primari, come si può notare nella tensione di *932/2 Armchair, Single-Seat Version*, 1965, e *Amanta, Modular Lounge Chair*, 1966, in cui l'investimento iconico e sensuale dei materiali e delle positure corporali si fa compatto e riduttivo. Una presa in considerazione delle trasformazioni visuali avvenute negli anni sessanta, dove la solennizzazione dell'oggetto lo spinge a perdere l'identità funzionale per trasformarsi in icone. Immagine ambigua tra realtà e finzione, che si concreta in *GA 45 Pop, Portable Disk Player*, 1968, in cui il giradischi si afferma come "segno" visivo, irriconoscibile nella sua funzione, ma potente nella sua enigmaticità. Qui l'aspetto prevale e diventa veicolo di seduzione, trasformando la bocca d'accesso del disco in labbra metalliche, che funzionano da maniglia, strumento di presa e di possesso. L'entità industriale perde identità che era garantita dall'esemplarità dell'uso e si fa immagine, prodotto ambiguo e quindi estremamente spettacolare e attraente. Di fatto la cosa disegnata si chiude in se stessa, non offre alcun appiglio né identità tradizionale allo sguardo del consumatore. Vive solo su una possibile "scoperta" che una volta rivelata è molto pubblicitaria e promozionale, con una trasformazione del design in definizione di oggetti dalla funzionalità ipotetica che rende il lettore-consumatore un complice più che un utente. È un procedere ironico, alla Munari, in cui le cose non riescono più a essere discriminate, ma diventano tutte elementi di un procedere fantastico, estraneo a un modello di riferimento.

L'introiezione si azzera e si compatta in *Totem Stereo Record Player with Detachable Speakers*, 1970, in cui la forma dello stereo racchiude in sé tutte le funzioni d'uso sonoro, ma all'esterno appare un cubo bianco minimale. L'opposizione tra arte e design si annulla e il prodotto è simile, tanto che il totem visuale attraverso la sua volumetria assoluta rende indistinguibile le funzioni, utile e inutile. Nella *Divisumma 18, electronic calculator*,

visual totem make it impossible to distinguish its functions, whether useful or useless. In the Divisumma 18 Electronic Printing Calculator, 1973, where the object becomes a compact "entity" with an outer skin, the calculator turns into a body without orifices, a piece of flesh shaped to form numerical protuberances and sinuous contours. With its covering of soft rubber skin with protrusions that look like nipples, the product takes on an anthropomorphic dimension. Consisting of a mechanical skeleton and organs that calculate, it demands to be touched and caressed. Eliciting emotional and erotic reactions, it is a fullness of energy that seems to refuse any dismemberment or cutting, but must be acknowledged as a whole animated by an inner breath, precise and intense.

The "membrane" objects are examples of this sort of homogeneity. In them the surface as well as the volume are strengthened by one same force that bends and shapes them until they form a product, such as the Chiara Floor Lamp, 1969, and the Teneride Office Chair, 1970. In the floor lamp the material, a fine sheet of brushed steel that reflects the light and the surroundings, is molded and organically articulated so as to form an open, almost carnivorous flower projecting the light source. Its blossoming is, moreover, accompanied by the merging of its stalk with the environment, making the whole weightless and mobile. In the design for the Teneride Office Chair, this rarefaction of the illuminating object is translated into its opposite, where the optically sinuous, thinking organicity of a material—polyurethane—normally used for motorcycle seats, assumes the form a calyx to serve as seating. It is an earthbound object that oscillates and bends, in keeping with the forms of the human body, as if providing it with a soft shell.

In 1972, the Museum of Modern Art, New York, featured "Italy: The New Domestic Landscape," a show taking stock of the Italian contribution to the history of contemporary design through figures ranging from Joe Colombo and Ettore Sottsass to Angelo Mangiarotti, Enzo Mari, and Achille and Pier Giacomo Castiglione to Archizoom, Marco Zanuso, Gaetano Pesce, Rodolfo Bonetto, and Massimo Vignelli. The exhibition was divided according to the production of objects from the 1960s and 1970s and constituted a precise, well documented cross-section of the industrial arts in Italy, including a section of "environments" consisting of special projects realized for the occasion. Aside from exhibiting manufactured objects from the GA 45 to the Totem, Bellini presented an automobile prototype that he called Mobile Human Space, *a project of an "environment" on wheels that presents itself as a dwelling unit—diversified in purpose, and more social and collective. This motorized skin that adapts to the bodies of the driver and passengers led, in the same year, to Le Bambole, 1972, armchair, sofa day bed, chaise longue and bed, and to Tentazioni, 1973, sofa range, which look like objects inflated from within, active moments of fleshly expansion, soft and sensual. It is reduced to plain skin in Cab 412, 1977, and Cab 413, 1979, a chair and small armchair in which the steel support skeleton is covered in leather, starting at the legs, with clasps for openings and insertions. In the play between inside and outside, we grasp the designer's intention to configure yet another*

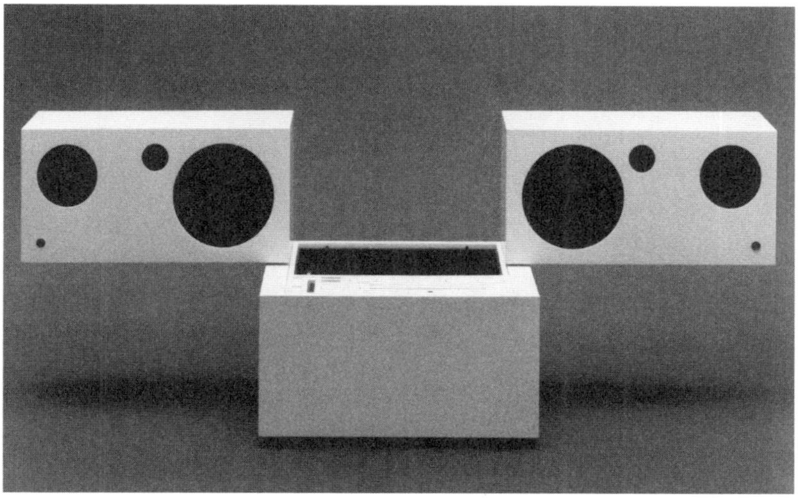

Totem, stereo record player, Brionvega, 1971

Totem, giradischi stereofonico, Brionvega, 1971

1973, in cui l'oggetto si fa entità compatta con la sua epidermide e i suoi organi interni e la calcolatrice si tramuta in un corpo senza organi né fenditure, carne plasmata a formare protuberanze numeriche e sinuosità di contorni. Ricoperta di una soffice pelle di gomma, con le aggettazioni che sembrano capezzoli, il prodotto acquista una dimensione antropologica, è scheletro meccanico e sangue calcolatorio, che richiede di essere toccato e accarezzato. Un elemento che induce possibili reazioni emotive ed erotiche, un tutto-pieno di energia che non sembra accettare alcun smembramento né taglio, ma va riconosciuto nella sua totalità, animato da un soffio interno, preciso e intenso.

Esempi di tale omogeneità sono gli oggetti "membrana", in cui la superficie quanto il volume sono innervati da una stessa forza che li piega e li plasma a formare un prodotto, da *Chiara, floor lamp*, 1969, a *Teneride, office chair*, 1970. Nella *floor lamp* la materia, un sottile foglio di acciaio satinato, riflettente la luce e l'ambiente, è sagomata e articolata organicamente a formare un fiore aperto, quasi carnivoro, avendo introiettato la fonte luminosa. Il suo sbocciare è inoltre accompagnato dal fondersi del suo stelo con l'ambiente, rendendo il tutto leggero e mobile. Una rarefazione della cosa illuminante che nel progetto per una sedia da ufficio *Teneride* si traduce nel suo contrario, l'organicità otticamente flessuosa e pensante di una materia, il poliuretano, usato per i sedili delle motociclette, che assume la forma di un calice con funzione di seduta. Un oggetto calamitato a terra che oscilla e flette, seguendo le forme del corpo umano, quasi a fornirgli una dolce conchiglia.

Il 1972 è l'anno di *New Italian Landscape* al Museum of Modern Art di New York, in cui si fa il punto sull'attualità del contributo italiano alla storia del design contemporaneo, attraverso i suoi protagonisti, da Joe Colombo a Ettore Sottsass, da Angelo Mangiarotti a Enzo Mari, da Achille e Pier Giacomo Castiglioni ad Archizoom, da Marco Zanuso a Gaetano Pesce, da Rodolfo Bonetto a Massimo Vignelli. L'esposizione è divisa in un percorso riguardante la produzione di *object* degli anni sessanta e settanta che

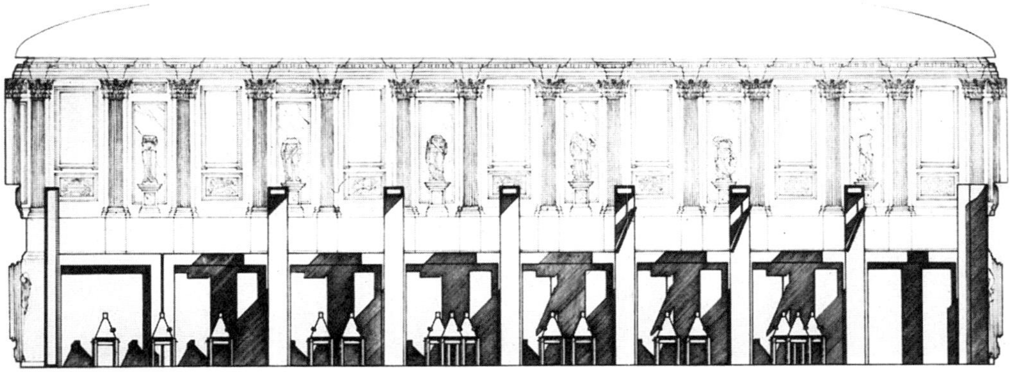

Working drawing for the exhibition design of "The Treasury of San Marco, Venice," for the Palazzo Reale venue, Milan, 1987

Disegno esecutivo della mostra *Il Tesoro di San Marco di Venezia*, progetto di allestimento per la sede a Palazzo Reale, Milano, 1987

corporeal aspect of the object, which seems replaced by a surface of skin, the apparent artisanal working of which makes it look at once precious and powerful. It is a further closed shell on the perimeter of its own specificity that effects a charge of energy and strength. The chair as well as the armchair in fact imply an "inside" that is not emptiness but physical matter, an invisible but constant support of the real.

This vision of the regeneration of design from within would also inform, in 1984, the display of the "Treasury of San Marco," a traveling exhibition organized by Olivetti that opened at the Grand Palais in Paris. Here, too, the exhibition area of the objects is interiorized into itself through the construction of glass display cases with bases shaped like small tables and resembling Il Colonnato *(The Colonnade), 1977, where the windows are lit from above, and in which the objects from the Duomo of Venice are solemnly kept. The installation is rendered as a stage setting of "buildings" on stilts which, on their upper floor, in glass, house monstrances and chalices, china and gold. These are autonomous entities that can be adapted to every context and museum environment and transform themselves systematically into theatrical stages onto which the mobile glass displays plunge and re-interpret the role of exhibitional actors. For Bellini, the 1980s were the period of his greatest professional involvement in the area of design, and during this time he brought into production the new series of electronic Olivetti typewriters, such as the Et 111, 1983, and the ETP 55, 1987, as well as objects such as the Robot, 1980, a rotating television antenna, and Minideca, 1983, a thermos—all objects characterized by striated outer casings or by the interlocking of simple volumetric forms such as the cylinder or the cube, sometimes with strong chromatic features that make their identity more lively and pleasurable.*

The decade was also marked by architectural works—no longer merely theoretical because they were unrealized, such as The Hospital Complex, 1972, for Piacenza; or the Nuova Tipologia scolastica con sistemi di recupero dell'energia solare, 1978—those actually realized begin with the Offices and Industrial Complex, 1984–88, in via Kuliscioff in Milan. This is a group of buildings whose characteristic language lies in its outer epidermis. Its

costituisce uno spaccato preciso e documentato della creatività industriale in Italia, e una sezione di *environment* che consiste in progetti speciali, realizzati per l'evento. Oltre a mostrare oggetti di produzione, da *GA 45* a *Totem*, Bellini presenta un prototipo di automobile che definisce *Mobile Human Space*, un progetto di *environment* su ruote, che si offre come unità abitativa: un'indicazione d'uso diversificato, più sociale e collettivo. Una pelle motorizzata che si adatta ai corpi del guidatore e dei viaggiatori, che nello stesso anno porta a *Le Bambole, armchair, sofa, day bed, chaise longue and bed*, 1972, e a *Le Tentazioni, sofa range*, 1973, che sembrano oggetti soffiati dall'interno, momenti attivi di un'espansione carnale, morbida e sensuale. Questa si riduce alla semplice pelle in *Cab 412*, 1977, e *Cab 413*, 1979, sedia e poltroncina in cui lo scheletro portante in acciaio è rivestito in cuoio, partendo dalle gambe, con cerniere d'apertura e d'inserimento. Nel gioco tra fuori e dentro si capisce l'intenzione del designer a configurare ancora un aspetto corporale dell'oggetto, che sembra sostenuto da una superficie di pelle, la cui lavorazione, apparentemente artigianale, immette un carattere di preziosità, quanto di potenza. Un ulteriore guscio chiuso nel perimetro della propria specificità, che realizza un carico sotteso di energia e di forza. La sedia quanto la poltroncina sottendono infatti un "dentro" che non è vuoto, ma materia fisica, supporto invisibile ma costante del reale. Una visione di rigenerazione del design dall'interno che, nel 1984, informa anche il display espositivo di *Il tesoro di San Marco*, una mostra itinerante, organizzata dalla Olivetti, apertesi al Grand Palais di Parigi. Anche qui lo spazio ostensivo degli oggetti è risucchiato in se stesso, attraverso la costruzione di vetrine illuminate dall'alto, con basi a forma di tavolino che richiamano *Il Colonnato*, 1977, dove gli oggetti del duomo di Venezia sono ospitati e solennizzati. L'allestimento si traduce in una parata scenica di 'edifici' su palafitte che al piano superiore, in vetro, ospitano ostensori e calici, porcellane e ori. Entità autonome, che si possono adattare a tutti i contesti e luoghi museali i quali si trasformano sistematicamente in palcoscenici, in cui le vetrine mobili si tuffano e rinnovano una parte di attori espositivi. Gli anni ottanta sono per Bellini il periodo di maggior impegno professionale sul piano del design, dove porta in produzione la nuove serie di macchine elettroniche Olivetti, come la *ET 111*, 1983, o la *ETP 55*, 1987, oppure gli oggetti quali il *Robot, antenna televisiva rotante*, 1980, e *Minideca, bollitore*, 1983, che sono tutti definiti da una particolare striatura del guscio, o dall'incastro di forme volumetriche semplici, dal cilindro al cubo, a volte con forti connotazioni cromatiche, che rendono l'identità più animata e piacevole.

Il decennio è anche segnato da architetture – non più teoriche, perché non portate a termine, come il *Complesso Ospedaliero*, 1972, di Piacenza o la *Nuova Tipologia scolastica con sistemi di recupero dell'energia solare*, 1978 – che si aprono con il complesso multifunzionale per uffici, 1984-1988, di via Kuliscioff a Milano. Un insieme di edifici la cui caratteristica linguistica risiede nell'epidermide esterna. Le sue facciate sono percorse da una griglia, minimale, che ricorda la struttura del guscio di oggetti che

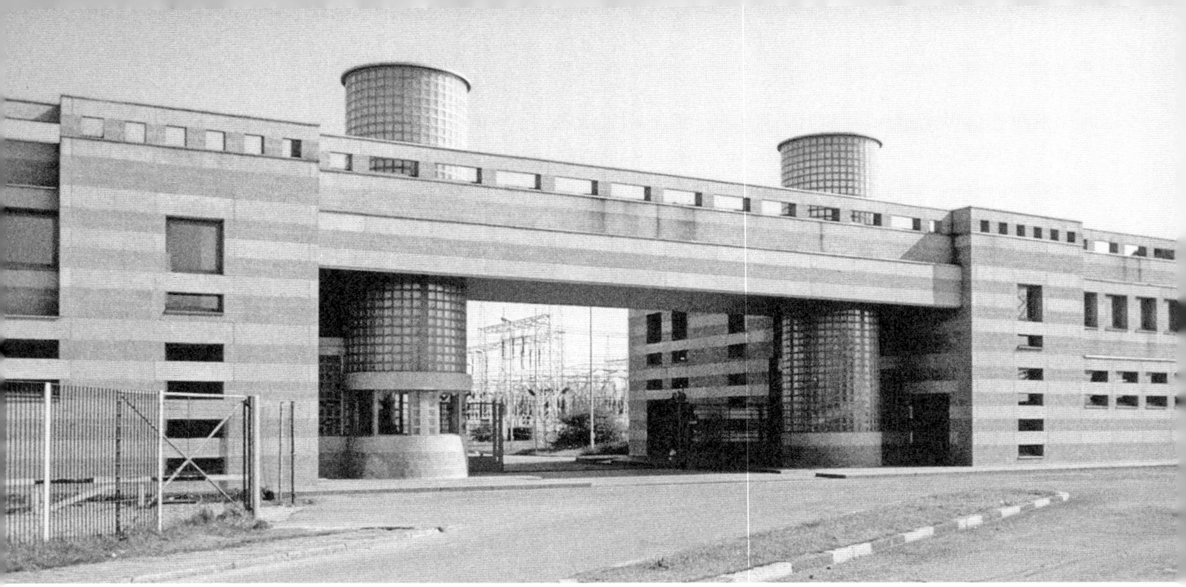

Entrance to the new offices for the thermoelectric power station AEM, Cassano d'Adda (Milan), 1985–1990

Portale d'ingresso dei nuovi uffici della centrale termoelettrica AEM a Cassano d'Adda (Milano), 1985-1990

façades are in fact articulated with a minimalist grid that recalls the shell-structure of the objects that Bellini was designing at the time. It is a first intertwining of design and architecture, as already pointed out,[1] *one aimed at aesthetically valorizing, on the surface level, not only the volumetric and spatial articulations, but the architectural object itself. Here the concrete surfaces covering the façades become imagery, as if in keeping with the linear progressions of a Sol LeWitt, "embellishing" the object, which is traditionally an anonymous, neutral entity. It's an approach that puts to good use the skin of architecture—as it eventually identifies as well with the contemporary work of Herzog & de Meuron in such works as the Plywood House, 1984–85, and the Stone House, 1988*[2]*—which involves a visual identification of the building through its outer surface: an enrichment of its iconic quality. On the urbanistic level, the via Kulsicioff complex not only functions as a qualifying element, it also anticipates certain constants that Bellini will develop in future projects from the Expansion of the Milan Fair Grounds, 1987–1997, to the Competition by Invitation for the New Beyer-Portello Headquarters, 1989, such as the shapes of the volumes—ranging from cylinders to parallelepipeds—that come together quite simply and offer an elementary understanding of their use. This weave of abstractions bespeaks an extended universe that can be extended even further, no longer through formally hierarchical values, but through distances and itineraries. It is an essentially rational space, intelligible and communicable, that exalts movement through thoroughfares and bridged buildings where the flow of vehicles and people from one element to another is constant and transforms the architecture no longer into a sum of differentiated places but into fluidified spaces. This argument is resumed in spectacular fashion in the Centrale Termoelettrica, Cassano d'Adda, 1985–1990, an uninterrupted structure sort of like a "great*

[1] Vittorio Magnago Lampugnani, "Due o tre cose che so di lui," in *Mario Bellini Architetture 1984-1985*, Skira Editore, Milan, 1996, p. 21.
[2] *Herzog & de Meuron: 1981-2000*, El Croquis, Madrid, 2000.

Bellini disegna all'epoca. È un primo intreccio tra design e architettura, già evidenziato[1], che tende a valorizzare esteticamente, sul piano della superficie, non solo delle articolazioni volumetriche e spaziali, l'oggetto architettonico. Qui le superfici di calcestruzzo che rivestano le facciate si fanno immagine, quasi in sintonia con le progressioni lineari di Sol Le Witt, che "abbelliscono" il manufatto, che nella tradizione è un'entità anonima e neutra. È una strada che valorizza la pelle dell'architettura, come si verrà identificando anche con le ricerche contemporanee di Herzog & de Meuron, dalla *Casa in compensato*, 1984-1985, alla *Casa di pietra*, 1988[2], che comporta un'identificazione visuale dell'edificio attraverso la sua superficie esterna: un arricchimento della sua iconicità. Sul piano urbanistico il complesso di via Kuliscioff, oltre a funzionare da elemento qualificatore, è anticipatorio di alcune costanti che Bellini svilupperà nei progetti futuri – dall'ampliamento della Fiera Internazionale di Milano, 1987-1997, al concorso a inviti per la nuova sede della Bayer al Portello, 1989 – quali le figure dei volumi, dal cilindro al parallelepipedo, che si sommano semplicemente per offrire una lettura d'uso elementare. Un intreccio di astrazioni che parla di un universo esteso ed estendibile, non più per valori formalmente gerarchici, ma per distanze e percorsi. Uno spazio essenzialmente razionale, intellegibile e comunicabile, che esalta il movimento, attraverso passaggi viari ed edifici a ponte, in cui il flusso dei veicoli e delle persone tra un elemento e l'altro è costante, e trasforma l'architettura non più in somma di luoghi differenziati, ma fluidificanti. Il discorso è ripreso e reso spettacolare nella centrale termoelettrica AEM, 1985-1990, di Cassano d'Adda, una struttura continua, quasi da "grande muraglia", in cui le striature lineari, di alternanza cromatica "rinascimentale", realizzate in graniglia lavata e sabbiata, esaltano l'orizzontalità dell'edificio che viene così a dialogare con l'orizzonte agricolo e ambientale. L'edificio funziona da filtro urbano rispetto al paesaggio, per cui il portale quanto la testata sono segni di passaggio e di contatto, nonché metafora di una realtà industriale che è simbolizzata dalle torri trasparenti e illuminate.

Un'interpretazione "figurale" dell'edificio che applicata al paesaggio esistente, come nel Centro Internazionale Espositivo e Congressi di Villa Erba a Cernobbio (1986-1990), sviluppa un dialogo tra antico e contemporaneo, tra la villa, i giardini ottocenteschi e il nuovo complesso, in un processo di mimetizzazione in cui le architetture del passato e del presente sono autonome, ma possono convivere, perché integrate nel *landscape*. Naturalmente il progetto per il Centro è segnato da una forte identità tecnologica che tende ad alleggerire il manufatto, che presenta una massa articolata in elementi irraggianti dal fulcro circolare centrale. Sono le ali del padiglione principale che funzionano da cunei trasparenti, quindi di

[1] Vittorio Magnago Lampugnani, *Due o tre cose che so di lui*, in *Mario Bellini architetture, 1984-1995*, Skira, Milano 1996, p. 21.
[2] *Herzog & de Meuron: 1981-2000*, El Croquis, Madrid 2000.

wall," in which the linear stripes in "Renaissance-style" chromatic alternation, made of washed and sandblasted crushed stone, highlight the horizontality of the building, which thereby enters into a dialogue with the agricultural surroundings. The building functions as an urban filter with respect to the landscape, so that both the entrances become signs of passage and contact, as well as metaphors of an industrial reality symbolized in the transparent, illuminated towers.

A "figural" interpretation of the building, when applied to the existing landscape in the Villa Erba International Exhibition and Convention Center, Cernobbio, 1986–1990, discovers a camouflaging process in the dialogue between antique and contemporary—that is, between Villa Erba, its nineteenth-century gardens, and the new complex, in which the architectures of the past and present are autonomous but able to live together because they are integrated into the landscape. Naturally the project for the Center is marked by a strong technological identity that tends to lighten the construction, which presents a mass articulated into elements radiating out from a circular central fulcrum. They are the wings of the central pavilion, functioning as transparent wedges of a "liquid" consistency, because they are directed towards the lake. At the same time the fluidity of the whole is made further evident by the presence of the water surrounding the central pavilion, as though the architecture functioned as a turbine drawing water from below, thus creating a flow of massive, mirroring matter reflecting itself and reflected by the transparent glass surfaces. Inside, in the outer wings, the sequence of bridges/doors constitute an internal path or nave granting access to the various spaces that open up systematically onto greenery or onto the water.

From 1986 to 1991 Bellini enriches his travelogue when he becomes Director of the Milanese magazine Domus. *He engages in a reflection not only on his own activities but on the societal existence of architecture, with its endless comings and goings of methods and styles. Inevitably the investigation of otherness leads him to open up his language, and he begins to engage in theoretical work, through a choice of "totalizing" subjects that necessarily entail an "open" analysis of architecture that cannot accept any univocality or aridity. The tendency is towards risk-taking and a further shifting of offerings, with the result that the magazine soon features a never-ending flow of offerings, becoming a sort of terrain for exploration thriving on a constant tension that is imaginative and vibrant, just like its projects of design and architecture.*

The reflection of "other" realities plays out also in the installations and displays of exhibitions, where what matters is bringing to life, or back to life, the inert objects of a collection or an artist, a history or a theme. From the 1999 "I trionfi del Barocco," Palazzina di Caccia di Stupinigi, Turin, to "Christopher Dresser. Un designer alla corte della regina Vittoria," Triennale di Milano, 2001–2002, and from "Dreams, Stanze delle (Tele)visioni," Triennale di Milano," 2004–2005, to "Il tesoro della Statale," Rotonda della Besana, Milan, 2004–2005, the vital energy is drawn mostly from another fluid: light.

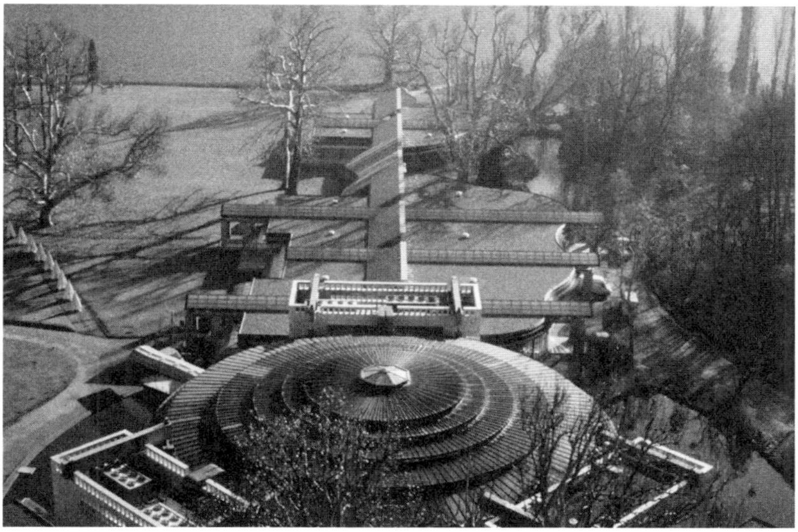

Villa Erba International Exhibition and Convention Center, Cernobbio (Como), 1986–1990

Centro Internazionale Espositivo e Congressi di Villa Erba, Cernobbio (Como), 1986-1990

consistenza "liquida" perché indirizzati a congiungersi con il lago. Al tempo stesso, la fluidità dell'insieme è ulteriormente evidenziata dalla presenza dell'acqua che circonda il padiglione principale, quasi come se l'architettura funzionasse da turbina che attinge acqua dal basso in alto, creando così un flusso di massa materica, quanto speculare, che si riflette in se stessa ed è riflesso della trasparenza delle superfici in vetro. All'interno, nelle ali esterne, la sequenza dei ponti/porte costituisce una strada o una navata interna che dà accesso ai vari ambienti che si aprono sistematicamente sul verde o sull'acqua.

Dal 1986 al 1991 Bellini arricchisce il suo diario esplorativo diventando direttore della rivista "Domus" di Milano. È un riflettere non solo sul proprio fare, ma sull'esistenza societaria dell'architettura, con il suo continuo andirivieni di ricerche e di stili. Inevitabilmente, l'indagine sull'altro lo porta ad aprire il suo linguaggio, comincia a esercitare un lavoro teorico, per una scelta di argomenti "totali" che comportano necessariamente un'analisi "aperta" dell'architettura, che non può accettare univocità né inaridimento. La tensione è verso il rischio e la successiva fluttuazione delle proposte, cosicché la rivista diventa un'arena di altrettanti flussi propositivi, quasi un territorio di esplorazione, che si nutre di una tensione costante, immaginaria e vibrante, come i suoi progetti di design e di architettura.

Il rispecchiamento di "altre" realtà si dipana anche negli allestimenti e nei display di mostre, dove conta il dare o il ridare vita alle cose inerti di una collezione o di un artista, di una storia o di un tema. Dal 1999 con *I trionfi del Barocco* alla Palazzina di Caccia di Stupinigi, a *Christopher Dresser. Un designer alla corte della regina Vittoria* alla Triennale di Milano nel 2001-2002, da *Dreams. Stanza delle (Tele)visioni* alla Triennale di Milano nel 2004, a *Il tesoro della Statale* alla Rotonda della Besana di Milano nel 2004-2005, l'energia vitale deriva principalmente da un altro fluido, la luce. Questa, sia che sia fonte, come nei televisori, o come

Whether it is a source, as in television screens, or an entity catalyzing the surfaces of objects, as in the Dresser exhibition, light enables spectacular representations and indications. It announces things and turns them into "events," elements "circulating" in space, visual quantities that not only display themselves but multiply before the viewer's eyes.
Its many-sidedness highlights the transmission of data which the object carries within itself, making the event of an exhibition a great screen of information—a privileged place no longer of the exaltation of the fetish, but a field of signs where the articulations and separations of labor are overcome, with no absolutes.

The recourse to symbolism and representativeness, as well as the confirmation of a space no longer abstract but lived and in a continuous state of temporal flux reaches a peak when, in 1986, Bellini begins his working dialogue with Japan. Here, similar to "total vision," what counts are the smaller experiences that involve the entire sensory system, whereby the fluidity of the affinities with nature inevitably interweave with the architectural flow. Both in the project for the New National Opera House, Tokyo, 1986, and for the Yokohama Business Park, Yokohama, 1987–1991, the public place or courtyard for Bellini is the central fulcrum of the project. In the first case it gathers the flow of people coming from the city and is the point from which the three theatres radiate outwards. It is therefore the displacement axis by and through. At Yokohama Park it presents itself as a sheet of water and an intersection of inward gazes. It is a circle, but also a womb from which various circular paths and doorways ramify; and it is a sign of convergence and intimacy, like a Zen garden. It's an area of introversion and silence, this turbine of energy that, like the absent space of the Imperial Palace in Tokyo, metaphorically supports and moves the totality of life. Its specularity, moreover, creates a diurnal splendor that contrasts with the shaded paths of the building. It is a place of evaporation and transformation linked to the undulatory motion of the seasons, the propeller of time.

The energy source of the project for the Ryoma Sakamoto Memorial Hall, Kochi City, 1988, is the memory of the samurai Sakamoto (1835–1867) and his heroic deeds. It is constructed like a large open amphitheater with a staircase crossing through it, cutting, like a kendo sword, the circle of open galleries, and looks out on the magnificent rocks of Shikoku. It is a sort of circular ship, a metaphor of voyages and adventures, as well as of a lapsed hierarchical vision of social forms (Ryoma supported a reduction of the powers of the Shogun, a revolt of the low-ranking samurai, and an opening towards Western culture), exposed to all the inclemencies of civilization, as much as it is a symbol (having no enclosures), of absolute freedom. The absence of doors likewise calls into question the dialectic between inside and outside, and thus the building lives in a state of insecurity and risk. It is a place of light and shadow that marks the passage from day to night, a sign of life as well as of death: a solar, nocturnal hollow.

The dark regime of architectural interiority of the Design Center, Tokyo,

entità catalizzante le superficie degli oggetti, come in *Dresser*, permette raffigurazioni o indicazioni spettacolari. Annuncia le cose e le rende "avvenimenti", elementi "circolanti" nello spazio, quantità visuali che non solo si mostrano, ma si moltiplicano dinanzi allo sguardo del visitatore. È una poliedricità che esalta la trasmissione dei dati che l'oggetto porta in sé, rendendo l'avvenimento espositivo un grande schermo informativo. Un luogo non più privilegiato di esaltazione del feticcio, ma un campo di segni, dove si superano le articolazioni e le separazioni del lavoro: nulla di assoluto.

Il ricorso al simbolico e alla rappresentatività e la conferma di uno spazio non astratto, ma vissuto, e in continua modificazione temporale, si esalta, quando dal 1986 Bellini comincia il suo dialogo lavorativo con il Giappone. Qui a contare, vicino alla visione totale, sono le esperienze minori che coinvolgono l'intero sistema sensoriale, per cui il fluido delle affinità con la natura si intreccia inevitabilmente con il flusso architettonico. Sia nel progetto per il nuovo Teatro Nazionale dell'Opera a Tokyo, 1986, che per il Yokohama Business Park, 1987-1991, per Bellini il luogo pubblico o la corte è il fulcro centrale del progetto. Nel primo caso è il collettore di flussi di persone che provengono dalla città e il punto d'irradiazione dei tre teatri, è l'asse di spostamento da e per. Nel Yokohama Park si offre come specchio d'acqua e crocicchio di sguardi interiori. È un cerchio, ma anche un grembo da cui si diramano percorsi circolari e portali, è segno di convergenza e di intimità, come il giardino zen. Territorio di introversione e di silenzio è la turbina energetica che, come lo spazio assente del palazzo imperiale a Tokyo, metaforicamente sostiene e fa muovere l'intero complesso di vita e di lavoro. Inoltre la sua specularità crea uno splendore diurno che contrasta con i percorsi ombrosi dell'edificio, è luogo di evaporazione e di trasformazione, legata al moto ondulatorio delle stagioni, è l'elica del tempo.

La fonte energetica del progetto per il Ryoma Sakamoto Memoria Hall, 1988, a Kochi City, è invece la memoria del samurai Sakamoto (1836-1867) e delle sue eroiche azioni. È costruito come un grande anfiteatro aperto attraversato da una scala che, simile a una spada kendo, taglia il cerchio dei porticati e si affaccia sulla stupenda scogliera di Shikoku. Una sorta di nave circolare, metafora di viaggi e di avventure, quanto di una visione non più gerarchica delle forme sociali (Ryoma fu promotore di una riduzione del potere dello Shogun, di una rivolta dei samurai di basso rango e di apertura verso la cultura occidentale) che è aperta a tutte le intemperie della civiltà quanto, essendo senza chiusure, è simbolo di libertà assoluta. Parimenti l'assenza di porta mette in discussione la dialettica tra dentro e fuori, vive quindi di insicurezza e di rischio. È luogo di luce e di ombre, sottende il passare dal giorno alla notte, segno di vita, quanto di morte: cavità solare e notturna.

Il regime oscuro dell'interiorità architettonica nel Design Center di Tokyo, 1988-1992, capovolge la gerarchia tra ingresso principale e accesso secondario, mettendo quest'ultimo al centro della progettazione. Dovendo

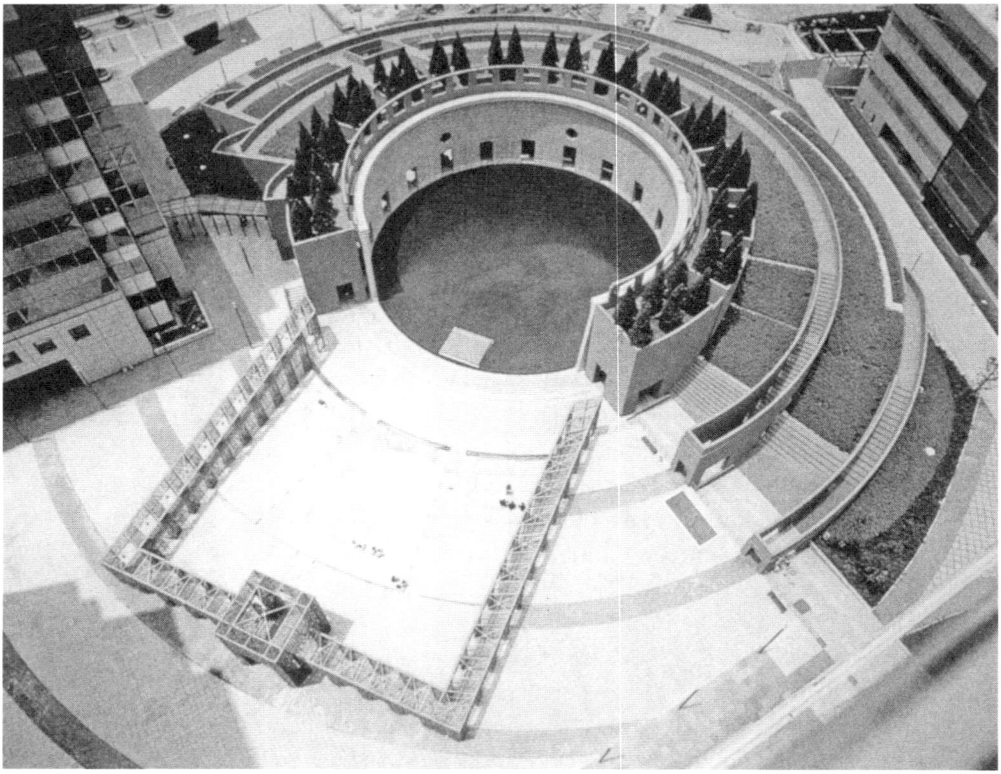

Yokohama Business Park open air theatre, Yokohama, Japan, 1987–1991

Teatro all'aperto del Yokohama Business Park, Yokohama, Gappone, 1987-1991

1988–1992, upsets the hierarchy between main entrance and secondary doorway, placing the latter at the center of the plan. Having to design a U-shaped complex, because of the presence of two wings of a pre-existing building in the middle, Bellini overturned the symbolic meaning of the front and rear façades, endowing the latter with a formal, volumetric richness that surpasses the linearity of the former. The most important nucleus of the project thus becomes the inner courtyard that a number of cafés and restaurants open onto from broad terraces and staircases, highlighted by a cascade of vases with brightly colored flowers. At the center he placed a dome, almost Renaissance in feeling, to mark the centrality as well as a transparent perspective up into the sky. This illuminates the inner path and staircase, which are dizzyingly dramatic in their ascent towards the outside consisting of plants and clouds. It is an experience of a building, in a technological, media-saturated city like Tokyo, that elicits emotion at the sight of the gardens and aerial perspectives interweaving with the sort of plays of light and shadow, dear to Le Corbusier in his Chapel at Ronchamp, and to Louis Kahn, in his Kimbell Art Museum, Fort Worth.

Also in Japan, the Risonare Vivre Club Complex, Kobuchizawa, Yamanashi, 1989–1992, is a "medieval" complex inserted like a village on a hill looking onto Mount Fuji. It is articulated around a central thoroughfare, with porticoes to the sides, that intersects with a large building reminiscent, in its form, of the International Center at Cernobbio. Here, too, the architectonic "liquidity" works to create an "aqueduct flying over a garden of water and

disegnare un complesso a U, causa la presenza al centro dei due bracci di un edificio preesistente, Bellini ha capovolto il valore simbolico della facciata anteriore e posteriore, affidando a quest'ultima una ricchezza formale e volumetrica che supera la linearità della prima. Il nucleo più importante del Design Center è allora diventato il cortile interno, su cui si affacciano caffè e ristoranti, su ampie terrazze e scale, segnate dalla cascata di vasi con coloratissimi fiori. Al centro ha collocato una cupola, quasi rinascimentale, che è segno di centralità quanto di prospettiva trasparente verso il cielo. Questa illumina la strada e la scalinata interna, che sono vertiginosamente drammatiche, perché in salita verso l'esterno, che è formato da piante e da nuvole. È un'esperienza che, in una città tecnologica e mediatica come Tokyo, di un edificio provoca l'emozione del percepire i giardini e le prospettive aeree, che si intrecciano con i giochi di luce e di ombre, care a Le Corbusier (cappella di Ronchamp), quanto a Louis Kahn (Kimbell Art Museum, Fort Worth).

Sempre in Giappone, Risonare Vivre Club Complex, 1989-1992, a Kobuchizawa, Yamanashi, è un complesso "medievale" che si inserisce come un villaggio sulla collina che guarda al monte Fuji. È articolato intorno a una strada principale, con porticati laterali, che va a incrociarsi con un grande edificio, che ricorda nella forma il Centro Internazionale di Cernobbio. Anche qui la soluzione architettonica funziona per creare un "acquedotto che sorvola un giardino d'acqua e di massi, sulle terrazze murate dei campi da tennis"[3]. Il tutto converge nella forma concentrica che è coperta e scoperta, funzionando ancora una volta da connettivo fluido tra architettura e paesaggio. Interessante per i futuri sviluppi formali la grande onda che sovrasta l'albergo, che racconta un ulteriore flusso architettonico e si ritrova in verticale nel progetto per il Dubai Creek Complex, 1994-1998, nella sede di Arsoa Co. Cosmetici a Kobuchizawa, Yamanashi, 1996-1998, e nella Fiera di Essen, in Germania, 1998-2001. L'edificio è un innesto tra geometrico e organico, astratto e naturale, quasi intenda rispecchiare il doppio ruolo di uffici e appartamenti, qui rappresentati dalla rigidità del corpo parallelepipedo a cui si appoggia la gigantesca onda che sta, proprio, sul *waterfront* di Dubai, ma che ruotando diventa un cilindro contrapposto alla spina geometrica del complesso.

Questa si fa mareggiata oceanica nella sede di Natuzzi Americas, 1996-1998, a High Point, North Carolina, e nel Centro Culturale con Biblioteca civica e Teatro, 2001-2007, a Torino. Entrambi i progetti vivono su ondulazioni elicoidali e spiraliche, che segnano un arricchimento organico, se non barocco, del linguaggio architettonico di Bellini. Gli edifici, come in alcune architetture di Alvar Aalto e di Eero Saarinen, si schiudono e germogliano irregolarmente, come è sottolineato anche dai "geroglifici" geometrici e luminosi che segnano il corpo monolitico, speculare alla grande struttura spiralica, i quali esprimono uno sviluppo e una stratificazione, quasi sottendono un'aspirazione al continuo movimento

[3] *Mario Bellini architetture 1984-1985* cit., p. 170.

boulders, over walled terraces of tennis courts."[3] *The whole converges in the concentric form, which is covered and uncovered, and once again functions as a connective fluid between architecture and landscape. A point of interest for future formal developments is the great wave hovering over the hotel, evoking a further architectonic flow and appearing later in the project for the Dubai Creek Complex, 1994-1998, in the Arsoa Co. Headquarters, Kobuchizawa, Yamanashi, 1996–1998, and in the Essen Fair, Essen, 1998–2001. The building is a graft between the geometric and the organic, the abstract and the natural, as if intending to mirror its own twofold role as offices and apartments, here represented by the rigidity of the same parallelepipedal form on which rests the gigantic wave that is located right on the Dubai waterfront, but which, in rotating, becomes a cylinder juxtaposed with the geometrical spine of the complex.*

The wave then becomes an oceanic surge in the Natuzzi Americas Headquarters, High Point, North Carolina, 1996–1998, and in the New Cultural Center with Public Library and Theatre, Turin, 2001-2007. Both projects thrive on helicoidal and spiral undulations, which signal an organic, if not baroque, enrichment of Bellini's architectural language. The buildings—like certain works of Alvar Aalto and Eero Saarinen—open and spring up irregularly, this is underscored as well by the geometrical and luminous "hieroglyphics" marking the monolithic body mirroring the great spiral structure, which give expression to a development and stratification, as though informed by an aspiration to continuous movement in time and space, typical of industry in an age of globalization. These are no longer confined, limited forms, but a dilating fluctuation that is indefinite because it springs from the contradictory nature of existence.

Within the same spiral of softness and elasticity we also find Bellini's new design objects, from the Palmhouse kettle, 2001, to the Office Task Chair, 2001, where a strong "biological" and "biomorphic" aspect of the object returns, introducing positional sensitivity—that is, one's behavior in front of the "thing." In the former case the object is sensually seductive and erotic, related to the body, and in the second it is the tool itself that adapts to the body, becoming a functional receptacle. The chair is a medium of orientation and movement; it provides a structural skeleton as well as a structural schema for the user, determining the user's balance and comfort. It becomes kinesthetic. During the 1990s, Bellini clearly aimed at connecting his manner of making—in works ranging from the Bellini Chair, 1998, to Vol au Vent, 2001—with the new technologies of production, as well as with the new trends in international sculpture from Jeff Koons to Anish Kapoor and their shiny, mirroring figures and forms made of blocks of material radiating energy and color. The perception of color and form return in the evident quotation of Mondrian and neoplasticism, and Kazimir Malevich and constructivism, informing the New Headquarters of the European Patent Office, The Hague, 2004, where the public square and gardens are marked by

[3] *Mario Bellini Architetture 1984-1985*, op. cit., p. 170.

nel tempo e nello spazio, come è tipico delle industrie in un'epoca di globalizzazione. Non più volumi confinati e limitati, ma fluttuazione dilatatoria che è indefinita, perché legata alla contraddittorietà dell'esistere.

Nella stessa spirale di morbidezza e di elasticità si collocano anche i nuovi oggetti di design, dal *Palmhouse*, 2001, all'*Office Task Chair*, 2001, dove ritorna una forte componente "biologica" e "biomorfica" dell'oggetto che introduce la sensibilità posturale, cioè il comportamento di fronte alla "cosa". Nel primo caso l'oggetto è sensualmente seducente ed erotico, legato al corpo; nel secondo è lo strumento stesso ad adattarsi a esso, diventandone ricettacolo funzionale. La sedia è mezzo d'orientamento e di movimento, offre uno scheletro portante, quanto uno schema strutturale dell'utente, ne stabilisce l'equilibrio e la comodità, si fa cinestetico. È evidente che nel decennio novanta, Bellini tende a confrontare il suo fare, dalla *Bellini Chair*, 1998, a *Vol au Vent*, 2001, con le nuove tecnologie produttive, ma anche con le nuove tendenze della scultura internazionale, da Jeff Koons ad Anish Kapoor, con le loro figure o forme lucenti e speculari, costituite da blocchi di materia irradiante energia e colore. La percezione del colore quanto della forma ritorna nelle palesi citazione di Mondrian e del neoplasticismo, e di Kasimir Malevic e del costruttivismo, nell'European Patent Office a L'Aia, 2004, in cui la piazza o i giardini sono segnati da pattern di quadrati monocromi, mentre gli edifici sono disposti secondo una "ramificazione" astratta che dinamizza il complesso. Un atteggiamento "artistico" che emergeva già nel progetto per la Frankfurter Rundschau, Frankfurt, 2002, che si connette con le sperimentazioni delle avanguardie russe, da Valdimir Krinsky ad Aleksandr Rodchenko, dai fratelli Vesnin a Konstantin Mel'nikov, dove a contare è l'edificio, "uno ma diviso", che tenta di vincere la sfida contro la ripetitività delle forme e la monoliticità dei volumi. Al sincretismo si impone il transito implosivo che rimanda a un'idea di scambio tra le parti, quasi la costruzione dovesse affermarsi come luogo di trasmissione, non più virtuale, come nelle installazioni, ma vissuto e concreto. Un passaggio che si fisicizza nell'ampliamento della National Gallery of Victoria, Melbourne, 1996-2003, che all'interno di un involucro quieto e sereno fa esplodere un intreccio di forme e di materie, di figure geometriche e di elementi mobili e trasparenti. Dovendo riflettere l'osmosi e i contrasti tra culture, dall'occidente all'oriente, l'ampliamento non ha la pretesa di affermare un'unica "figurazione" culturale, rifiuta il dominio di una volontà unica, cerca invece un colloquio tra le "parti". L'insieme che viene a costituirsi è allora estremamente dinamico, tutto si collega, ma le prospettive sono infinite. L'incontro è possibile, ma è sempre aperto, tanto che le sale quanto i luoghi di connessione sono diversificati quanto indefiniti, tutto si dissolve in un incastro che, in Australia, è condizione imprescindibile di una cultura dell'ibrido e della differenza.

Se l'interno della National Gallery of Victoria è un accumulo di energie formali perché non intendono definire una prospettiva interpretativa unica, il progetto per il nuovo Dipartimento delle Arti Islamiche al Louvre

patterns of monochrome squares, while the buildings are arranged according to an abstract "ramification" that confers dynamism on the complex. Such an "artistic" attitude was already emerging in his project for the Frankfurter Rundschau, Frankfurt, 2002, which refers back to the experiments of the Russian avant-gardes from Vladimir Krinsky and Aleksandr Rodchenko to the Vesnin brothers and Konstantin Mel'nikov, where what matters is the building, "one but divided," which tries to overcome the challenge of the repetitiveness of the forms and the monolithic nature of the volumes. Superimposed upon the syncretism is an implosive passage that harks to an idea of exchange among the parts, as though the construction had to assert itself as a place of transmission no longer virtual, as in installations, but lived and concrete. This passage becomes physical in the new extension of the National Gallery of Victoria, Melbourne, 1996–2003, where a peaceful, quiet shell explodes inside in a weave of forms and materials, geometric figures and mobile, transparent elements. Having to reflect the osmoses and contrasts between cultures from West to East, the extension does not pretend to assert a single cultural "figuration," refusing the dominion of any single will. Rather, it seeks a dialogue between the "parts." The whole that emerges is thus extremely dynamic; everything is interconnected, but the perspectives are infinite. A meeting point is possible, but always open, to the point that the rooms, as well as the communicating spaces, are as diversified as they are indefinite. Everything dissolves into fitted joints, the indispensible precondition, in Australia, for a culture of hybridization and difference.

While the interior of the National Gallery of Victoria is an accumulation of formal energies because the intention is not to define a single interpretative perspective, the project for the New Department of Islamic Art, Louvre, Paris, 2005–2012, propels architecture towards an unlimited potential, which is kept suspended because its aim is to reflect a universe in motion. It is a transparent, luminous wave that can collect images and artifacts documenting Islamic culture. Moving in harmony with I. M. Pei's Pyramid, Bellini's architectural conception integrates the underground space of the Louvre into his design, but on the surface he avoids the minimalist, reductive centering of pure volumetric form, offering instead a wave that "sweeps away," or "immerses in itself" the cultural identities of the arts of different ethnicities and religions, making of the simultaneity and mutual presence of epochs and artifacts an opportunity for direct and indirect dialogue. The fluctuation of the "crystalline" structure that will cover the new department will thus present itself as a symbol of many-sidedness based on a mutual belonging to artistic and social situations that cannot be hierarchized or framed in any rigid, defined system. It is a solemn, but not imperative, mechanism that, with the juxtaposition of the lightness of an architectonic apparition with the historical presence of the stately edifices surrounding the Cour Visconti, raises further questions as to the meeting / clash of civilizations. The desire is to dissolve matter in the flux of open forms of thought and feeling, without boundaries or distinctions. This is the continuous matrix of Mario Bellini's approach.

Starting in 2005, his work methods become imbued with a typology of

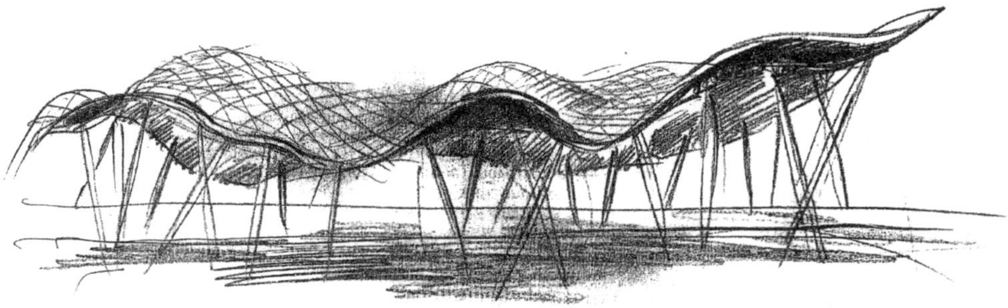

di Parigi, 2005-2012, spinge l'architettura verso una potenza illimitata, tenuta sospesa, perché tesa a riflettere un universo in movimento. Un'onda trasparente e luminosa, che si adagia nella Cour Visconti del Louvre, in cui conta l'emotività che proviene dall'interiorità che guarda al cielo. Un velo sospeso e silenzioso che possa raccogliere le immagini o gli artefatti che documentano la cultura islamica. Muovendosi in sintonia con la Piramide di Pei, il pensiero architettonico di Bellini integra nel progetto lo spazio sotterraneo del Louvre, ma in superficie evita l'accentramento minimalista e riduttivo della forma volumetrica pura, per proporre un'onda che "travolga" o "immerga" in sé l'identità culturale tra le arti di diverse etnie e religioni, rendendo la simultaneità e la compresenza dei periodi e degli artefatti un'opportunità di dialogo, diretto e indiretto. Il fluttuare della struttura "cristallina" che copre il nuovo dipartimento si impone allora quale simbolo di una poliedricità, basata sulla co-appartenenza di situazioni artistiche e sociali che non possono essere gerarchizzate né inquadrate in un sistema rigido e definito. Un dispositivo solenne, ma non imperativo, che solleva, con la contrapposizione tra la leggerezza di un'apparizione architettonica e la presenza storica degli imponenti edifici che circondano la Cour Visconti, ulteriori interrogativi sull'incontro/scontro tra civiltà. Una volontà di dissolvere la materia nel flusso di un pensiero e di un sentire aperti, senza confini né distinzioni, che sono matrice continua del procedere di Mario Bellini.

Research sketch of the Department of Islamic Arts for the Louvre Museum in Paris, 2005–2012

Schizzo di ricerca per il Dipartimento delle Arti Islamiche al Louvre di Parigi, 2005-2012

Dal 2005 il suo operato si intride di una tipologia di acutezze formali, quasi intendesse ampliare le divergenze tra la tradizione moderna del suo passato e l'approccio apparentemente caotico e fluido dell'architettura contemporanea, segnata dagli artifici virtuali, prodotti da Frank O. Gehry a Zaha Hadid. Le sue proposte per i diversi concorsi internazionali, dall'Orto Botanico Patavinus, 2005, al Museo Nazionale Sheikh Zayed, 2007, dal Taipei Pop Music Center, 2009, alla Nuova Città Ecologica, 2013, attestano un interesse per una pluralità di ramificazioni che porta a una tessitura complessa, per frammenti che vivono di acutezze compositive. Pervengono a un'idea di complesso architettonico e urbano che sembra riecheggiare un desiderio di difficoltà barocca, dove la costruzione si fa inclassificabile proprio per la molteplice varietà. È un convergere verso un linguaggio architettonico di illimitata articolazione, quasi un procedere sferico, che è simbolizzato anche dalla presenza di

formal intensities, as if he intended to broaden the divergences between the modern tradition of his past and the apparently chaotic, fluid approach of contemporary architecture marked by virtual artifices, as in Frank Gehry and Zaha Hadid. His offerings for a number of international competitions—from the Orto Botanico Patavinus, 2005, and the Sheikh Zayed National Museum, 2007, to the Taipei Pop Music Center, 2009, and the New Ecological City, 2013—attest to an interest in a plurality of ramifications leading to a complex texture of fragments that thrive on compositional intensities. They achieve an idea of an architectural and urban whole that seems to echo a desire for baroque difficulty, where the construction becomes unclassifiable precisely because of its variety and multiplicity. This marks a convergence towards an architectural language of limitless articulation, almost a spherical procedure, as symbolized also in the presence of such images as the sphere, which—in the Deutsche Bank Headquarters, 2006–2011, Frankfurt am Main, and in the London Link Bridge - Deutsche Bank, 2010–2011—encompasses all internal and external passages. It is a tending towards visual labyrinths in architecture, as well as design, the same as that which produces the open "whole" in Piccola Via Lattea, 2009, and Tavoli Opera, 2014, both realized for Meritalia, where functional essences, as well as the iconology of design, from the coexistence of sessions and games, to earthly symbology, come together.

However, it is with the construction of the New Department of Islamic Arts at the Louvre Museum in Paris, 2005–2012, and the Fondazione Fiera Milano Convention Center, MiCo, 2008–2012, that the image of architecture triumphs once and for all through his invention. The project includes different varieties of construction terms. It becomes ratiocinative and imponderable, proceeding through wandering, open spaces and rendering all control evanescent. It breaks up into a thousand fleeing fragments that go missing. It is the final abandonment of a nostalgic mode of design that does not accept the changing conditions of contemporary existence. The tumult of waves marking these architectural works of Bellini no longer reflects the unfolding of metaphysical and rational truths, but intertwines with the flow of the natural as well as the artificial. By interweaving an "extraneous" image with a pre-existing context rooted in the city, Bellini aspires to give the city a novel reading and invents a new relationship of perspectives, each external to one another. Through the image, he introduces a poetic element that provides alternance and energy, and professes architecture as variation.

immagini come la sfera che, presente nel Deutsche Bank Headquarters, 2006-2011, Frankfurt am Main, e nella London Link' Bridge - Deutsche Bank, 2010-2011, abbraccia tutti i percorsi interni ed esterni. È la stessa messa in atto di un procedere verso dedali visuali nell'architettura, quanto nel design, che produce la "totalità" aperta della *Piccola Via Lattea*, 2009, e dei *Tavoli Opera*, 2014, entrambi per Meritalia, in cui confluiscono le essenze funzionali, quanto l'iconologia del design, dalla coesistenza di sedute e giochi, alla simbologia terrestre.

Tuttavia è dalla costruzione del nuovo dipartimento delle Arti Islamiche al Louvre di Parigi, 2005-2012, al Centro Congressi Fondazione Fiera Milano, MiCo, 2008-2012, che il trionfo dell'immagine dell'architettura si afferma definitivamente per la sua invenzione. Il manufatto include diverse varietà di termini costruttivi. Si fa raziocinante e imponderabile, procede per forme vagabonde e aperte, rende evanescente ogni controllo. Si frantuma in mille pezzi che sfuggono e vengono meno. È il definitivo abbandono di un progettare nostalgico che non accetta le condizioni mutevoli dell'esistere contemporaneo. Il turbinio di onde che denota queste architetture di Bellini non riflette più lo svolgere di verità metafisiche e razionali, ma si intreccia al fluire del naturale, quanto dell'artificioso. Intrecciando un contesto preesistente, radicato nella città a un'immagine "estranea", Bellini aspira a darne un'ulteriore lettura, inventa un nuovo rapporto di prospettive, esterne una all'altra. Tramite l'immagine, immette una componente poetica che dà alternanza ed energia, professa il variare dell'architettura.

A Portait of Mario Bellini

Francesco Moschini

Unlike many contemporary designers, Mario Bellini's design concept, albeit in the extraordinary versatility of his active imagination, never got lost in questionable paths that all too often lead to mistakenly conceiving architecture as an ambiguous restless object, and vice-versa the everyday object as miniature form of architecture. As he moves between design and architecture, Bellini responds to the challenges posed by the project to the different scales of the industrial object, the building, and the city. All of this is done in continuity with the most intimate nature of the specificities inherent to each discipline, contributing to pushing further the limits by way of calibrated innovation—without ever falling into a compulsive search for new or formal expressiveness or for the recognizability of his own stylistic signature.

Mario Bellini's work is an extraordinary expression of the industrial culture of Lombardy and of the culture of the Politecnico di Milano. And, more in general, of that Italian planning tradition for which the design concept takes shape in the process of design itself. He applies himself with the same complexity both to architecture and to industrial design, and puts the search for new meaning before mere utilitarian market-related or technical considerations.

This approach to project development avoids the fragmentation of specializations, accentuating instead the circularity between knowledge and the different modes of the project itself, according to an attitude (both an intellectual and operational one) that still seems able to renew itself and constitute a reference for contemporary design.

Being aware of technique and free from enslavement to technology, Bellini's work demonstrates his refusal to passively accept preordained or preformed choices. His attitude looks into the reasons for the given conditions, searching for the source of the design solution and the technical reinvention of forms.

In other words, Bellini's planning "virtuosity" is an expansive, inclusive and transversal talent; as his intellectual curiosity is multifaceted and omnivorous: being an insatiable devourer of precious "discovered objects," a refined collector of Italian paintings from the interwar period and a passionate musical aesthete, Bellini feeds his total imagination for restless research with the original meaning of the design theme that he is summoned to deal with.

Bellini graduated from the Politecnico di Milano in 1959, where Giò Ponti, Ernesto Nathan Rogers and Piero Portaluppi, amongst others, lectured and left their mark. He embarked upon his extraordinarily prolific design adventure, greeted right from the start by immediate and well-

Per un ritratto di Mario Bellini

Francesco Moschini

Il pensiero progettuale di Mario Bellini, pur nella straordinaria versatilità della sua operante immaginazione, non si è mai perso negli equivoci sentieri, percorsi invece da molti designer contemporanei, che conducono troppo spesso a concepire erroneamente l'architettura come un ambiguo oggetto inquieto e, viceversa, l'oggetto d'uso quotidiano come una miniatura architettonica. Nel suo percorso dal design all'architettura, Bellini corrisponde di volta in volta alle sfide poste dal progetto alle diverse scale dell'oggetto industriale, dell'edificio e della città, in continuità con la più intima natura delle rispettive specificità disciplinari, contribuendo a spostarne in avanti i limiti per via di una calibrata innovazione, senza mai cadere nella ricerca compulsiva della novità e della gestualità formale, o della riconoscibilità di una propria cifra stilistica.

Il lavoro di Mario Bellini è nel suo complesso una straordinaria espressione dell'operosità lombarda e della cultura politecnica milanese, come più in generale di quella tradizione progettuale italiana che trova nel disegno il luogo in cui il pensiero progettante prende forma, applicandosi con la stessa complessità sia all'architettura sia agli oggetti di produzione industriale e anteponendo la ricerca di nuovi significati alle mere ragioni utilitaristiche del mercato e delle tecniche.

Si tratta di una via al progetto che rifugge le frammentazioni degli specialismi per accentuare invece la circolarità tra i saperi e i vari modi del progetto stesso, secondo una attitudine – al contempo intellettuale e operativa – che appare ancora capace di rinnovarsi e di costituire un fondativo riferimento per il progetto contemporaneo.

Consapevole delle tecniche, libero dall'asservimento alle tecnologie, il suo lavoro dimostra l'attitudine a non accettare passivamente scelte preordinate o preformate, ma a ricercare nelle ragioni delle condizioni date la scaturigine della soluzione progettuale e della reinvenzione tecnica delle forme.

Il "virtuosismo" progettuale di Bellini è insomma un talento espansivo, inclusivo e trasversale, così come poliedrica e onnivora è la sua curiosità intellettuale: insaziabile divoratore di ricercati "oggetti trovati", raffinato collezionista della pittura italiana tra le due guerre e appassionato esteta musicale, Bellini nutre la sua immaginazione totale dell'inquieta ricerca dei significati originari del tema progettuale che di volta in volta è chiamato ad affrontare.

Laureatosi nel 1959 al Politecnico di Milano – segnato allora dall'insegnamento di Gio Ponti, Ernesto Nathan Rogers e Piero Portaluppi, tra gli altri – Bellini ha intrapreso la sua straordinariamente

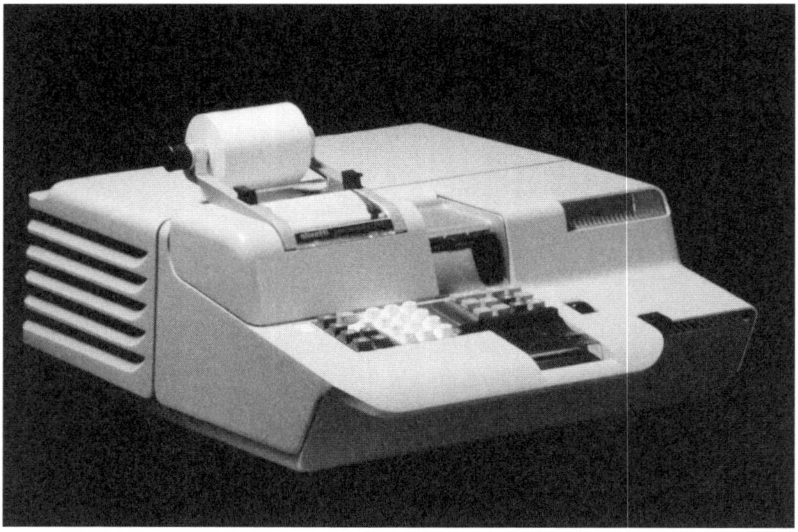

P101, *personal computer, Olivetti, 1965. The very first personal computer in history, also known as "Perottina," after Pier Giorgio Perotto, who developed the technology*

P101, personal computer, Olivetti, 1965; è in assoluto il primo PC della storia, noto anche come *Perottina*, dal nome di Pier Giorgio Perotto che ne ha concepito il progetto scientifico

deserved recognition (in 1962, he won his first Compasso d'Oro award for his Cartesius table). Following his experience working for the Development Department of famed Italian department store La Rinascente between 1960 and 1962, under Augusto Morello (this was one of the training grounds for the new generation of Italian designers), from 1963 his design activities were intertwined with the cutting-edge research conducted by Olivetti in the field of electronics. Together they developed some masterpieces of design, including the Programma 101 desktop computer (1965), the TCV 250 video display terminal (1967), or again the Divisumma 18 and Logos 50/60 electronic calculators (both dated 1973). His work further evolved over the following decades thanks to his productive and lasting relations with many of the most important and innovative producers on the Italian and international markets—greatly contributing to the definitions of the distinctive characteristics of Italian design that reached international recognition with the legendary exhibition "Italy: The New Domestic Landscape" (1972), curated by Emilio Ambasz and held in the Museum of Modern Art in New York.

If the New York exhibition sought to present an overview of the most pragmatic and most "subversive" methods of the Italian design culture from that time (ranging from industrial design to radical design), the "Il Progetto Domestico. La casa dell'uomo: archetipi e prototipi" exhibition, organized and staged by Mario Bellini in 1986 at the Palazzo dell'Arte during the XVII Triennale di Milano, marked a decisive pause for reflection. This sanctioned the end of an era in which an excessively proactive approach had pervaded the domestic landscape, turning into a savage offer devoid of any content. His "Scatola dell'anima" (Box of the Soul) is a memory wall designed to be a "poetic corner" to encourage visitors to the exhibition to abandon themselves to some soul-searching. It is a rigorous classification of architectural shapes hosted in a library-showcase, somewhere in between an archiving attempt and the obsessive poetics of a list of possible variations

prolifica avventura progettuale, salutato sin dagli esordi da un immediato quanto meritato riconoscimento (si pensi al Compasso d'Oro, attribuitogli per la prima volta nel 1962 per il tavolo *Cartesius*). Dopo l'esperienza maturata tra il 1960 e il 1962 all'interno dell'Ufficio Sviluppo della Rinascente diretto da Augusto Morello – una delle fucine di formazione della nuova stagione del design italiano –, la sua attività di progettista si è intrecciata dal 1963 con le punte più avanzate della ricerca sull'elettronica della Olivetti – con cui ha ideato per altro progetti miliari, tra cui il personal computer *Programma 101* (1965), il video terminale *TCV 250* (1967) o ancora le calcolatrici elettroniche *Divisumma 18* e *Logos 50/60* (entrambe del 1973) – per poi ulteriormente evolversi durante i decenni successivi attraverso i fertili e durevoli rapporti intrapresi con molti tra i produttori più importanti e innovativi del panorama nazionale e internazionale, contribuendo così in maniera decisiva alla definizione di quei caratteri distintivi del design italiano internazionalmente riconosciuti a partire dalla ormai mitica mostra *Italy: The New Domestic Landscape* (1972), curata da Emilio Ambasz al Museum of Modern Art di New York.

Se la mostra newyorkese aveva avuto l'ambizione di rappresentare una sintesi tra i modi più pragmatici e quelli più "eversivi" della cultura progettuale italiana di allora, oscillante tra progetto per la produzione e progetto radicale, la mostra *Il progetto domestico. la casa dell'uomo: archetipi e prototipi*, curata e allestita da Mario Bellini nel 1986 al Palazzo dell'Arte in occasione della XVII Triennale di Milano, segna invece una decisiva pausa di riflessione, al termine di un momento storico in cui l'eccesso di propositività aveva ormai pervaso il paesaggio domestico, tramutandosi in offerta selvaggia, svuotata di qualsiasi contenuto. La sua "scatola dell'anima" – vero e proprio muro della memoria disegnato come "cantuccio poetico" e autoriflessivo della mostra – è una rigorosa classificazione di forme architettoniche ospitate in una libreria-teca, sospesa tra tentativo di archiviazione e ossessiva poetica dell'elenco delle possibili variazioni sul tema dell'abitare, con l'evidente intento di dichiarare l'impossibilità di sfuggire alla condanna della coazione a ripetere.

Sono questi gli anni in cui Bellini avvia il progetto editoriale di "Domus" – rivista che dirige dal 1986 al 1991 – e in cui i suoi interessi si concentrano più stabilmente sul progetto d'architettura. Sin dalle prime architetture milanesi per il lavoro, il suo "comporre" supera i limiti del razionalismo critico per misurarsi con la memoria e con la storia, intese non come uno smisurato vocabolario di forme a cui attingere a piacimento – come era invece accaduto a partire dalla Strada Novissima portoghesiana del 1980 –, ma come un orizzonte di misura, verso il quale procedere risalendo il corso del tempo, in un viaggio a ritroso alla ricerca delle forme archetipiche e delle loro ragioni.

Emerge da subito con evidenza uno dei significati ricorrenti del lavoro in architettura di Bellini, vale a dire l'idea del segno come grande

on the subject of living, with the obvious intent of declaring it impossible to escape being condemned to compulsive repetition.

In those years, Bellini was in charge of the editorial design for Domus *—the magazine he directed from 1986 until 1991—and his interests were more firmly concentrated on architecture than design. Right from his early architecture work in Milan, his "composing" exceeded the limits of critical rationalism to confront memory and history. It was not meant as a boundless vocabulary of forms that one could draw from at will (as was Portoghesi's Strada Novissima in 1980), but instead as a measurement horizon. A horizon one could reach by climbing back through the course of time: in a journey through the past in search of archetypal forms and their reasons for being.*

One of the recurring meanings of Bellini's architecture work clearly emerges immediately. It is the concept of the sign as a great fragment that structures and reorganizes the context, all the way to becoming an image thick with references to the theme of the disciplinary debate that began with the Modern Movement. Bellini gathered its "rational" contents in the redesign of the constructed image by resorting (again symbolically) to always-different materials.

The multifunctional office and laboratory building located in via Kuliscioff in Milan (1984–1988), standing on the boundary between the downtown urban area and the metropolitan hinterland, encompasses the memory of an industrial building and carriage entranceways through the use of a metal truss in the shape of a tympanum. It serves as a sign marking the crossing threshold for urban traffic within the complex. The composition sacrifices complexity in favor of a more immediate functionality, in a non-rhetorical tribute to proto-rationalism and the idea (that will prove to be a constant ingredient) of industrial architecture as a limit. Explained as a "muro costruito" (built wall)—where he performed with exhibited work on the surface, transforming building elements intrinsic to industrial construction by showing a Kafkaesque tattooed body—Bellini coated the building with prefabricated panels, composing them inside the modularity of a rigid structural grid. The material is transfigured inside the grid, all the way to acquiring an aesthetic definition that is traditionally intrinsic to the so-called "noble" materials of architecture.

Prevalence of the horizontal dimension over the vertical one, treatment of the coating surface with openings screened in the basement sector and insertion of punctual cylindrical volumes are all elements characterizing the next large fragment of offices belonging to the Centrale AEM (thermal power plant) in Cassano d'Adda (1985–1990). The building is at the same time both functional and monumental, marking a shift of scale in the the work of the Milanese architect and a broadening of interests, in which "good building" stands as a foundation of practicing architecture.

Leaving a decisive sign on the agricultural landscape, Bellini builds a "muro abitato" (inhabited wall) that carries out the dual function of sectioning off the productive area and enhancing the relationship between

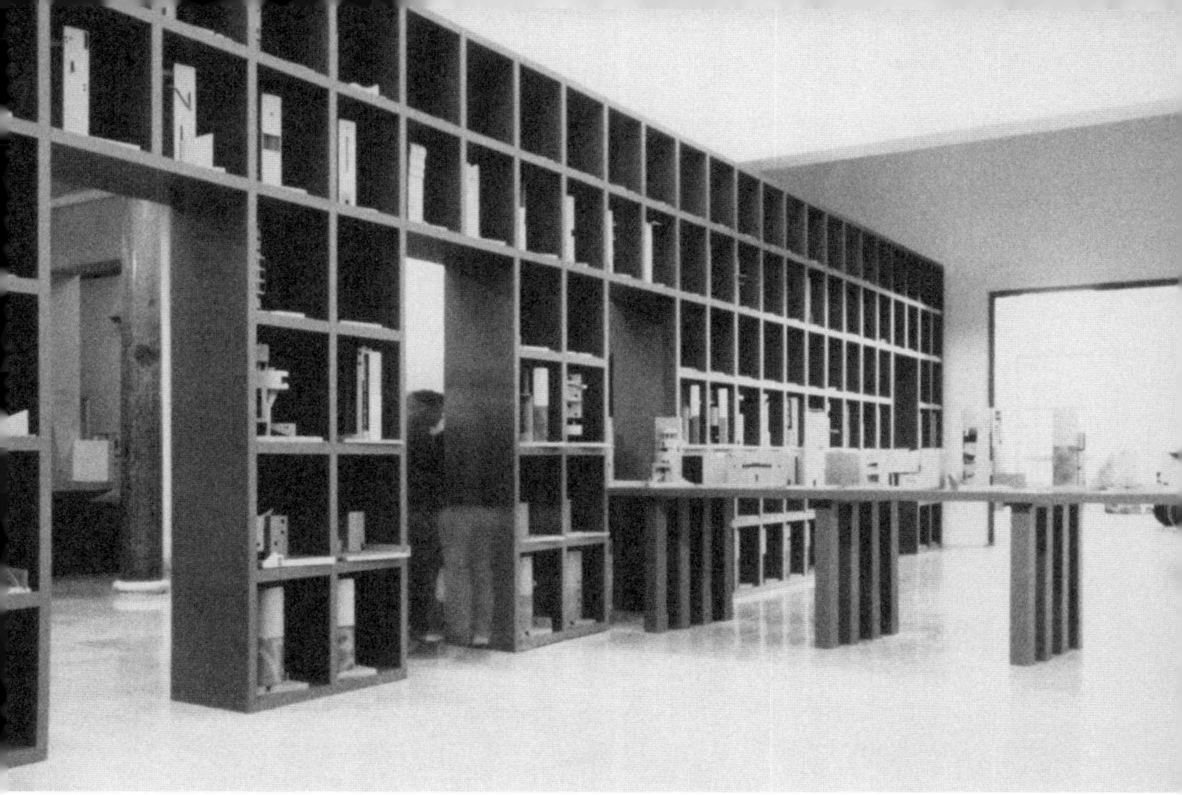

frammento, che struttura e riorganizza il contesto, fino a declinarsi in un'immagine densa di riferimenti ai temi del dibattito disciplinare che origina nel Movimento Moderno, del quale Bellini raccoglie i contenuti "razionali" nel ridisegno dell'immagine costruita attraverso il ricorso, anch'esso simbolico, a materiali sempre diversi.

The Scatola dell'anima *(Box of the Soul) at the entrance of the exhibition* "Il Progetto Domestico," *XVII Triennale, Triennale di Milano, 1986*

La *Scatola dell'anima* all'ingresso della mostra *Il progetto domestico*, XVII Triennale, Milano, 1986

Il complesso multifunzionale per uffici e laboratori in via Kuliscioff a Milano (1984-1988), collocato sul limite tra l'area urbana centrale e l'*hinterland* metropolitano, racchiude in sé la memoria dell'edilizia industriale e della porta carraia, attraverso l'utilizzo della capriata metallica in forma di timpano quale segno che marca la soglia di attraversamento della viabilità urbana all'interno del complesso. La composizione sacrifica la complessità alla più immediata funzionalità, in un omaggio non retorico al protorazionalismo e all'idea – che si rivelerà una sua costante – dell'architettura industriale come limite. Declinato come "muro costruito" – su cui agisce con un esibito lavorio sulla superficie, trasmutando elementi costruttivi propri dell'edilizia industriale per mostrare un kafkiano corpo tatuato –, Bellini riveste l'edificio in pannelli prefabbricati, componendoli all'interno della modularità di una rigida maglia strutturale. Nella maglia il materiale è trasfigurato, fino ad acquisire una definizione estetica tradizionalmente propria dei materiali cosiddetti "nobili" dell'architettura.

Il prevalere della dimensione orizzontale su quella verticale, il trattamento della superficie di rivestimento con aperture schermate nella parte basamentale, l'inserimento di puntuali volumi cilindrici, sono tutti elementi che caratterizzano anche il successivo grande frammento

building and territory. While responding to the functional demand of protecting the inhabited area from acoustic pollution produced by some particularly noisy plants, Bellini brings the metaphor of the wall as the limit between heterogeneous systems to its extreme consequences: the city and the factory, the living place and the workplace.

The intervention, in its dimension as fragment of accentuated horizontality, underlines its character as structuring sign, one constructed through research on materials (washed grit, small colored blocks in paste) that are defined at the historical level, operating a mediation between materials of the modern tradition (like blocks of prefabricated cement) and finishing techniques traditionally referred to brick coatings, with the use of sandblasted extruded bricks, to the point of establishing a sort of dialogue with the brick building on the opposite side.

The intervention therefore builds a "figure of the limit" that emphasizes its own horizontality by resorting to different strips of building blocks. Bellini explicitly disclaims any sort of "idolatry of the machine," any sort of technical exaltation, in order to establish an architecture that is emblematically representative of the dichotomy between artifice and nature in the vegetable coating of the building, destined to being transformed into a "green bastion," and the contextual renunciation of hegemony and domain of the architectural language over the world. Architecture is attributed to the discretion of the sign, which must later be concealed or transformed by nature into an "other" and "new" nature.

The compositional order does not leave room for any gratuitous invention, but founds the quality of this inhabiting the workplace on the punctuality of selected historical-disciplinary references, be they of a compositional nature (as the spatial duality of a Kahn matrix, to the pace of illuminated paths and dimly-lit recesses), or more directly attributable to the tradition of materials (including glass brick) employed for the staircase and further countered by the light penetrating through the sequenced openings in the roof. The result is a complex spatial narration that is only apparently linear, where different images flow, as the memory of the carriage entranceway discovered in the new portal that interrupts the continuity of the wall surface, or returning the building to the rigor of cylindrical bodies in glass brick.

Bellini's research seems aimed at defining a language for industrial building that aspires to become civil architecture, reinventing all the elements that have characterized the architectural debate regarding workplaces since the 1900s. And then reprocessing them one case at a time, in the light of a different awareness of the meaning these architectures are summoned to take on compared to the collection of historical, architectural and environmental values of the respective contexts. Bellini engages the disparate characters characterizing the techniques involved in contemporary construction in the order of the composition, as emblematically occurs with the strict imposition of the structural grid that arranges and measures the façade of the multifunctional complex located in via Kuliscioff.

degli uffici della centrale AEM a Cassano d'Adda (1985-1990), un'opera funzionale e monumentale al tempo stesso, che marca nel lavoro dell'architetto milanese un passaggio di scala e un ampliamento di interessi, in cui il "buon costruire" si pone come fondamento del fare architettura.

Intervenendo con un segno decisivo nel paesaggio agrario, Bellini costruisce un "muro abitato" che svolge la duplice funzione di delimitare l'area produttiva e di esaltare il rapporto tra costruito e territorio. Rispondendo al contempo all'esigenza funzionale di proteggere l'abitato dall'inquinamento acustico prodotto da alcuni impianti particolarmente rumorosi, Bellini porta alle estreme conseguenze la metafora del muro quale limite tra sistemi eterogenei: la città e la fabbrica, il luogo dell'abitare e quello del lavoro.

L'intervento, nella sua dimensione di frammento dall'accentuata orizzontalità, sottolinea il proprio carattere di segno strutturante, costruito attraverso una ricerca sui materiali – la graniglia lavata, i blocchetti colorati in pasta – che si definisce sul piano storico, operando una mediazione tra materiali della tradizione moderna – come i blocchi di cemento prefabbricati – e l'impiego di tecniche di finitura tradizionalmente riferite ai rivestimenti in mattoni, con l'uso di laterizi facciavista sabbiati, fino a instaurare una sorta di possibile dialogo con l'antistante costruzione in mattoni.

L'intervento costruisce così una "figura del limite", che enfatizza la propria orizzontalità per mezzo del ricorrere delle diverse fasce di blocchetti. Bellini rinuncia esplicitamente a qualsivoglia "idolatria della macchina", a qualsiasi esaltazione della tecnica, per realizzare un'architettura emblematicamente rappresentativa della dicotomia tra artificio e natura nel rivestimento vegetale dell'edificio, destinato a trasformarsi in "bastione verde", e della contestuale rinuncia all'egemonia e al dominio del linguaggio architettonico sul mondo. L'architettura è ricondotta alla discrezione del segno, che deve essere successivamente occultato o trasformato dalla natura in "altra" e "nuova" natura.

L'ordine compositivo non lascia spazio ad alcuna invenzione gratuita, ma fonda invece la qualità di questo abitare i luoghi del lavoro sulla puntualità di selezionati riferimenti storico-disciplinari, siano essi compositivi – come la dualità spaziale di matrice kahniana, ritmata tra percorsi illuminati e recessi in penombra – oppure più direttamente riconducibili alla tradizione dei materiali, tra cui il vetrocemento, impiegato per il corpo scala e ulteriormente ribattuto dal penetrare della luce attraverso cadenzate aperture in copertura. L'esito è una narrazione spaziale complessa e solo apparentemente lineare, in cui confluiscono immagini differenti, come la memoria della porta carraia svelata nel nuovo portale che interrompe la continuità della superficie muraria, o la riproposizione della fabbrica nel rigore dei corpi cilindrici in vetrocemento.

La ricerca di Bellini appare rivolta a definire un linguaggio per

Regarding the proven system inherited from the Modern Movement, Bellini grafts the specific values of the places (reinterpreted through the interaction of materials and the significance of the sign) through Wright's reflections on the nature of materials and profound reconsideration of the nature itself of production in post-industrial society.

Mario Bellini's attention towards the culture of rationalism (which constantly returns to in his planning concept) seems deeply rooted in the lessons imparted by the masters (Hannes Meyer, Ernst May, Hans Schmidt, amongst others), while knowingly accepting the historical and cultural legacy whose ideological limitations are well known.

The architecture-limit in via Kuliscioff seems to be hinting at Ludwig Hilberseimer's urban imaginary while distancing itself from that aseptic and cerebral visionariness, simultaneously unscathed by any figurative excess.

It therefore seems possible to find an affinity with the contemporary elaborations of the Ticino school, not so much with the works of Mario Botta and his flair for figurative excesses, as much as precise references to the best rationalism tradition of more esoteric authors such as Aurelio Galfetti (with his insistence on the duality between nature and reason) or Livio Vacchini (with his obsession for classicism based on measure and brought back to the daily dimension).

Within these architectures of production—and more in general, within the work of Bellini—in fact, there is no concession to any element that is not out of pure necessity; every temptation for self-complacency of the ornament intended in the academic sense is lacking, or in the conjugation of captivating beauty of detail. Instead it is quite possible to re-read the research for expressiveness of materials, reinvented in the historical key, abandoning all rhetoric of the anti-gracious and instead returning to material and linguistic experimentation. The limits in which his architectures dwell are therefore not only a physical and spatial limit (between building and landscape, residential fabric and industrial settlement, downtown and suburbs, nature and artifice), but even the limit itself of an expressive research conducted inside the place of the technique, rediscovering Loos's tension in building that does not subordinate the design and concept of the form to materials and techniques. Hence figures of the Modern resurface through the order of the project, regaining the beauty of a work conceived as "service," according to his architectural and building principle, renouncing all artifacts and redundant (as well as) vain artistry wanting to summarize thought in the gesture. In short, from the very beginning Bellini's architecture seems like a significant form where the sign, grafted in the specificity of contexts, makes us aware of a non-combinable difference between places, first and foremost in their belonging to thought. Further proof is given by the large fragments of urban vocation, which are bursting and restless icons standing in direct dialogue with that body of higher order called the city.

In this sense, renovation and expansion activities for the "Portello"

l'edilizia industriale che aspira a farsi architettura civile, reinventando tutti quegli elementi che hanno caratterizzato il dibattito architettonico sui luoghi del lavoro a partire dal Novecento, e rielaborandoli caso per caso alla luce di una diversa consapevolezza del significato che queste architetture sono chiamate ad assumere rispetto al complesso dei valori storici, architettonici e ambientali dei rispettivi contesti. I caratteri disomogenei che caratterizzano
le tecniche del costruire contemporaneo sono da Bellini ricompresi nell'ordine della composizione, come avviene emblematicamente con la rigida imposizione della griglia strutturale che ordina e misura il prospetto del complesso multifunzionale in via Kuliscioff.

Sul collaudato impianto ereditato dalla tradizione del Movimento Moderno, Bellini innesta i valori specifici dei luoghi, reinterpretati mediante l'interazione dei materiali e la pregnanza del segno, attraverso una wrightiana riflessione sulla natura dei materiali e un profondo ripensamento della natura stessa della produzione nella società postindustriale.

L'attenzione di Mario Bellini alla cultura del razionalismo – che ritorna costantemente nel suo pensiero progettuale – appare profondamente radicata nella lezione dei maestri (Hannes Meyer, Ernst May, Hans Schmidt, tra gli altri), pur nella consapevole accettazione di un'eredità storica e culturale di cui sono ormai noti gli stessi limiti ideologici.

L'architettura-limite di via Kuliscioff appare alludere all'immaginario metropolitano di Ludwig Hilberseimer, pur allontanandosi da quell'asettica e cerebrale visionarietà, al contempo restando indenne da ogni eccesso figurativo.

Appare quindi possibile ritrovare un'affinità con le coeve elaborazioni della scuola ticinese, non tanto con le opere di Mario Botta e con il suo gusto per gli eccessi figurativi, quanto con i puntuali riferimenti alla migliore tradizione del razionalismo di più esoterici autori come Aurelio Galfetti, con il suo insistito ripercorrere la dualità tra natura e ragione, o ancora come Livio Vacchini, con le sue ossessioni per una classicità fondata sulla misura per essere ricondotta a dimensione quotidiana.

In queste architetture della produzione – come più in generale nell'opera di Bellini – non vi è infatti alcuna concessione all'elemento che non sia di pura necessità; è assente ogni tentazione di autocompiacimento dell'ornamento inteso in senso accademico, o nella declinazione di accattivante bellezza del dettaglio. È invece piuttosto possibile rileggere la ricerca dell'espressività dei materiali, reinventati in chiave storica, abbandonando ogni retorica dell'antigrazioso per ritornare invece alla sperimentazione materica e linguistica. Il limite che le sue architetture abitano non è dunque solo fisico e spaziale – tra costruito e paesaggio, tra tessuto residenziale e insediamento industriale, tra centro e periferia, tra natura e artificio – ma è anche il limite stesso di una ricerca espressiva condotta nel luogo della tecnica, riscoprendo una tensione loosiana

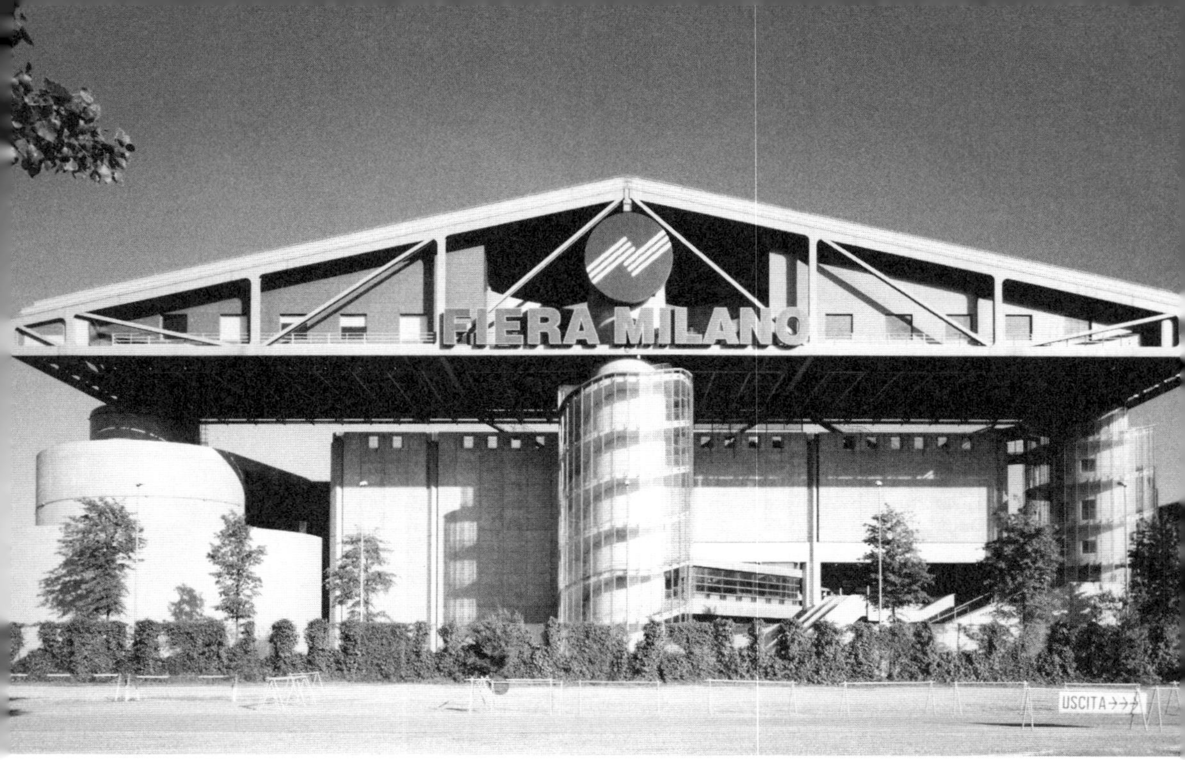

International Milan Trade Fair (1987–1997) appear to be powerfully symbolic, with many compositional elements already tried in via Kuliscioff and in Cassano d'Adda (such as the tympanum-truss, punctual elements of cylindrical volumes, the plant coating) coming into the picture. But here they concur in defining an architecture of the limit that is pushed to the extremes of a dimensional scale of architecture itself, hence reinventing the figure of city walls, transposing amongst others some refined references to Golosov's constructivism or Tatlin's visionary machines.

The International Trade Fair of Milan in Portello, Milan, 1987–1997

Fiera Internazionale di Milano al quartiere Portello, Milano, 1987-1997

While the transmutation of another archetypal figure of the historic city (such as the bastion) returns in the overall iconic image of the project for the commercial and production citadel called "Cittanova 2000" (in the outskirts of Modena, 2003), then the founding vocation for the urban scale of great fragments by Bellini also informs the solos of its vertical architectures (considering, for example, the project for the tertiary-hotel tower called "Stolitsa" in Moscow with its references to Italian metaphysical painting and the monumental vision of Soviet architecture from the 1940s and 1950s; or some of his "talking architectures," such as the Natuzzi Americas Headquarters in the United States (1996–1998), where the figure of a bronze ship bow solves the geometrical complexity of a triangular land symbolically corresponding to the landing of a catchment basin in the New World market; or, again, the Creek Complex in Dubai (1994), with its body extending out to metaphorically evoke the irrepressible dynamism of a great whale).

The architecture-limit of the great urban fragment and the totem-like iconography of the asserted vertical building are then both present in the riverfront redevelopment of Tianjin in China (2003): the macro courtyard

del costruire che non subordina il disegno e il pensiero della forma ai materiali e alle tecniche. Le figure del Moderno riaffiorano così attraverso l'ordine del progetto, riconquistando la bellezza di un'opera pensata come "servizio", secondo il suo proprio principio architettonico e costruttivo, rinunciando a ogni artefatta e ridondante quanto vana artisticità, che vorrebbe riassumere, nel gesto, il pensiero. L'architettura di Bellini appare insomma sin dall'inizio come forma significativa, laddove il segno, innestato nelle specificità dei contesti, rende consapevoli di un'incomponibile differenza tra i luoghi, nel loro appartenere innanzitutto al pensiero. Ne sono ulteriore prova i successivi grandi frammenti a vocazione urbana, icone prorompenti e inquiete poste in dialogo diretto con quell'organismo di ordine superiore che è la città.

Prepotentemente emblematico appare essere in questo senso l'intervento di ristrutturazione e ampliamento della Fiera di Milano al Portello (1987-1997), in cui ritornano molti degli elementi compositivi già sperimentati in via Kuliscioff e a Cassano d'Adda (la capriata-timpano, gli elementi puntuali dei volumi cilindrici, il rivestimento vegetale), ma che qui concorrono a definire un'architettura del limite spinta fino agli estremi della scala dimensionale dell'architettura stessa, reinventando così la figura delle mura della città, in cui sono trasposti, tra gli altri, raffinati riferimenti al costruttivismo di Golosov o alle macchine visionarie di Tatlin.

Se la trasmutazione di un'altra figura archetipica della città storica quale quella del bastione ritorna nell'iconica immagine complessiva del progetto per la cittadella commerciale e produttiva Cittanova 2000, alle porte di Modena (2003), la vocazione fondativa alla scala urbana dei grandi frammenti di Bellini informa anche gli assoli delle sue architetture verticali – si pensi ad esempio al progetto per la torre terziario-alberghiera Stolitsa a Mosca, con i suoi riferimenti alla pittura metafisica italiana e alla visione monumentale dell'architettura sovietica degli anni quaranta e cinquanta – o di alcune sue "architetture parlanti", come ad esempio i Natuzzi Americas Headquarters negli Stati Uniti (1996-1998) – laddove la figura della prua di una nave di bronzo risolve la complessità geometrica di un terreno triangolare corrispondendo simbolicamente allo sbarco della committenza nel mercato del nuovo mondo – oppure, ancora, il Creek Complex di Dubai (1994), con il suo volume proteso a evocare metaforicamente il prorompente dinamismo di un grande cetaceo.

L'architettura-limite del grande frammento urbano e l'iconicità totemica dell'asseverativo edificio verticale sono entrambi presenti poi nell'intervento di riqualificazione del lungofiume di Tianjin, in Cina (2003): il macroisolato a corte che rimisura la città è rotto e disarticolato, gettato a ponte tra le due sponde opposte del fiume a includere e addomesticare lo spazio d'acqua, con il suo verde rinaturato, all'interno del nuovo sistema di piazze, mentre il grattacielo-portale He Ping, composizione dal sapore leonidoviano di due corpi interconnessi, è il

block that re-measures the city is broken and disarticulated, used as a bridge between two opposite banks of the river to include and tame the space of water, its re-natured greenery, within a new system of squares; while the "He Ping" skyscraper-portal (building of a Leonidov flair with two interconnected bodies) is the sign that relates itself with the territorial scale, while simultaneously and prospectively framing the entire sequence of vast public spaces.

The entirely contemporary power of Bellini's figuration (in mutated forms) is manifest even when his architecture is summoned to confront itself with architectural and urban pre-existence; Bellini demonstrates his ability in redefining them in the project through the insertion and juxtaposition of signs, without taking refuge in regionalist revisions or historicist rhetoric.

So the compositional procedure of insertion seems to lead the project for the Museum of the City of Bologna, 2003–2011: an umbrella tower made of glass and steel is introduced like a magic lantern inside the courtyard of the Palazzo Pepoli to constitute the fulcrum of a new system of exhibition spaces and paths, establishing a relation of mutual legitimization with the massive material nature of the historical building. Likewise the Department of Islamic Arts at the Louvre Museum (2005–2012), designed together with Rudy Ricciotti and Renaud Piérard, is inserted in the Cour Visconti below the precious golden sign of a luminescent and suspended roof, which becomes a material and visual element of mediation between the new hypogeum exhibition space and the façades overlooking the courtyard.

The renovation of the Deutsche Bank Headquarters in Frankfurt (2006–2011) instead entails the insertion of a buried architecture inside another architecture, where the new articulation of spaces and paths inside the two existing towers culminates in an iconic metallic sphere obtained with the free aggregation of steel sheets.

Whereas the project for the expansion of the Maritime Station in Trieste (2002) involves the existing 1930s building being used as a natural external encasement of the new glass building jutting out towards the sea; while the New Culture Center in Turin (2001–2007) is more markedly founded on the juxtaposition of transparent terraces housing reading rooms over the existing recovered building, which slope down towards the underlying garden. Here the "concave-convex" sequence of Baroque influence is developed along which terraces, flowing together and spiraling around themselves towards the front road, create the inverted cone of the library that is an ulterior and bursting urban icon by Bellini.

Entry into the existing by way of juxtaposition and integration is also one of the compositional principles leading the project for the Tokyo Design Center (1988–1992): here Bellini constructs a bi-faced architecture, closed over the space of the city and instead articulated in terraces towards artifact nature planned for the interior. From accepting the presence of the building with its existing curtain-wall façade derives the provision of the Center's façade opposite the street with a laconic and hieratic composition, cut by an opening that masterfully reveals the spatial and topographic

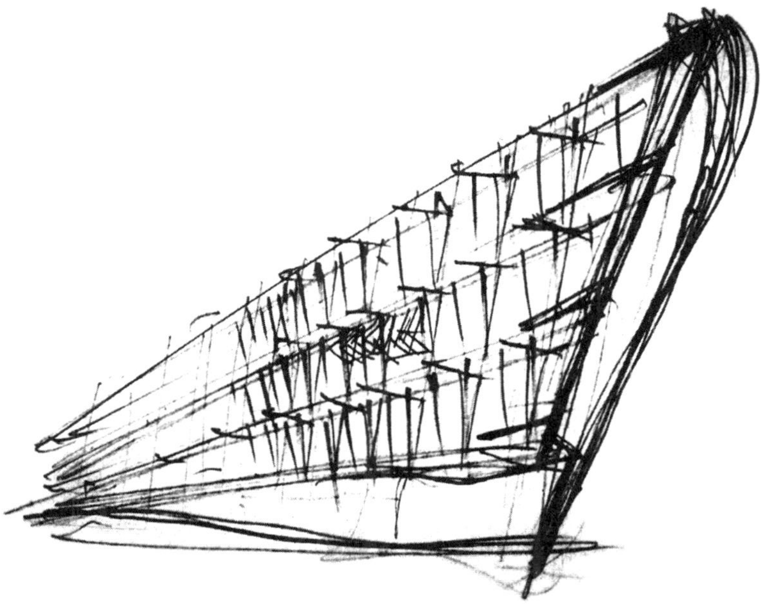

Sketch of the Natuzzi Americas Headquarters, High Point, North Carolina, USA, 1996–1998

Schizzo per la sede di Natuzzi Americas, High Point, North Carolina (Stati Uniti), 1996-1998

segno che si relaziona con la scala territoriale e al contempo inquadra prospetticamente l'intera sequenza dei vasti spazi pubblici.

In mutate forme, la forza tutta contemporanea della figurazione belliniana si manifesta anche quando la sua architettura è chiamata a confrontarsi con le preesistenze architettoniche e urbane, che Bellini mostra di saper riscrivere nel progetto attraverso l'inserzione e la giustapposizione dei segni, senza rifugiarsi in revisioni regionaliste o in retoriche storiciste.

Il procedimento compositivo dell'inserzione appare allora guidare il progetto per il Museo della Storia di Bologna (2003-2011): una torre a ombrello, di acciaio e vetro, è qui introdotta come una lanterna magica all'interno della corte di palazzo Pepoli per costituire il fulcro del nuovo sistema di spazi e percorsi espositivi, stabilendo con la matericità massiva dell'edificio storico un rapporto di reciproca legittimazione. Allo stesso modo, il dipartimento di Arti Islamiche al museo del Louvre (2005-2012), progettato insieme a Rudy Ricciotti e Renaud Piérard, è inserito nella Cour Visconti al di sotto del prezioso segno dorato della copertura luminescente e sospesa, che diviene elemento materico e visivo di mediazione tra il nuovo spazio espositivo ipogeo e le facciate prospicienti la corte.

Il rinnovamento del quartier generale della Deutsche Bank a Francoforte (2006-2011) è invece l'inserzione di un'architettura sepolta dentro un'altra architettura, laddove la nuova articolazione degli spazi e dei percorsi all'interno delle due torri esistenti culmina in un'iconica sfera metallica, ottenuta con la libera aggregazione di lamiere.

Nel progetto di ampliamento della stazione marittima di Trieste (2002), invece, l'esistente edificio degli anni trenta è assunto come naturale

complexity of the rear area. Whereas in the case of the Villa Erba International Exhibition and Convention Center (Cernobbio, 1986–1990), the juxtaposition of a syntactic architecture, a modern version of the great nineteenth-century greenhouses, constituted by a circular central space from which three branches of different dimensions stretch out, also appearing as Bellini's possible and further variation of the relation between nature and artifice (that already appeared in different shapes in his first industrial architectures, then also evolving into forms of great topographic fragments, architectural organisms that organize and measure the landscape) also occur in Japanese interventions for the Goshikidai Marina Resort (1993) or for the Risonare Vivre Club Complex, Kobuchizawa, Japan (1989–1992). Or, once again, for "naturalized" architectures re-establishing the urban space, as occurs in the Yokohama Business Park in Yokohama (1987–1991), where the residual space between the three existing tower buildings is transformed into a new and iconic centrality through the sign of a circular terraced body—mindful of the blend between architecture and nature present in the Mausoleum of Augustus.

On closer inspection, Mario Bellini's design path seems to underlie a dramaturgy of space that leads through the experience of different scales—from the preparation, architecture, urban and topographical dimension, the landscape—articulating suspended figures, staged like an appearance on the scene. In other words, he seems always to be building a spatial tension that does not have much influence in the genealogical line that leads from Ledoux to Terragni, as much as it lingers in the spirit of Stonehenge—which Bellini seems able to evoke.

More generally, reading between the lines of his versatile imaginary, one glimpses a few recurring figures and themes, which can be read as possible interpretive keys to his complex path as a designer.

In addition to the already-cited dimensional exasperation of the metaphysical gigantism of his large urban fragments, the staging of the double and of the duality between mask and face return in the opposition of "recto" and "verso" in his "two-faced" architecture, as in the play of reciprocal and allusive correspondences between urban face and internal spatiality, which Bellini sometimes expresses in terms of bursting theatricality--as in the facade of the Tokyo Design Center, which is slashed by its two "theatre wings" which lead, like a gradus ad Parnassum, *oriented by Mimmo Paladino's hieratic equestrian figure, to the eastern garden overlooked by the terraced gardens, and sometimes in terms of progressive perceptive revelation, as in the case of the Museum of the City of Berlin (2008).*

Bellini seems to pursue a kind of "city effect," which he expresses by a range of means. In some cases, through architecture that creates directional visuals, visual targets and orientations that change the meaning of the urban fabric (for example, the parabolic tensions of the university campus in Otaniemi, 2012, or the more marked and peremptory "crossroads" of the project for San Donato Milanese, but also, although developed solely

involucro esterno del nuovo edificio vetrato proteso verso il mare, mentre in maniera ancora più marcata il centro culturale progettato per Torino (2001-2007) si fonda sulla giustapposizione al recuperato edificio esistente dei terrazzamenti trasparenti delle sale di lettura, che degradano verso il giardino sottostante. Qui la sequenza "concavo-convesso" di memoria barocca, lungo cui si sviluppano le terrazze, confluisce e si avviluppa verso il fronte stradale, generando il cono rovesciato della biblioteca, ulteriore e prorompente icona urbana belliniana.

L'immissione nell'esistente per via di giustapposizione e integrazione è poi anche uno dei principi compositivi che guidano il progetto del Tokyo Design Center (1988-1992): qui Bellini costruisce un'architettura bifronte, chiusa sullo spazio della città e articolata invece a terrazzamenti verso la natura artificiata progettata all'interno. Dall'accettazione della presenza dell'edificio con facciata *courtain-wall* esistente deriva il conferimento al fronte del centro prospiciente la strada di una partitura laconica e ieratica, tagliata da un'apertura che disvela magistralmente la complessità spaziale e topografica dello spazio retrostante. Nel caso del Centro Espositivo e Congressuale di Villa Erba a Cernobbio (1986-1990), invece, la giustapposizione di un'architettura sintattica, declinazione moderna delle grandi serre ottocentesche, costituita da uno spazio centrale circolare da cui si dipartono tre bracci di differenti dimensioni, appare anche come possibile e ulteriore variazione belliniana del rapporto tra natura e artificio, già apparso in differente accezione nelle sue prime architetture industriali per declinarsi poi anche nella forme di grandi frammenti topografici, di organismi architettonici che ordinano e misurano il paesaggio – come accade negli interventi giapponesi per il Goshikidai Marina Resort (1993) o per il Risonare Vivre Club Complex, Kobuchizawa, Giappone (1989-1992) – o ancora di architetture "naturate" che rifondano lo spazio urbano, come accade nel Yokohama Businnes Park di Tokio (1987-1991), laddove lo spazio residuale tra i tre edifici a torre esistenti è trasformato in una nuova e iconica centralità attraverso il segno di un corpo circolare a terrazzamenti, memore della commistione tra architettura e natura presente nel mausoleo di Augusto.

A ben vedere, il percorso progettuale di Mario Bellini appare sottendere una drammaturgia dello spazio, che conduce attraverso l'esperienza delle diverse scale – dall'allestimento all'architettura, alla dimensione urbana, topografica e del paesaggio – articolando figure in sospensione, messe in scena come in un'apparizione teatrale. Egli sembra costruire insomma di volta in volta una tensione spaziale che non ha tanto ascendenze nella linea genealogica che conduce da Ledoux a Terragni, quanto nell'aleggiare dello spirito di Stonehenge, che Bellini appare in grado di evocare.

Più in generale, nel suo versatile immaginario poetico si intravvedono in filigrana alcune figure e alcuni temi ricorrenti, che si prestano a essere letti come possibili chiavi interpretative del suo complesso e articolato percorso progettuale.

in terms of the theme of total transparency and visual permeability, the Information Pavilion for the Milan Expo in Piazza Castello, 2013). In other cases, through use of the device of the enclosure (often disconnected, but always led back to oneness through hinge-volumes, as in the new Unicem headquarters in San Mauro Torinese, 1992, and the Hanoi Conference Center and Parliament, 1998). And in still other cases, through the volumetric and spatial construction of his urban icons, conceived in relation to the superordinate scale of the landscape, or through the construction of the complex devices and palimpsests that he employs when commissioned to create new meaning for existing architecture. Working on existing structures, his approach varies, on a case-by-case basis, from "critical restoration" to the contemporary "rewriting" of the given architectural text, often through the use of roofing as an element to generate new spatialities and upend existing ones (for example, the National Gallery of Victoria in Melbourne, 1996–2003).

For that matter, the exploration of the dialogical limit between dual elements and principles—skin and structure, lightness and gravity, transparency and massiveness, exception and rule, singleness and multiplicity—seems to be a constant in his work, also materializing in the explication of contrast, as seen in his projects for Japan, like the Cassina Showroom in Tokyo (1989–1990), with its horror vacui, *which finds surprising affinity with the accumulation, accentuated by mirrors, of Bellini's homage to Le Corbusier through his production for Cassina, at the Triennale di Milano, in an astonishing magical box—the preformed image of which is undermined by the disruptive element of the Roman aqueduct—or the Ryoma Sakamoto Memorial in Kochi City (1988), the absoluteness and apparent Olympian balance of which are disturbed by the cut of the loggia towards the ocean and the terraced path that leads there.*

Parallel poetics of contrast are manifested in the clash between the tower/umbrella and the solid, matter-oriented character of the Palazzo Pepoli in Bologna, in the project for the new headquarters of the Cassa di Risparmio di Firenze (2003), where the external compactness of the Pietra Serena curtain wall, bound by the rule of Leon Krier's master plan, is contrasted with the "flow" of the shattered mirror of the terraced amphitheater inside the building block (2003) and in the visual colossus of the urban-scale skyscraper/portal, with its two connected main structures, in contrast with the strong horizontality of the urban project for Tianjin. But also in the opposition/link between the new and the pre-existing, stitched back together by a unifying portico, for the project for the Stazione Marittima di Trieste, where the risk of the fluid transparency of the new project meets the rhythmical anonymity of the pre-existing building, in the compactness of the image reminiscent of the founding city, stretched to the point of the corrosion of its interior in the Cittanova 2000 project in Modena, and in the baroque sinuousness of the terraces contrasted with the overall peremptoriness of the project for the Turin library.

There also appears to be a sophisticated duality between classical and

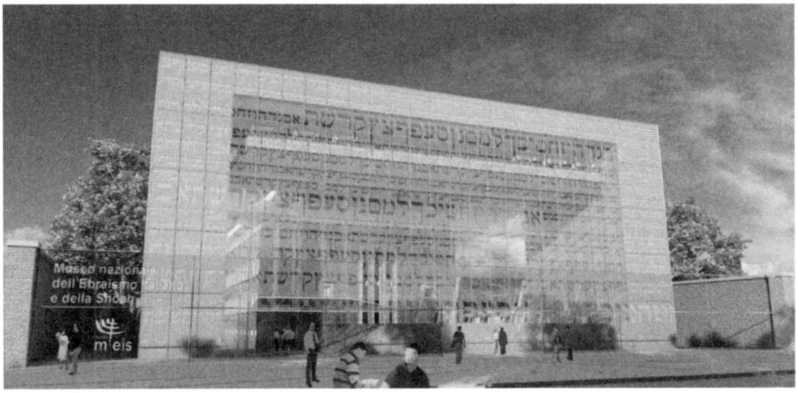

National Museum of Italian Judaism and the Shoah, Ferrara, 2010, international competition, view of the entrance gate

Museo Nazionale dell'Ebraismo Italiano e della Shoah, Ferrara, 2010, concorso internazionale, vista del portale di ingresso

Oltre alla già citata esasperazione dimensionale del gigantismo metafisico proprio dei suoi grandi frammenti urbani, la messa in scena del doppio, e della dualità tra maschera e volto, ritorna infatti nella contrapposizione tra "recto" e "verso" delle sue architetture "bi-fronti", come nel gioco di reciproche e allusive rispondenze tra fronte urbano e spazialità interna, che Bellini declina ora in termini di prorompente teatralità – come accade ad esempio con la facciata del Tokyo Design Center, squarciata dalle due quinte che conducono, quale *gradus ad Parnassum*, orientate dalla ieratica figura equestre di Mimmo Paladino, al giardino orientale su cui si affacciano i giardini gradonati – ora invece di progressivo disvelamento percettivo, come nel caso per altro del Museo della Città di Berlino (2008).

Bellini sembra perseguire una sorta di "effetto città", ora per mezzo di architetture che costruiscono visuali direzionali, veri e propri traguardi visivi e orientamenti capaci di risignificare il tessuto urbano (si pensi ad esempio alle tensioni paraboliche del Campus universitario a Otaniemi, 2012, o alla più marcata e perentoria "croce di strade" del progetto per San Donato Milanese, ma anche, seppure giocato solo sul tema della totale trasparenza e permeabilità visiva, al Padiglione informativo per l'Expo milanese a Piazza Castello, 2013), ora attraverso la definizione della figura del recinto (spesso disconnesso, ma sempre ricondotto a unitarietà attraverso volumi-cerniera, come accade nella Nuova sede Unicem a San Mauro Torinese, 1992, o nel Centro Congressi e Parlamento di Hanoi, 1998), ora attraverso la composizione volumetrica e spaziale delle sue icone urbane concepite in relazione alla sovraordinata scala del paesaggio, ora mediante la costruzione di quegli articolati dispositivi e palinsesti spaziali che Bellini mette in atto quando interviene a risignificare architetture preesistenti. Nel costruito egli opera in forme che sanno variare, caso per caso, dal "restauro critico" fino alla riscrittura tutta contemporanea del testo architettonico dato, spesso, attraverso l'uso della copertura come elemento generatore di nuove spazialità e premessa di ribaltamento di quelle esistenti (si pensi alla National Gallery di Melbourne, 1996-2003).

L'esplorazione del limite dialogico tra elementi e principi duali

anti-classical where, taking the reconfiguration of the Frankfurt towers as an example, the specific and unique features of Bellini's architecture are allusively led back "ad unum" through the Olympian detachment of a stylobate derived from a Greek temple reinterpreted as a flow of lava that reunifies the two towers.

And then, there is a process of figurative mineralization and crystallization that underpins the forms of the curtain frequently used by Bellini, whether the gently resting curtain in the courtyard of the Louvre, barely shifted, like a dune in Bertolucci's The Sheltering Sky, *or those of the vast sudarium that envelops, almost like one of Burri's crackle paintings, Bellini's intervention on his own design for the Milan Trade Fair center in Portello, hosting the new Convention Center (2008–2012), or the ones like a kind of vegetal cascade, covering the volumes and interior spaces of the Taipei Pop Music Center in Taiwan (2009).*

This process of "cracklization"—which references the principle of revetment as "tattoo"—produces figures that are often in a relationship of mutual contrast with a kind of Bellinian "archaism" that can be found, for example, in the reference to the spatiality of the Petra canyon in the National Museum of Abu Dhabi (2007), or, more generally, in the reclamation of zoomorphic elements—almost as if they were the ancestral remains of fragments of prehistoric animals dear to the playful iconography of Pino Pascali, intent on searching the world for primitive innocence and primordial purity, if not a pristine primeval beauty, as in the case of the large "sculptural" fragments in the project for the Museo del Mediterraneo in Reggio Calabria (2007). Bellini's interest in the zoomorphic imaginary is explicit in many of his designs, in particular in the formal aspect of objects and furniture: the profile of a shark was the inspiration for his design for the Olivetti P101 (1965) and ETP55 (1967), while that of a dinosaur inspired the Olivetti A4 (1975). The leather casing covering Cassina's CAB 412 (1977) is reminiscent of the tanned skins prepared by hunters, while the shape of a flamingo was translated into the design for Vitra's Persona chair (1984).

The principle of revetment in Bellini's designs and architecture often refers, however, to the idea of a calling to produce a longed-for tactile dimension, in search of the sensitivity of the skin, like the material used to cover the nipple/keys of the Divisumma, or the plank/beams of shaped wood for the Helsinki Library (2012), but also in the project for the Museum of the City of Berlin of 2008, where the element of pure exterior screening offered the possibility of perceiving, with its full physical charge, the interior wall/screen which was expressionistically formulated but brought back to a sought-after "civil magnificence."

The subtle tension established by Bellini between exception and rule, order and chaos, also appears to guide the composition of his inventions for museums and many of his extraordinary exhibition designs, from the disoriented objects in the Sala delle Cariatidi in the Palazzo Reale to the recurrence of the never-changing material nature of iron, with its roughness on display and no treatments applied to sweeten its effect, for example in

– pelle e struttura, leggerezza e gravità, trasparenza e massività, regola ed eccezione, unità e molteplicità – appaiono del resto come costanti del suo lavoro, che si materializza anche nell'esplicitazione del contrasto, quale appare già nei progetti giapponesi tra cui lo Showroom per Cassina a Tokyo (1989-1990), con il suo *horror vacui,* che trova sorprendente corrispondenza nell'accumulo, accentuato dagli specchi, dell'omaggio belliniano a Le Corbusier attraverso la produzione di Cassina, alla Triennale di Milano, in una mirabolante scatola magica – la cui immagine preformata è scardinata dal dirompente elemento dell'acquedotto romano – o il Ryoma Sakamoto Memorial a Kochi City (1988), la cui assolutezza e apparente olimpico equilibrio sono perturbati dal taglio della loggia verso l'Oceano e dal percorso gradonato che vi conduce.

Parallela poetica del contrasto si manifesta nella torre-ombrello in rapporto d'urto con la massiccia matericità di palazzo Pepoli a Bologna; nel progetto per la nuova sede della Cassa di Risparmio di Firenze (2003), dove alla compattezza esterna della cortina muraria in pietra serena, soggiacente alla regola del masterplan di Leon Krier, è contrapposta la "colata" dello specchio infranto dell'anfiteatro a gradoni all'interno dell'isolato (2003); nel collasso visivo del grattacielo-portale a scala urbana, con i suoi due corpi di fabbrica connessi, in contrasto con la spiccata orizzontalità del progetto urbano per Tianjin; ma anche nella contrapposizione-raccordo tra nuovo progetto e preesistenza, il tutto ricucito attraverso un unitario portico, per il progetto della Stazione marittima di Trieste dove si confrontano l'azzardo della fluida trasparenza del nuovo con il ritmato anonimato dell'edificio preesistente, oppure nella compattezza dell'immagine memore della città di fondazione, sollecitata fino alla corrosione della sua parte interna nel progetto della "Cittanova 2000" modenese, o ancora nella sinuosità barocca dei terrazzi contrapposta alla perentorietà complessiva del segno del progetto per la Biblioteca torinese.

Una ricercata dualità tra classico e anti-classico appare poi esplicitarsi laddove – come per esempio nella riconfigurazione delle torri di Francoforte – i caratteri specifici e irripetibili delle architetture belliniane sono allusivamente ricondotti "ad unum" attraverso l'olimipicità di uno stilobate da tempio greco reinterpretato come colata lavica riunificante le due torri.

Un processo di mineralizzazione e di cristallizzazione figurativa sottende poi le forme della tenda cui Bellini fa spesso ricorso, – quella morbidamente e suadentemente adagiata nella corte del Louvre, appena mossa, come una duna da bertolucciano *Tè nel deserto* – oppure quelle del grande sudario – che avvolge, quasi come un cretto di Burri, l'intervento ultimo alla sua preesistente Fiera di Milano-Portello, per ospitare il nuovo Centro Congressi (2008-2012) – o ancora quelle declinate in una sorta di cascata vegetale, a ricoprire i volumi e gli spazi interni del Taipei Pop Music Center a Taiwan (2009).

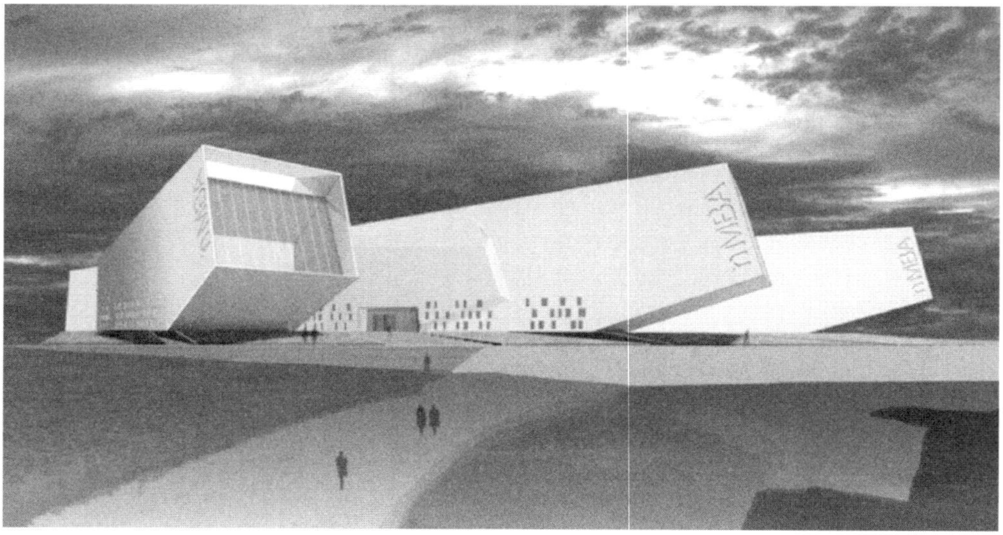

New Fine Arts Museum, Lausanne, 2004, international competition, rendering

Nuovo Museo delle Belle Arti, Losanna, 2004, concorso internazionale, render

the "religious" staging for Giotto's masterpieces (including, among others, the sublime Stefaneschi Altarpiece *for the Giotto exhibition at the Palazzo Reale in Milan in 2015), to the portal placed before elements restored for the National Museum of Italian Judaism and the Shoah in Ferrara (2010), the latter a crystallization of Bellini's concept of museum narration as journey, suspended "pop" trans-sensoriality, visual and olfactory participation and the retracing of a sentimental, critical and historical path.*

Then again, the competition-driven acceleration that has characterized Bellini's activity, in particular since the 1990s, seems to have produced, in part due to his innate inclination for technical challenges and artistic debate, a kind of Bellinian, almost futuristic, reconstruction of the universe in which, however, archetypical, almost ancestral mechanisms and laws live and transform.

This is why compositions of apparently scattered objects like the Lausanne Museum of Fine Arts (2004)—considered by many to be the result of a Dadaist coup de dés *and one of the projects representing a "turn" in Bellini's work—instead seem to be governed by a higher order, a secret gravitational attraction that references El Lissitzky's Prouns, but also the syntax of Hadrian's Villa and late-antique spatiality, in the name of comparing different, dissonant elements, simply tying them back together with neutral links intended to emphasize the uniqueness and diversity of the parts, almost as if needing to underscore that they are non-communicating Leibnizian monads that only want to clash, not make peace, as masterfully achieved in the Risonare Vivre Club complex in Yamanashi Ken, Japan. A number of his projects would otherwise be less intelligible, like the one for the Autogrill in Lainate (1989)—a futuristic prefiguration of Modernity, with the Platonic solids that were so dear to architectural culture in those years, put together in order to react to one another in a kind of sophisticated Vorticism, devoid of refined metaphysical classicality—or, more generally, his vitalistic typological experimentation, which he extends*

Questo processo di "crettizzazione" – che rimanda al principio del rivestimento come "tatuaggio" – produce figure sovente in rapporto di mutuo contrasto con una sorta di "arcaicismo" belliniano, riscontrabile nella rammemorazione delle spazialità del canyon di Petra nel Museo Nazionale di Abu Dhabi (2007), o più in generale nel recupero di elementi zoomorfi, quasi fossero domestici reperti ancestrali di frammenti di animali preistorici cari all'iconografia ludica di Pino Pascali, protesa a ricercare una originaria innocenza e purezza primordiale del mondo, se non una primigenia bellezza incontaminata, come nel caso dei grandi frammenti "scultorei" del progetto per il Museo del Mediterraneo a Reggio Calabria (2007). Il ricorso all'immaginario zoomorfo diviene esplicito in molte soluzioni progettuali, in particolare nella definizione formale di oggetti e arredi: il profilo di uno squalo è così il pretesto per disegnare le macchine Olivetti *P101* (1965) e *ETP55* (1967) mentre il profilo di un dinosauro raffigura l'Olivetti *A4* (1975); l'involucro di cuoio che riveste la *CAB 412* di Cassina (1977) è memoria delle pelli conciate dai cacciatori; le linee di un fenicottero diventano ispirazione per il disegno della sedia *Persona* di Vitra (1984).

Spesso nel lavoro di Bellini il principio del rivestimento, sia nei suoi progetti di design che in quelli di architettura, rimanda peraltro a un'idea di vocazione alla vagheggiata dimensione tattile, alla ricerca di una sensibilità della pelle, come il materiale che riveste i tasti-capezzolo della *Divisumma*, o le doghe-travi di legno sagomato per la Biblioteca di Helsinki (2012) ma anche nel progetto per il progetto per il Museo della Città di Berlino del 2008 dove l'elemento di pura schermatura esterna offriva la possibilità di percepire con tutta la sua carica fisica la parete-schermo interna espressionisticamente formulata ma ricondotta a una perseguita "magnificenza civile".

La sottile tensione che Bellini instaura tra regola ed eccezione, tra ordine e caos, appare guidare anche la composizione dei suoi dispositivi museali e la messa in scena di molti dei suoi straordinari allestimenti, dagli oggetti spiazzati nella sala delle Cariatidi di Palazzo Reale a Milano, al ricorrere dell'invariante materica del ferro, con la sua esibita ruvidità, senza edulcoranti trattamenti, declinata fino alla messa in scena "sacra" per i capolavori di Giotto – come, tra gli altri, il sommo polittico Stefaneschi per la mostra dedicata a Giotto al Palazzo Reale di Milano nel 2015 – al portale anteposto agli elementi restaurati per il Museo Nazionale dell'Ebraismo Italiano e della Shoah a Ferrara (2010), cristallizzazione quest'ultimo dell'idea belliniana ricorrente della narrazione museale come viaggio, sospeso tra sensorialità "pop", trascinamenti visivi e olfattivi, e ripercorso sentimentale, critico e storico.

L'accelerazione concorsuale che caratterizza l'attività di Bellini particolarmente a partire dagli anni novanta, d'altra parte, sembra aver prodotto, anche per effetto della sua vocazione alla sfida tecnica e alla tenzone artistica, una sorta di ricostruzione belliniana dell'universo,

to the scale of the city, the landscape and the territory. In the first case, we cannot help but mention the "clash of situations," as found, for example, in the residential building in Via Varese in Milan, of 1989–1992, where the elliptical sunken courtyard casts a sidelong glance, to the point of emerging, from the compactness of the Ceppo di Poltragno stone façade, with the same recourse to visual incident as the two houses in Via Madonnina (1988–1996), with their subliminal references to the Ca' Brutta of Giovanni Muzio and the Casa Rustici of Giuseppe Terragni in Corso Sempione in Milan. As for the city, it is enough to consider the university campus in Viganello, 2010, and the proposal for the New Ecological City of Zhenjiang, from 2013, where a calibrated correspondence is always maintained between unity and multiplicity, as much in the dimension of the urban block as in that of residential polycentrism. It is significant that Bellini's work rarely —the exceptions are Sandro Chia's and Mimmo Paladino's contributions to, respectively, the Cassina Showroom and the Design Center, both in Tokyo— includes the direct involvement of artists. This is perhaps because of Mario Bellini's tireless pursuit of "artisticness," showing his talent for reclaiming places, rethinking the world from one project to the next, beyond all specialisms, leading him from design to the city, always building a portion of the world so long as it always and only has his own connotations, so long as it resembles the things that he holds dear, that he loves, surrounding himself with a kind of intense delight in having tried everything, almost as if rendering the D'Annunzian musicality of "La pioggia nel pineto" (Rain in the Pine Grove) in an even more pervasive totalizing capacity for design.

quasi di ascendenza futurista, in cui vivono e trasmutano però al contempo meccanismi e leggi archetipiche, quasi ancestrali.

Ecco allora che composizioni di oggetti apparentemente sparpagliati come il Museo delle Belle Arti di Losanna (2004) – da più parti considerato quale esito di un dadaista *coup de dés*, e annoverato tra i progetti "di svolta" nel percorso belliniano – appaiono invece essere governati da un ordine superiore, da una segreta attrazione gravitazionale che rimanda piuttosto ai Proun di El Lissitzky, ma anche alla sintassi di Villa Adriana e della spazialità tardo-antica, in nome del confronto tra elementi diversi e dissonanti tra loro, semplicemente riannodati attraverso neutri nodi di riconnessione protesi a sottolineare l'unicità e la diversità tra le parti quasi a dover evidenziare che si tratta di non comunicanti monadi leibnitziane che tra loro cercano solo un momento di scontro, non di riappacificazione, come già sperimentato magistralmente nel complesso del Risonare Vivre Club, a Yamanashi Ken, in Giappone. Risulterebbero altrimenti meno comprensibili anche il progetto per un Autogrill a Lainate (1989) – prefigurazione avveniristica della Modernità, in cui sono declinati solidi platonici molto cari alla cultura architettonica di quegli anni, messi tra loro a reagire in una sorta di ricercato vorticismo, scevro da ricercate classicità metafisiche – o più in generale il vitalistico sperimentare tipologico di Bellini, che si estende alla scala della città, del paesaggio e del territorio. Nel primo caso, non si può non ricordare lo "scontro di situazioni", ad esempio nell'edificio residenziale di via Varese a Milano, del 1989-1992, dove il cortile ellittico incastonato traguarda, sino ad emergere dalla compattezza della facciata rivestita in ceppo di Poltragno, con lo stesso ricorso all'incidente visivo delle due case di via Madonnina (1988-1996) con i loro subliminali riferimenti alla Ca' Brutta di Giovanni Muzio o alla Casa Rustici di Giuseppe Terragni in corso Sempione a Milano. Per quanto poi riguarda la città, basti pensare al Campus universitario di Viganello, 2010, o alla proposta per la Nuova città ecologica di Zhenjiang, dal 2013, dove mantiene sempre una calibrata rispondenza tra unità e molteplicità, tanto nella dimensione dell'isola urbana che in quella del policentrismo insediativo. È significativo che raramente – fatta eccezione per gli interventi di Sandro Chia e di Mimmo Paladino, rispettivamente nello Showroom Cassina e nel Design Center, entrambi a Tokyo – il progettare belliniano contempli il coinvolgimento diretto di artisti: è forse per via dell'artisticità perseguita costantemente nel segno con cui Mario Bellini mostra di saper riscattare i luoghi, ripensando di volta in volta il mondo, al di là di ogni specialismo, che lo porta dal design alla città, a costruire sempre una porzione di mondo purché abbia sempre e soltanto i propri connotati, purché assomigli alle sue cose care, di cui ama circondarsi in una sorta di voluttà dell'aver tutto provato, quasi si trattasse di volgere la dannunziana musicalità della "pioggia nel pineto" in una ancor più pervasiva progettualità totalizzante.

Mario Bellini: Case Study

Deyan Sudjic

The first time that I heard Mario Bellini talk about his work was at the Aspen Design Conference in 1981, somewhere on the line up between Bernardo Bertolucci and Susanna Agnelli, chosen to represent "The Italian Idea." Something that he told the audience on that occasion has stayed with me ever since. "What's interesting and exciting for me is to design the first portable electric typewriter or the first personal computer, not the fifth version of the same basic idea." This admission is perhaps a key to understanding the motivations of a man who for more than 50 years has represented one of the foundations on which Italy's reputation as a leading force in contemporary design has been built.

In the 1960s, Italy was finally emerging from post-war reconstruction to become a modern industrial economy, making innovative products rather than generic low-cost imitations, much in the way that China is moving up the value chain today. It was Bellini, and a handful of other designers, who had given a generation of Italian industrialists what they needed to establish themselves on international markets. And it was the ambition of Italy's manufacturers that gave Bellini his chance to define so many new typologies in emerging technologies, from consumer electronics to business machines and furniture.

In those days Bellini was working for Olivetti from a studio on the Corso Venezia, in the center of Milan. Roberto Olivetti had hired him away from La Rinascente to establish his own design team alongside that of Ettore Sottsass. To reach Bellini's office, visitors has to pass through a baroque gateway, 6-meters high, built from honey-coloured stone in 1652 by Francesco Maria Richini as the entrance to Milan's Seminario Maggiore. It has an elaborate pediment and cornice, rusticated base, and is flanked by a pair of caryatids. Across the courtyard, there was still a chapel on the ground floor of old seminary building, but the archdiocese rented out the upper two floors. Bellini's personal studio was under the roof with life-size black and white photographic mural versions of Gentile Bellini paintings from the sixteenth century. It would be hard to imagine a more characteristically Italian setting for a design studio, or one more far removed from Silicon Valley in its philosophy. Olivetti was a remarkable company, one that was in the midst of a burst of innovation as it attempted to turn itself from its analogue incarnation, as envisaged by its founder, Camillo, to a digital one under the leadership of his son and grandson.

Bellini joined Olivetti as a 27 year-old in 1962, and took charge of the industrial design of the Programma 101, launched at the World's Fair in New York in 1964. It was described as a programmable calculator at the time. But in fact the Programma 101 has a strong claim to being regarded as the first personal computer—even though it had no screen, and lacked a word-processing facility, crucially, it did have an internal memory, data storage, and an alphanumeric programming language. And it was Bellini who gave it its

Il caso Mario Bellini

Deyan Sudjic

La prima volta che ho sentito Mario Bellini parlare del suo lavoro è stato alla Aspen Design Conference del 1981, quando venne invitato insieme a Bernardo Bertolucci e Susanna Agnelli, a rappresentare "l'idea italiana". Da allora mi accompagna una frase che disse in quell'occasione: "Per me, è interessante ed entusiasmante l'idea di progettare la prima macchina per scrivere elettrica portatile o il primo personal computer, non la quinta versione della stessa idea di base". Questa dichiarazione è la chiave per comprendere le motivazioni di un uomo che, per cinquant'anni, ha rappresentato uno dei pilastri della reputazione dell'Italia come forza trainante del design contemporaneo.

Negli anni sessanta, l'Italia stava finalmente emergendo dalla fase della ricostruzione del dopoguerra per diventare una moderna economia industriale grazie alla realizzazione di prodotti innovativi anziché di imitazioni a basso costo, una strategia simile a quella della Cina odierna. E fu Bellini – assieme a un manipolo di altri designer – a dare a una generazione di industriali italiani ciò di cui avevano bisogno per affermarsi sul mercato internazionale. Così come le ambizioni dei produttori italiani diedero a Bellini l'opportunità di definire tante nuove tipologie nelle tecnologie emergenti, dall'elettronica di consumo, ai macchinari industriali fino all'arredamento.

A quel tempo, Bellini lavorava per Olivetti in uno studio in corso Venezia, nel centro di Milano. Roberto Olivetti lo aveva assunto "rubandolo" a La Rinascente e chiedendogli di formare un proprio team di designer accanto a quello di Ettore Sottsass. Per raggiungere l'ufficio di Bellini, i visitatori dovevano superare un portale barocco alto sei metri di pietra color miele, costruito nel 1652 da Francesco Maria Richini all'ingresso del Seminario Maggiore di Milano. Il portale ha un frontone e una cornice elaborati, una base bugnata ed è fiancheggiato da una coppia di cariatidi. All'altro capo del cortile c'era ancora una cappella al piano terreno del vecchio seminario, mentre l'arcidiocesi aveva affittato i due piani superiori. Lo studio personale di Bellini si trovava nel sottotetto e alle sue pareti campeggiavano foto in bianco e nero a grandezza naturale di alcuni dipinti di Gentile Bellini del XVI secolo. Sarebbe difficile immaginare un contesto più tipicamente italiano per uno studio di design, o uno più lontano – quanto a filosofia – dalla Silicon Valley. Olivetti era una società straordinaria, in piena innovazione, che cercava di affrancarsi dalla propria incarnazione analogica, la visione del suo fondatore Camillo, per rinascere in una dimensione digitale sotto la guida del figlio e del nipote del capostipite.

Bellini entrò in Olivetti ventisettenne, nel 1962, e si fece carico del design industriale della *Programma 101*, lanciata all'Esposizione mondiale di New

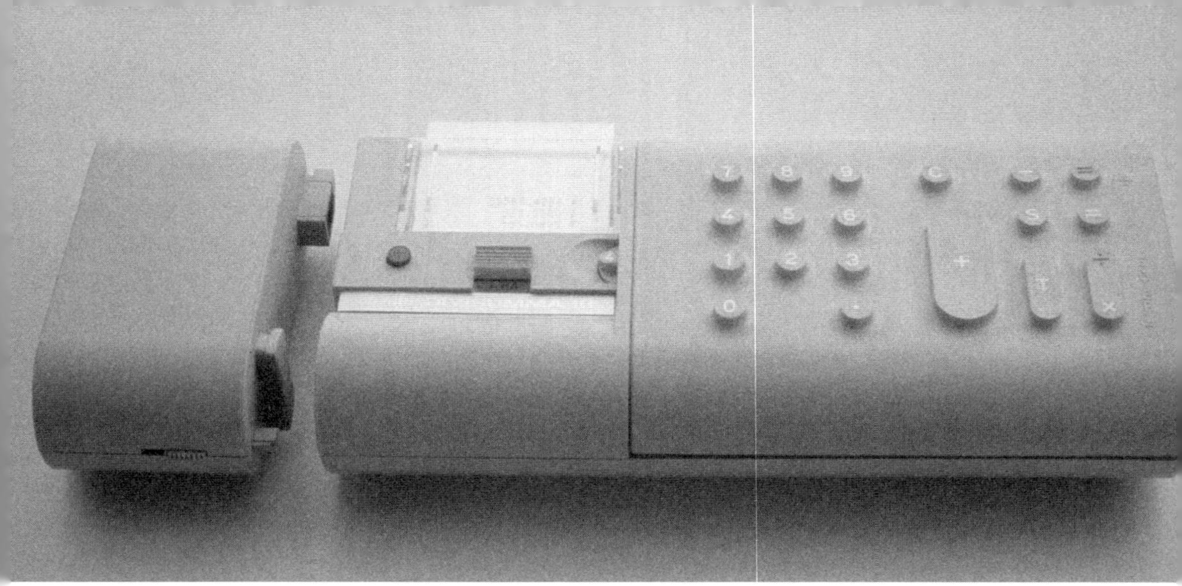

Divisumma 18,
"portable" electronic calculator, Olivetti, 1973

Divisumma 18,
calcolatore elettronico "da mano", Olivetti, 1973

shape and its character. Bellini's ability to create smoothly sculptural, perfectly proportioned industrial objects made the Programma a category-defining product. He used a new formal language that differed both from the cool logic of Max Bill and the Ulm School that dominated the industrial culture of the time and from the poetry of Sottsass, who had embarked on the modernization of Olivetti as it emerged from Nizzoli's time. Bellini's work reflected the innovative nature of the technology that was presenting, but was carefully calculated so as not to intimidate users.

The Programma decentralized computing to the individual desk for the first time, and was thus a much more fertile evolutionary prospect than the Elea 9003, the mainframe that Olivetti built with Ettore Sottsass. They represent two very different approaches to design. The Elea's painterly qualities—the multi-colored keyboards and the patterns formed by the grids framing them—reflected Sottsass's very particular sensibilities. Bellini is a brilliant creator of form with an eye for sensuous shapes that take their queue from pure geometry.

Bellini went on to develop a reputation for tactile elegance with a series of increasingly striking formal innovations, exemplified best by his Divisumma 18 electronic calculator, a machine that came in sunshine yellow with a rubber skin that stretched over the electromechanical buttons. During his talk at Aspen, Bellini put up a slide of the buttons in profile and followed it with a detail from a Renaissance painting showing an image of a pert nipple and a finger. Like the Programma, the Divisumma 18 was a new typology. Bellini's Lexikon 82, in production from 1976, was another. Olivetti made the first portable electric golf ball typewriter, and again this had a distinctive form, made possible by its ABS molded body, a bright red golf ball.

By 1987, Bellini was exploring new directions. He moved from the controlled curves to a sharp wedge form for another electronic typewriter, the ET Personal 55. With its daisy wheel printing technology, this was a more genuinely portable machine than the Lexikon 82, which despite its carrying case was not lightweight.

From the start of his relationship with Olivetti, Bellini's contract allowed him

York del 1964. All'epoca venne definita una calcolatrice programmabile, ma in realtà *Programma 101* ha tutti i diritti di essere considerata il primo personal computer, anche se non era dotata di schermo né di un software per elaborare testi, in quanto aveva una memoria interna, poteva salvare i dati ed era dotata di un linguaggio di programmazione alfanumerico. Fu Bellini a darle forma e carattere, e la sua capacità di creare oggetti industriali dal morbido carattere scultoreo e perfettamente proporzionati fece della *Programma 101* un prodotto che definiva un'intera categoria. Bellini usava un nuovo linguaggio formale che si discostava sia dalla fredda logica di Max Bill e della Scuola di Ulm, che dominavano la cultura del design industriale a quel tempo, sia dalla poesia di Sottsass che era stato incaricato della modernizzazione di Olivetti dopo i tempi di Nizzoli. Il lavoro di Bellini rispecchiava la natura innovativa della tecnologia all'interno, ma era attentamente studiato per non intimidire gli utenti.

La *Programma 101* decentralizzò l'informatica, portandola sulle scrivanie per la prima volta, quindi rappresentò una prospettiva molto più fertile verso futuri sviluppi rispetto all'*Elea 9003*, il computer *mainframe* di Olivetti disegnato da Ettore Sottsass. I due prodotti presentano un approccio molto diverso al design. Mentre le qualità pittoriche dell'*Elea*, le tastiere multicolore e i motivi formati dalle cornici che le racchiudono riflettono la particolare sensibilità di Sottsass, Bellini è un brillante creatore di forme, con un occhio per le linee gradevoli che prendono ispirazione dalla geometria pura.

Bellini divenne sempre più famoso per l'eleganza tattile dei suoi progetti grazie a una serie di innovazioni formali sempre più sbalorditive, il cui massimo esempio è la *Divisumma 18*, una calcolatrice elettronica con una scocca rivestita in gomma giallo brillante che copre anche i tasti elettromeccanici. Durante il suo discorso ad Aspen, Bellini proiettò una diapositiva che mostrava i tasti di profilo, alla quale fece seguire la foto di un impudente capezzolo e di un dito. Come *Programma*, anche *Divisumma 18* rappresentava una nuova tipologia. La *Lexikon 82* di Bellini – prodotta da Olivetti a partire dal 1976 – rappresentò un'altra innovazione: la prima macchina per scrivere elettronica a pallina, con una forma distintiva, resa possibile dal corpo modellato in ABS e dalla pallina rossa.

Nel 1987 Bellini stava ormai esplorando nuove direzioni e passò dalle curve controllate alle forme spigolose di un'altra macchina per scrivere elettronica, la *ET Personal 55*. Con il suo sistema di stampa a margherita, questa macchina era autenticamente portatile, più della *Lexikon 82*, che, sebbene dotata di valigetta, non era affatto leggera.

Sin dall'inizio del suo rapporto con Olivetti, il contratto di Bellini gli consentiva di lavorare per altre aziende, a patto che queste non operassero nello stesso settore.

Il televisore *Aster* per Brionvega, del 1968, fu uno dei primi prodotti di questa libertà professionale. Proprio come aveva creato nuove tipologie di macchine per scrivere, Bellini escogitò un nuovo modo per risolvere la relazione tra lo schermo televisivo, l'ingombrante tubo catodico e la base, ancora necessaria ai televisori dell'epoca. Benché il modello non esista

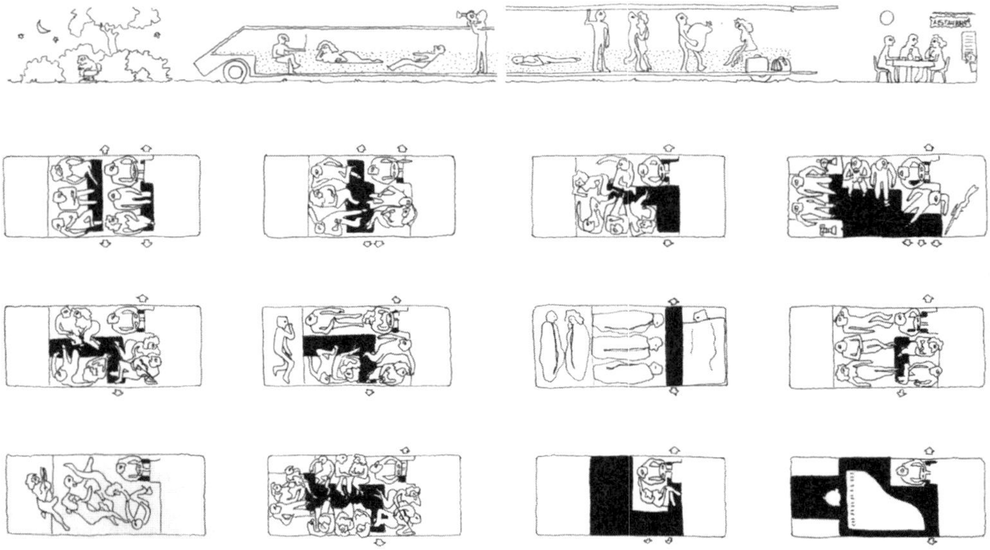

Various activities that can be performed in the Kar-a-sutra *mobile human space, according to Mario Bellini's concept, revolutionary and irreverent for the time. Drawings by Gorgio Origlia*

Varie attività da svolgere nello spazio-mobile *Kar-a-Sutra* secondo il concept, rivoluzionario e irriverente per i tempi, di Mario Bellini (disegni di Gorgio Origlia)

to work for other companies provided that they were not operating in the same territory.

The Aster for Brionvega, in 1968, was an early product of his freedom. Just as he had created new typologies for typewriters, Bellini came up with a new way to resolve for the relationship between viewing screen, a bulky cathode ray tube, and the base on which televisions once needed to stand. The Aster, through the typology no longer exists, was as brilliant in its apparently effortless and instantly memorable image as were the sharply chiseled cassette deck Bellini designed for Yamaha in 1974, or the the first laptop, the Quaderno, he designed for Olivetti in 1992.

Bellini developed a range of formal solutions that reflected the stylistic background of different times. The Divisumma was clearly influenced by pop, while the muddy colors of the ET Personal suggest a hint of postmodernism in the air, as did the graphic treatment of the Quaderno.

It was a remarkable run of formal invention, the product of a unique company, and of a special time, when it was still possible for an industrial designer working on the most critical new products for huge corporations to operate as an independent consultant. To have the kind of impact Bellini did in that period today, a designer would almost certainly have to work inside a company as an employee, and loose the freedom to maintain an independent consultancy in the way he did. This shift may to some extent account for Bellini's move towards furniture and architecture after Olivetti's eclipse—although, there was a phone call from Steve Jobs back in the 1980s, where Bellini explained he was committed to Olivetti at the time, and later, an unrealized prototype for a laptop for Apple.

Bellini's work for Olivetti, Yamaha, and Brionvega might be understood as defining the golden age of the modern electronic object. It was an age when technology seemed new and innocent, before the inexorable logic of Moore's law that has continually seen doubling of computing power every 18 months,

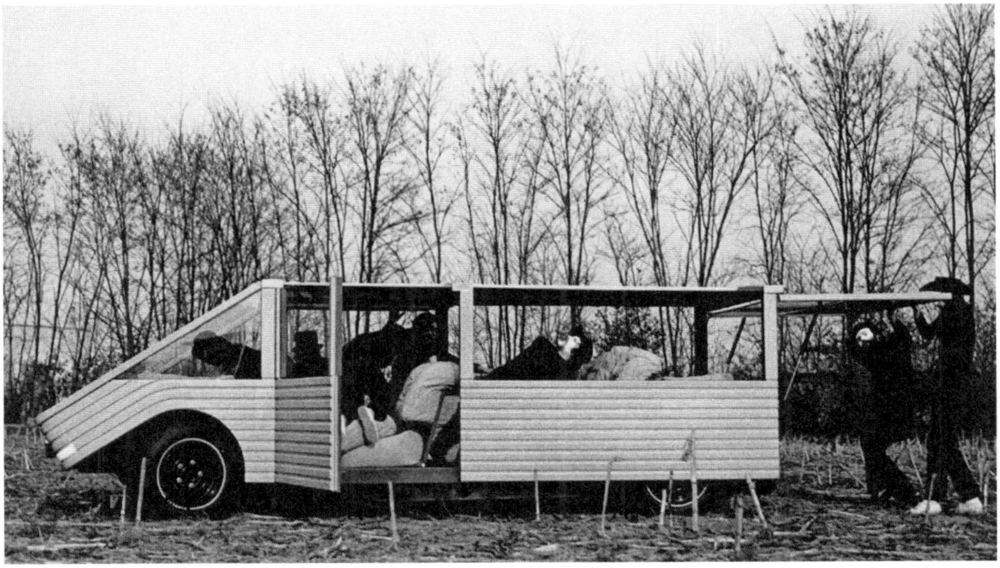

Kar-a-sutra, *mobile human space designed by Mario Bellini for the exhibition* "Italy: the New Domestic Landscape" *at MoMA, New York, in 1972. Photo by Valerio Castelli, Centro Kappa*

Kar-a-Sutra, spazio-mobile progettato da Mario Bellini su invito del MoMA di New York per la mostra *Italy: the New Domestic Landscape* nel 1972 (foto di Valerio Castelli, Centro Kappa)

più, l'*Aster* riuscì brillantemente a creare – apparentemente senza sforzo – un'immagine subito memorabile, tanto quanto quelle della piastra di registrazione dalle forme nette, realizzata per Yamaha nel 1974, o del primo computer portatile, *Quaderno*, disegnato per Olivetti nel 1992.

Bellini sviluppò una serie di soluzioni formali che riflettevano il background stilistico di diverse epoche. La *Divisumma* era chiaramente influenzata dal pop, mentre i toni fangosi della *ET Personal* e il trattamento grafico di *Quaderno* richiamavano un'aura postmodernista.

I progetti di Bellini furono un'incredibile sequenza di invenzioni formali, prodotte da un'azienda unica in un'epoca particolare in cui, per un designer industriale, era ancora possibile lavorare a prodotti innovativi per grandi aziende, pur operando come consulente indipendente. Per avere oggi il tipo di impatto che Bellini ebbe allora, un designer dovrebbe quasi certamente essere assunto da un'azienda, perdendo la libertà di consulenza che ebbe lui. Si tratta di un passaggio che, in qualche misura, potrebbe spiegare come mai Bellini, dopo l'eclissi di Olivetti, abbia rivolto i propri interessi verso l'arredamento e l'architettura, sebbene ci sia stata una telefonata da parte di Steve Jobs negli anni ottanta, quando Bellini dovette spiegare di essere vincolato a Olivetti, e – successivamente – un prototipo mai realizzato di un portatile per Apple.

Il lavoro di Bellini per Olivetti, Yamaha e Brionvega potrebbe essere considerato come l'epoca d'oro del moderno oggetto elettronico. In quel periodo la tecnologia sembrava nuova e innocente, e non era ancora entrata in scena l'inesorabile logica della *legge di Moore*, che ha visto sistematicamente raddoppiare la potenza dei computer ogni diciotto mesi e ha messo nelle mani degli utenti di smartphone un potenziale pari a quello della Nasa ai tempi del primo allunaggio. Il progresso della *legge di Moore* ha scatenato un'esplosione digitale che ha portato all'estinzione di massa di tutti gli oggetti che un tempo avevano un valore, dalle macchine fotografiche

and has brought as much potential in the hands of a smartphone user as was available to NASA at the time of the moon landing. The progress of Moore's law has triggered a digital explosion that has seen the mass extinction of all kinds of once-valuable objects, from cameras and typewriters to record players and televisions. Bellini's projects from that time are clearly technologically redundant, and yet they retain their allure and reflect a potent vision of the world even now.

It was the determination to explore new typologies also underpinned Bellini's famous project for the Museum of Modern Art in New York exhibition curated by Emilio Ambasz, the Kar-a-sutra. It was an exploration of the possible future of transport that anticipated the single volume idea of a people mover that Renault later used for the Espace. The open roofed prototype, based on a Citroen Chassis, in striking green fiberglass, was used in the remarkable film that Bellini made of the project. "Italy, The New Domestic Landscape," with its less known subtitle Achievements and Problems of Italian Design was a sprawling and ambitious exhibition that signaled for perhaps the first time just how much attention the rest of the world was of paying to the significance contemporary Italian design.

While few non-Italians who saw it would have understood this, the exhibition clearly demonstrated the polarized situation in which Italian design found itself. In deference to the financial support offered by the Italian Ministry of Trade, one section was devoted to a collection of the exquisite and seductive products of Italian factories. The other was a collection of installations that—whether the Museum, or the sponsors, understood this or not—deliberately set out to challenge, even to undermine the assumptions on which the rest of the exhibits were based. Sottsass and Bellini were able to combine their roles at Olivetti with more poetic speculations on the nature of objects. But Archizoom, Superstudio and 9999 were fundamentally suspicious of the world of production. For them, an exhibition, a gallery, a happening, a night club interior, manifestations that in themselves were fleeting and transitory were not a substitute or provisional version of reality, they were reality. In the catalogue for "The New Domestic Landscape," Germano Celant wrote that it was only by moving away from objects that architecture and design could become truly radical:

"a silence in performance, a non-realization of one's own ideas and projects – only this can lead architecture and design out of their institutionalized, commercial phase and give them a place in the true cultural revolution, based on ideas and actions intended to subvert the existing system."

Bellini was no subversive. For Celant, the fact that radical design could be taken at face value as a work of design, and put into production, was render it a failure. One can also understand so many of Bellini's furniture and industrial designs in terms of a continuous search for innovation. The remarkable Teneride office chair, from 1970, in self-skinning polyurethane and the Amanta sofa in ABS, tried to use materials that were new to furniture, and which made possible new shapes and configurations. Later, working for Vitra, Bellini produced the Persona office chair, that gave work place furniture the signals of of soft, colorful domestic comfort.

alle macchine per scrivere, dai giradischi ai televisori. I progetti di Bellini di quel tempo oggigiorno sono chiaramente ridondanti dal punto di vista tecnologico, ma non per questo hanno perduto il loro fascino o hanno cessato di riflettere una potente visione del mondo.

Fu la determinazione a esplorare nuove tipologie che pose le basi del famoso progetto di Bellini per la mostra al Museum of Modern Art di New York curata da Emilio Ambasz: quello per *Kar-a-Sutra*. Si trattava di un'esplorazione del possibile futuro dei trasporti e poteva essere considerata l'anticipazione dell'idea di monovolume che Renault utilizzò in seguito per il modello *Espace*. Il prototipo, con il tettuccio apribile su *chassis* Citroën, in fibra di vetro verde brillante, venne utilizzato nella realizzazione di un notevole film che Bellini girò sul progetto. La mostra *Italy: The New Domestic Landscape*, con il sottotitolo meno noto *Achievements and Problems of Italian Design*, era ambiziosa e disordinata e segnalava, forse per la prima volta, quanta attenzione il resto del mondo stava cominciando a dedicare al design contemporaneo italiano.

Eppure, anche se ben pochi non italiani sarebbero stati in grado di capirlo, la mostra metteva chiaramente in scena la situazione polarizzata nella quale si trovava il design italiano dell'epoca. In onore del supporto finanziario offerto dal Ministero del Commercio, una sezione venne interamente dedicata a una raccolta di tutti gli squisiti e seducenti prodotti delle fabbriche italiane. L'altra esponeva una serie di installazioni che, comprese o meno che fossero da parte del museo o degli sponsor, si proponevano deliberatamente di sfidare, e persino di minare, i presupposti sui quali si basavano gli altri oggetti esposti. Sottsass e Bellini riuscirono a combinare il ruolo di designer per Olivetti con le loro speculazioni poetiche sulla natura degli oggetti. Ma Archizoom, Superstudio e 9999 guardavano sostanzialmente con sospetto al mondo della produzione industriale. Per loro, una mostra, una galleria, un evento, un night club – manifestazioni di per sé fuggevoli e transitorie – non erano sostituti o versioni provvisorie della realtà, *erano* la realtà. Nel catalogo per *The New Domestic Landscape*, Germano Celant scrisse che era solo allontanandosi dagli oggetti che l'architettura e il design potevano diventare realmente radicali: "Il silenzio in una performance, la non realizzazione delle idee e dei progetti di qualcuno [...] solo questo può portare l'architettura e il design fuori dalla fase istituzionalizzata, commerciale, per dare loro un posto nella vera rivoluzione culturale, basata su idee e azioni mirate a sovvertire il sistema esistente".

In questo senso, Bellini non era un sovversivo. Per Celant, il fatto che il design radicale potesse essere considerato per le apparenze, e quindi messo in produzione, bastava a renderlo un fallimento. E dovremmo valutare molti progetti di arredamento e di design industriale di Bellini non intendendoli come rivoluzionari, ma nei termini di una continua ricerca dell'innovazione. La pregevole sedia per ufficio *Teneride* del 1970, stampata in poliuretano espanso, e il divano *Amanta* in ABS rappresentano due tentativi di usare materiali inediti per l'arredamento, rendendo possibili nuove forme e configurazioni. Qualche anno dopo, lavorando per Vitra, Bellini produsse la

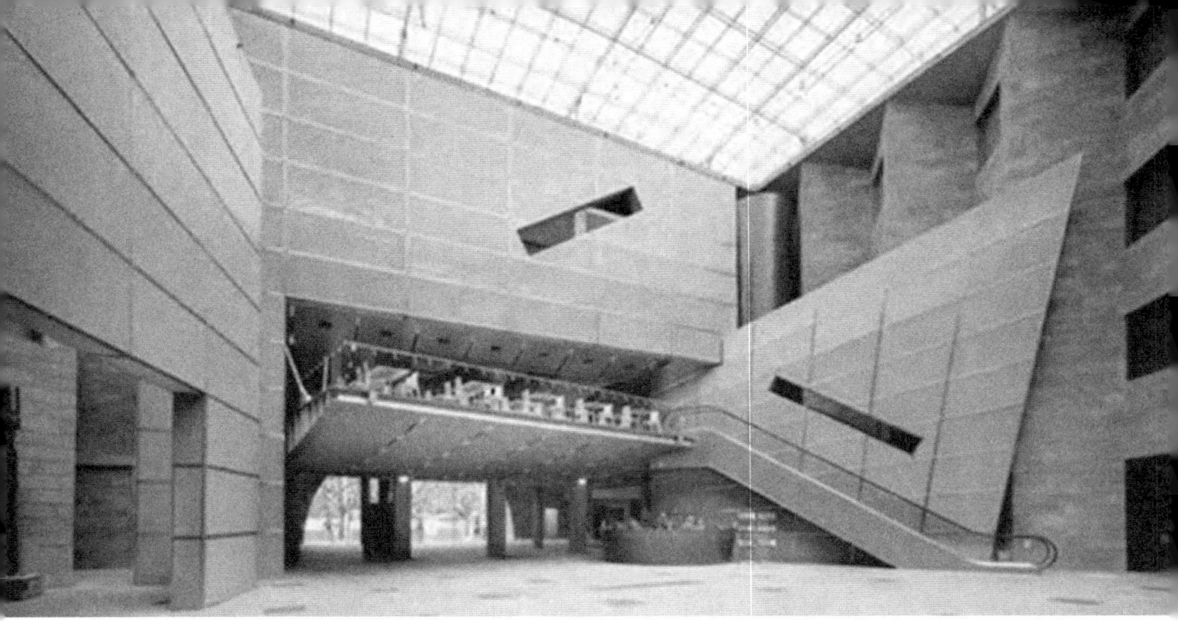

National Gallery of Victoria, Melbourne, Australia, 1996–2003. Here Mario Bellini was both the architect and the exhibition designer

National Gallery of Victoria, Melbourne, Australia, 1996-2003: nell'ambito di questo progetto Mario Bellini ha curato sia l'architettura, sia l'allestimento museografico

With material objects slipping away, it's not hard to understand why in the last decades Bellini has invested increasing amounts of energy in architecture—the discipline in which he was originally trained, and which from the start of the 1980s was always an aspect of his work. For a designer who found his greatest satisfaction in creating new typologies, it is not surprising that he would look increasingly to the permanence of architecture for a creative outlet. In the 1980s, with his office and industrial complex on the edge of Milan, he applied the care and precision of his consumer electronics to making a richly detailed container scaling industrial design up to the size of a building in an impressive way. Later projects such as the convention center in Biella and his first additions to the Milan trade fair district, began to explore historical precedents, as did his major addition to the National Gallery of Victoria in Melbourne. From 2000 onwards, Bellini became increasingly engaged with energetic, restless, but not always successful attempts to build projects around the world. The most striking of them was for the remodeling of the original fair site in Milan, where he showed obvious gusto in exploring the potential of the new complex geometries made possible by parametric modeling.

Italy has a distinguished tradition of architects who have made a mark in design at a number of different scales. For Ernesto Rogers, the idea of operating "from the spoon to the city" was a kind of call to arms for the post-war reconstruction of Italian society. The risk is in the possibility that the shift between building and object is too abrupt. A chair is not a piece of miniature architecture, even though it may convey some of the same values and ideas, as Gio Ponti so convincingly demonstrated. And architecture cannot offer Bellini the same potential for inventing new archetypes. It is most often based on the use of existing formal archetypes to signify meaning.

For Bellini, "context" has provided the most fruitful point of departure for his architectural work. The convention center on Lake Como—the first of his buildings I was able to explore in detail when it was completed in the early 1990s—has a legible formal structure with a clearly defined hierarchy that

sedia per ufficio *Persona*, che conferì all'arredo da ufficio un tocco di comfort domestico, morbido e colorato.

Dal momento che gli oggetti materiali sono diventati obsoleti, non è difficile capire perché, negli ultimi decenni, Bellini abbia investito sempre più energie nell'architettura, la disciplina nella quale si era formato agli albori della sua carriera e che, dagli anni ottanta, ha sempre fatto parte del suo lavoro. Bellini era un designer che ricavava le maggiori soddisfazioni creando nuove tipologie, quindi non deve sorprendere che abbia cercato sempre più uno sbocco creativo nella permanenza dell'architettura. Negli anni ottanta applicò la stessa cura e precisione dei progetti per l'elettronica di consumo per realizzare un ufficio e un complesso industriale alle porte di Milano: una struttura finemente dettagliata, che proporzionava in maniera impressionante il design industriale fino alla dimensione di un edificio. Nei progetti successivi, come il centro congressi di Biella e le prime aggiunte al distretto della Fiera di Milano, cominciò a esplorare i precedenti storici del contesto, così come fece per la sua importante ristrutturazione della National Gallery of Victoria a Melbourne. Dal 2000 in poi, Bellini si è occupato incessantemente, e attivamente, di progetti in tutto il mondo, ma non sempre con successo. Il più incredibile è stato quello per la ristrutturazione del sito della Fiera di Milano, dove Bellini ha palesemente dimostrato il piacere di esplorare il potenziale di nuove e complesse geometrie, rese possibili dall'uso di modelli parametrici.

L'Italia ha una nota tradizione di architetti che hanno lasciato un segno nel design in proporzioni diverse. Per Ernesto Rogers, l'idea di operare "dal cucchiaio alla città" era una sorta di chiamata alle armi per la ricostruzione della società italiana del dopoguerra. Il rischio sta nella possibilità che il passaggio tra oggetto ed edificio sia troppo repentino. Una sedia non è un'architettura in miniatura, anche se potrebbe trasmettere alcuni degli stessi valori e idee, come Gio Ponti riuscì a dimostrare in modo tanto convincente. E l'architettura non può offrire a Bellini lo stesso potenziale per inventare nuovi archetipi, perché la trasmissione dei significati si basa spesso sull'uso di archetipi formali esistenti.

Il "contesto" ha fornito a Bellini il più fruttuoso dei punti di partenza per il suo lavoro di architetto. Il centro congressi sul lago di Como, il primo dei suoi edifici che ho potuto esplorare nel dettaglio quando fu ultimato all'inizio degli anni novanta, ha una struttura formale leggibile, con una gerarchia chiaramente definita che inserisce con delicatezza un elemento sostanzialmente nuovo nel romantico giardino sul lago di una villa *belle époque*. Il principale punto di riferimento è la serra in vetro che una villa di questo genere avrebbe potuto avere in passato. Il vetro, però, è estruso ed eroso in forme meno familiari che si diffondono nel contesto del giardino, mentre frammenti di muratura emergono dal vetro conferendogli un linguaggio classico. Anche la sua nuova galleria per il Louvre e la trasformazione della National Gallery of Victoria a Melbourne sono opere che dipendono da una forte relazione con il contesto architettonico. In entrambi i casi, però, i progetti sono contenuti nel contesto

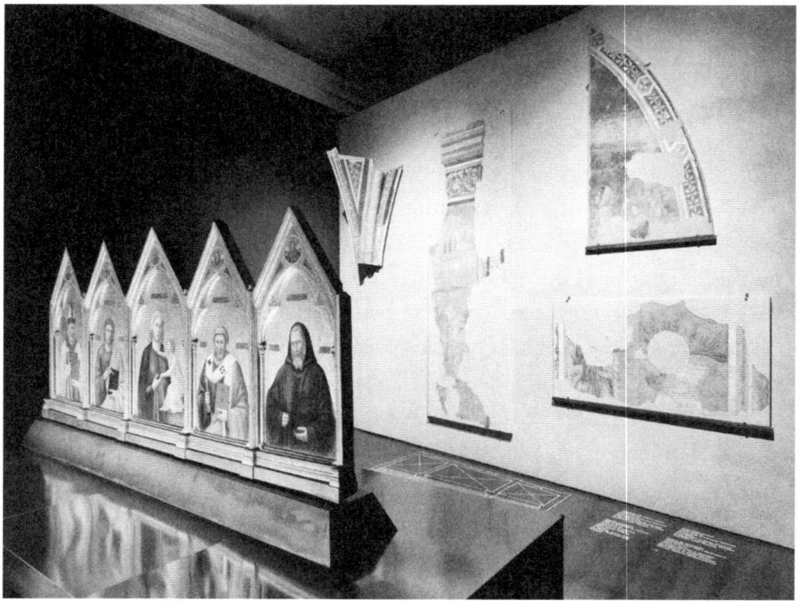

Exhibition design for "Giotto, l'Italia," *Palazzo Reale, Milan, 2015–2016*

Giotto, l'Italia, allestimento della mostra a Palazzo Reale, Milano, 2015-2016

tactfully inserts a substantial new element into the romantic landscape of the grounds of the belle époque lakeside villa in which it is set. The main point of reference is to the kind of glass greenhouse that such a villa might once have had. But the glass is extruded and eroded in less familiar forms that spill into its garden setting. Fragments of solid masonry, given a classical language, emerge from the glass. His galleries at the Louvre and his transformation of the National Gallery of Victoria in Melbourne are also works that depend on a strong relationship with architectural context. But in both these cases, they are contained by that context, and have little expression beyond it. In Paris, in deference to the context, Bellini inserted a cloud-like veil over one of the Louvre's courtyards. In Melbourne too, Bellini worked within the sharply defined edges of an existing building, in which he inserted a forceful juxtaposition of bold forms and ambiguous plays of light and shade. In Melbourne, Bellini's architectural "host" was a massive blank walled slab of stone, built comparatively recently in the 1960s, and while the slab remains a brooding undisturbed presence on the outside, it is strong enough to stand up to being treated with much less deference on the interior, than the almost intangible connection between Bellini's glass and the walls of the Louvre.

Similar strategies were adopted also on some of his most recent architectural works, like the remodeling of the Milan exhibition grounds, where his billowing new roof seeks to coopt and transform existing structures, treated as if they were modern ruins. This kind of scenography can be seen emerging also from his many exhibition designs dealing with subjects as diverse as Giotto and Christopher Dresser, and, more recently and on a larger scale with his archaeological project in Rome. He has a way of either using context as a kind of frame for new interventions, or else to make his intervetions a new way of seeing existing context.

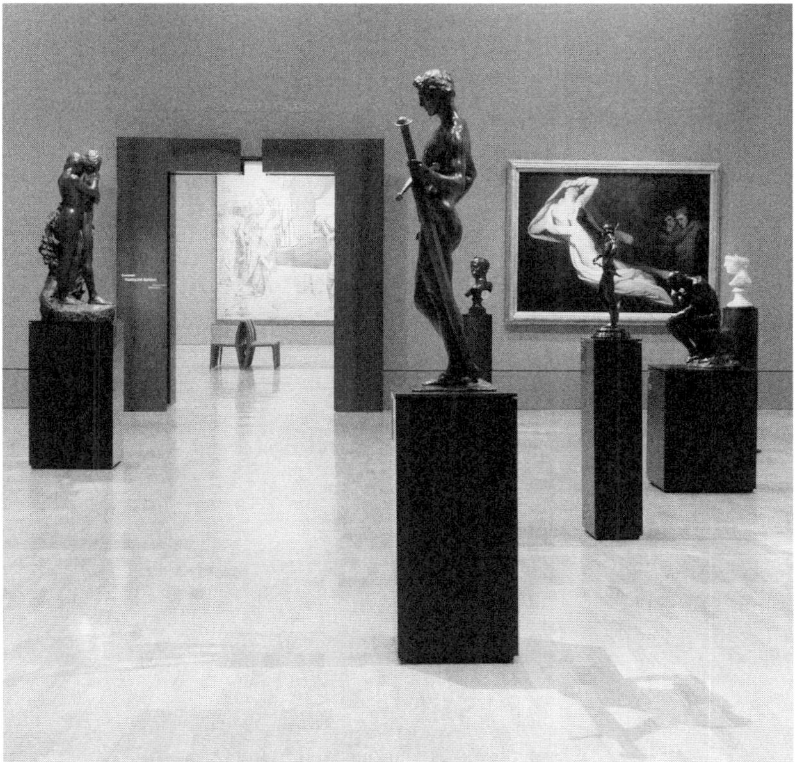

One of the rooms in the National Gallery of Victoria, Melbourne, Australia, 1996-2003

L'allestimento di una sala della National Gallery of Victoria, Melbourne, Australia, 1996-2003

stesso e si esprimono ben poco al di fuori di esso. Se a Parigi, proprio per rispettare il contesto, Bellini ha inserito una copertura simile a un velo in uno dei cortili del Louvre, anche a Melbourne ha lavorato entro il profilo nettamente definito di un edificio esistente, nel quale ha inserito una netta giustapposizione di forme ardite e ambigui giochi di luci e ombre. A Melbourne, l'"ospite" architettonico di Bellini è un'enorme parete di pietra spoglia – costruita relativamente di recente, negli anni sessanta – che rimane una presenza minacciosa e indisturbata all'esterno, ma è abbastanza solida da poter essere trattata all'interno con molta meno deferenza del collegamento quasi intangibile tra il padiglione in vetro di Bellini e le pareti del Louvre.

Bellini ha adottato strategie simili anche per alcune delle sue architetture più recenti, come nel caso della ristrutturazione della Fiera di Milano, dove una nuova copertura, gonfia come una nuvola, cerca di cooptare e trasformare le strutture esistenti che vengono trattate come fossero rovine moderne. Questo genere di scenografia emerge anche dai suoi tanti allestimenti di mostre, che spaziano tra una grande varietà di temi, da Giotto a Christopher Dresser e, più di recente e su più larga scala, fa riferimento al suo progetto archeologico a Roma. Bellini utilizza il contesto come una sorta di cornice per nuovi interventi, oppure usa i propri interventi per far vedere con uno sguardo nuovo un contesto esistente.

The Architecture of Beauty

Ermanno Ranzani

The title of this exhibition devoted to Mario Bellini's work for the Milan Triennial is "Italian Beauty." And Bellini is of course an "ambassador" of Italian beauty worldwide, but he has also always been a link connecting Milan and Italy to the lifestyles, customs and interests of an open, contemporary, culturally advanced Europe and world in search for a new identity at the beginning of the twenty-first century.

It is nothing new to say that Milan is the Italian city most "open" to international influences, including in the field of architecture. And this openness is easy to spot, especially in 2017, since the last ten years have seen the face of the city center transformed by countless prominent "redevelopments" of disused and abandoned areas.

I believe that this recent and clear change in Milanese architecture began in 1987 with the construction of the pavilions for the extension of the Milan exhibition center in Portello.

In 1985, already a veteran with over twenty years' successful experience as a designer of objects, furniture and machines, Mario Bellini intensified his focus on architecture, making it the main priority of his professional activity. This was not an abrupt change of direction, but rather, as often happens in life, the result of the convergence of a number of different factors that, when gathered all together, created a unique situation.

In Milan, after many years of a policy of city planning and social engagement, the idea began to emerge that these alone were not enough to build the city and its architecture.

At the same time, the architectural style that was considered at the time the most refined and that had a perhaps less direct relationship with the construction industry was slowly changing its perspective and convictions, emphasizing the limitations of a lack of close linguistic investigation in architectural projects.

The architectural profession and culture thus began to reconcile and there was a renewed interest in "Milanese professionals," the Gardellas, Magistrettis and Zanusos of the world, who worked, often on a small scale, without apparently having an effect on the form and quality of the city.

Economic resources long focused mostly on object and furniture design were now also dedicated to architecture. New, bolder clients came to the fore and the projects in the pipeline became pressing "investments" focused on Milan.

In this world, in the middle of the 1980s, with a new attitude taking hold in Italian and Milanese society, Mario Bellini made his shift to architecture, supported by his formidable interior motivation, and with the work he had done up until then to recommend him.

L'architettura della bellezza

Ermanno Ranzani

Italian Beauty è il titolo di questa esposizione dedicata al lavoro di Mario Bellini alla Triennale di Milano. "Ambasciatore" della bellezza italiana nel mondo, quindi, ma, da sempre, anche anello di congiunzione di Milano e dell'Italia con i modi di vita, gli usi, gli interessi di una società europea e internazionale aperta, contemporanea, culturalmente avanzata e in cerca di una nuova identità agli inizi del XXI secolo.

Non è certo una novità parlare di Milano come la città italiana più "aperta" alle esperienze internazionali, anche a quelle architettoniche; ed è semplice rimarcarlo soprattutto nel 2017, dopo che gli ultimi dieci anni hanno visto il volto della città nelle sue parti più centrali riconfigurato dalle oramai numerose e cospicue "riconversioni" delle aree dismesse o abbandonate.

Penso che l'*incipit* di questo recente ed evidente cambiamento nel panorama edilizio milanese sia avvenuto a partire dal 1987 con la costruzione dei padiglioni per l'ampliamento della Fiera di Milano nell'area Portello.

Nel 1985 Mario Bellini, reduce da oltre venti anni di carriera e di successi nel campo del progetto degli oggetti, degli arredi e delle macchine, si accinge a iniziare, o meglio, a intensificare e rendere preponderante negli impegni lavorativi il suo interesse per l'architettura. Non si tratta sicuramente per lui di una metamorfosi improvvisa, quanto piuttosto, come spesso accade nella vita, di una particolare congiunzione di molti elementi che, quando compresenti, precipitano in un'unica soluzione.

Milano, dopo molti anni, inizia a pensare che la pianificazione urbanistica e l'impegno sociale non siano sufficienti o meglio "autosufficienti" per costruire la città e l'architettura.

Nello stesso momento anche quell'architettura che, allora, si riteneva più colta e con un rapporto forse meno diretto con il mondo della costruzione, modifica, anche se con lentezza, il suo pensiero e i suoi convincimenti ponendo in rilievo tutti i limiti della mancanza di un approfondimento linguistico dei progetti di architettura.

Professione e cultura architettonica iniziano dunque un riavvicinamento, rinasce l'interesse per i "professionisti milanesi", i Gardella, i Magistretti, i Zanuso, che lavorano, magari per piccoli episodi, senza incidere, apparentemente, sulla forma e sulla qualità della città.

Le energie economiche che si erano indirizzate maggiormente per lungo tempo al disegno degli oggetti, degli arredi, si rivolgono anche all'architettura; nuovi e più grintosi committenti si affacciano alla ribalta

The construction of the Portello exhibition pavilions marked Milan's "jump" towards its never slaked international vocation that has led it to become the Italian city that most "European" city in Italy. Bellini's design immediately aroused interest, debate and curiosity. A grand building, its "tympanum" projected towards the outside of the city, towards its metropolitan vocation, it impressed itself on Milan with the force of an infrastructure, as intuited at the time by Franco Purini in the pages of Domus.

Today, the "tympanum" of the exhibition center is one of the symbols of the city of Milan, one of its "gates," expressing itself in a language with a by-now uninhibited relationship with the themes of rationalism, having introjected its lesson, drawing easily on even its most eloquent forms. The elevated green path, parallel to via Scarampo, was the first attempt in those years to create a marriage between architecture and "nature," today one of the distinctive elements of contemporary architectural practice.

In this sense, Bellini is a Milanese architect, not so much in the customary sense of the term, linked to the return to the city's typical figurative themes, but rather in the sense of the capacity for the modern that has always been a part of the city's DNA.

Paradoxically, this theme brought him closer, by contrast, to Luigi Caccia Dominioni, also a Milanese architect par excellence, but instead an interpreter of a city that has also always been dedicated to self-renewal but with a spirit of strong rootedness in the established certainties of the bourgeois tradition, which he never violates.

Over time, Bellini has repeatedly tried to use his proposals and projects to "lead" Milan towards international lifestyles and behavior, fighting against the many standardized "commonplaces" of Italian society.

I am thinking, for example, of the presumed untouchability of historical buildings that still today is something of an absolute "dogma," an assumption that is certainly understandable given the defacement suffered by Milan and its surroundings, but unacceptable as an incontrovertible statement.

In the 1980s, Bellini worked hard to give fresh vigor to the Triennale di Milano. In 1986, he was the curator and designer of the most important exhibition at the XVII Triennale, dedicated to the theme of the home.

The exhibition design provided visitors with an unforgettable experience that enriched the contents of the exhibition itself, contributing an extremely stimulating element of its own.

The exhibition spread out over an entire floor of the Palazzo della Triennale. It was called "Il Progetto Domestico" (Home Design) and, partly based on the major MoMA exhibition of 1972, "Italy: The New Domestic Landscape," presented a reflection on historical approaches to living space and possibilities for the future.

Especially memorable was the bookcase, the "Scatola dell'anima" (Box of the Soul), welcoming visitors at the entrance of the exhibition and

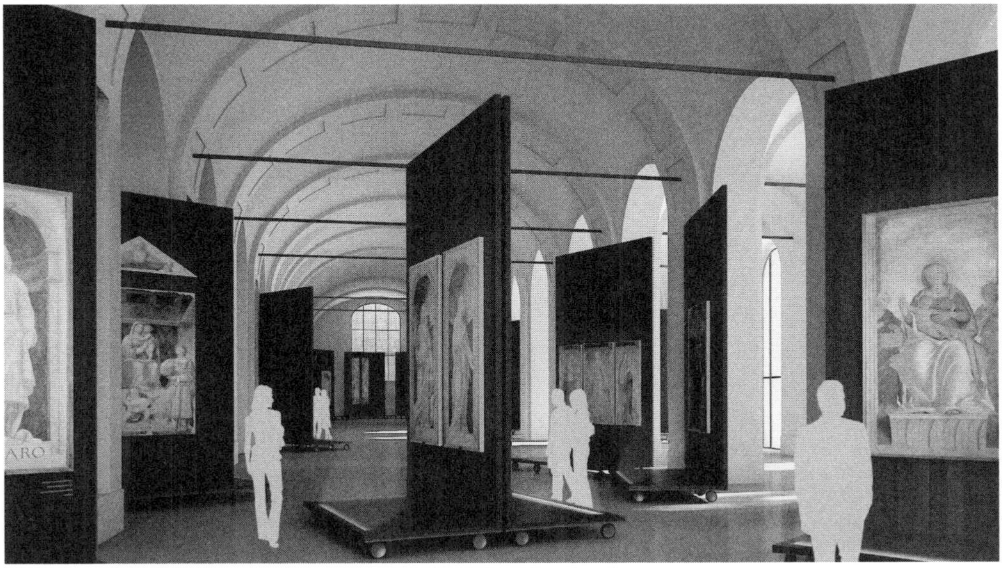

One of the rooms in the Brera Gallery designed by Bellini as part of the architectural and museographical renovation of the Brera monumental and museum complex, Milan, 2009–2014. Mario Bellini won the Italian government's Europe-wide design competition for the project

Una della sale della Pinacoteca di Brera riallestite nell'ambito del progetto di riogranizzazione architettonica e museografica del complesso monumentale e museale di Brera, Milano, 2009-2014: Mario Bellini ha vinto il concorso europeo indetto dallo Stato italiano

e progetti da realizzare diventano impellenti "investimenti" che puntano su Milano.

È in questo mondo, a metà degli anni ottanta, quando nella società italiana e milanese si impone un nuovo atteggiamento, che si inserisce il passaggio di Mario Bellini all'architettura, avvenuto appoggiandosi alla sua formidabile spinta interiore e al lavoro sino ad allora compiuto che lo aveva reso credibile.

La costruzione dei padiglioni della Fiera al Portello rappresentano quel "salto" verso la mai sopita vocazione internazionale di Milano che la porta a essere oggi la città italiana più vicina alla vitalità delle grandi capitali europee.

Subito, la realizzazione di Bellini desta interesse, polemiche, curiosità: un edificio imponente, proiettato con il suo "timpano" verso l'esterno della città, verso la sua vocazione metropolitana, si è impresso in Milano con la forza di un'infrastruttura, come Franco Purini nella sua presentazione su "Domus" di quegli anni aveva intuito.

Oggi il "timpano" della Fiera è uno dei simboli della città di Milano, una delle sue "porte" d'ingresso che si esprime con un linguaggio oramai disinibito rispetto ai temi del razionalismo, avendone introiettato la lezione attingendo con facilità alle sue figure anche più eloquenti.
Il percorso verde sopraelevato, parallelo a via Scarampo, è il primo tentativo realizzato in quegli anni di un connubio tra architettura e "natura" che è oggi uno degli elementi distintivi della contemporaneità del mestiere di architetto.

In questo senso Bellini è un architetto milanese e non tanto nell'accezione che spesso sembra connotare questa espressione legandola alla ripresa dei temi figurativi tipici della città, alla sua riservatezza borghese, quanto piuttosto alla capacità di modernità che da sempre costituisce il DNA di Milano.

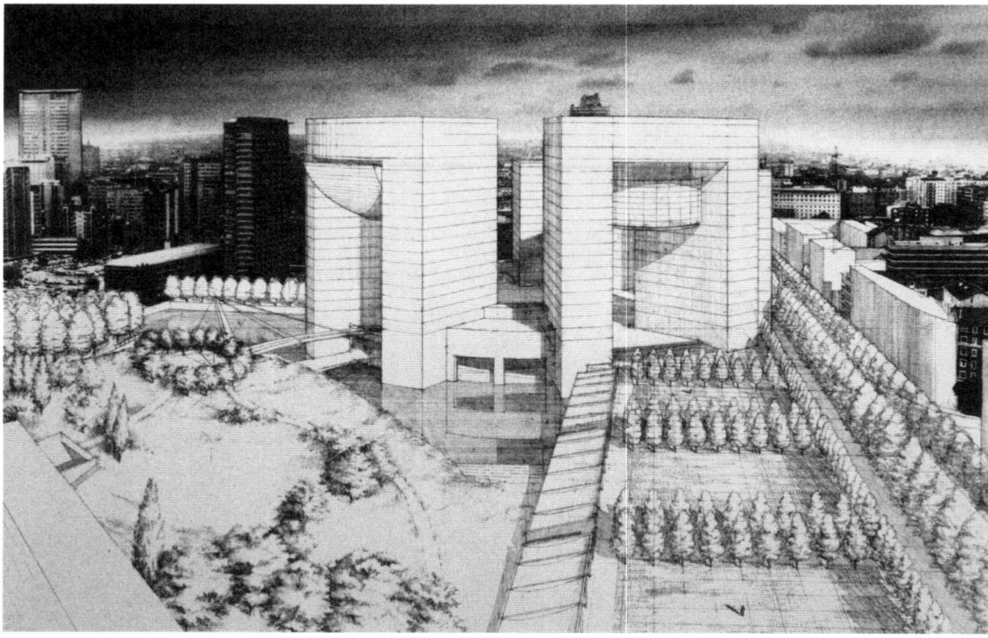

faced Aldo Rossi's installation of a domestic interior, set up above the main staircase.

In 1991, an international competition was announced for the new Garibaldi-Repubblica business and financial center, one of the problematic urban nodes in Milan left unresolved for decades after the war.

Bellini's competition proposal was quite simple: a pedestrian-only square, like the ones in historical city centers, but elevated and surrounded by a series of tall service buildings located strategically at the intersection of the two main streets. The tall buildings, immersed in green, were to be in dialogue with the city's other architecture. His proposal, considered monumental at the time, was nothing more than what has now been built almost opposite the Stazione Garibaldi, with the broad support of the citizens as an example of urban transformation similar to other European centers.

A propensity and capacity for "display," for organizing museum spaces, has always been an element of Bellini's work, beginning, not coincidentally, with his installation for the 1960 Compasso d'Oro in the Sala delle Cariatidi in the Palazzo Reale in Milan.

Still today, many Italian museums, especially the ones in buildings of major historical and artistic importance, lack the vitality of international museums.

In 2004, a competition was announced seeking ideas for the renovation of the Sforza Castle museum complex. This was an opportunity for Bellini to propose a new museum layout consonant with the aims and uses by then common to analogue spaces all over the world. The main and most innovative idea was to build a new entrance to the museums, a sunken circular courtyard hollowed out of the main courtyard, the Sforza Castle's

Competition design for the Garibaldi-Repubblica Business District, Milan, 1991

Progetto di concorso per il Business District Garibaldi-Repubblica, Milano, 1991

Questa tematica lo avvicina paradossalmente, per contrasto, a Luigi Caccia Dominioni, che anche è architetto milanese per eccellenza, interprete invece di una città che pur si rinnova da sempre, ma con uno spirito di forte radicamento nelle sicurezze consolidate della tradizione borghese a cui non trasgredisce mai.

Ripetutamente Bellini ha cercato nel tempo, con le sue proposte di progetto e con le sue realizzazioni, di "condurre" la città di Milano verso stili di vita e di comportamento internazionali, in controtendenza rispetto ai molti "luoghi comuni" tipizzati della società italiana. Penso ad esempio alla postulata pretesa di intoccabilità degli edifici storici che costituisce ancora oggi un "dogma" assoluto, assunto certo comprensibile dopo gli scempi che hanno subìto le nostre città e il nostro territorio, ma inammissibile come affermazione apodittica.

Bellini, sempre negli stessi anni ottanta, cerca di imprimere una nuova forza alla Triennale di Milano; nel 1986 è il curatore e il progettista dell'allestimento della più importante mostra della XVII Triennale dedicata al tema della casa. Il progetto di allestimento riserva al visitatore un ricordo e un'emozione memorabile, che arricchisce i contenuti dell'esposizione stessa aggiungendovi qualcosa di estremamente stimolante.

La mostra occupa un intero piano del palazzo della Triennale: è il *Progetto domestico*, che un po' sulla scorta della grande mostra del MoMA nel 1972 *Italy: the New Domestic Landscape* propone a Milano una riflessione sui modi dell'abitare nel tempo e le sue prospettive future.

Memorabile la libreria *Scatola dell'anima*, che accoglieva i visitatori all'ingresso della mostra e fronteggiava, collocato sopra allo scalone di onore, l'allestimento di Aldo Rossi di un interno domestico.

Siamo al 1991 quando viene bandito il concorso internazionale per il nuovo polo terziario e finanziario di Garibaldi/Repubblica, uno dei nodi urbani problematici rimasti irrisolti per decenni nella Milano del dopoguerra.

L'idea di concorso di Bellini è molto semplice: una piazza pedonale, come quella dei centri storici, ma soprelevata e circondata da una serie di edifici alti a carattere terziario, si colloca in una posizione strategica all'incrocio dei due assi viari principali; gli edifici alti, immersi nel verde, dialogano con le altre emergenze architettoniche della città. La proposta, allora giudicata monumentale, non è altro che quello che oggi è stato realizzato quasi di fronte alla Stazione Garibaldi trovando nei cittadini la più ampia condivisione come esempio di trasformazione di stampo europeo.

La propensione e la capacità di "mostrare", di organizzare spazi museali è sempre stata presente nel lavoro di Bellini iniziato, non casualmente, con l'allestimento per il "Compasso d'Oro" del 1960 nella sala delle Cariatidi.

Ancora oggi molti dei musei italiani, soprattutto quelli che sono

Cortile delle Armi. It was a simple, rational gesture that would have lent clarity to the exhibitions in the castle's museums and, especially, radically transformed the use of the courtyard, turning it into a lively public space, to be enjoyed by the city.

The innovative spirit that inspired the exhibition pavilions, the "Progetto Domestico" exhibition design, the competition proposal for Garibaldi-Repubblica and the one for the Sforza Castle informs also two other, more recent proposals for Milan.

The first is the Nuovo Centro Congressi (MiCo), the new convention center completed in 2012, in via Scarampo at the far end of the previously built "tympanum."

Placed in comparison with Bellini's architectural designs from the 1980s, this structure was a surprise to everyone: its coherence with the pre-existing work is found, by contrast, in the more austere language of the existing pavilions, a light, discordant "cloud" covers the building and part of its entrance with a lightness that winks at the new spirit of the times. European contemporaneity, and so that of Milan, needs spaces and languages for public buildings that are less rhetorical and that represent the individuality and freedom of all.

MiCo, Centro Congressi Fondazione Fiera Milano, Milano, 2008–2012.
This project reconverts part of the Portello Trade Fair, also designed by Mario Bellini, transforming it into the largest conference center in Europe

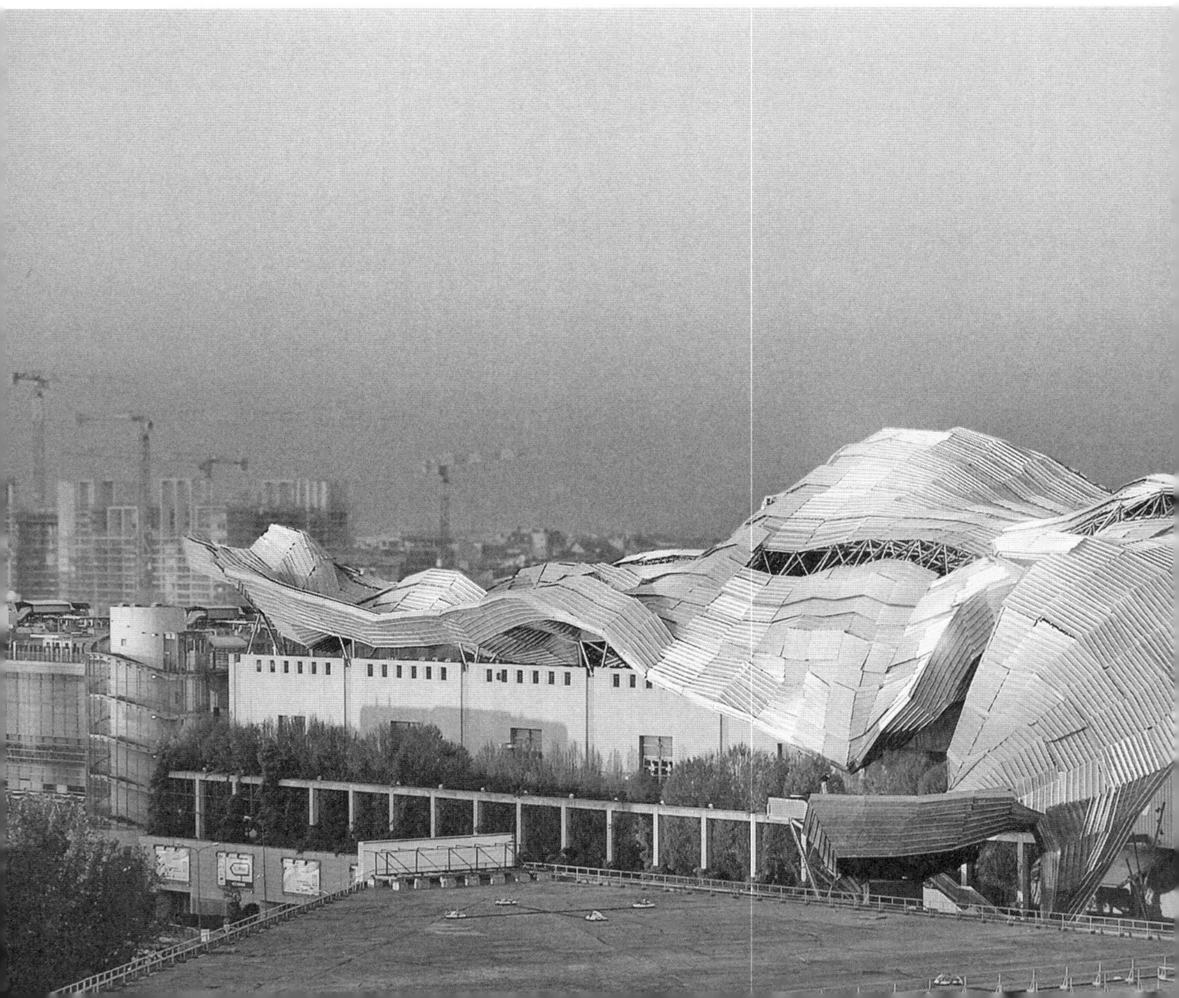

collocati in edifici di grande rilevanza storica e artistica, sono distanti dalla vitalità che caratterizza i musei internazionali.

Nel 2004 un concorso chiede idee per il riordino del complesso museale del Castello Sforzesco. È l'occasione per Bellini di proporre una nuovo assetto museale coerente con gli obiettivi e gli usi che spazi analoghi oramai hanno in tutto il mondo. L'idea principale e la più innovativa è quella di costruire un nuovo ingresso ai musei, una corte circolare ribassata scavata nel cortile principale, il Cortile delle Armi del Castello Sforzesco. Un gesto semplice di razionale concezione che avrebbe dato chiarezza ai percorsi espositivi dei musei del castello e soprattutto trasformato radicalmente l'uso del cortile come spazio pubblico vivo, fruito dalla città.

Lo stesso spirito d'innovazione che ha ispirato la costruzione dei padiglioni della Fiera, l'allestimento del *Progetto domestico*, il concorso per Garibaldi/Repubblica e quello per il Castello Sforzesco contraddistinguono altre due proposte più recenti fatte per Milano.

La prima è la costruzione, terminata nel 2012, del Nuovo Centro Congressi (MiCo) sempre alla Fiera di via Scarampo all'estremità opposta al *Timpano* realizzato precedentemente.

Il MiCo, Centro Congressi della Fondazione Fiera Milano, Milano 2008-2012: il progetto riconverte una parte della Fiera al Portello, sempre relizzata da Mario Bellini, e lo trasforma nel più grande centro congressi d'Europa

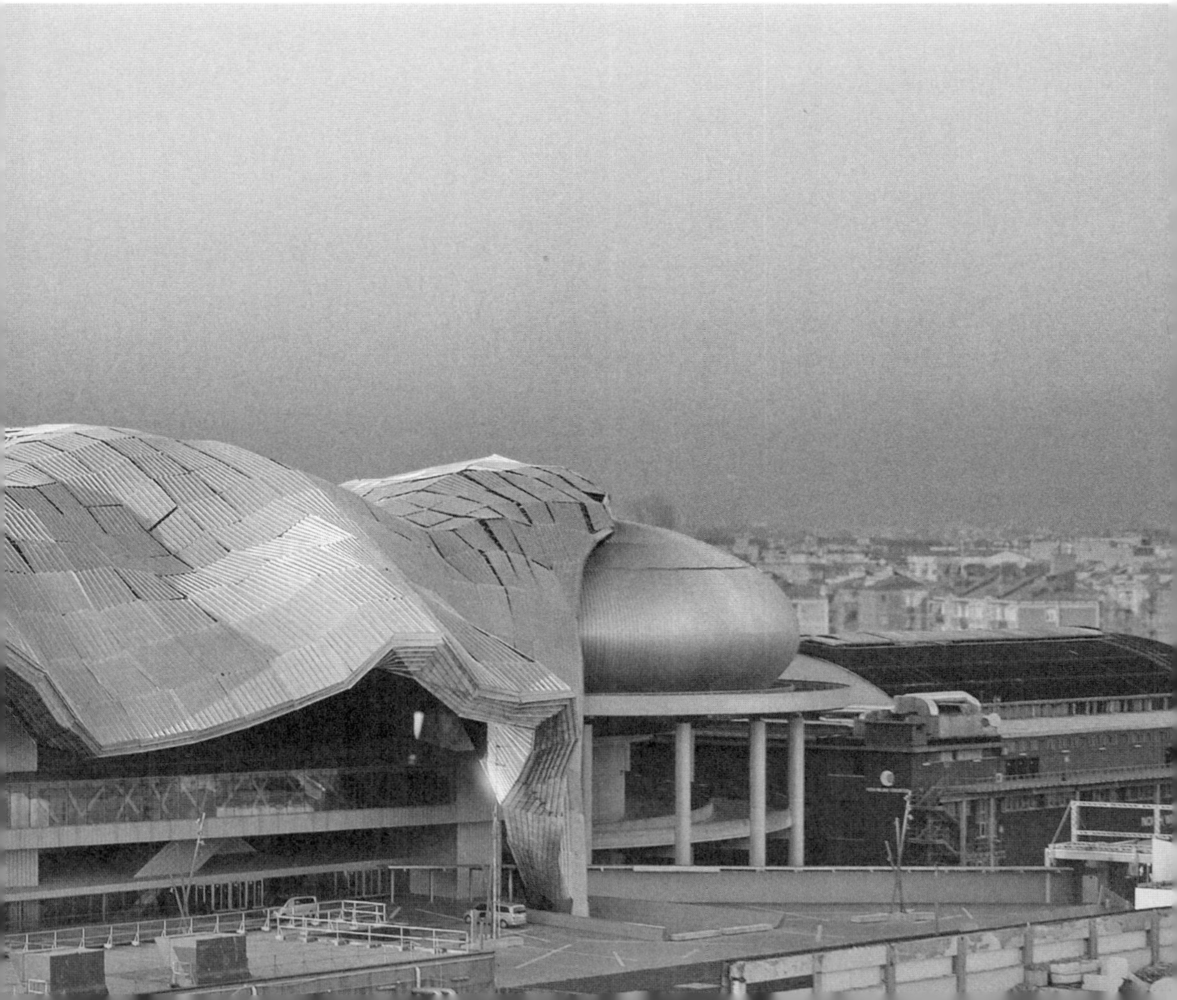

His 2009 proposal for the architectural and museographical reorganization of the Brera monumental and museum complex, "Brera in Brera," was no less interesting and just as strong. The project is dense with complex content that references problems that Milan had dragged on since the 1970s, with its attempt to construct the "Great Brera." But what interests me here is the idea at the foundation of the proposal. Bellini's project seems to say that the Palazzo di Brera is a living piece of the city, making the covered courtyard an "urban atrium," a place for people to meet and gather almost independently from the life of the museum itself. The project goes on to propose major museographical and display changes, the renovation of significant sections of the building complex and much more.

The 2009 project for the former Traversi garage in 2009 or the competition proposal for the Expo 2015 Italy pavilion are further examples of Bellini's special relationship with the city of Milan, but discussion of these would inevitably lead to issues outside the purview of the present argument, which focuses solely on the most emblematic cases, the figure of Bellini and his role as a tireless driver of the spirit of modernity intrinsic to Milan.

Does this mean that the relationship between Bellini and Milan has been or is simple? Certainly not, but this is a whole other aspect of the matter and merits investigation in an essay of its own.

La costruzione che si confronta con l'architettura dello stesso Bellini degli anni ottanta sorprende tutti: la coerenza con la preesistenza viene trovata, per contrapposizione, al linguaggio più austero dei padiglioni esistenti, una "nuvola" leggera e dissonante copre l'edificio e parte del suo ingresso con una leggerezza che ammicca al nuovo spirito dei tempi. La contemporaneità europea, e perciò quella di Milano, ha bisogno di spazi e di linguaggi per gli edifici pubblici meno retorici che rappresentino le individualità e le libertà di tutti.

Non è da meno, per forza e interesse, la proposta del progetto per la riorganizzazione architettonica e museografica del complesso monumentale e museale di Brera, *Brera in Brera* del 2009. Il progetto è denso di contenuti estremamente articolati che richiamano problematiche che Milano si trascina dagli anni settanta con il tentativo di costruire la "Grande Brera". Mi interessa qui però sottolineare, anche semplificando, l'idea di fondo della proposta. Il palazzo di Brera è un pezzo vivo di città, sembra dire il progetto Bellini, il cortile coperto diventa un "atrio urbano" dove vivere, incontrarsi, parlare quasi indipendentemente dalla vita del museo stesso. Seguono le importantissime scelte di carattere museografico e di allestimento, il recupero di parti importanti del complesso edilizio e molto altro.

Il "duetto" tra Bellini e Milano potrebbe continuare e posarsi sulla proposta per l'ex garage Traversi del 2009 o sul progetto di concorso per il Padiglione Italia nell'area Expo del 2012, portando però a considerazioni non funzionali al nostro discorso che vuole leggere in questo momento, solo per casi emblematici, la figura e il ruolo di Bellini come strenuo propulsore dello spirito di modernità che è eternamente connesso a Milano.

Questo significa che i rapporti tra Bellini e Milano siano stati o siano facili? Sicuramente no, ma questa è un'altra parte della vicenda che meriterà sicuramente un altro approfondimento.

Design as Experimentation

Marco Sammicheli

Thirty years after his solo exhibition at MoMA in New York, Mario Bellini is once again collaborating on the presentation of the narrative of his work, this time in the form of a retrospective (though Bellini prefers to call is a "perspective") dedicated to him by the Triennale di Milano. The exhibition interprets the work he has already done and looks to the future with the passion of someone who wants to be there. The Milanese architect is handling the exhibition design, as he did in 1987 when the prestigious American museum offered him the opportunity to design the exhibition dedicated to his career. Before then, this privilege had only been granted once before, to Charles and Ray Eames. For MoMA, he designed a diagonal colonnade that connected the exhibition spaces, while a radial system of platforms displayed the works. The symbiosis between container and contained was not just an intuition specific to the exhibition, but rather an integral part of the architect's way of thinking. The exhibition marked an opening and a turning point, as Bellini devoted himself increasingly to designing buildings as well as products and exhibitions. From then on, his office oversaw construction sites in Europe, the United States, Australia, Japan and the Middle East.

Today, the exhibition devoted to him by the Triennale features a careful selection of buildings, products and exhibition designs dating from the early 1960s to the present. It is a tour de force of exhibition technology and an abstract challenge that interprets the designer's body of work. The title of the exhibition, "Mario Bellini. Italian Beauty" (January–March 2017), stresses an idea of beauty that embraces technology as an element of its identity. The section of the Palazzo dell'Arte devoted to the exhibition is a series of five rooms, each focused on a single theme. The medium of film was chosen as the way to bring the scale of the buildings into the museum. A gallery connecting the rooms is dedicated to design, which is organized by product category: tables and the Cab series for Cassina, the upholstered pieces for B&B, chairs and the Via Lattea series for Meritalia, the office chairs for Vitra, the reissue of the Forte Rosso stone sofa for the Cooper Hewitt in New York, the lamps for Flos and Artemide, the machines for Olivetti, consumer electronics and jeweler and the Kar-A-Sutra for MoMA. Each category is presented in chronological order. Bellini's staggering production is also found in a vast portal/bookcase that introduces the exhibition at the entrance of the Triennale, opposite the main staircase. The display dialogues with Giovanni Muzio's architecture and harks back to Bellini's exhibition design for the Triennale in 1986, titled "Progetto Domestico." Large compartments display prototypes, photographs, models, posters and personal items that communicate Bellini's way of thinking and transforming our experience of the world. The portal introduces visitors to the richness of a designer who works by accumulation, vision and spectacular synthesis. The rhythm of the niches is interrupted by two openings where the Nuvola lamps are displayed. The exhibition entrance is consecrated

Il design come sperimentazione

Marco Sammicheli

A trent'anni dalla mostra che gli dedicò il MoMA di New York, Mario Bellini torna a occuparsi del racconto della sua opera. La Triennale di Milano lo consacra con una retrospettiva (anche se Bellini preferisce chiamarla prospettiva). Di certo è una mostra che legge l'esistente e guarda al futuro con la volontà di chi vorrà esserci. L'architetto milanese ne cura l'allestimento come accadde nel 1987, quando il più importante museo americano gli accordò il privilegio di disegnare la mostra che gli veniva dedicata. Prima d'allora era stato concesso solo a Charles e Ray Eames. Per il MoMA pensò a un porticato diagonale che connetteva gli spazi espositivi, mentre un sistema radiale di pedane accoglieva le opere. La simbiosi tra contenitore e contenuto non era stata una semplice intuizione della mostra, ma assecondava un'attitudine tipica dell'architetto. Quella mostra favorì un'apertura e una svolta. Bellini si dedicò intensamente a progettare architettura oltre a prodotti e allestimenti. Da allora il suo studio ha seguito cantieri in Europa, Stati Uniti, Australia, Giappone e Medio Oriente.

Oggi la mostra che gli dedica la Triennale presenta una selezione accurata di architetture, design e allestimenti realizzati dall'alba degli anni sessanta fino alla contemporaneità. È un saggio di tecnica espositiva e una sfida d'astrazione che interpreta il catalogo dell'autore. *Mario Bellini. Italian Beauty* insiste su un'idea di bellezza che abbraccia la tecnica come elemento identitario. L'area del Palazzo dell'Arte destinata all'esposizione è una teoria di cinque sale dedicate ad altrettanti nuclei tematici. Il film è lo strumento di rappresentazione individuato per portare la scala degli edifici all'interno del museo. Un'estesa galleria che connette le sale ospita invece il design organizzato per merceologie: i tavoli, la famiglia di arredi *Cab* per Cassina, gli imbottiti per B&B, le sedute, la serie *Via Lattea* per Meritalia, le sedie da ufficio per Vitra, la riedizione del divano in pietra *Forte rosso* per il Cooper Hewitt di New York, le lampade per Flos e Artemide, le macchine per Olivetti, l'elettronica di consumo e i gioielli, la *Kar-a-Sutra* per il MoMA. Ogni tipologia è presentata con uno sviluppo cronologico. L'impressionante produzione di progetti si ritrova anche in una grande libreria-portale che introduce la mostra all'ingresso della Triennale, di fronte allo scalone. Questo sistema espositivo che dialoga con l'architettura di Giovanni Muzio richiama l'allestimento che Bellini realizzò per la Triennale del 1986 dal titolo *Progetto domestico*. Ampi scomparti ospitano prototipi, fotografie, modelli, manifesti e oggetti d'affezione di Bellini a testimonianza del suo modo di pensare e trasformare l'esperienza

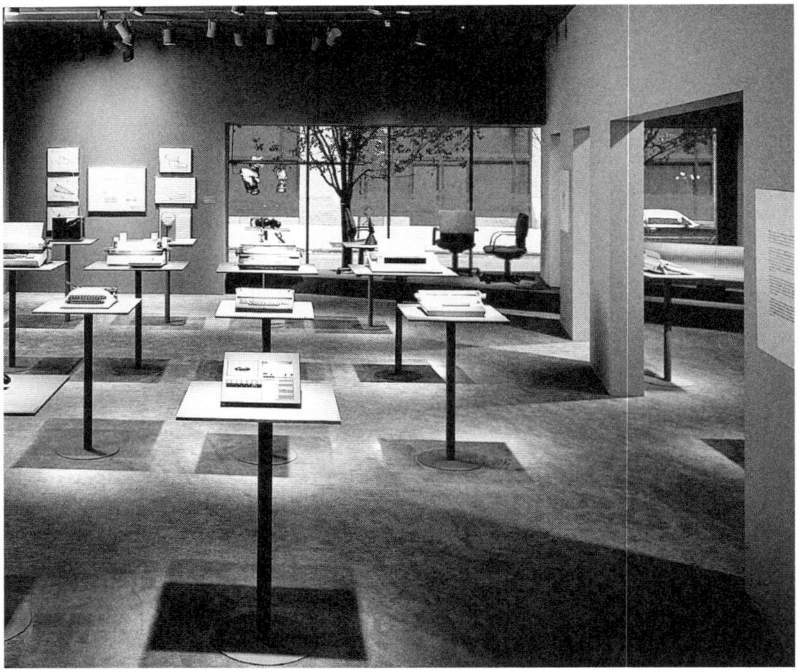

The Olivetti room designed by Mario Bellini for MoMA, New York, as part of the exhibition dedicated to him in 1987

La sala delle macchine Olivetti allestita da Mario Bellini al MoMA di New York nell'ambito della mostra a lui dedicata nel 1987

by an archive suspended between memory and the digital cloud and between metaphor and material culture. The portal and gallery celebrate Bellini's skill in translating relationships with various figures of the Italian and international entrepreneurial class into products and creativity. Steve Jobs, Roberto Olivetti, Casare Cassina, Pier Ambrogio Busnelli, Giulio Meroni, Ernesto Gismondi, Maurizio Riva, Pasquale Natuzzi, Augusto Morello and Ennio Brion are just a few of Bellini's contacts in this area. His relationships with business leaders and contact with company employees have engendered a multitude of objects and pieces of furniture—to be found in people's homes as well as in the permanent collections of museums—that have inspired generations of designers.

Mario Bellini is an experimenter, always working at the borders of disciplines and deeply influencing the history of visual culture. He is an architect/designer who intuited the future transformation of paradigms like the humanization of electronic products and the need for portable technology (for Olivetti, the P101 in 1965, considered the precursor to the personal computer, and the Divisumma 18, a calculator with an elastic membrane stretched over its mechanisms that introduced the touch screen concept back in 1973) and changing social behavior, like the importance of having music at arm's reach wherever we are (the Pop portable record player, Minerva / Grundig, 1968) and the idea for a car where the passenger compartment is a vital, transformable space (the Kar-A-Sutra concept car of 1972, a minivan that revolutionized the traditional saloon).

It is not easy to classify the figure of Bellini. His tireless creative streak has been accompanied by enduring commercial success that has strengthened his singularity and independence. After graduating from the Politecnico di Milano, where he studied under Ernesto Nathan Rogers, he immediately began designing for La Rinascente. His first design won the Compasso d'Oro (1962), accelerating

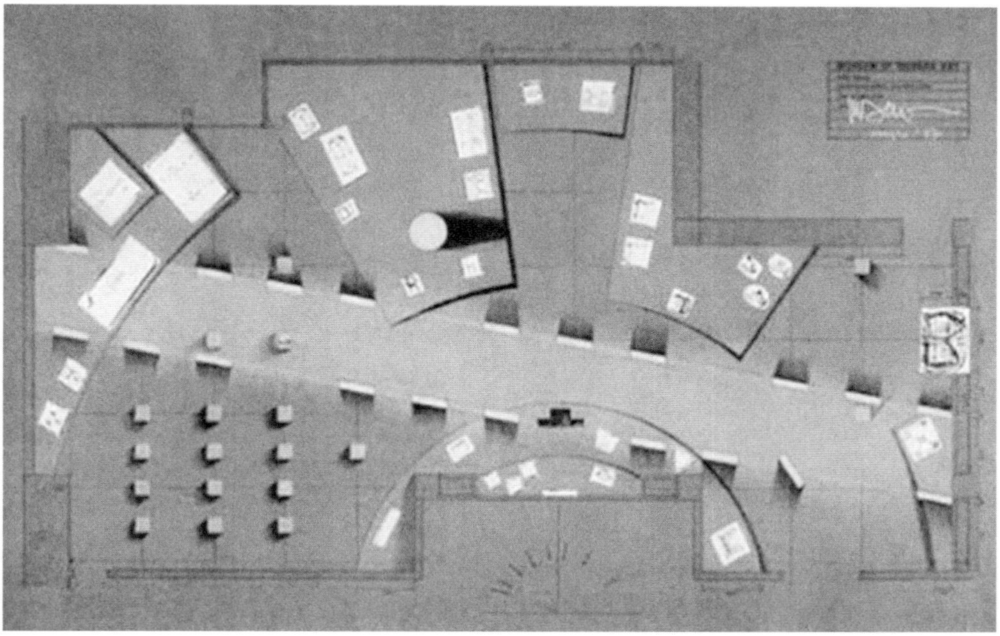

The plan for the exhibition "Mario Bellini: Designer," designed by Bellini himself for MoMA, New York, 1987

La pianta della mostra *Mario Bellini designer*, progettata dallo stesso Bellini al MoMA di New York, 1987

del mondo. Il portale introduce il visitatore alla ricchezza di un progettista che procede per accumulo, visioni e sintesi spettacolari. Il ritmo delle nicchie è interrotto da due varchi su cui sono incastonate le lampade *Nuvola*. L'ingresso della mostra è sancito da un archivio sospeso tra memoria e *cloud* digitale, tra metafora e cultura materiale. Il portale e la galleria testimoniano quanto Bellini sia stato capace di tradurre in prodotti e immaginario i rapporti con le diverse anime dell'imprenditoria italiana e non solo. Steve Jobs e Roberto Olivetti, Casare Cassina e Pier Ambrogio Busnelli, Giulio Meroni, Ernesto Gismondi, Maurizio Riva e Pasquale Natuzzi, Augusto Morello ed Ennio Brion sono alcuni degli incontri che Bellini ha coltivato in questo campo. Il rapporto con i capitani d'impresa e la frequentazione delle maestranze aziendali hanno reso possibile una moltitudine di oggetti e arredi, gli stessi che abitano gli interni delle case, che sono conservati nelle collezioni dei musei, che nutrono i riferimenti di generazioni di designer.

Mario Bellini è uno sperimentatore, un frequentatore dei confini, un *croupier* della storia della cultura visiva, un architetto/designer che ha intuito con anticipo la trasformazione di alcuni paradigmi come l'umanizzazione dei prodotti elettronici e la necessità di una tecnologia portatile (per Olivetti la *P101*, considerata l'antenato del personal computer nel 1965, e *Divisumma 18*, calcolatore con una membrana elastica stesa sui meccanismi che introdusse il tema del *touch screen* nel 1973) e il mutamento di alcuni comportamenti sociali come l'importanza di avere la riproduzione musicale a portata di mano (il giradischi automatico *Pop*, Minerva / Grundig, 1968) o l'idea di pensare un'automobile dove l'abitacolo fosse uno spazio vitale in movimento

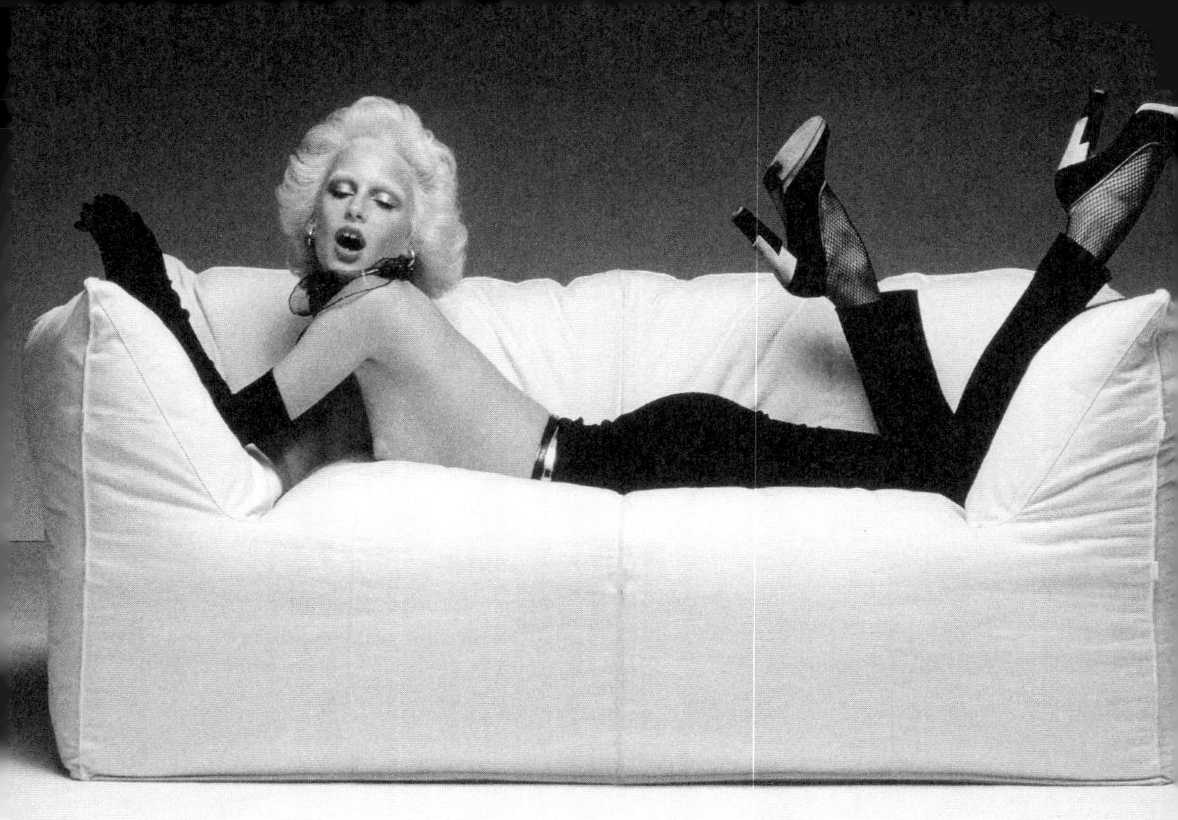

Le Bambole, *the iconic sofa designed for B&B in 1972, with Donna Jordan, Andy Warhol's muse, photographed by Oliviero Toscani in a history-making advertising campaign*

Le Bambole, divano icona disegnato per B&B nel 1972 con Donna Jordan, musa di Andy Warhol, fotografata da Oliviero Toscani in una campagna pubblicitaria rimasta nella storia

his career in such a way that he gained access to the highest ranks of product designers from a very young age and was commissioned with major challenges. At the same time, he kept a distance from ideology and militant politics. His design thinking was oriented towards transforming industrial vitality into design opportunities for rethinking interiors, furniture and domestic and urban space as a system for contemporary man. The theoretical basis and intellectual expression of this approach is found in his writing and editorial work, through the experimental magazine Album: Annuario di progetto e cultura materiale *for Electa between 1981 and 1983 and, above all, his editorship of* Domus *between 1985 and 1991 (an opportunity for reflection on art, industrial design, architecture and the city). He had previously published a few editorials in the magazines* Edilizia Moderna *and* Modo, *but it was with* Album *and* Domus *that he created a kind of publishing that served design and the profession, focused on narrative and the promotion of talent. He surrounded himself with editors like Vittorio Magnago Lampugnani, Ermanno Ranzani, Enrico Morteo, Luigi Spinelli, Marco Romanelli and Pierre Restany to kick-start a debate on architecture, design and the visual arts that was sensitive to social transformations, technological developments and economic fluctuation. It was an interpretation of industry publishing that is still highly regarded today.*

Bellini has a knack for taming a kaleidoscope of visual inputs. Small details of ancient works and still shots of animals in movement have led to unexpected design solutions in several fields. He has a natural predisposition for visualizing concepts and imagining associations, and uses this talent as a tool in his work. This is illustrated by the installation in the exhibition gallery where a sequence

(la concept car *Kar-a-Sutra* del 1972, monovolume che rivoluzionò le berline tradizionali).

Non è facile inquadrare la figura di Bellini. A questa instancabile vena creatrice è corrisposto un duraturo successo commerciale che ha irrobustito la sua singolarità e autonomia. Una volta laureato con Ernesto Nathan Rogers, iniziò subito a disegnare per La Rinascente. Il suo primo progetto fu premiato con il Compasso d'Oro (1962), un'accelerazione che gli consentì l'ingresso da giovanissimo in un mondo che affidava ai professionisti del design sfide importantissime. A questo dato va sommata la distanza dalle ideologie e da un'interpretazione militante della politica. Il suo pensiero progettuale era orientato a trasformare la vitalità industriale in occasioni di progetto che ripensassero gli interni, gli arredi e lo spazio abitabile e urbano come un sistema per l'uomo contemporaneo. Un approccio che trovò le sue basi teoriche e la sua espressione intellettuale in una critica di cui non fu oggetto d'indagine, ma estensore e divulgatore con l'esperimento editoriale di *Album: Annuario di progetto e cultura materiale* per Electa tra il 1981 e il 1983 e soprattutto la direzione di "Domus" tra il 1985 e il 1991 (occasione di originali riflessioni su arte, design industriale, architettura, città). Prima di quelle esperienze erano apparsi alcuni editoriali sulle riviste "Edilizia moderna" e "Modo", tuttavia è con *Album* e "Domus" che Bellini impaginò un tipo di editoria al servizio del progetto e della professione, centrati sul racconto e la valorizzazione di talenti. Si circondò di editor come Vittorio Magnago Lampugnani, Ermanno Ranzani, Enrico Morteo, Luigi Spinelli, Marco Romanelli e Pierre Restany, per immaginare una riflessione intorno ad architettura, design e arti visive che tenesse conto delle trasformazioni sociali, degli sviluppi tecnologici e delle fluttuazioni economiche in corso. Un'interpretazione dell'editoria di settore ancora oggi molto considerata.

Bellini è il domatore di un caleidoscopio di *input* visivi, tanto che dettagli di opere dell'antichità o inquadrature di animali in movimento hanno reso comprensibili nei diversi campi soluzioni progettuali inaspettate. Bellini ha una predisposizione naturale a visualizzare concetti, immaginare associazioni, ha adattato questo talento a strumento di lavoro. Lo dimostra l'installazione aerea appesa nella galleria della mostra, dove la sequenza di immagini delle sue celebri conferenze diventano un manuale per comprendere l'origine di visioni, connessioni, esperimenti e artefatti. È abituato a dialogare con artisti e fotografi. Frequenta le possibilità della rappresentazione grafica e fotografica ben prima che le opportunità offerte dalla rivoluzione digitale uniformassero gli esiti. Il coinvolgimento di artisti come David Tremlett, Mimmo Paladino e Sandro Chia per la realizzazione di interni o il completamento di architetture, oppure il ricorso a fotografi come Ugo Mulas, Aldo Ballo, Gabriele Basilico e Oliviero Toscani

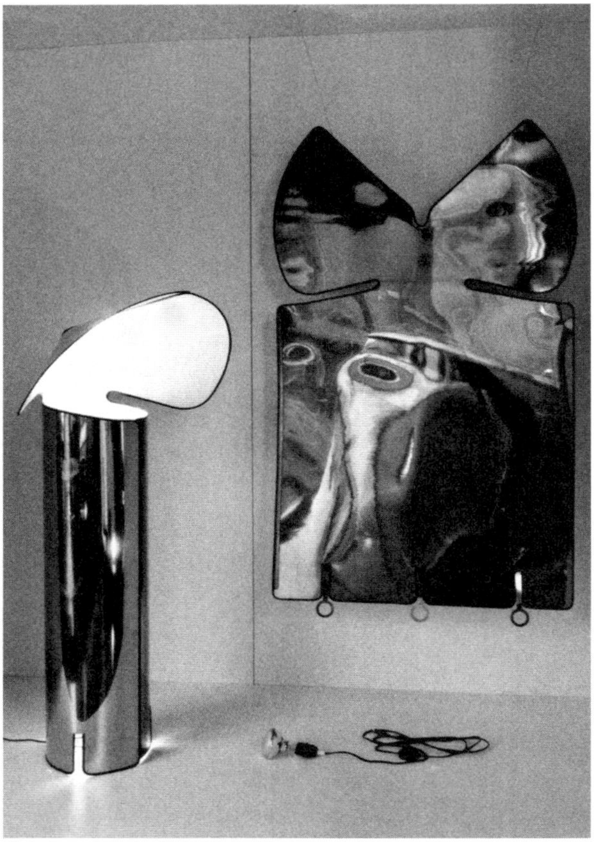

Chiara, *floor lamp, Flos, 1969*

Chiara, lampada da terra, Flos, 1969

of images of his famous talks become a manual for understanding the origin of visions, connections, experiments and objects. He is used to talking with artists and photographers. He explored the possibilities of graphic and photographic representation long before the digital revolution standardized the results. His work with artists like David Tremlett, Mimmo Paladino and Sandro Chia on interiors and the completion of buildings and collaboration with photographers like Ugo Mulas, Aldo Ballo, Gabriele Basilico and Oliviero Toscani on the fine-tuning of advertising campaigns and posters reveals a rare sensibility and mastery of the narrative mechanisms at work in mass communication. This is why Mario Bellini's legacy cannot be assessed using the standards of measurement of design or architecture. His work is multidisciplinary, multimodal, multiple and plural. Bellini is a mediator between technology and thought, a bridge connecting Milan and the world and an observer of reality. And he is just as comfortable shooting a photo essay in a far off land as he is designing a bed, billiard table, teapot or set of chopstick, museum, cultural center or airport.

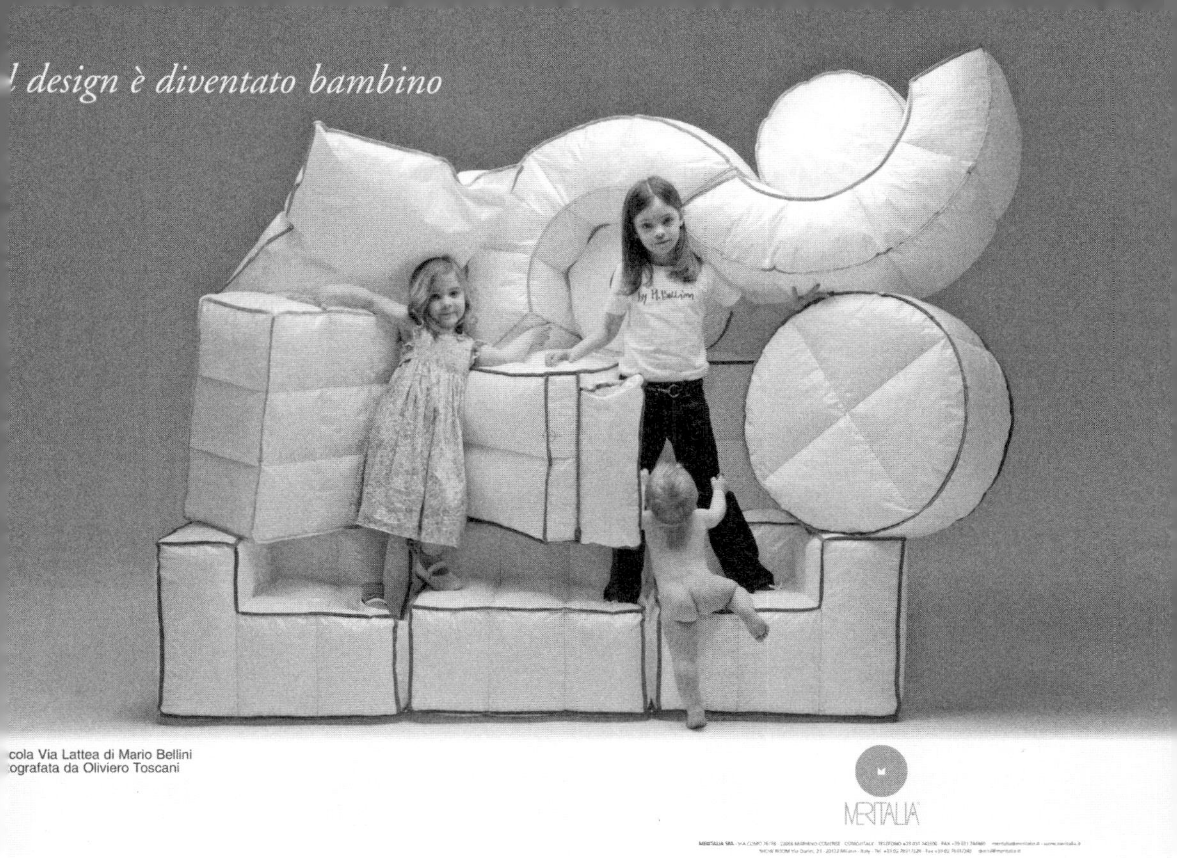

Advertising campaign for "Piccola Via Lattea," a series of upholstered furniture designed for Meritalia in 2009. The "models" are Mario Bellini's nieces. Photography by Oliviero Toscani

La campagna pubbicitaria della *Piccola Via Lattea*, collezione di imbottiti disegnata per Meritalia nel 2009: le "modelle" sono tre nipoti di Mario Bellini, la fotografia è di Oliviero Toscani

per la messa a punto di campagne pubblicitaria o manifesti, testimoniano una sensibilità rara e il possesso dei meccanismi della narrazione nella comunicazione di massa. Per questo l'eredità di Mario Bellini non si può valutare con l'unità di misura del design o dell'architettura. La sua opera è multidisciplinare, multimodale, molteplice e plurale.

Bellini è un mediatore tra tecnica e pensiero, un ponte tra Milano e il mondo, un osservatore della realtà, a suo agio mentre scatta un reportage in un paese lontano, mentre disegna un letto, un tavolo da biliardo, una teiera, due bacchette per il sushi, così come un museo, un centro culturale o un aeroporto.

The Image as Design

Francesco Maggiore, Martina Motta

For Mario Bellini, architecture and design are rooted in a desire for putting oneself on display. This translates into the creation of landscapes, buildings, exhibitions, furniture and objects that aim to remove themselves from the error of judgment in order to reveal themselves in the visual and sensory perception of those who observe their form and allusion. From this, formal and spatial solutions emerge that seduce the viewer's attention, often triggering Duchamp-like conditions of surprise.

Powerfully expressive, cultured and visionary, Bellini's works—that respond to contingent rules—certainly belong to the avant-garde of the European architectural tradition, sharing its complexity and fervor. His powerful buildings, for example, or his household objects, or even his exhibitions, often emerge in a delocalized vision, a clamorous, sensational aparicion. *This* modus operandi, *which we ascribe to his strong propensity for the image, spreads through the dowsing dynamics of an unequivocally free and peremptory approach, which is best represented in the practice of drawing, travel and photography. Tracing the multiple forms of the imaginary back to* visibility, *Bellini uses these tools to prefigure, in accordance with a mythic narrative, the memory and desire of architecture and design. As a consequence, Bellini's representational means imitate a stereotype of figurative reality that aspires to mark the final result, or the absoluteness of a building or object. Indeed, his designs are the result of a systematic, instinctive methodology in which the circulation of the sign takes on specific connotations, schematizing and simplifying the formal and spatial components of the structure.*

In this visual investigation, the places and buildings he encounters are critical: his journeys east in search of the ancient and modern are reflected in his poetics, which use reality, time, place and light to give shape to the anatomical integrity of the design. It is a process of questioning in which Bellini is simultaneously an observer of the real and an investigator of the imaginary, giving form the task of physically expressing the idea. It is not by chance that we can perceive the metaphorical visions of his creative activity in the insistent, expressive display of color and shape in his designs.

With affinities to the dream-like quality of an imaginary art, but composed in consideration of the absoluteness of form, Bellini's works are never arbitrary. They configure themselves within their contexts as systems of precise adjustments of images and shapes out of the desire to "figure," in a single moment, the structural and formal iconographic complexity of the design.

L'immagine come progetto

Francesco Maggiore, Martina Motta

Architettura e design, in Mario Bellini, partono dalla vocazione a mostrarsi; questo si traduce nella definizione di paesaggi, edifici, allestimenti, arredi e oggetti che tendono a sottrarsi all'errore del giudizio per svelarsi nella percezione visiva e sensoriale di chi ne osserva la forma e l'allusione. Ne derivano soluzioni formali e spaziali che seducono l'attenzione dell'osservatore provocando spesso duchampiane condizioni di sorpresa.

Fortemente espressive, colte e visionarie, le sue opere si interpongono, secondo regole contingenti, tra le trame e le direzioni d'avanguardia della tradizione architettonica europea, condividendone la complessità e il fervore. I suoi possenti edifici, ad esempio, o i suoi oggetti di uso domestico, o ancora i suoi allestimenti si delineano spesso in una visione delocalizzante, in un'*aparicion* clamorosa e sensazionale. Questo atteggiamento, che si ascrive a un *modus operandi* riconducibile a una forte propensione all'immagine, si propaga attraverso le dinamiche rabdomantiche di un atteggiamento inequivocabilmente libero e perentorio, che trova nella pratica del disegno, del viaggio e della fotografia il territorio privilegiato della figurazione. Riconducendo alla visibilità le molteplici forme dell'immaginario, Bellini impiega questi strumenti per prefigurare, secondo una narrazione mitica, la memoria e il desiderio dell'architettura e del design. Di conseguenza, i mezzi di rappresentazione di Bellini ricalcano uno stereotipo di realtà figurativa tendente a segnare il risultato finale, ovvero l'assolutezza di un'architettura o di un oggetto. I suoi disegni derivano, infatti, da una sistematica e istintiva metodologia in cui l'imperversare del segno assume connotazioni specifiche, schematizzando e semplificando i comportamenti formali e spaziali della costruzione.

In questa indagine visiva sono determinanti i luoghi e le architetture incontrate: i viaggi verso Oriente alla ricerca di modernità e antichità si riflettono nella sua poetica, materializzando l'integrità anatomica del progetto con la realtà, il tempo, il luogo e la luce. Un processo investigativo che vede un Bellini allo stesso tempo osservatore del reale e indagatore dell'immaginario, che trasferisce nella figurazione il compito di declinare formalmente il pensiero; non a caso i suoi disegni, nell'esibizione insistita ed espressiva di forme e colori, consentono di cogliere le metaforiche visioni della sua attività inventiva e progettuale.

Prossime all'oniricità di un'arte immaginaria, ma composte nell'assolutezza formale, le opere di Bellini non sono mai arbitrarie,

Straddling the dualism between expressiveness and "staging" (Frampton), his designs rework postmodernism to overcome the modern. The Milan convention district, the Nuvola lamp and the exhibition design for "Italian Art in the 20th Century" at the Royal Academy in London are, on different scales, examples inspired by a personal ideological and cultural contemporaneity, defined in terms of the uniqueness of situations, of innate logics and logics of the whole, of language and of behavior.

If, on the one hand, his solutions are often suggested by the context and the surrounding world, they are, on the other hand, conceived around independent, pre-established planning that is fulfilled through the ritual use of structures and building and exhibition methods. All of Bellini's work makes use of masterly conjectures, in the strict sense of the word linked to its Latin etymology, conīcere, *meaning "to interpret." From the use of vast roofing and space devices to display supports and the textures of design products, the aim of each of his design decisions is to "make visible," to show. In the case of technological solutions that should have a dematerializing effect—the vast glass surfaces of the Deutsche Bank in Frankfurt, the glass pyramids for displaying St Mark's treasures, the glass of the "Opera ovale" table and the "Mar Rosso" and "Mar Bianco" vases—they instead increase the designs' scenic presence, emphasizing their forms. Materiality is itself myth, glossing over the logical passage of the* symbolon.

And so, looking at Antonello da Messina's St Jerome in his Study, *which Bellini used for the cover of the issue of* Album *dedicated to offices but also as a frequent reference in his* lectiones magistrales, *our attention turns first to the spatial complexity of the painting and then to the objects arranged on the shelves, or the bound books on the table: the room itself transforms from a container into the contained. Bellini skillfully uses the device of transforming the room into a theatrical box in his exhibition designs: the metal cages in the Cassina showroom in Via Durini, the multimedia, three-dimensional walls for the Museo della Città in Bologna and the tulle bells for classical and contemporary furniture at the Palazzo Reale are all mises en scène set up inside a box where, just like in a* camera obscura, *the visitor is led through the rules of reading.*

The architect's unfailing attention to representation (of elements and episodes, mythical and real) thus becomes the basic premise of a singular poetic autobiography, which finds its specificity in the complementary juxtaposition of factors and thoughts of various provenance. The constitutive elements of Bellini's works can be defined through these interactions, aided by ever-new comparisons or conflicts.

Constant recourse to the imagination and formal invention always translates into a personal determination of complex, structured, constructive solutions, rich in references and analogies but always with a hint of subtle irony. A direct consequence of the use of humor

configurandosi all'interno dei luoghi come sistema di precise compensazioni di immagini e forme seguendo la volontà di "figurare", d'un solo momento, la complessa iconografia strutturale e formale del progetto.

Tese nel dualismo tra espressività e "messa in scena" (Frampton), le sue opere rappresentano un superamento del moderno come revisione del postmodernismo. La Fiera Internazionale di Milano, la lampada *Nuvola*, l'allestimento della mostra *Italian Art in the 20th Century* per la Royal Academy di Londra sono, su scale differenti, esempi ispirati a una propria contemporaneità, ideologica e culturale, che si definisce nell'irripetibilità delle situazioni, delle logiche insite e d'insieme, dei linguaggi e dei comportamenti.

Se da un lato le soluzioni adottate sono sovente suggerite dal contesto e dal mondo circostante, dall'altro vengono concepite attorno a un'organizzazione autonoma e prestabilita che si compie nell'utilizzo rituale di strutture ed espedienti costruttivi e allestitivi. Tutta la produzione di Bellini fa uso di sapienti congetture, intendendo questo termine come strettamente legato alla sua etimologia latina di *conīcere*, ossia *interpretare*. Dall'uso delle grandi coperture ai dispositivi spaziali, dai supporti degli allestimenti fino alle *texture* dei prodotti di design, ogni scelta progettuale ha come finalità quella di "far vedere", di mostrare. Quando sono presenti soluzioni tecnologiche che dovrebbero occuparsi di smaterializzare gli oggetti – le grandi superfici vetrate della Deutsche Bank di Francoforte, le piramidi di cristallo dell'allestimento del Tesoro di San Marco, il vetro del tavolo *Opera ovale* e dei vassoi *Mar Rosso* e *Mar Bianco* – queste non fanno che aumentare la loro presenza scenica, enfatizzando le forme. La matericità è essa stessa mito, sorvolando il passaggio logico del simbolon.

Così, osservando il dipinto *Lo studio di san Girolamo* di Antonello da Messina utilizzato da Bellini come copertina del volume *Album* dedicato agli uffici, ma anche riferimento onnipresente nelle sue *lectiones magistrales*, l'attenzione si rivolge prima alla complessità spaziale e poi agli oggetti disposti negli scaffali o ai tomi rilegati sul tavolo: la stanza stessa si trasforma da contenitore a contenuto. L'espediente della stanza come scatola teatrale è utilizzato da Bellini abilmente negli allestimenti:
le gabbie metalliche nello showroom Cassina in via Durini, le pareti multimediali tridimensionali per il Museo della Città di Bologna, le campane di tulle per mobili classici e contemporanei a Palazzo Reale, sono tutte "messe in scena" costruite all'interno di una scatola attraverso cui il visitatore viene guidato nelle regole di lettura, proprio come in una *camera obscura*.

La costante attenzione dell'architetto nei confronti della rappresentazione (di elementi e di episodi, mitici o reali), diviene, quindi, la premessa essenziale di una singolare poetica autobiografica, che trova la propria specificità nella giustapposizione complementare di

is Bellini's constant reference to allegory when describing his work. Thus, for example, a shell became a metaphor for describing Cassina's Teneride chair back, the "cornet" worn by nuns became the inspiration for the lampshade for the Area lamp and the profile of a shark underpins the design of the Olivetti ETP 55.

His works are, therefore, the result of a creative process made of pragmatic but also allegorical formulations, where material and immaterial elements are arranged and assembled in the refinement of a mystifying representation of their forms. But at the same time, his works are also the result of the influence of precise historical, literary and scientific references.

In Bellini's work, the image becomes a search. A mystical, sensory search for the invisible or undefined traces of a path parallel to and consonant with that of design, the only possible way to achieve the reconstructive conquest of architecture and design.

fattori o di pensieri di diversa provenienza; da queste interazioni, così come dalla complicità di nuovi confronti o conflitti, possono definirsi gli elementi costitutivi delle opere di Bellini.

Il continuo ricorso all'immaginazione e all'invenzione formale si traduce sempre in una personale determinazione di soluzioni costruttive complesse e articolate, ricche di riferimenti e analogie, ma sempre giocate sul filo di una sottile ironia. Una diretta conseguenza della linea umoristica è il continuo riferimento alla dimensione allegorica che Bellini fa nel descrivere le sue opere; così, ad esempio, il guscio di una conchiglia diventa l'espressione figurata per identificare lo schienale della sedia *Teneride* di Cassina; il copricapo "cornetta" usato dalle suore diviene la suggestione per progettare il paralume della lampada *Area*; il profilo di uno squalo è il pretesto per disegnare la Olivetti *ETP 55*.

Le sue opere sono, dunque, conseguenza di un processo ideativo fatto di formulazioni pragmatiche ma anche allegoriche, in cui elementi materiali e immateriali si dispongono e si assemblano nella messa a punto di una mistificante rappresentazione delle forme; ma allo stesso tempo le sue opere sono anche il risultato di influenze derivate da precisi riferimenti storici, letterari e scientifici.

In Bellini l'immagine si fa ricerca; una ricerca mistica e sensoriale delle tracce invisibili o indefinite di un percorso parallelo e consonante con quello progettuale, l'unico cammino possibile per arrivare alla conquista ricostruttiva dell'architettura e del design.

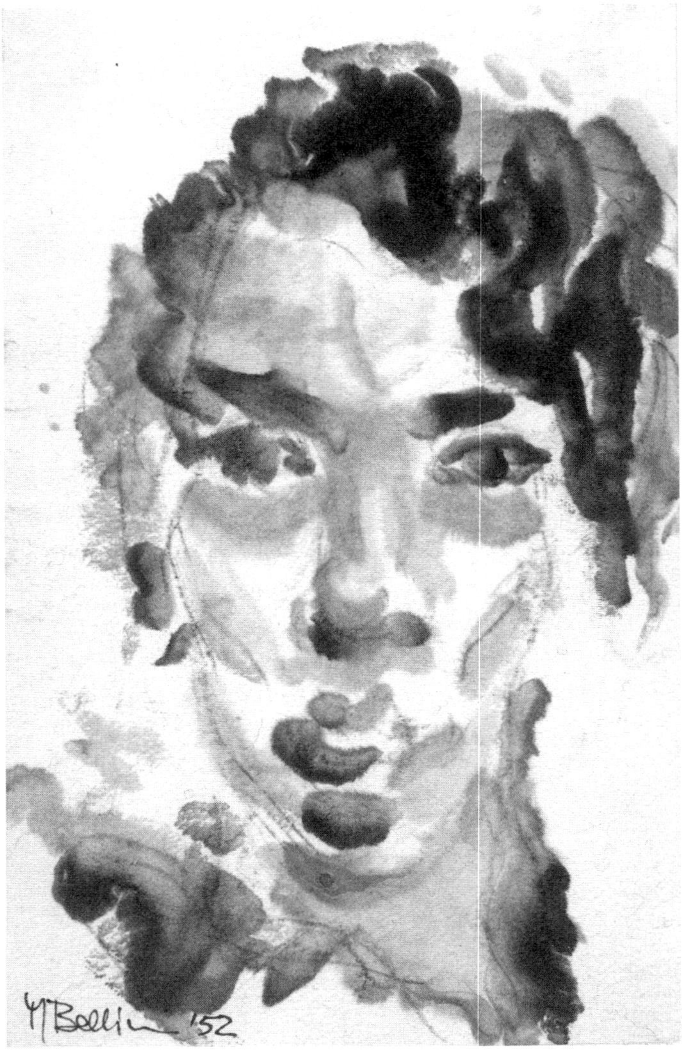

Mario Bellini, Self-portrait, *Indian ink, 1952*

Mario Bellini, *Autoritratto*, inchiostro di china, 1952

Without Words

A shark chasing after the Olivetti P101, St Jerome in his study *(in Antonello da Messina's version) as the inspiration for reflecting on the theme of the "office," a nun who shines light like a lamp… In London, in 1973, in the presence of Lord Snowdon, Mario Bellini presented his first "wordless" lecture, delivered without verbal explanation, through allusions to forms, anthropological assonances, semantic and naturalistic juxtapositions.*
A non-conformist journey through art, science and nature, drawing constant connections with chairs, tables, upholstered pieces, houses, convention centers, museums, exhibition designs, emotional journeys, mise en scène. A journey that concludes with the triumph of the centrality of the human being in all of his activities, including "primitive" ones like eating, inhabiting, working... In short, "from the spoon to the city," but this time reassessed and corrected by Bellini from his own irreverent, transgressive, non-conformist and often difficult point of view.
The architectural images on the following pages are the same ones hanging, in large format, from the ceiling of the gallery dedicated to Bellini's works. Below, the "Portal/Bookshelf" in the hall of the Triennale di Milano that marks the entrance and exit to the exhibition.

Senza parole

Uno squalo che insegue la *P101* di Olivetti, lo *Studiolo di san Girolamo* (di Antonello da Messina) come spunto per riflettere sul tema "ufficio", una suora che diffonde luce come una lampada… A Londra, nel 1973, alla presenza di Lord Snowdon Mario Bellini sperimenta la prima delle sue conferenze "senza parole" che procedono senza alcuna spiegazione ma solo per allusioni di forme, assonanze antropologiche, accostamenti semantici e naturalistici. Un viaggio anticonformista tra arte, scienza, natura, messi costantemente in relazione con sedie, tavoli, imbottiti, case, fiere, musei, allestimenti di mostre, percorsi emozionali, messe in scena. Un viaggio al termine del quale trionfa la centralità dell'essere umano in tutte le sue attività anche quelle "primitive" come nutrirsi, abitare, lavorare…
Dal "cucchiaio alla città", insomma, ma per una volta rivisto e corretto da Bellini secondo il suo punto di vista irriverente, trasgressivo, poco allineato e spesso scomodo.
Le immagini di architetture delle pagine seguenti sono le stesse che in mostra sono appese (in grande scala) al soffitto della Galleria che ospita la selezione delle opere di design di Bellini. Qui sotto, la libreria/portale nell'atrio della Triennale di Milano che connette entrata e uscita della mostra.

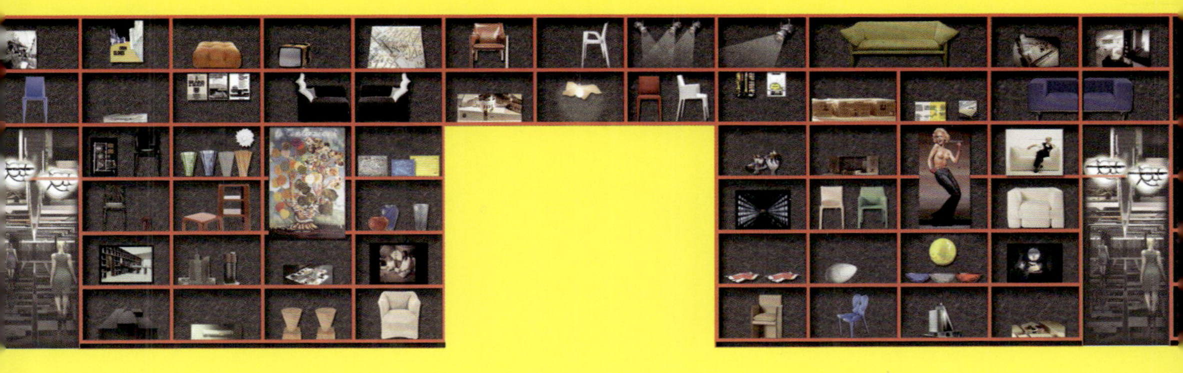

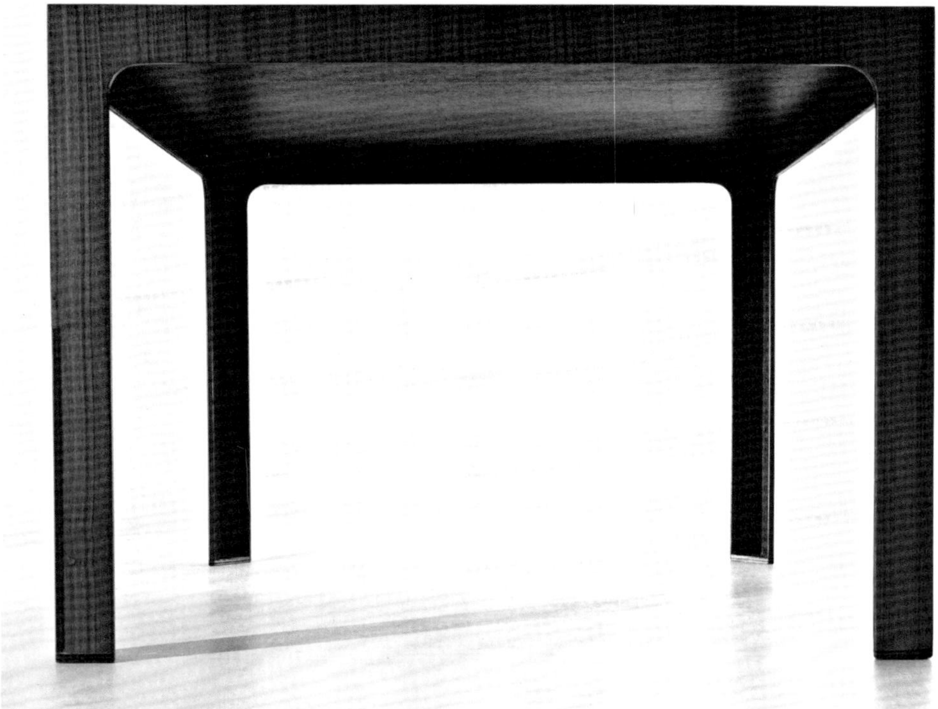

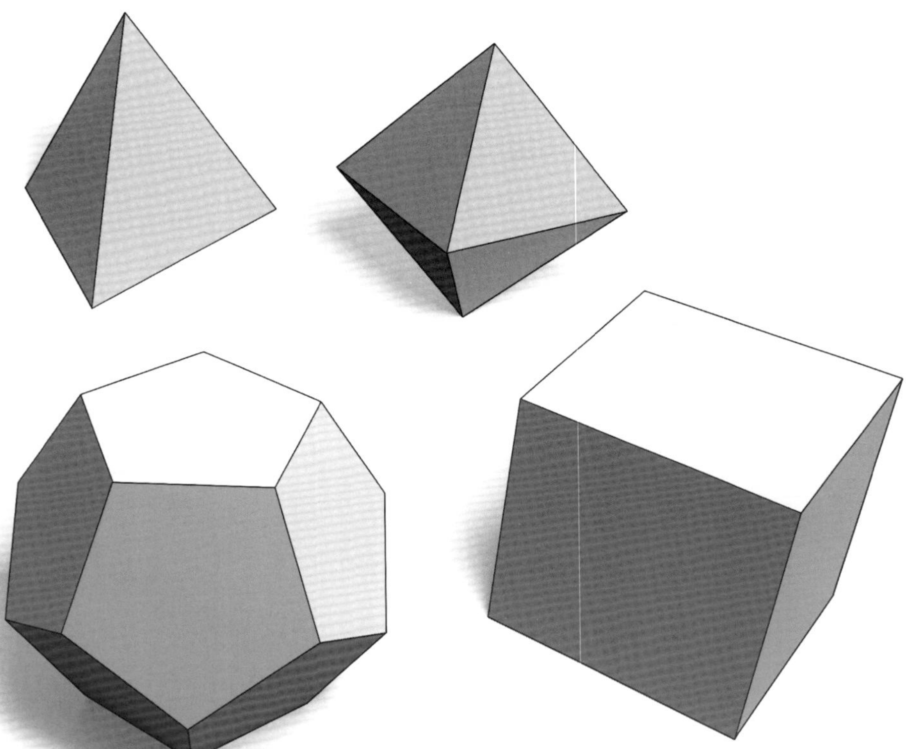

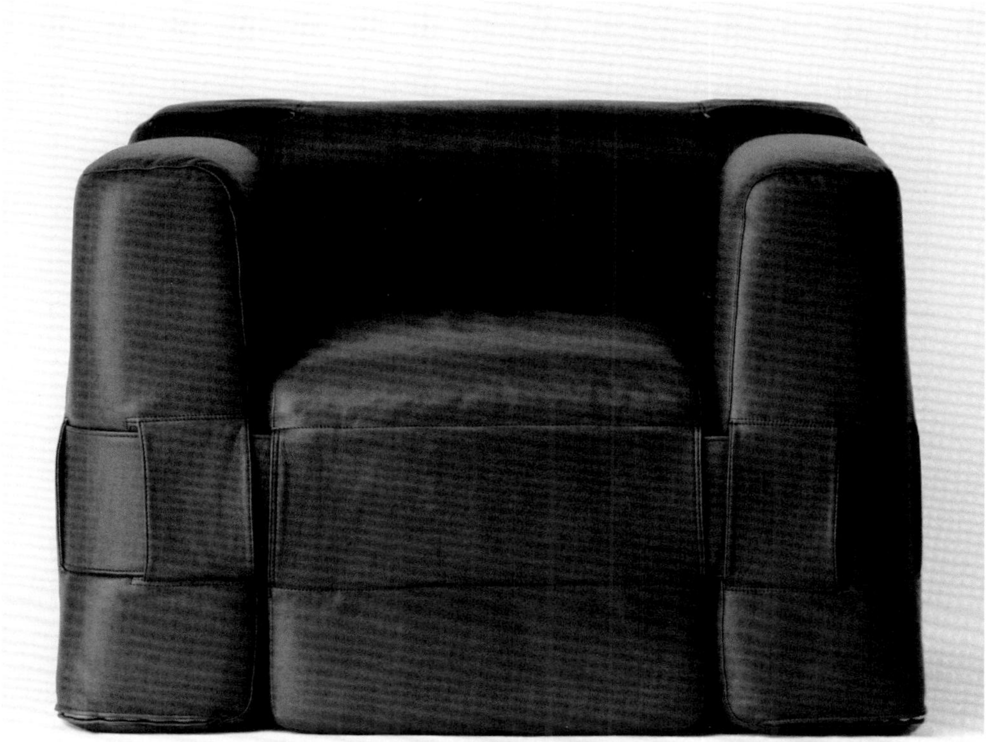

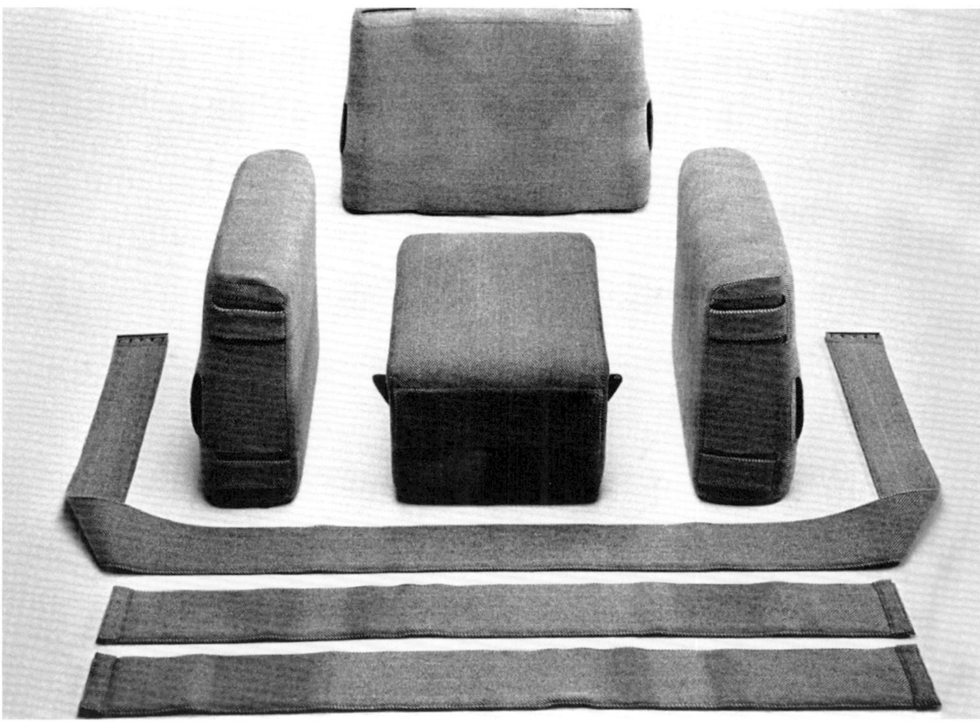

previous page / pagina precedente,
Cartesius, *table, Pedretti, then Gavina, 1962 /*
Cartesius, tavolo, Pedretti, poi Gavina, 1962

932, *armchair with cushions, belt and suspenders, Cassina, 1965 /*
932, poltrona con cuscini, cintura e bretelle, Cassina, 1965

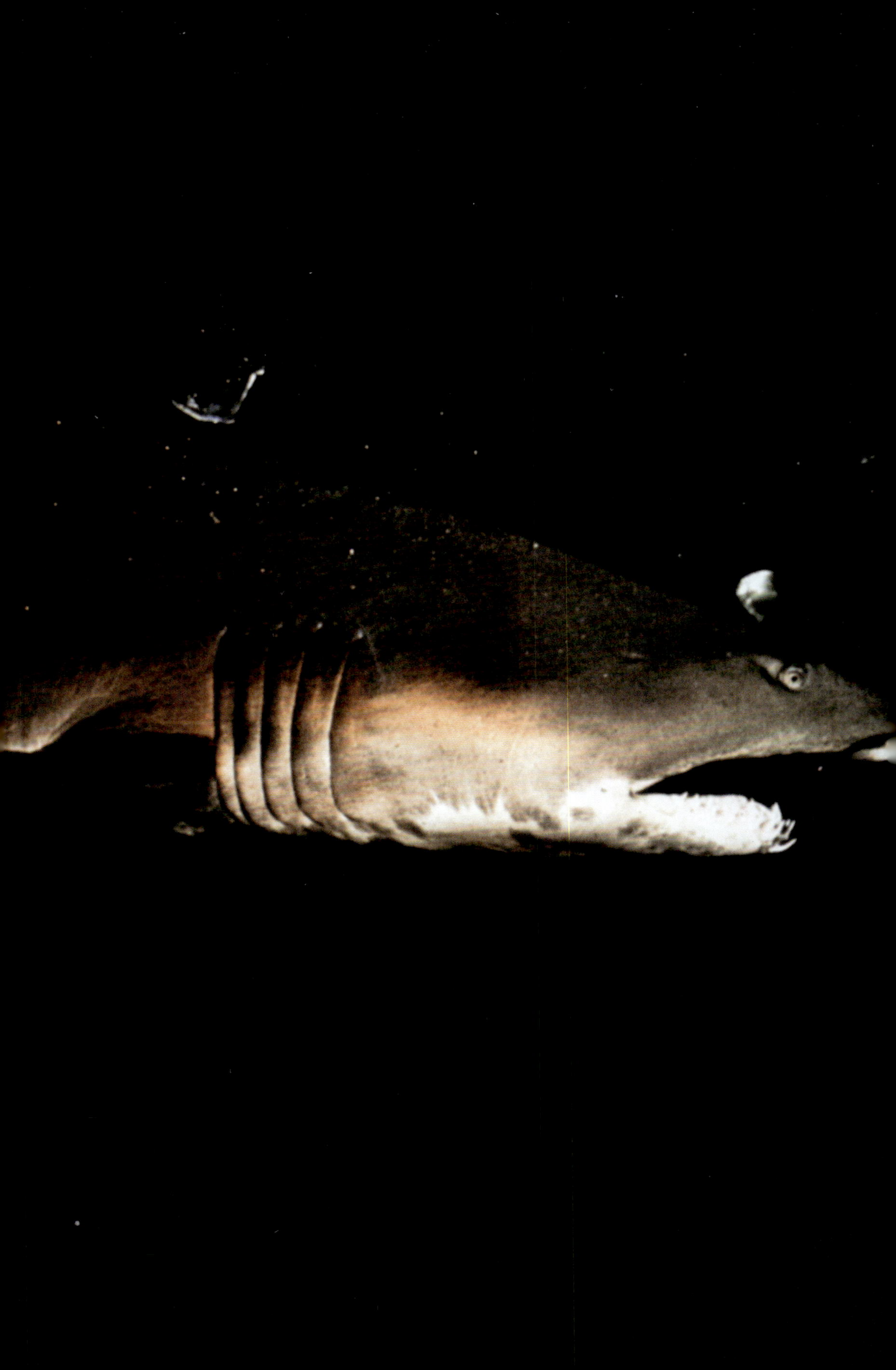

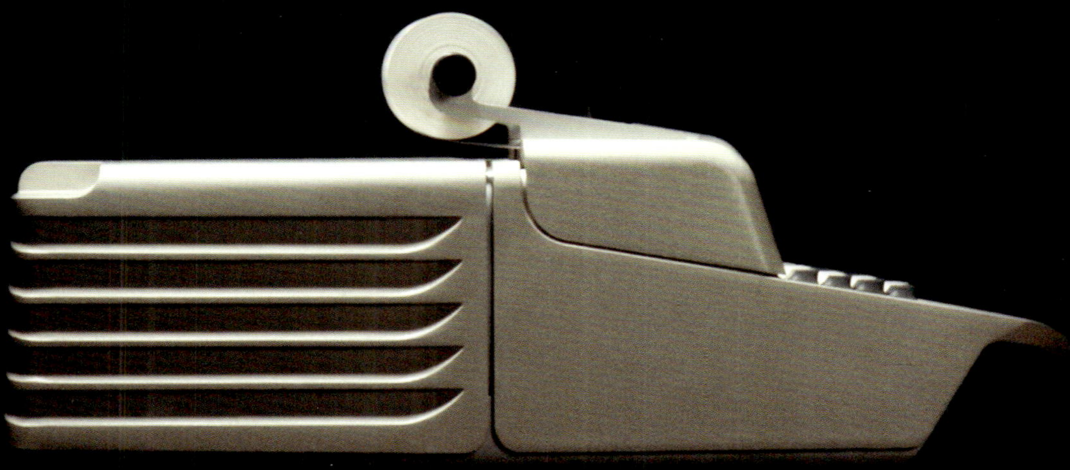

Programma 101, *desktop computer, Olivetti, 1965* /
Programma 101, personal computer, Olivetti, 1965

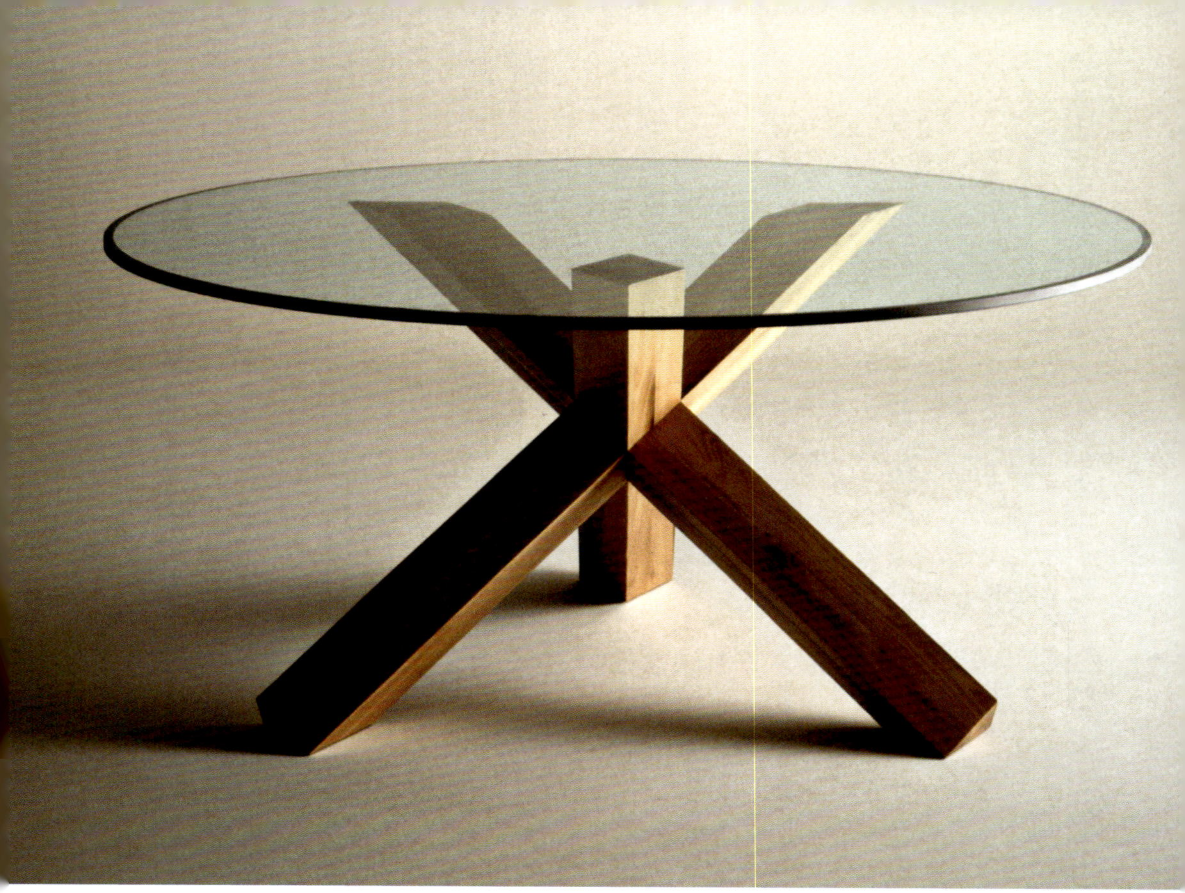

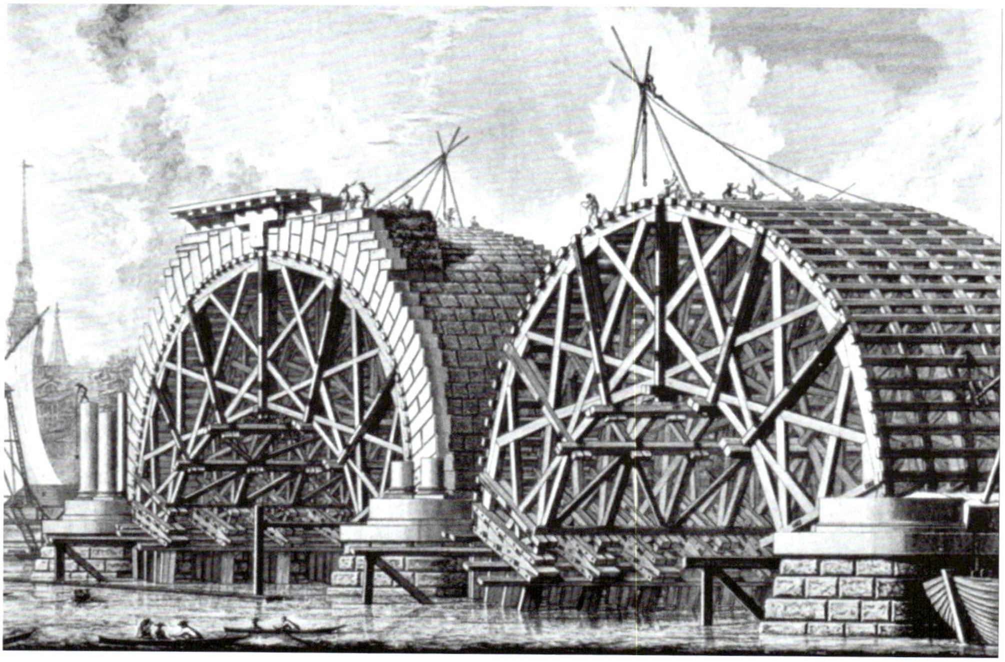

La Rotonda, *table, Cassina, 1977; Scaffolding for vault construction /*
La Rotonda, tavolo, Cassina, 1977; Armature per la costruzione di volte

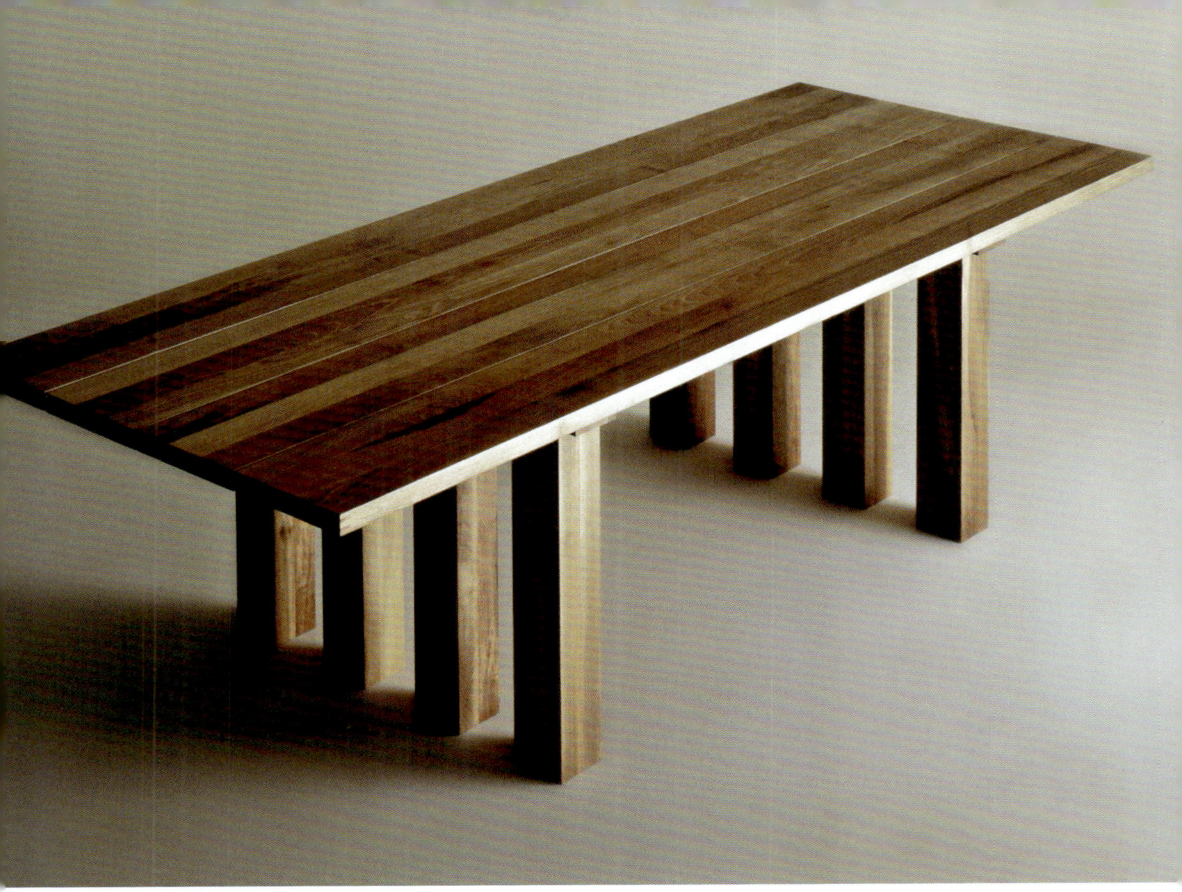

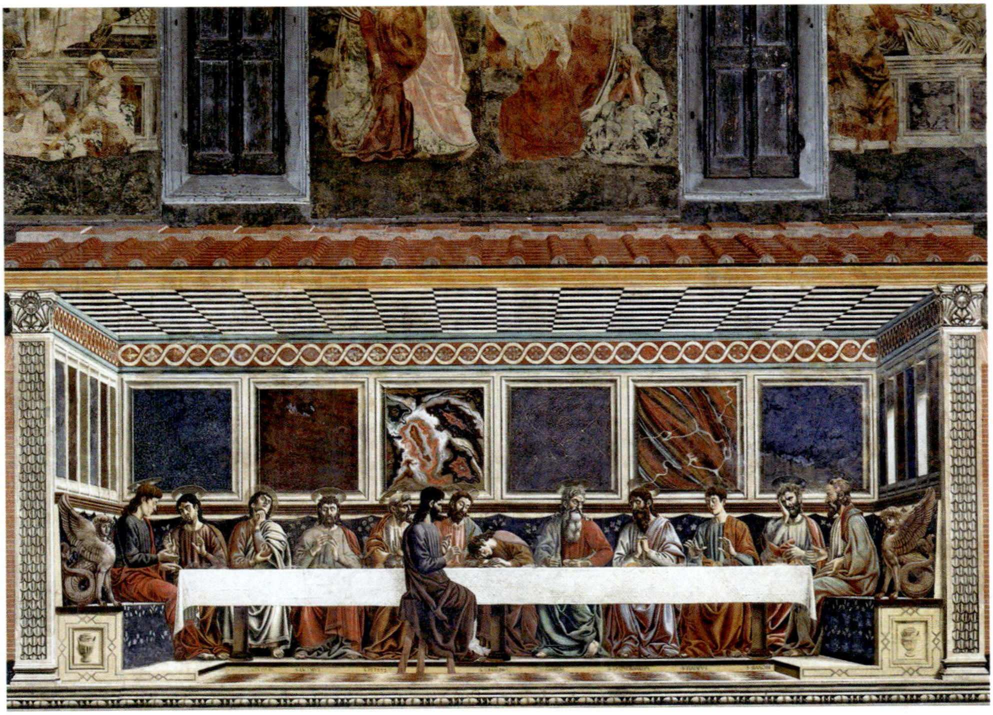

La Basilica, *table, Cassina, 1977; Andrea del Castagno,*
The Last Supper, *fresco, 1445–1450 /*
La Basilica, tavolo, Cassina, 1977; Andrea del Castagno,
Ultima cena, affresco, 1445-1450

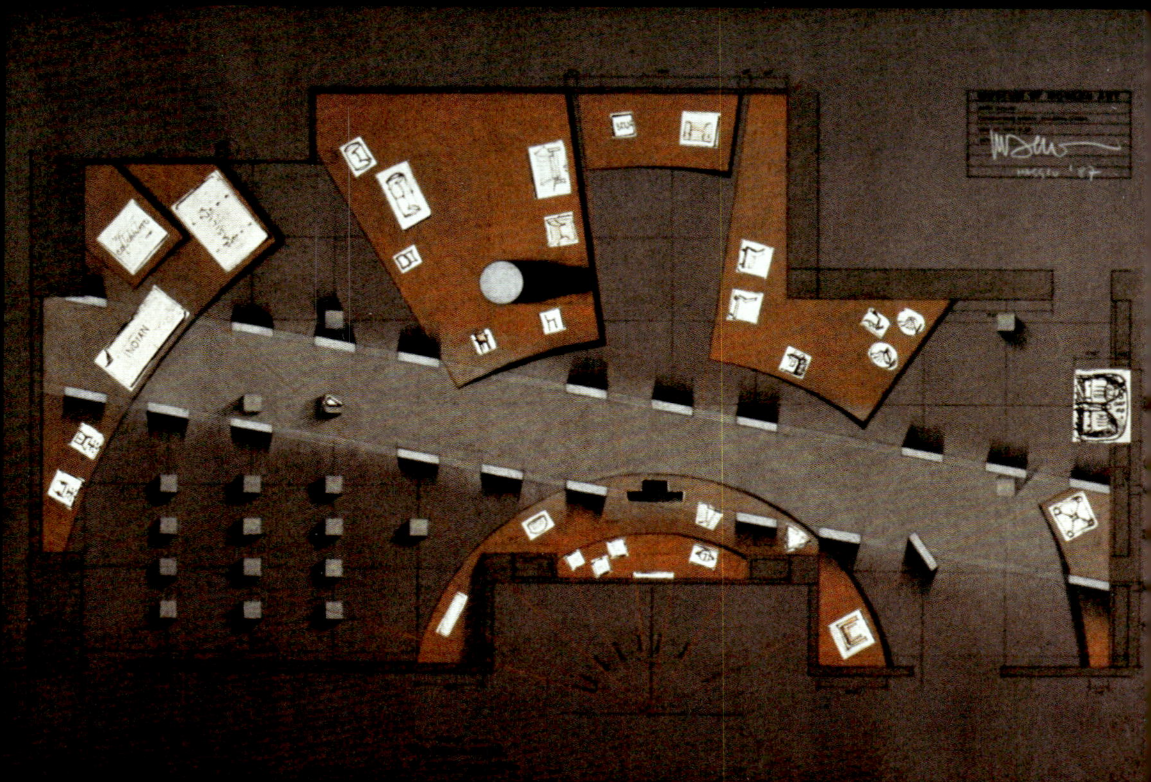

"Mario Bellini: Designer," MoMA, New York; exhibition plan designed by Mario Bellini and view of the sketch gallery /
Mario Bellini designer, MoMA, New York; pianta della mostra progettata da Mario Bellini e vista della galleria degli schizzi

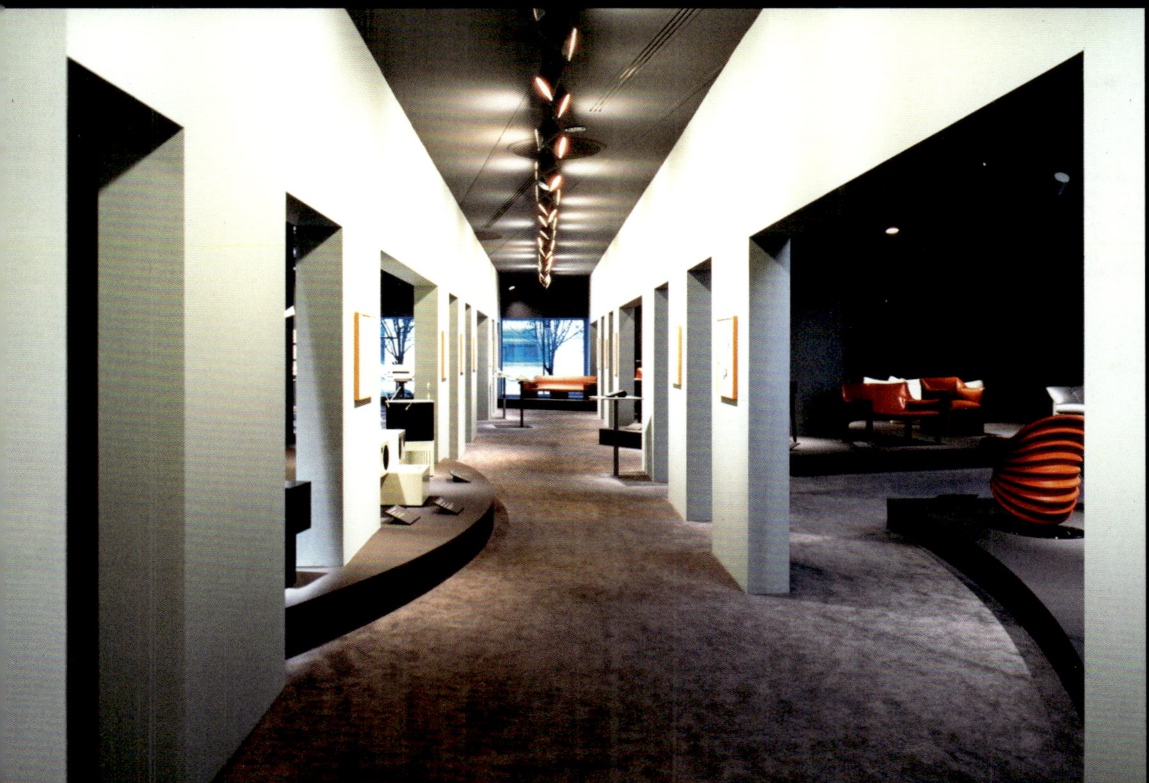

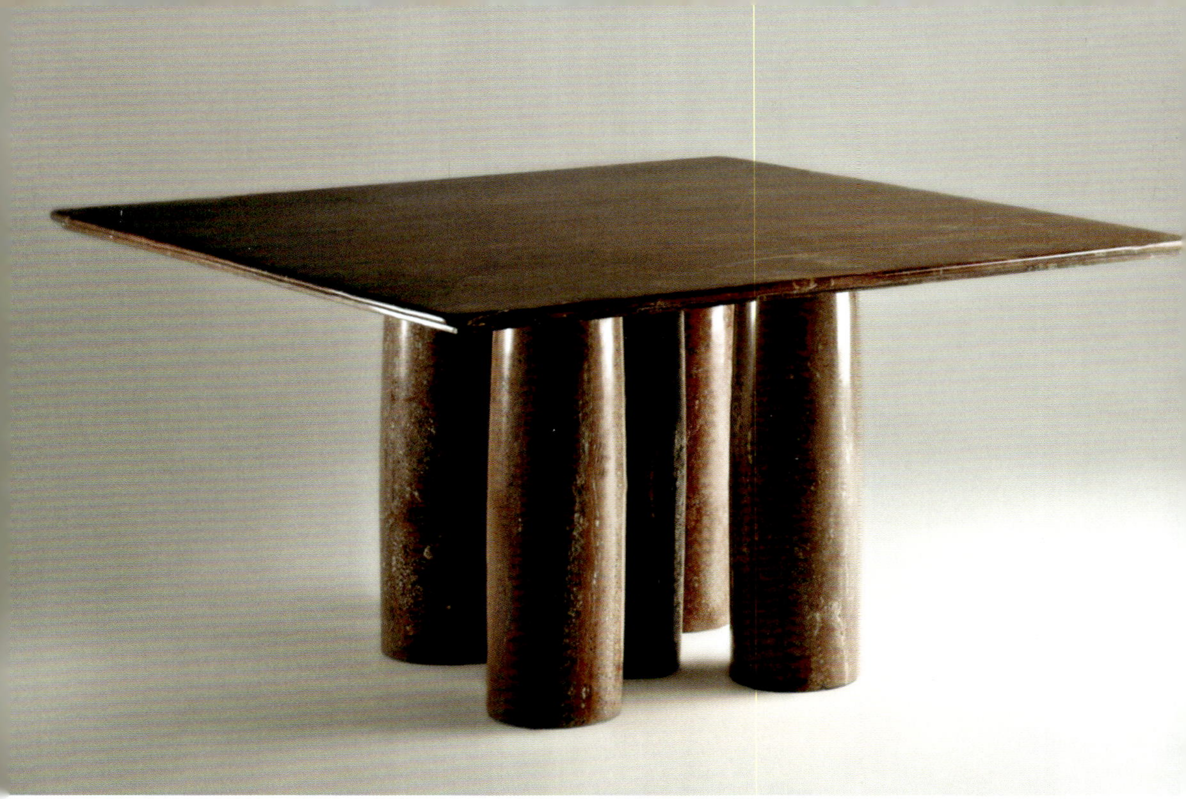

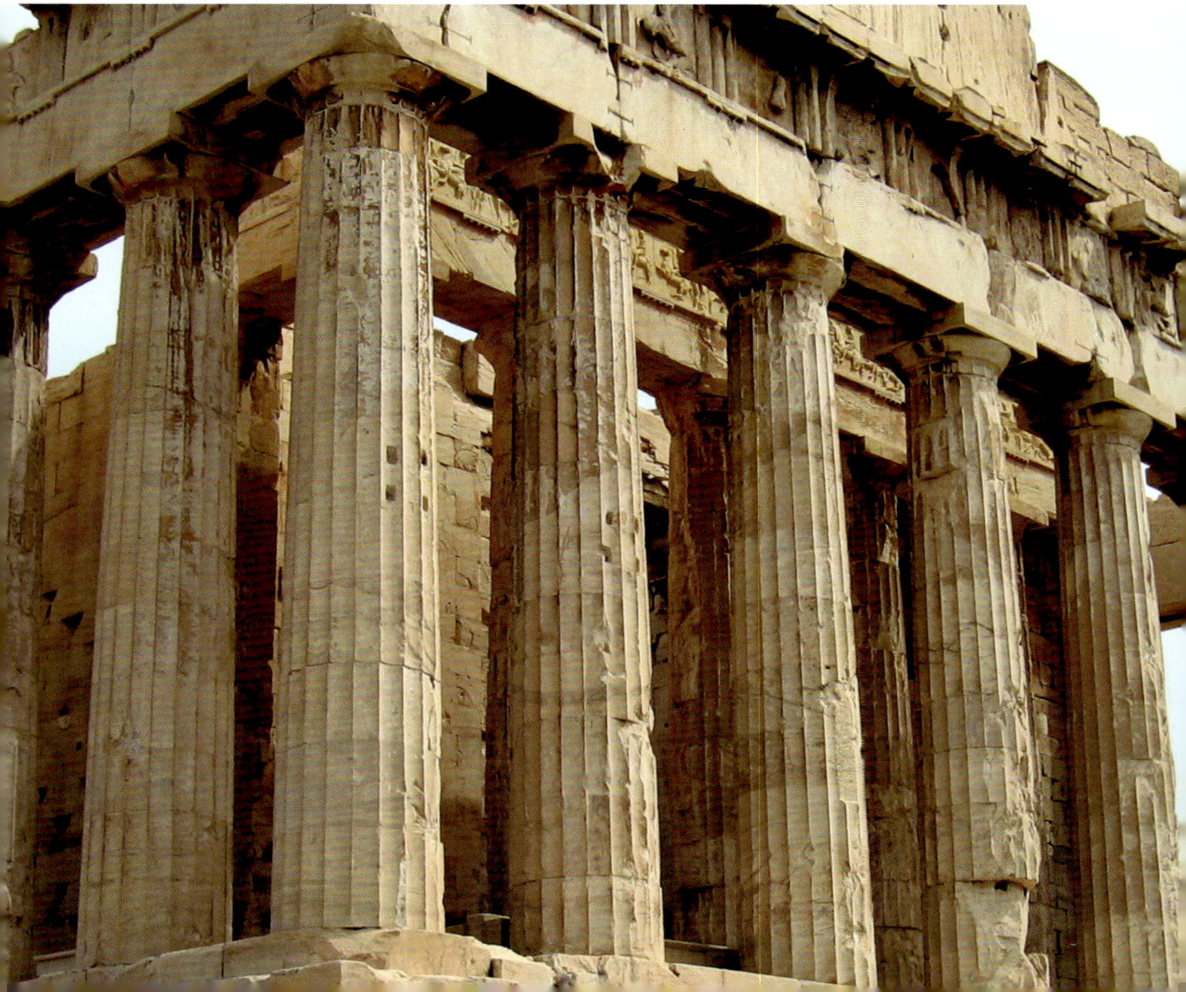

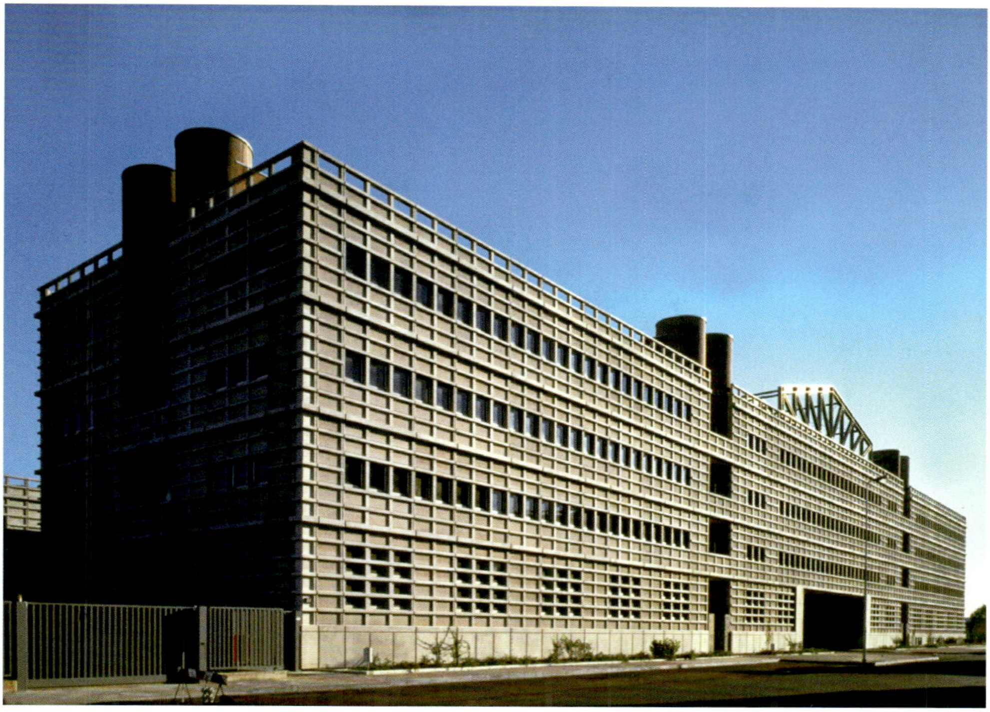

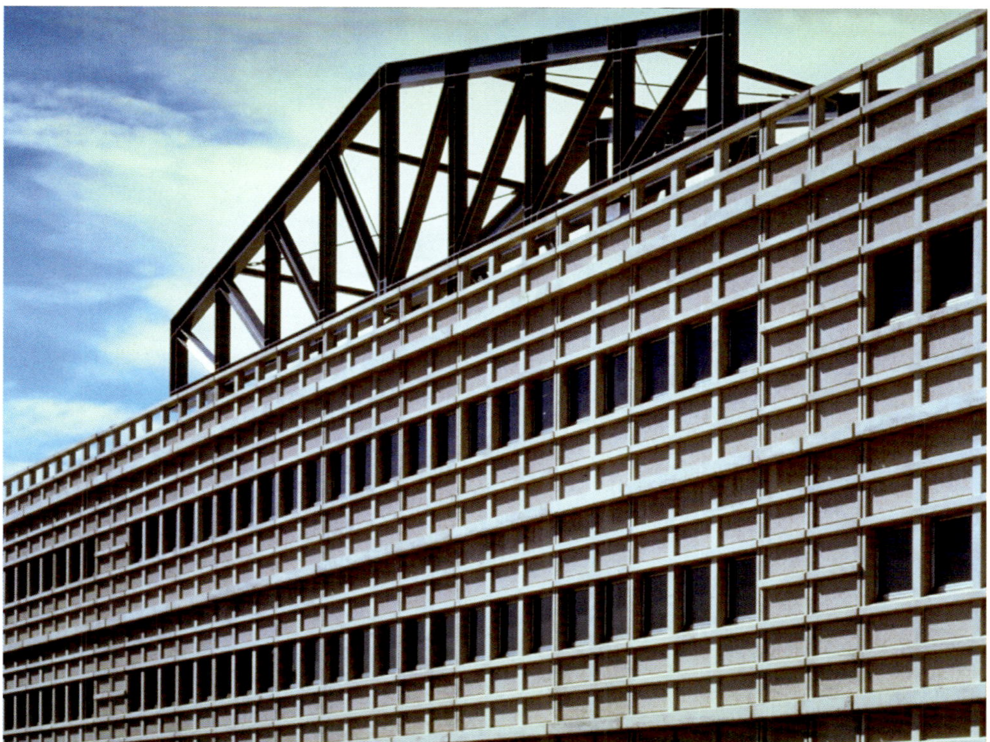

previous page / pagina precedente,
Il Colonnato, *table, Cassina, 1977; Parthenon, Acropolis, Athens, 447 BC /*
Il Colonnato, tavolo, Cassina, 1977; Il Partenone, Acropoli di Atene, 447 a.C.

Office and industrial complex, via Kuliscioff, Milan, 1984–1988 /
Complesso per ufficio, via Kuliscioff, Milano, 1984-1988

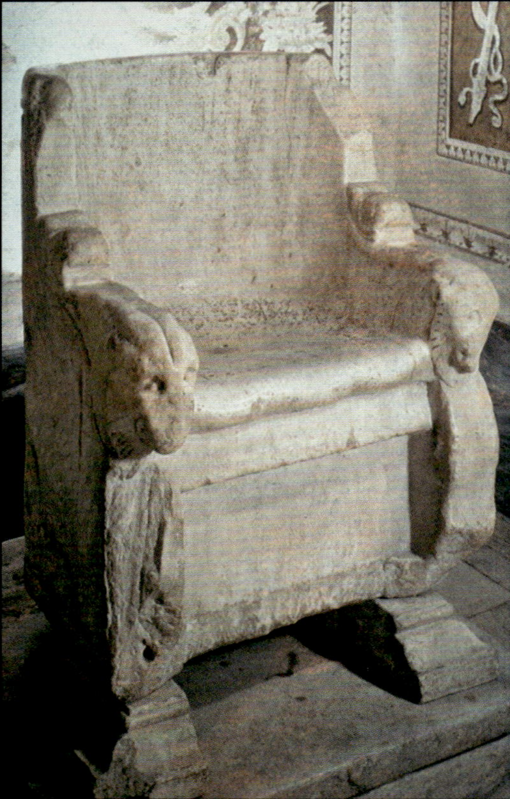

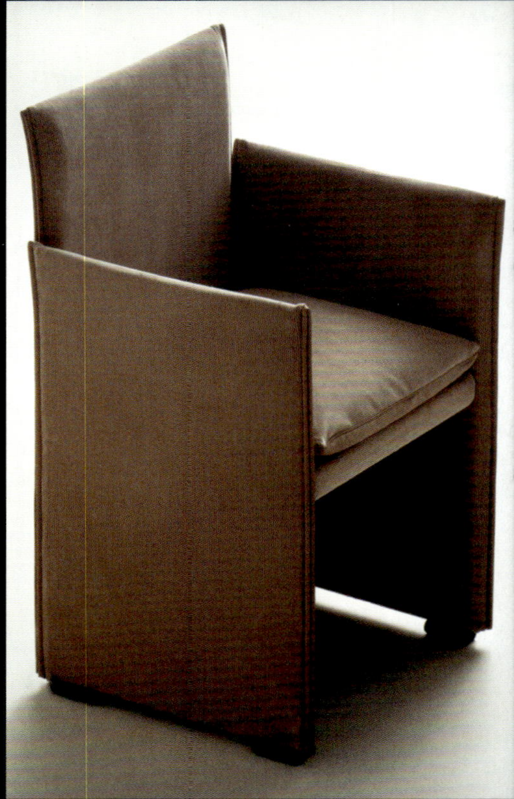

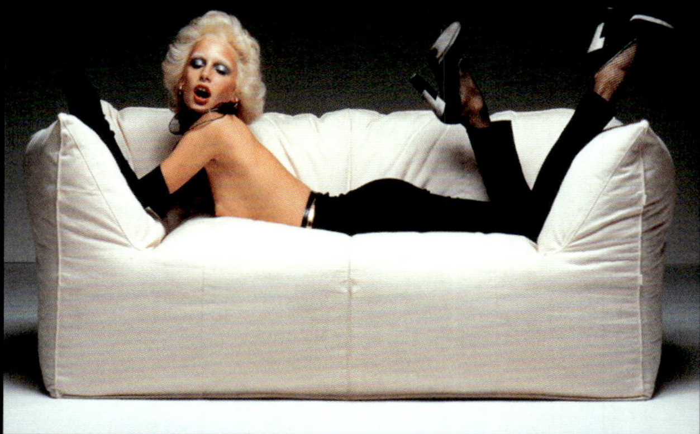

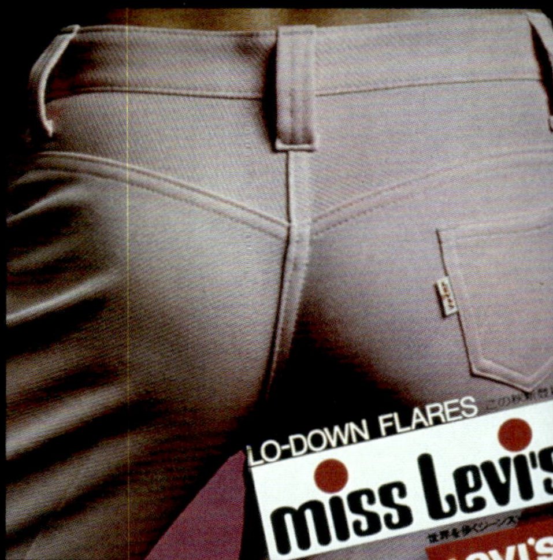

Medieval stone chair; Break, *armchair, Cassina, 1976 /*
Cattedra medievale in pietra; *Break*, poltroncina, Cassina, 1976

Le Bambole, *sofa, C&B, 1972, reissued in 2007 for B&B (advertising campaign by Oliviero Toscani, with the model Donna Jordan, who also posed for Jeans Jesus) /*
Le Bambole, imbottito, C&B, 1972, rieditate nel 2007 per B&B (campagna pubblicitaria di Oliviero Toscani, la modella è Donna Jordan, la stessa dei Jeans Jesus)

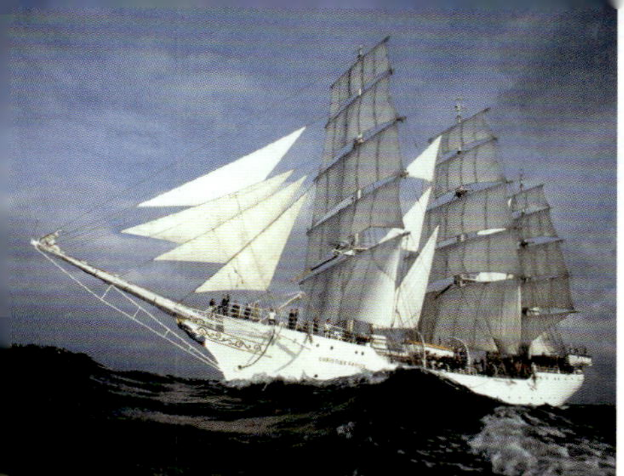
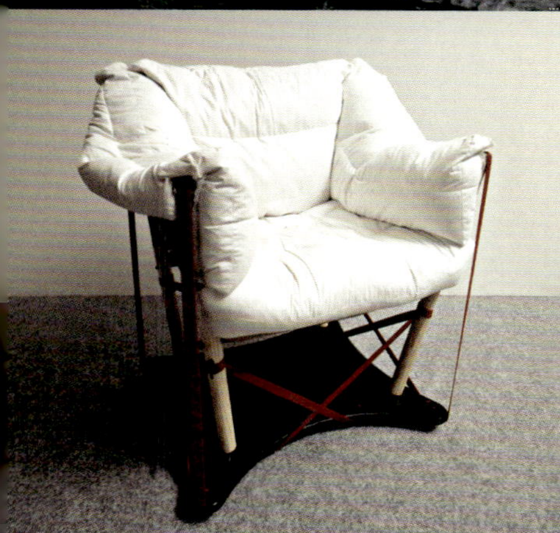
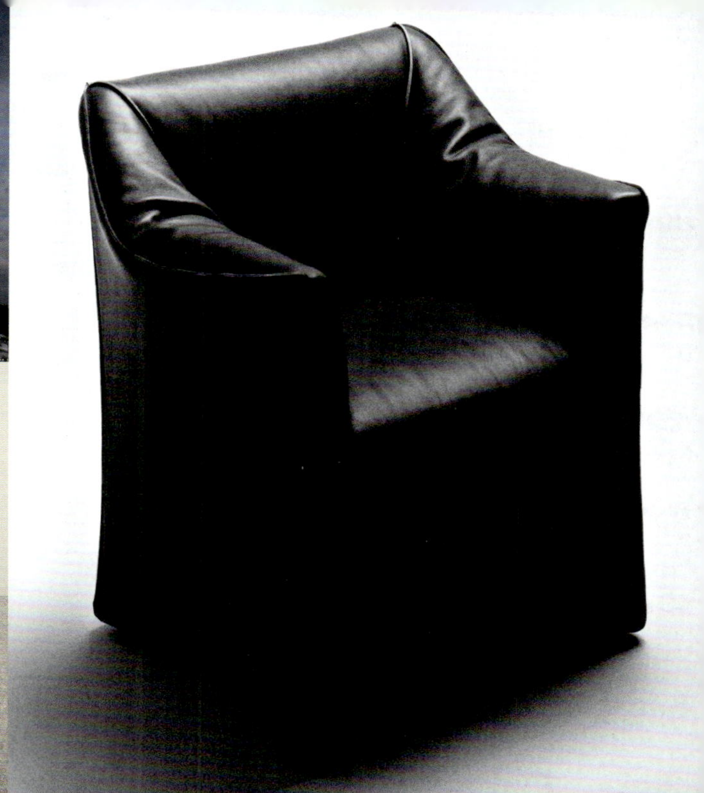
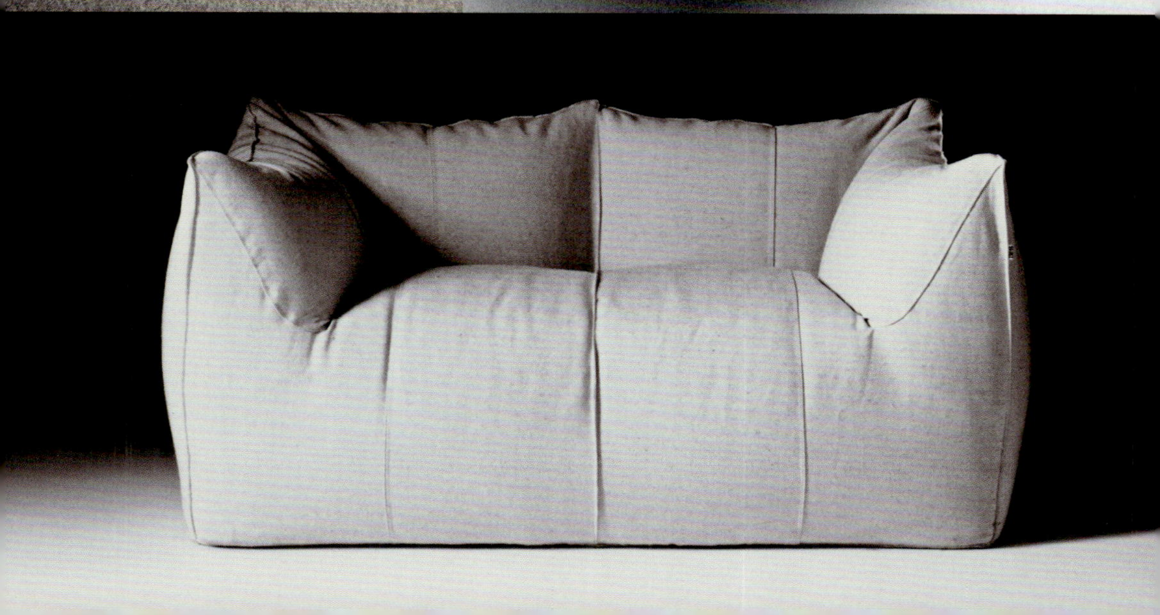

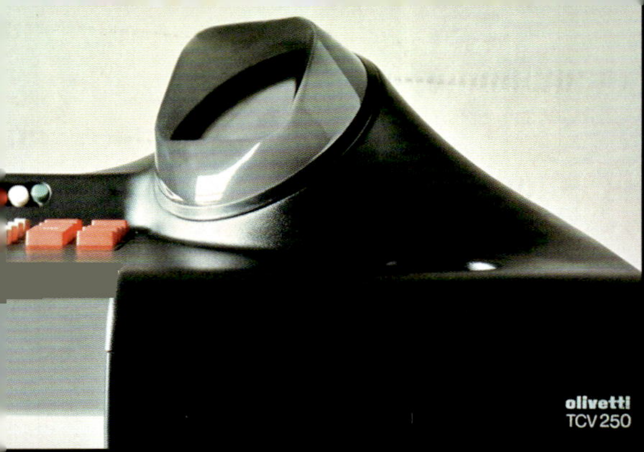

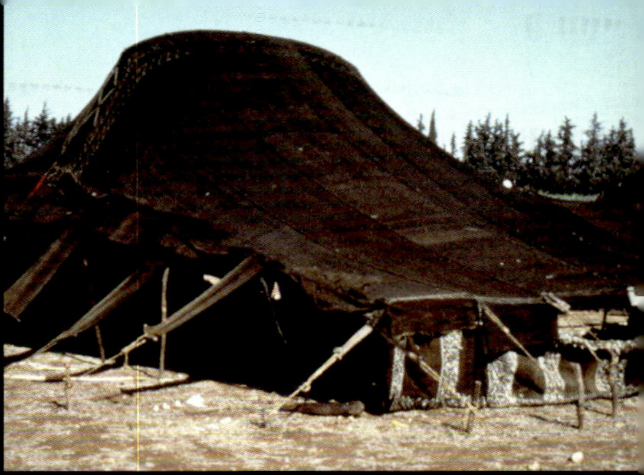

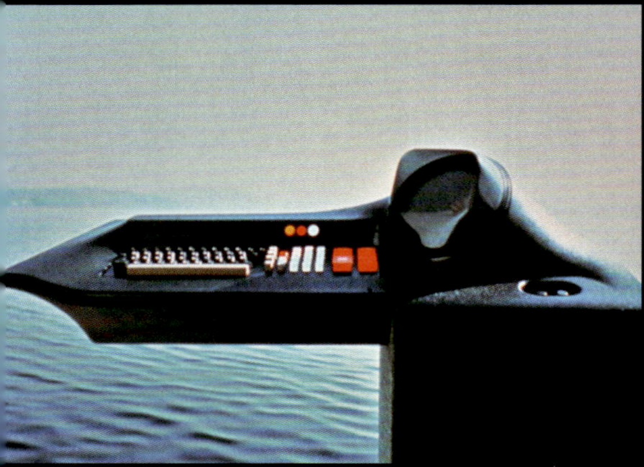

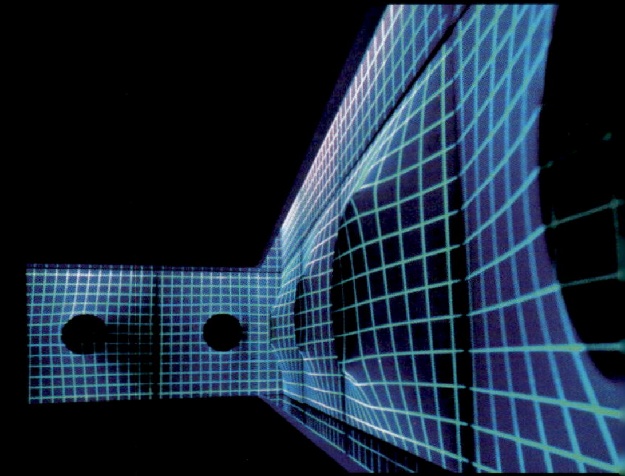

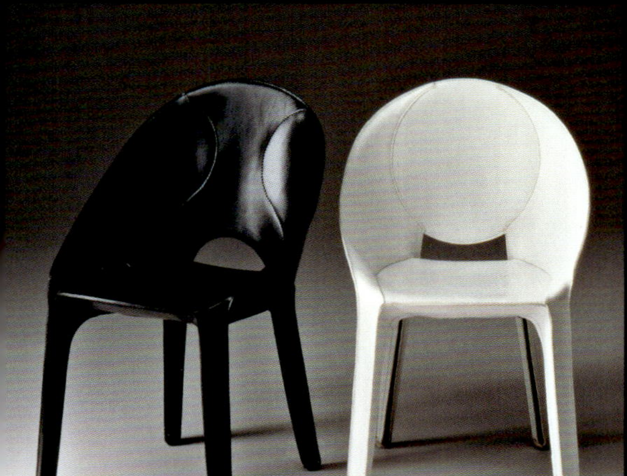

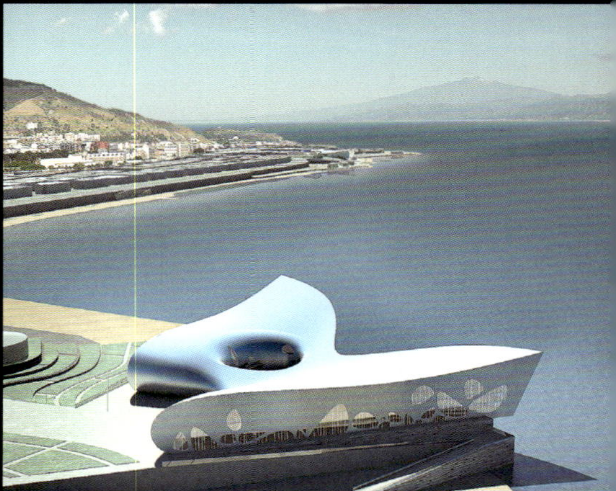

TCV 250, *video terminal, Olivetti, 1966; A Kurdish tent; Research on elastic surfaces;* Lira e Liuto, *chairs, Cassina, 1989; Regium Waterfront, competition, Reggio Calabria, 2007 /*
TCV 250, video terminal, Olivetti, 1966; Una tenda curda; Studi sulle superfici elastiche; *Lira e Liuto*, sedie, Cassina, 1989; Regium Waterfron, concorso, Reggio Calabria, 2007

following page / pagina seguente
Teneride, *office chair, prototype, Cassina, 1970 /*
Teneride, sedia per ufficio, prototipo, Cassina 1970

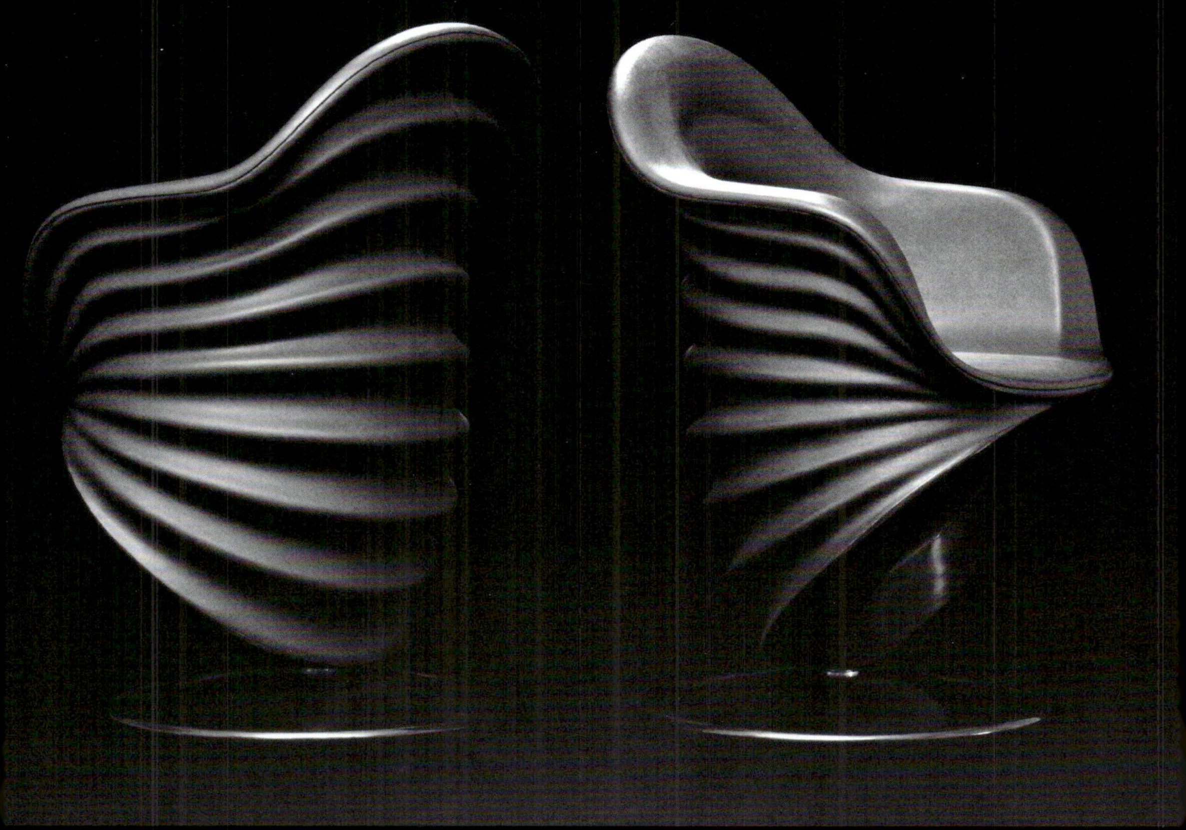

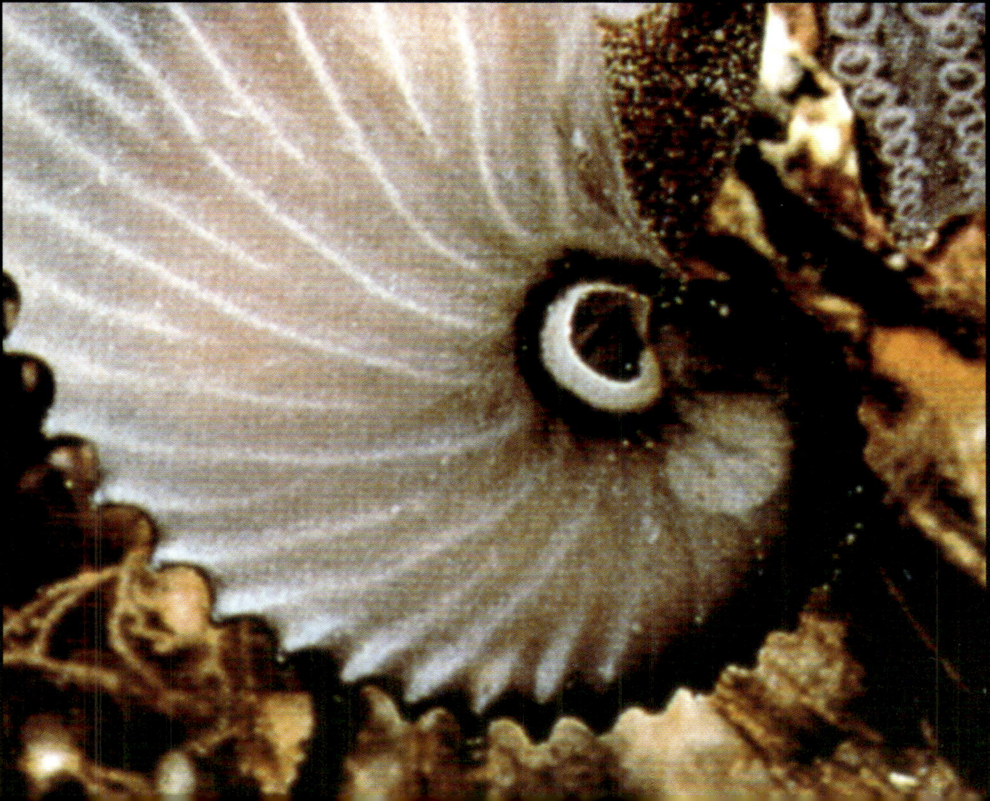

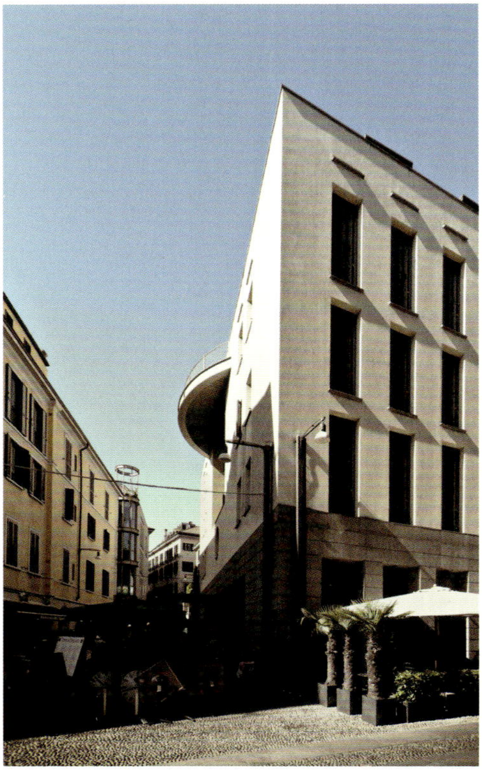

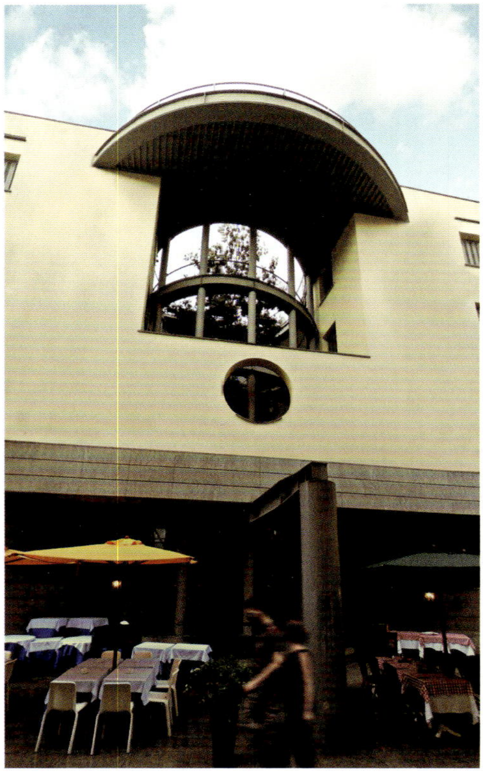

Residential buildings, via Madonnina, Milan 1988–1993 /
Edifici residenziali, via Madonnina, Milano 1988-1993

following page / pagina seguente
Villa Erba International Exhibition and Convention Center, Cernobbio, Como, 1986–1990 /
Centro espositivo e congressi di Villa Erba, Cernobbio, Como, 1986-1990

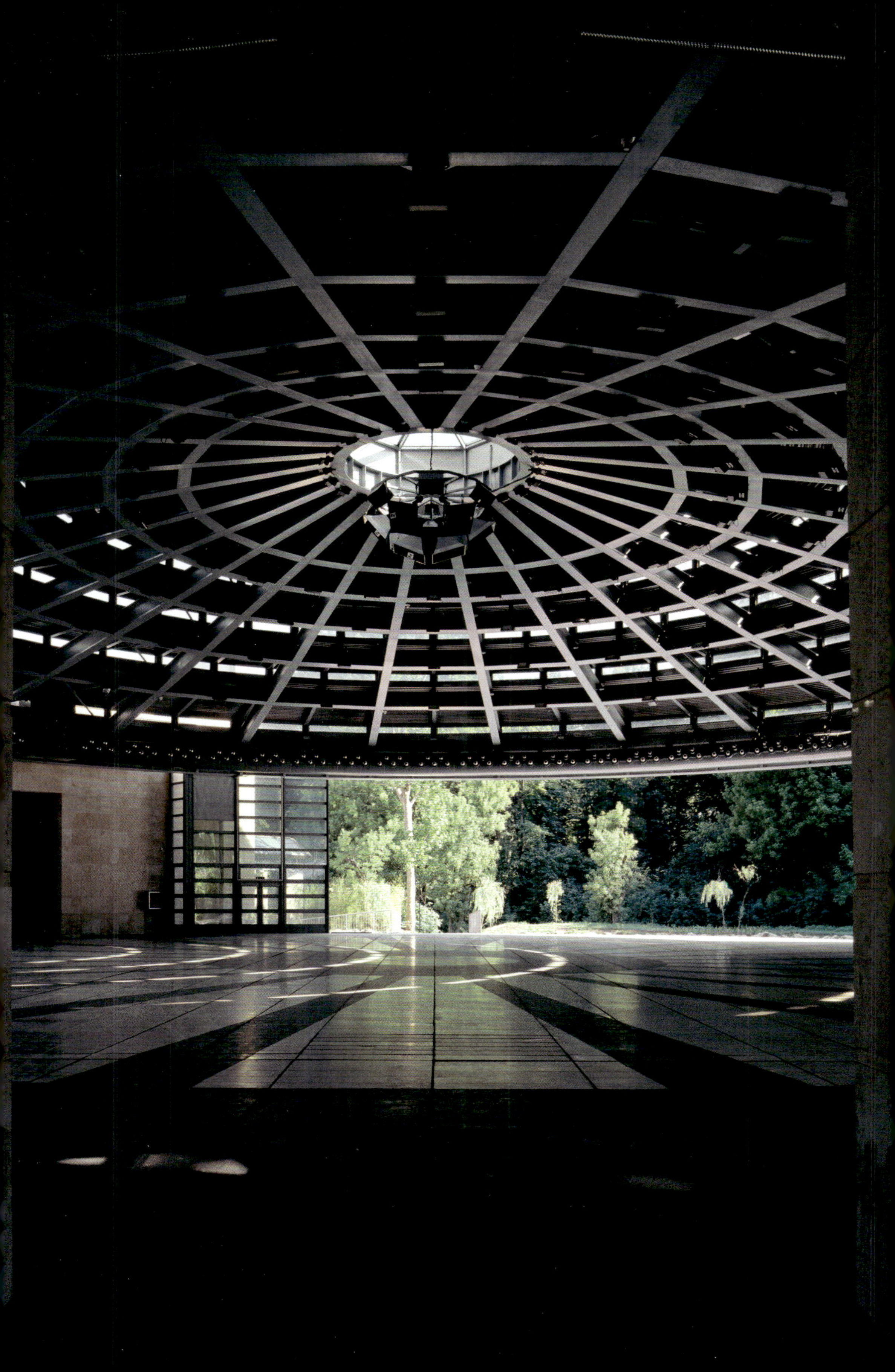

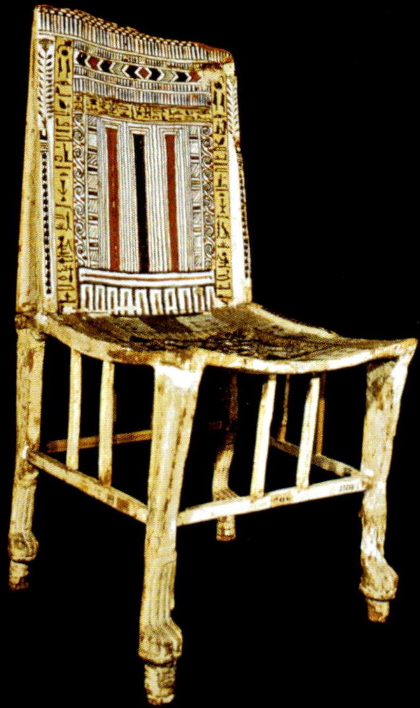

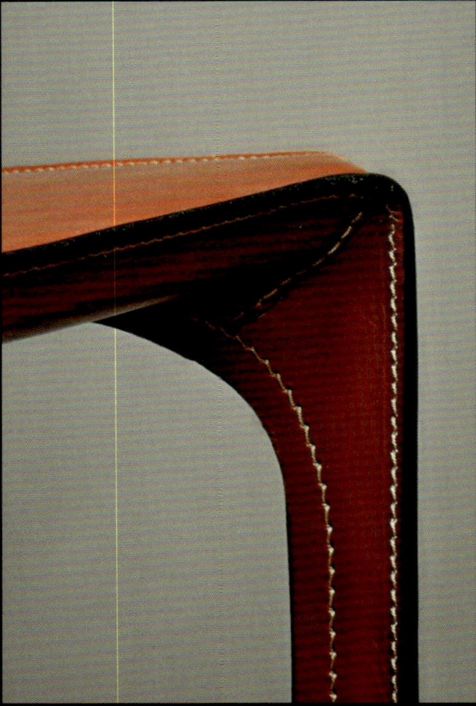

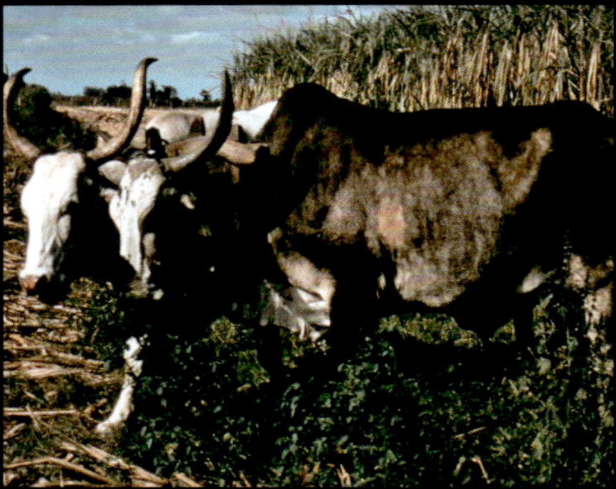

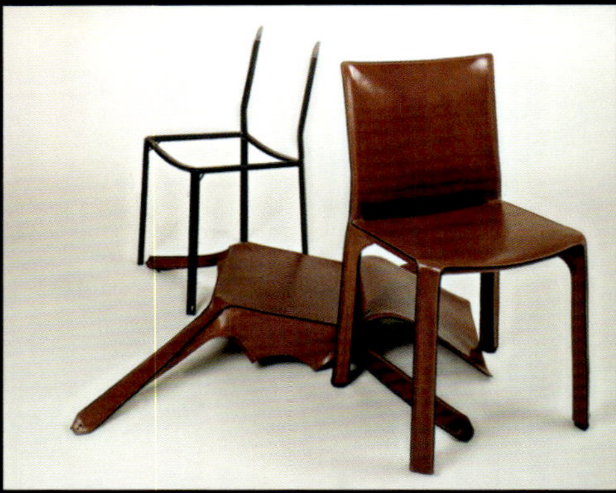

King Tutankhamen's Throne, 1333 BC; Cab, *chair, Cassina, 1977 /*
Trono del farone Tutankhamon, 1333 a.C.; *Cab*, sedia,
Cassina, 1977

following page / pagina seguente
Cab Lounge, *armchair, Cassina, 2015;* Cab, *sofa, 1982;*
Cab, *armchair, 1979 /*
Cab Lounge, poltrona, Cassina, 2015; *Cab*, divanetto, 1982;
Cab, poltroncina, 1979

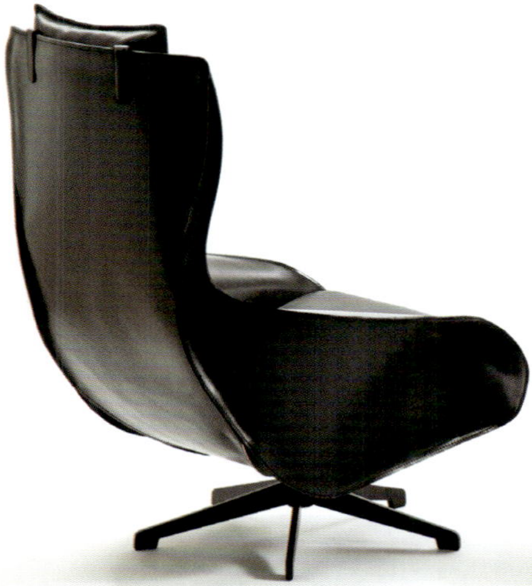

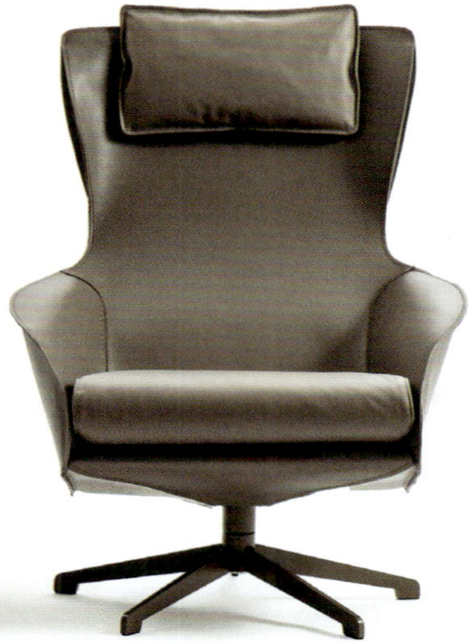

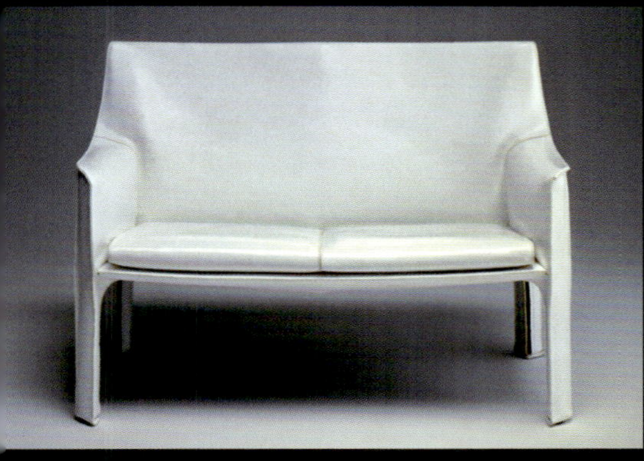

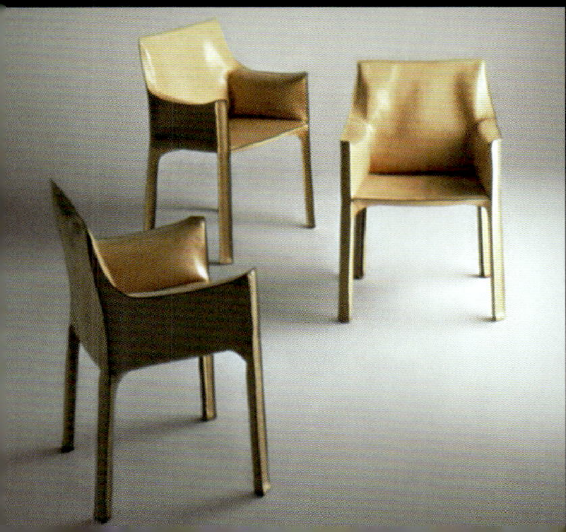

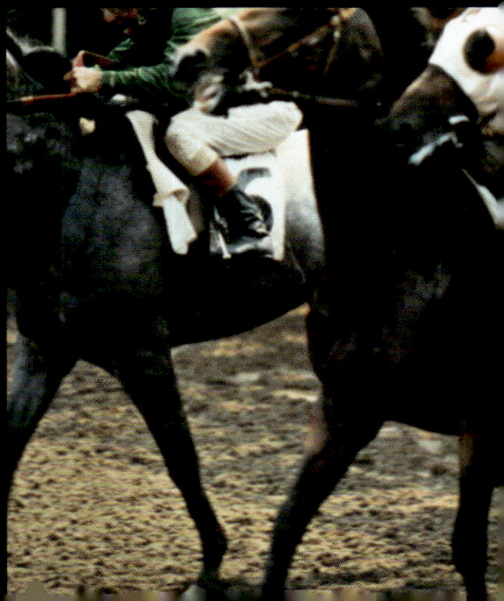

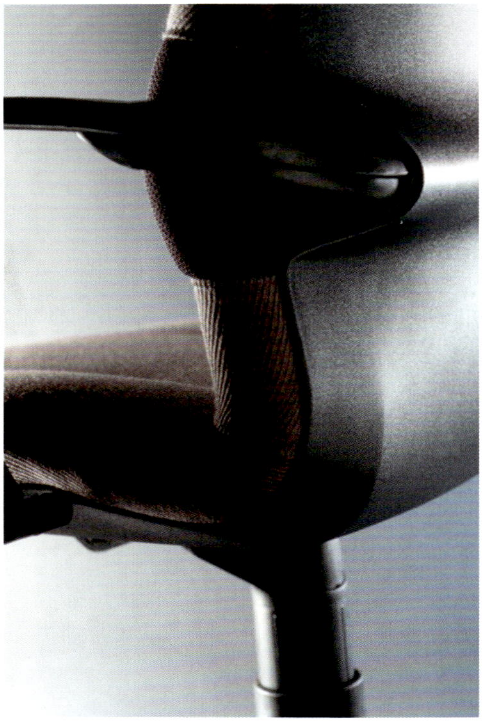

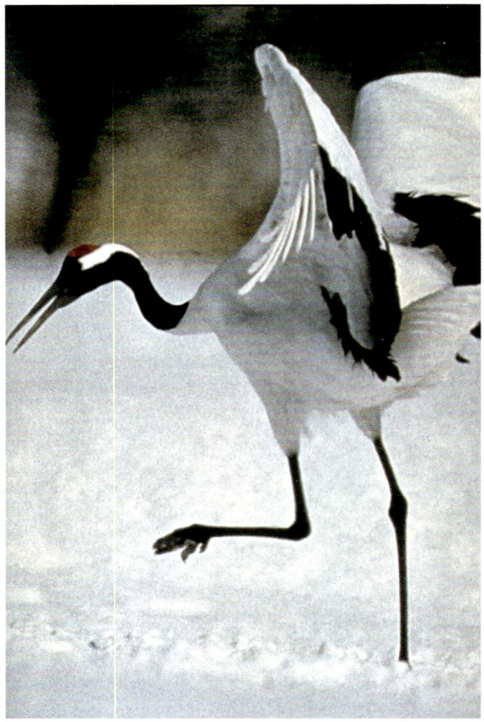

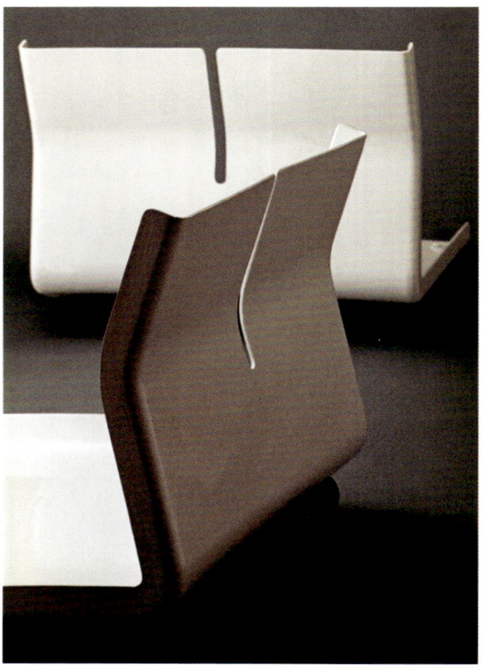

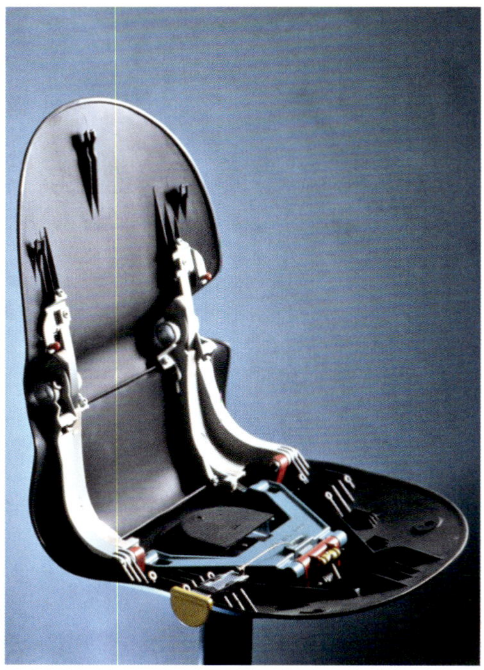

Persona, *office chair, Vitra, 1984;* Amanta, *armchair, C&B, 1966 /*
Persona, sedia per ufficio, Vitra, 1984; *Amanta*, poltrona,
C&B, 1966

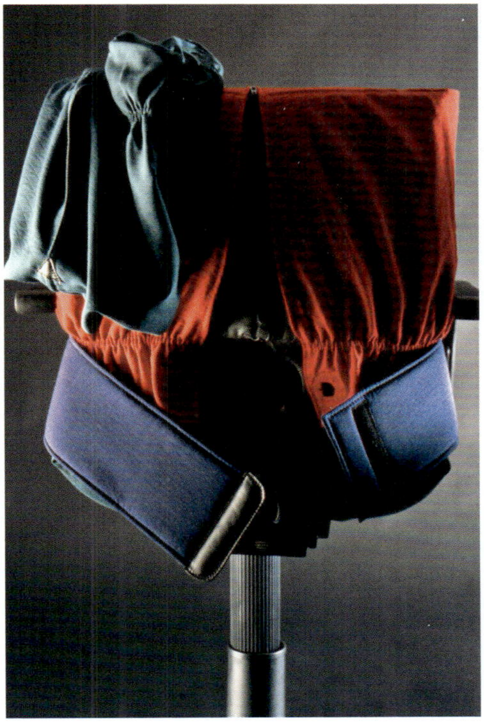

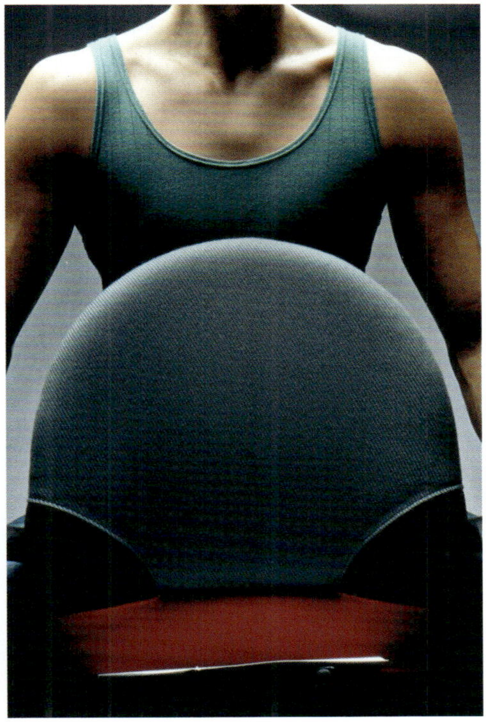

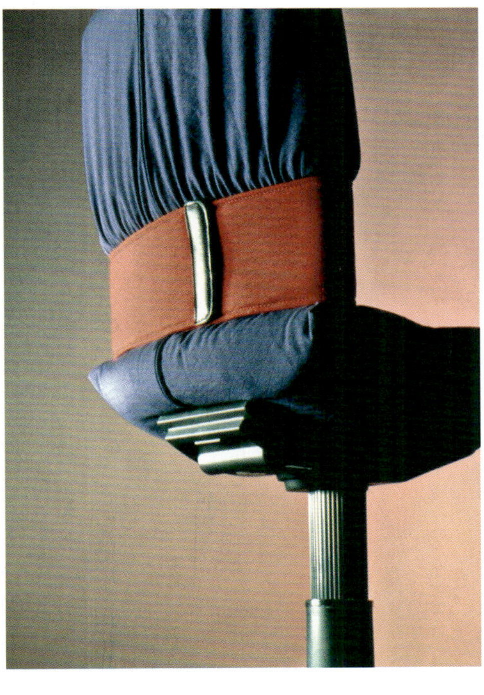

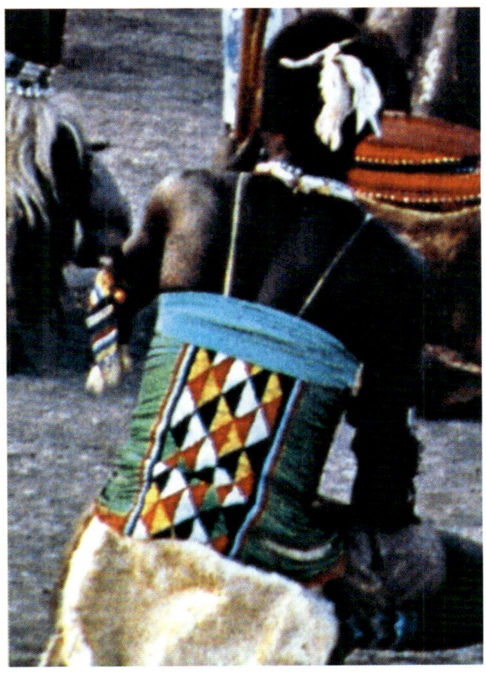

Figura, *office chair, Vitra, 1984* /
Figura, sedia per ufficio, Vitra, 1984

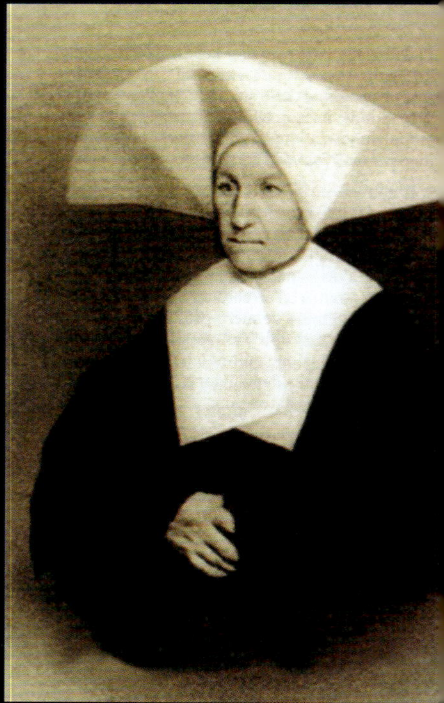

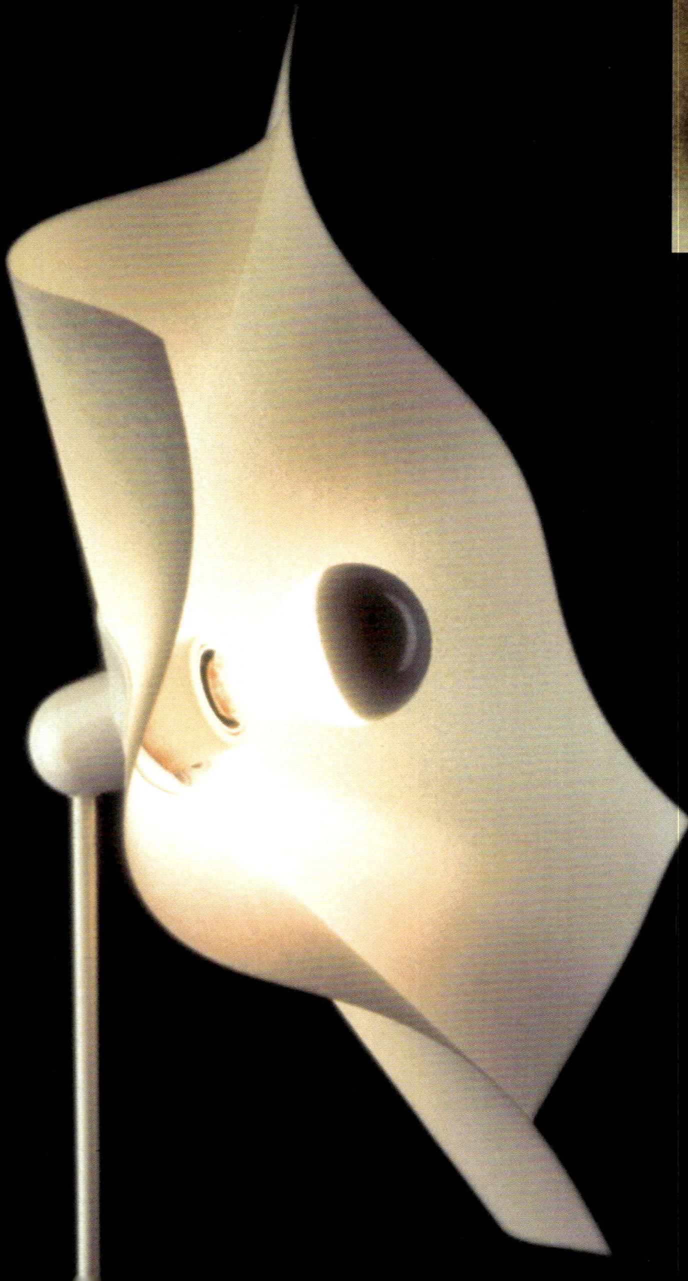

Area, *lamp, Artemide, 1974* /
Area, lampada, Artemide, 1974

following page / pagina seguente
Chiara, *lamp, Flos, 1969;* Le Stelle, *upholstered seating, C&B, 1974* /
Chiara, lampada, Flos, 1969;
Le Stelle, imbottiti, C&B, 1974

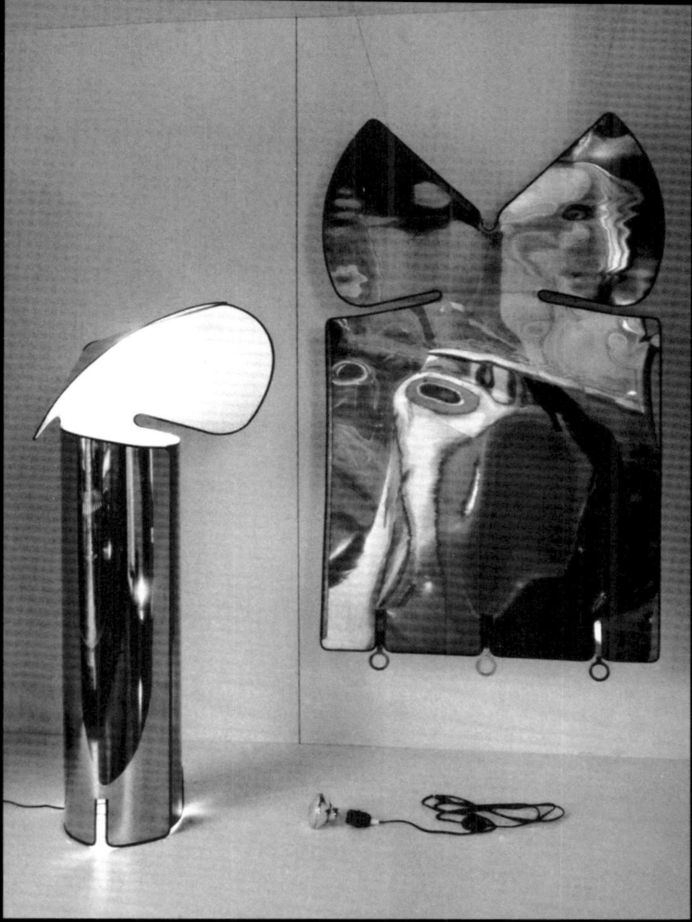

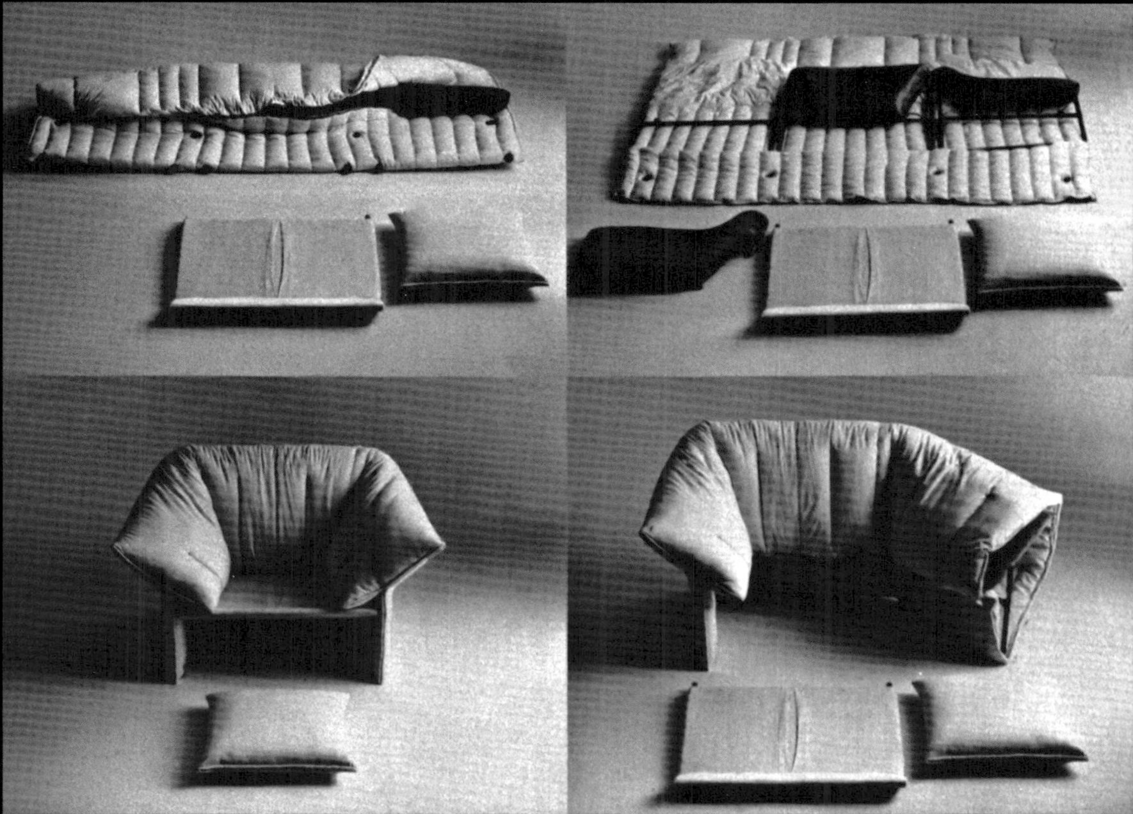

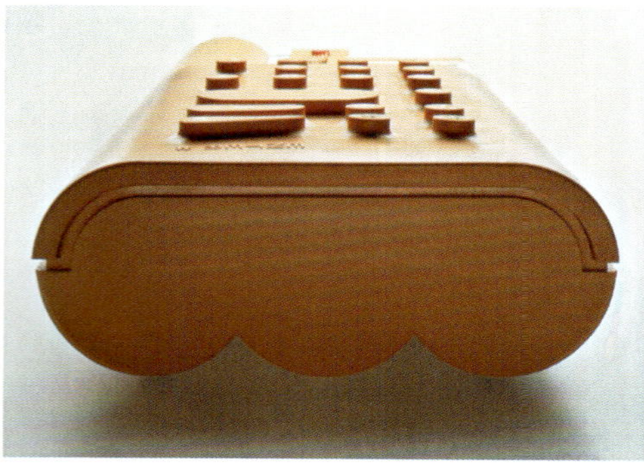

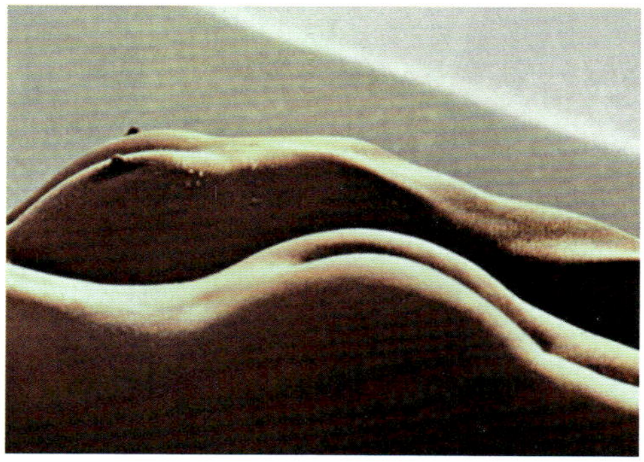

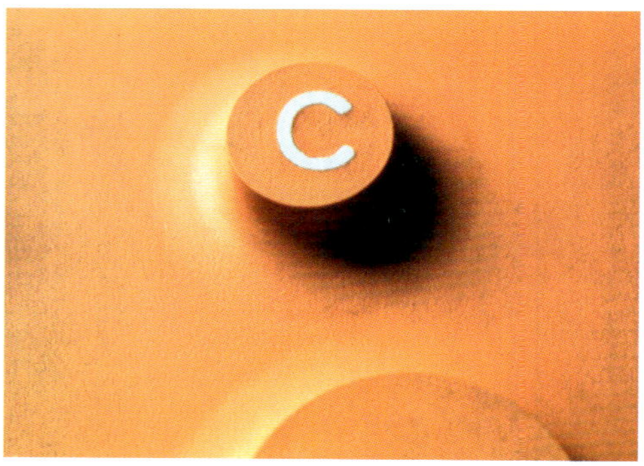

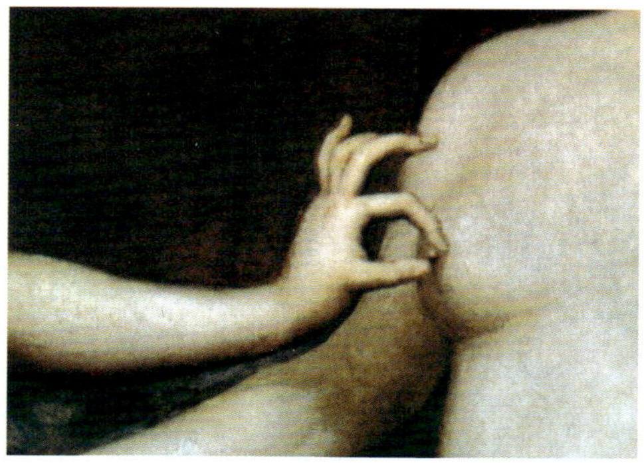

Divisumma 18*, hand-held calculator, Olivetti, 1973;*
School of Fontainebleau, Gabrielle d'Estrées and One of Her Sisters*, oil on canvas, ca. 1594 /*
Divisumma 18, calcolatrice da mano, Olivetti, 1973;
Scuola di Fontainebleau, *Gabrielle d'Estrées e una delle sue sorelle*, olio su tela, 1594 circa

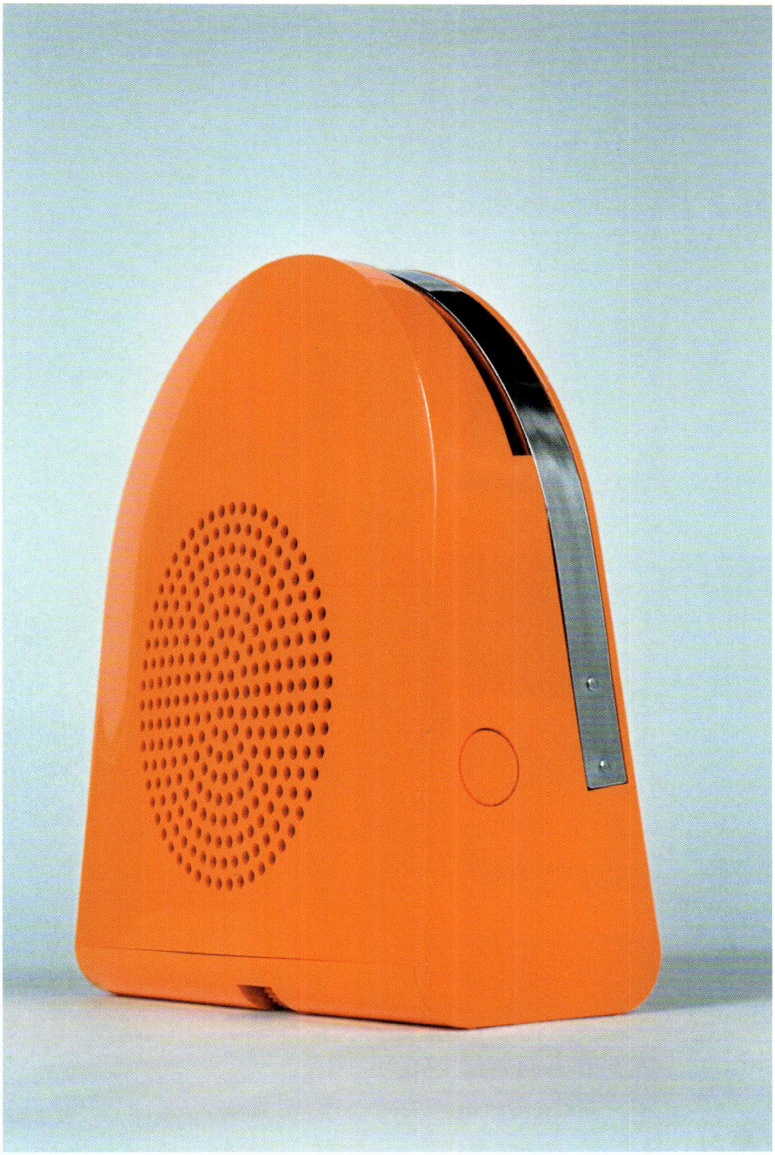

Pop, *portable record player, Minerva / Grundig, 1968 /*
Pop, mangiadischi, Minerva / Grundig, 1968

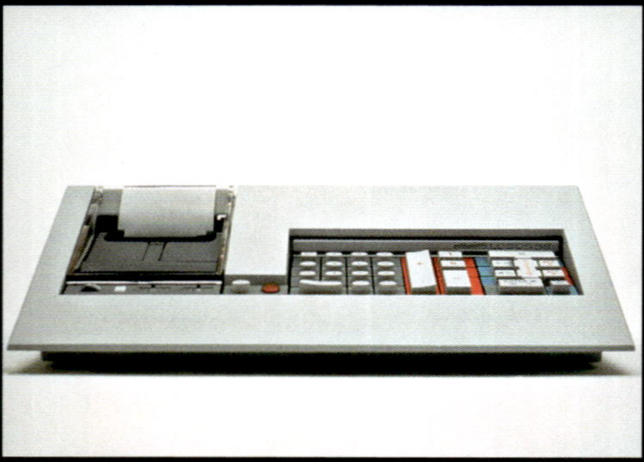

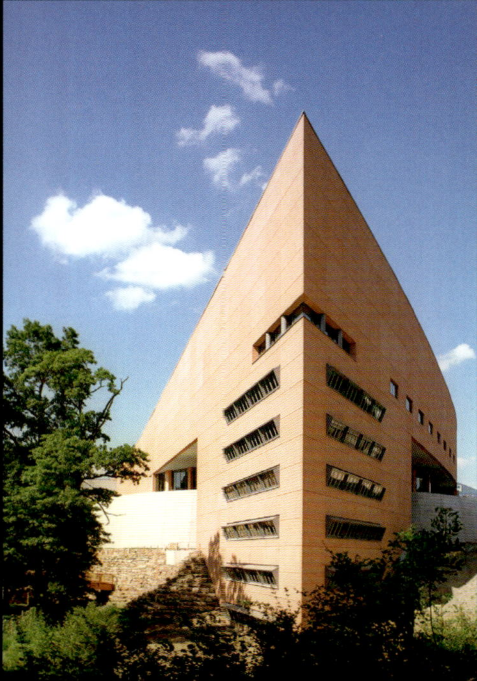

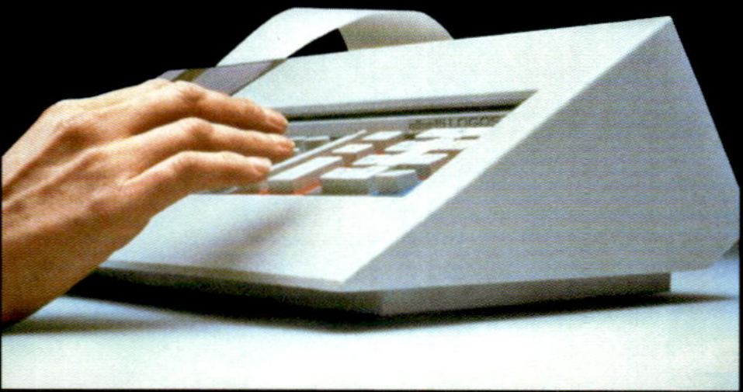

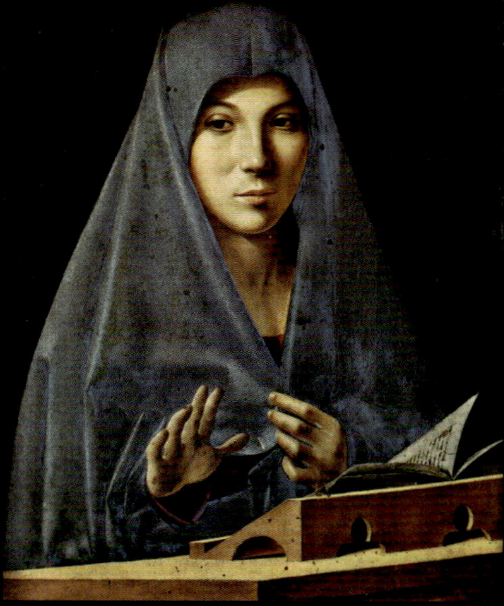

Logos 50-60, *electronic calculator, Olivetti, 1973; Expansion of the Essen Trade Fair Center, Essen, Germany, 1998–2001; Antonello da Messina,* The Virgin Annunciate, *oil on wood, 1476 /*

Logos 50/60, calcolatrice, Olivetti, 1973;
Ampliamento della Fiera di Essen, Germania, 1998-2001;
Antonello da Messina, *L'Annunciata*, olio su tavola, 1476

following page / pagina seguente
A4, *accounting-invoicing machine, Olivetti, 1975 /*
A4, macchina contabile, Olivetti, 1975

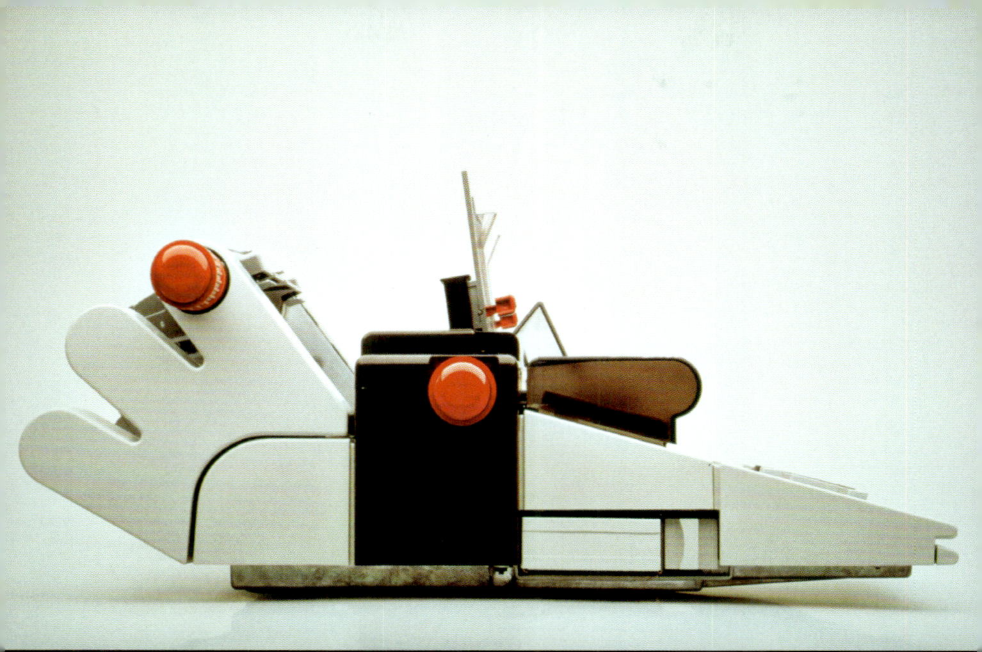
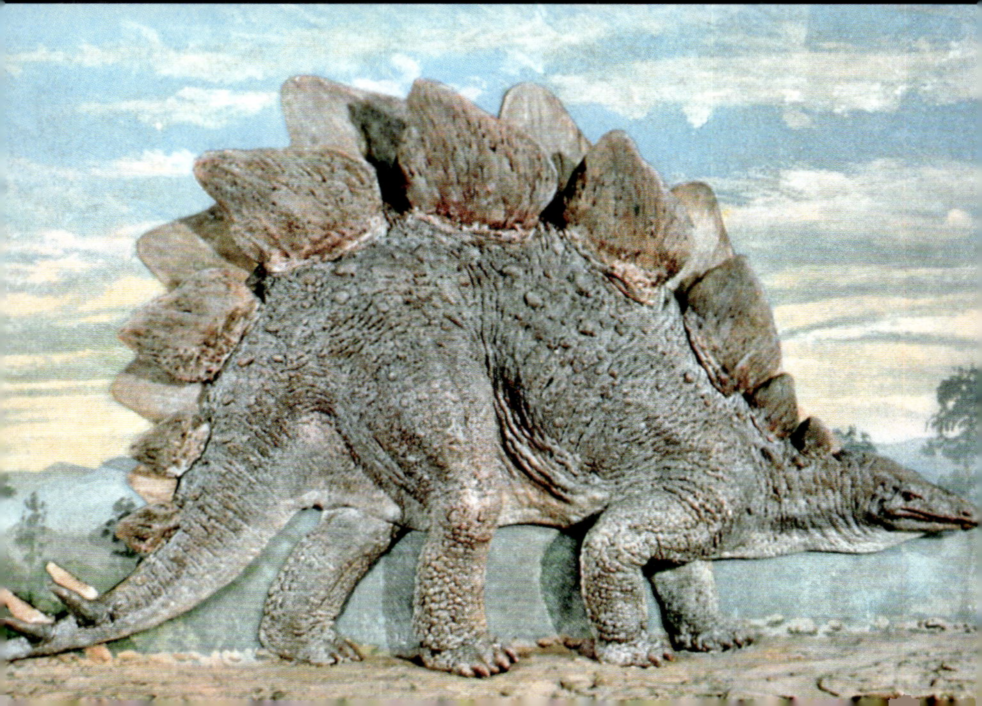

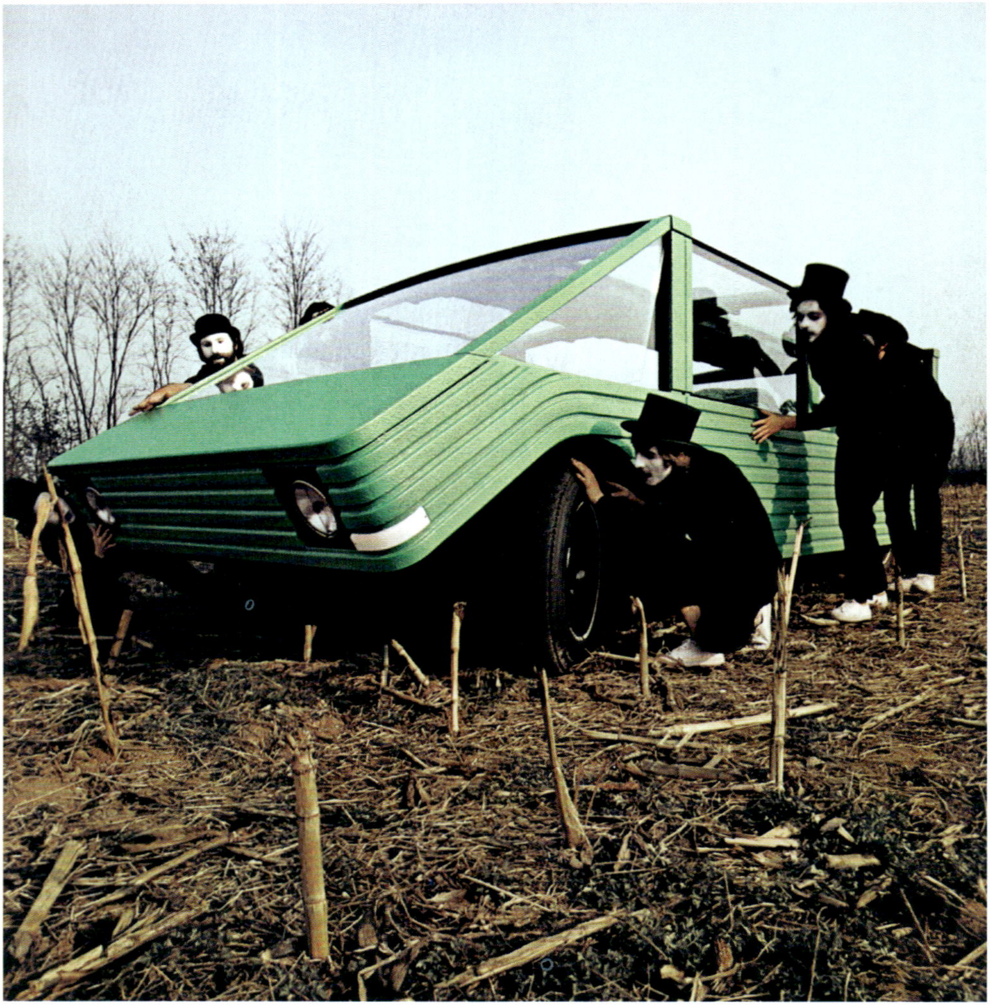

Kar-a-sutra, *mobile human space, concept car designed for MoMA, New York, 1972 /*
Kar-a-sutra, spazio-mobile, concept car realizzato per il MoMA di New York, 1972

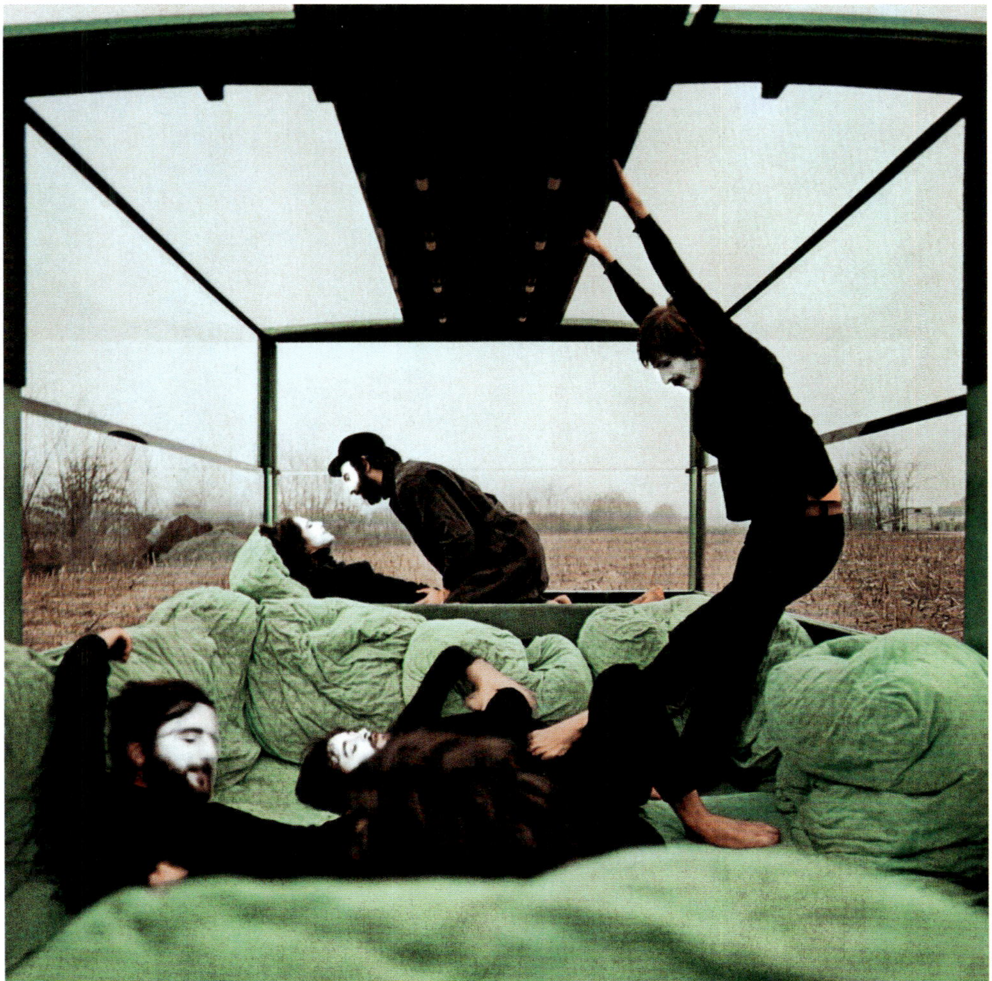

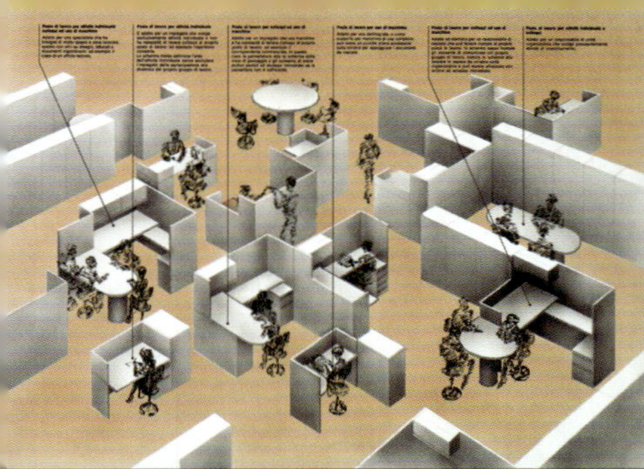

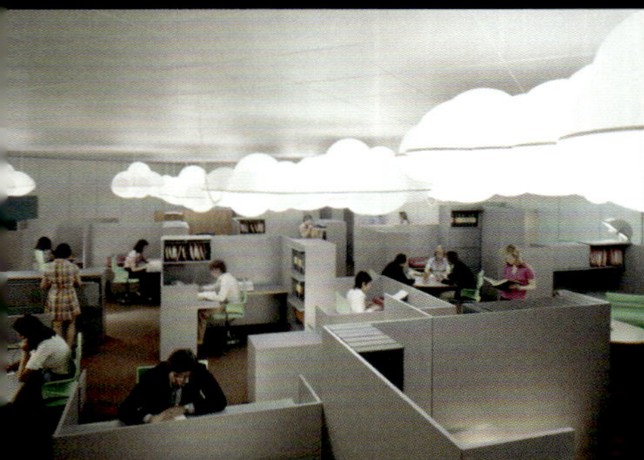

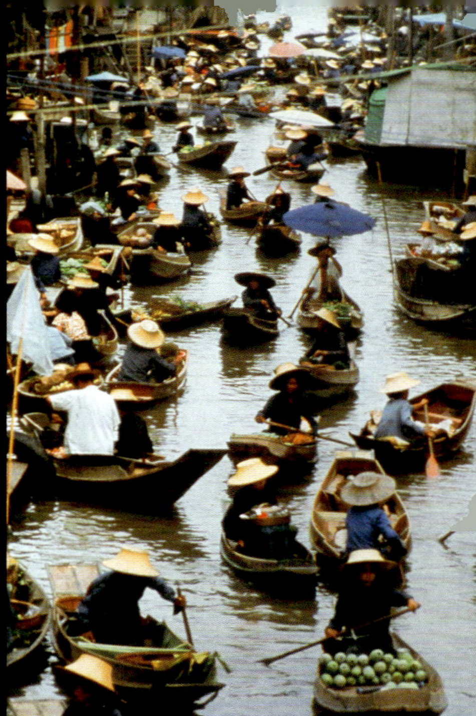

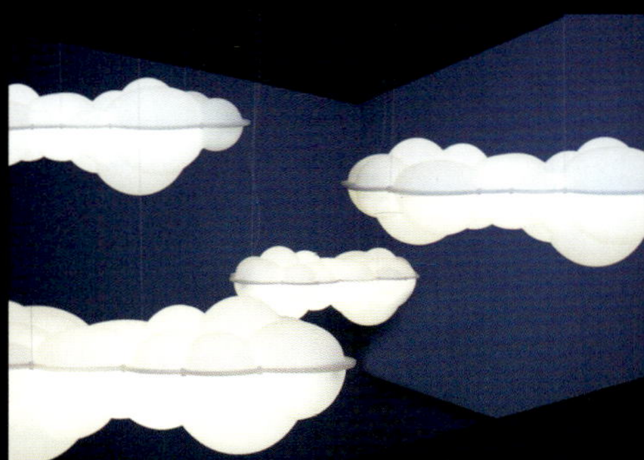

ʼianeta Ufficio, *office furniture system, Marcatré, 1974;*
ʼloating market in Hong Kong; Antonello da Messina,
ʼt. Jerome in his Study, *oil on wood, 1474–1475 /*
ʼianeta Ufficio, sistema per ufficio, Marcatré, 1974;
ʼMercato sull'acqua a Hong Kong; Antonello da Messina,
ʼan Girolamo nello studio, olio su tavola, 1474–1475

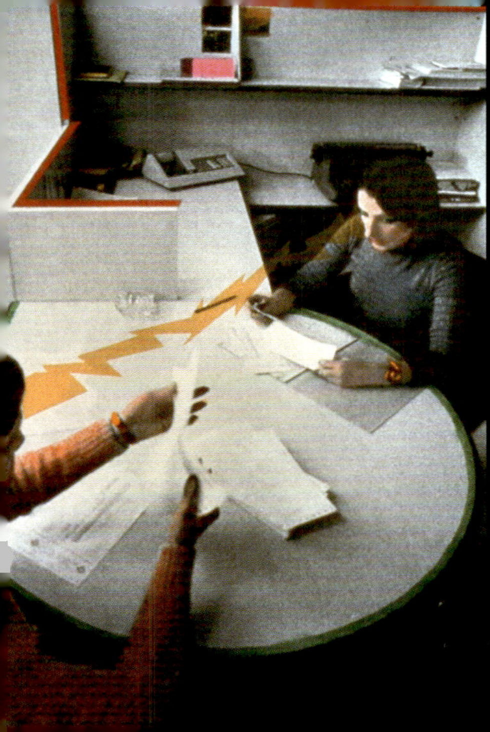

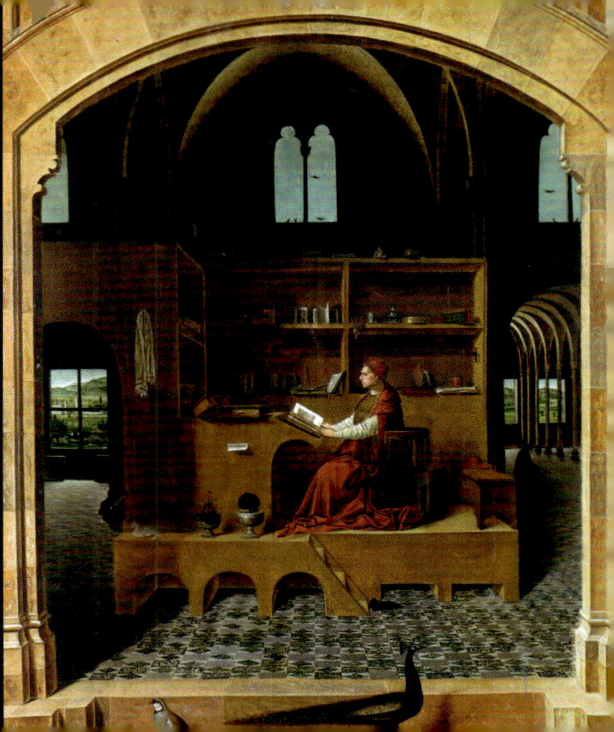

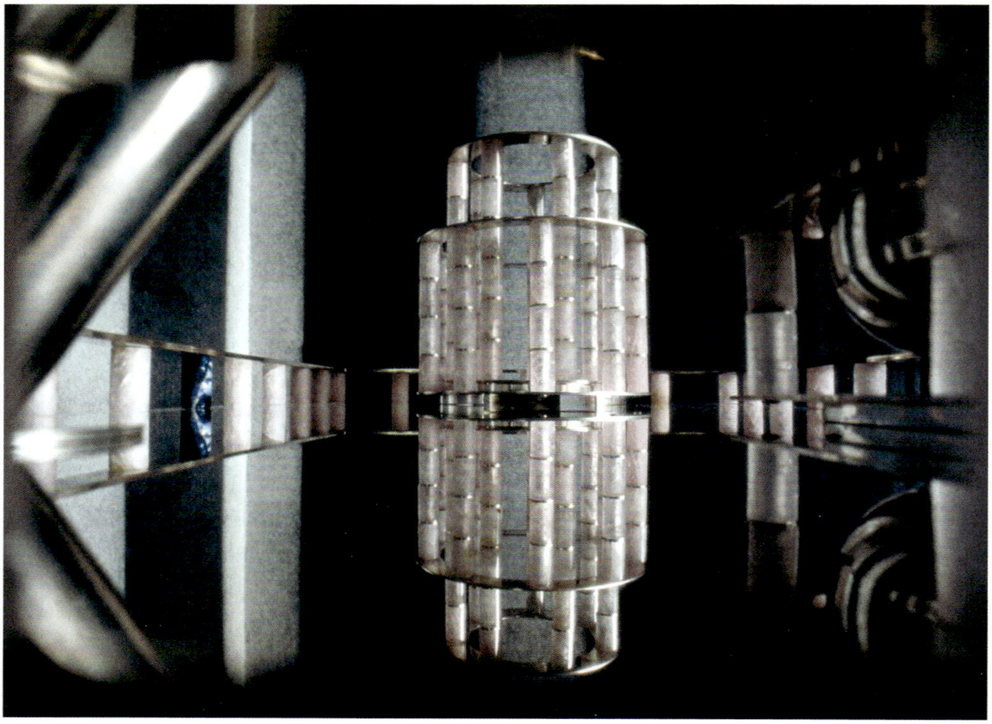

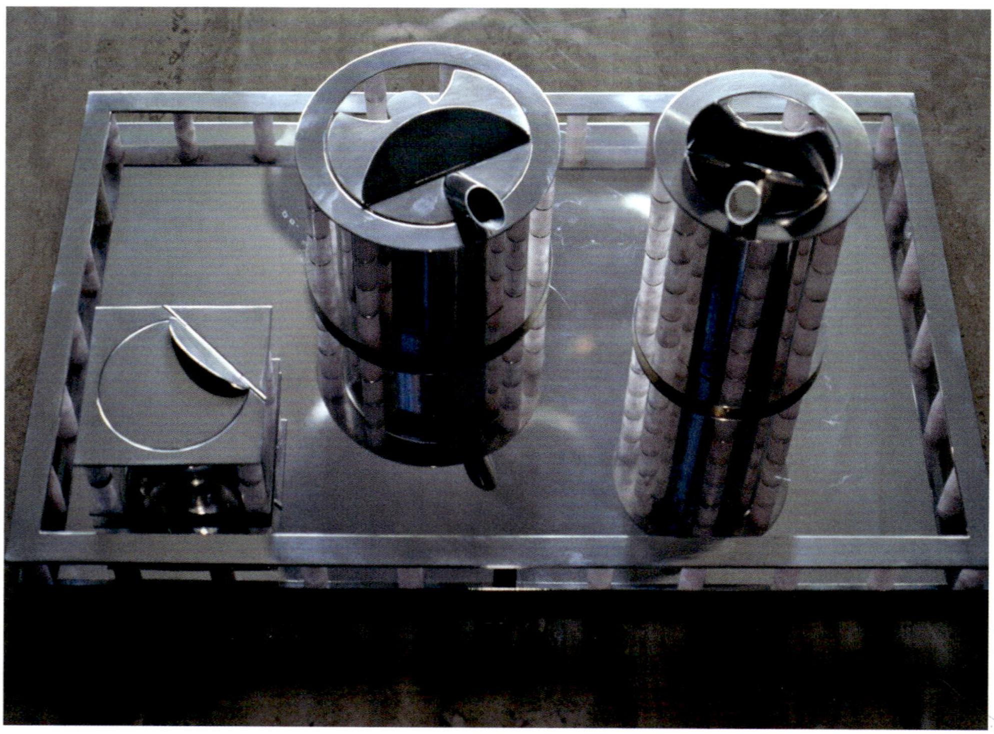

Silver and hard stone tray, Cleto Munari, 1981 /
Vassoio in argento e pietre dure, Cleto Munari, 1981

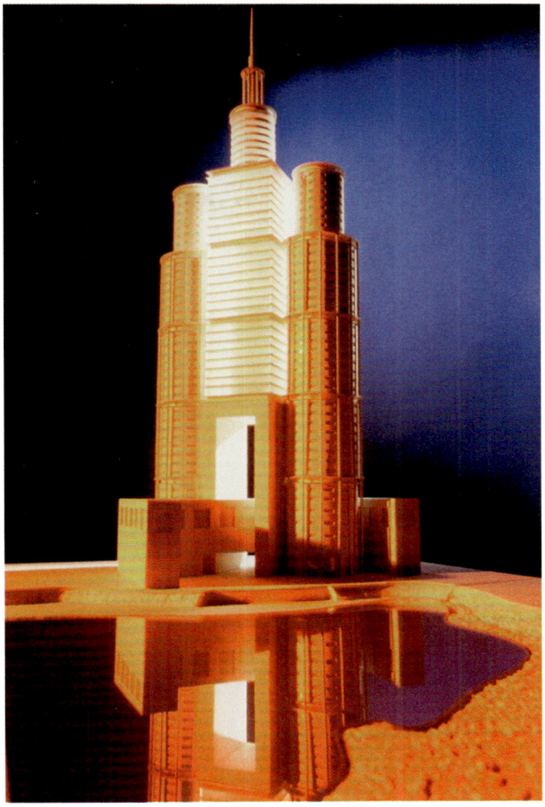

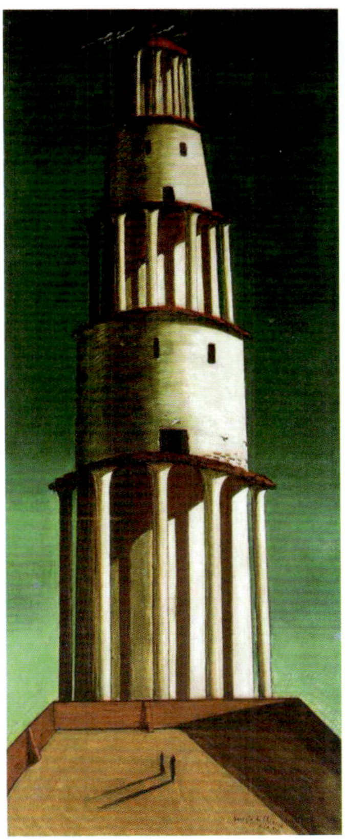

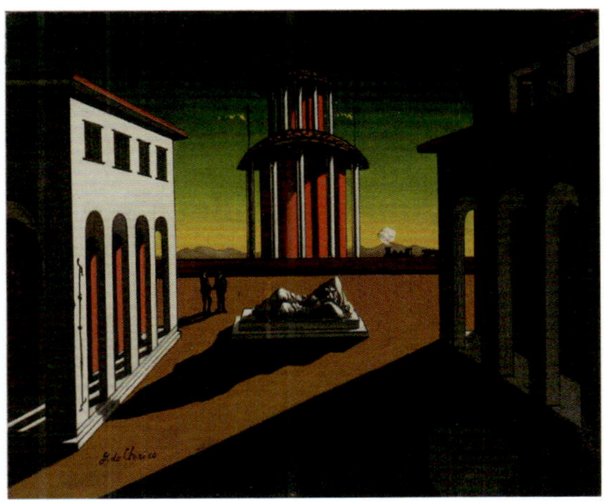

Stolitsa Tower, Moscow, 1995; Giorgio de Chirico,
The Great Tower*, 1921; Giorgio de Chirico,* Piazza d'Italia*, 1913* /
Stolitsa Tower, Mosca, 1995; Giorgio de Chirico, *La Grande Torre*, 1921; Giorgio de Chirico, *Piazza d'Italia*, 1913

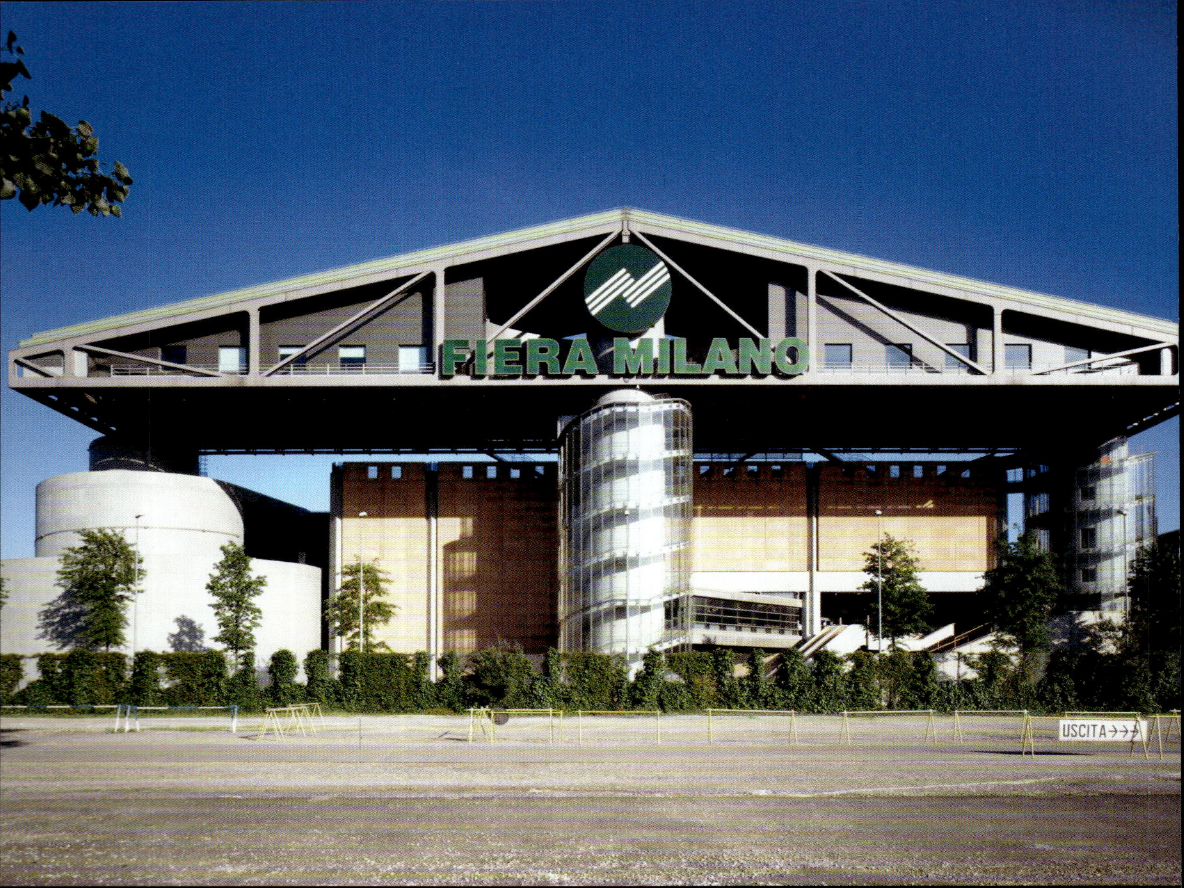

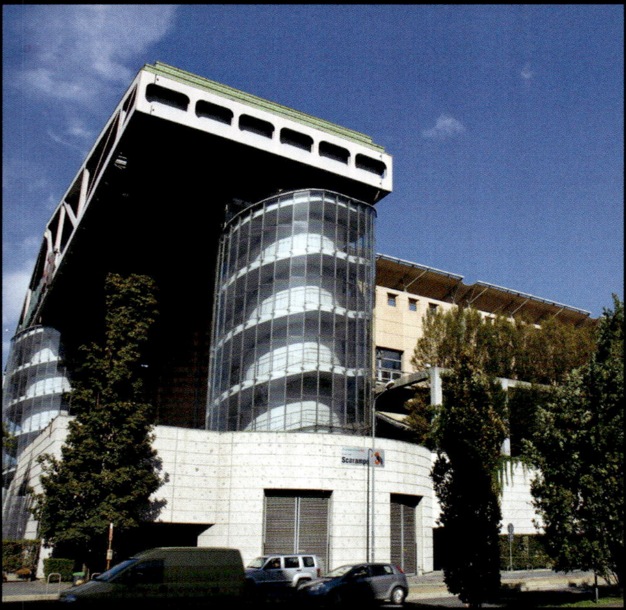

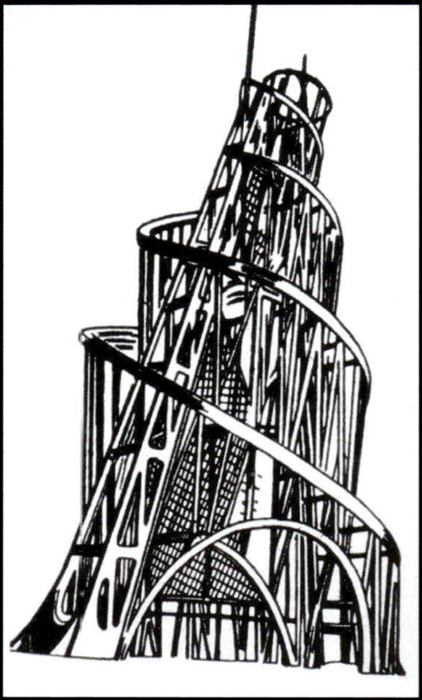

Portello International Trade Fair, Milan, 1987–1997; Vlamidir Tatlin, Monument to the Third International, drawing, 1919 /
Fiera internazionale di Milano, area Portello, 1987-1997; Vlamidir Tatlin, Monumento alla Terza Internazionale, disegno, 1919

following page / pagina seguente
Tokyo Design Center, Tokyo, Japan, 1988–1992 /
Tokyo Design Center, Tokyo, Giappone, 1988-1992

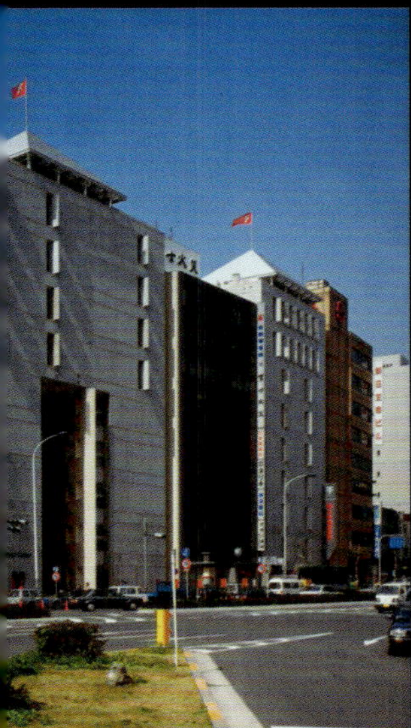
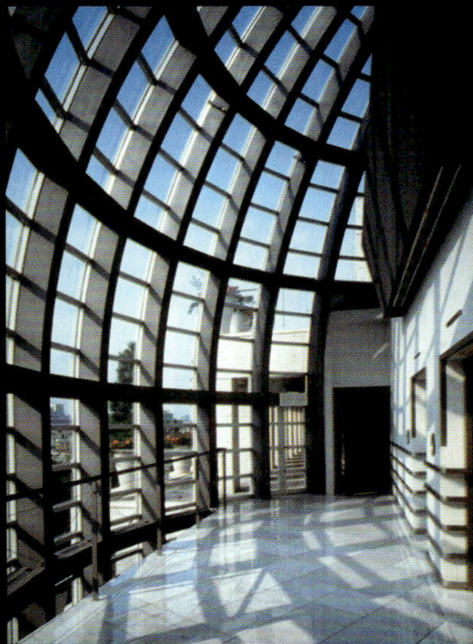
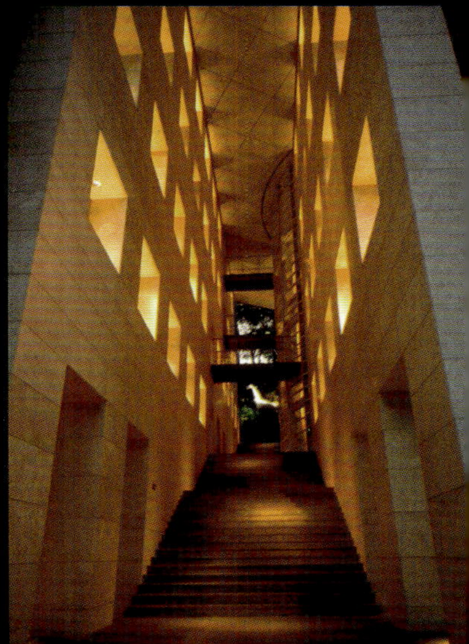
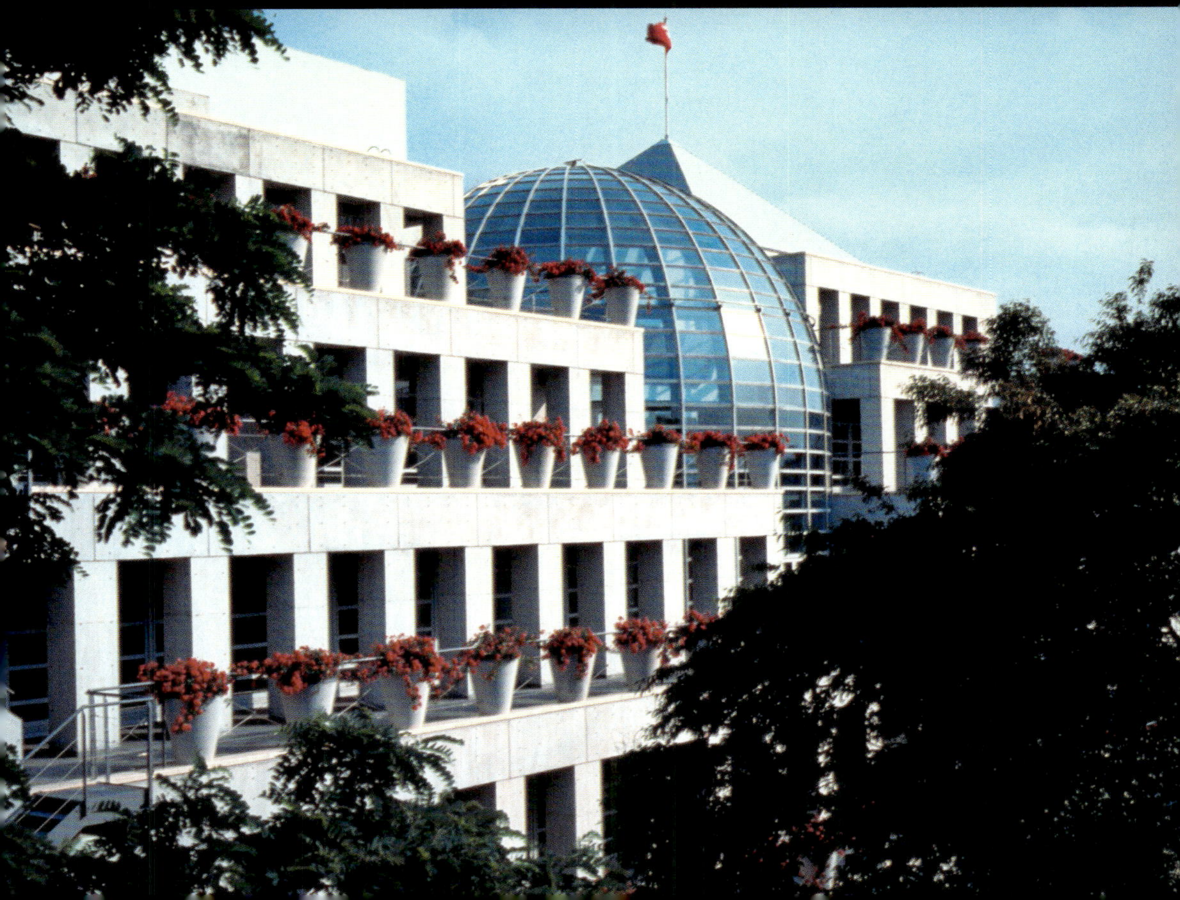

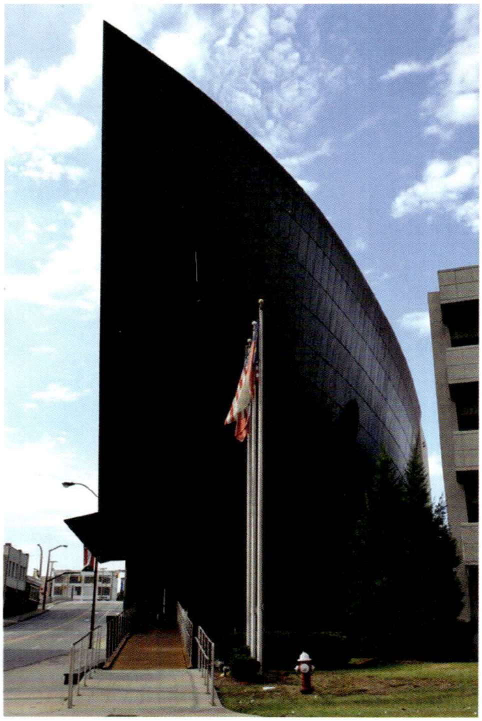

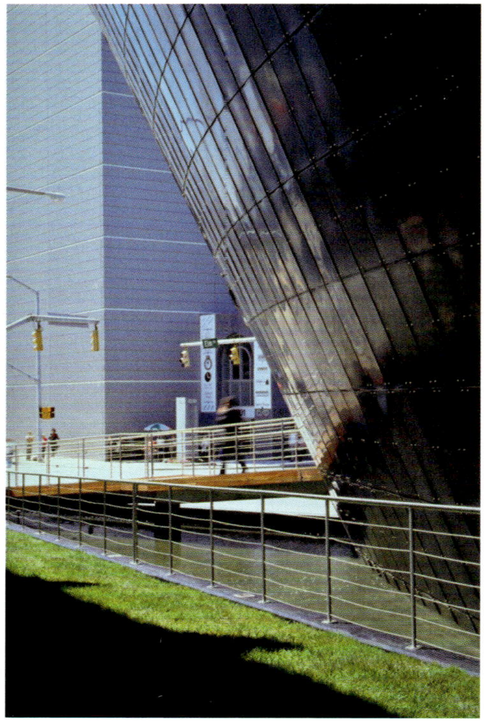

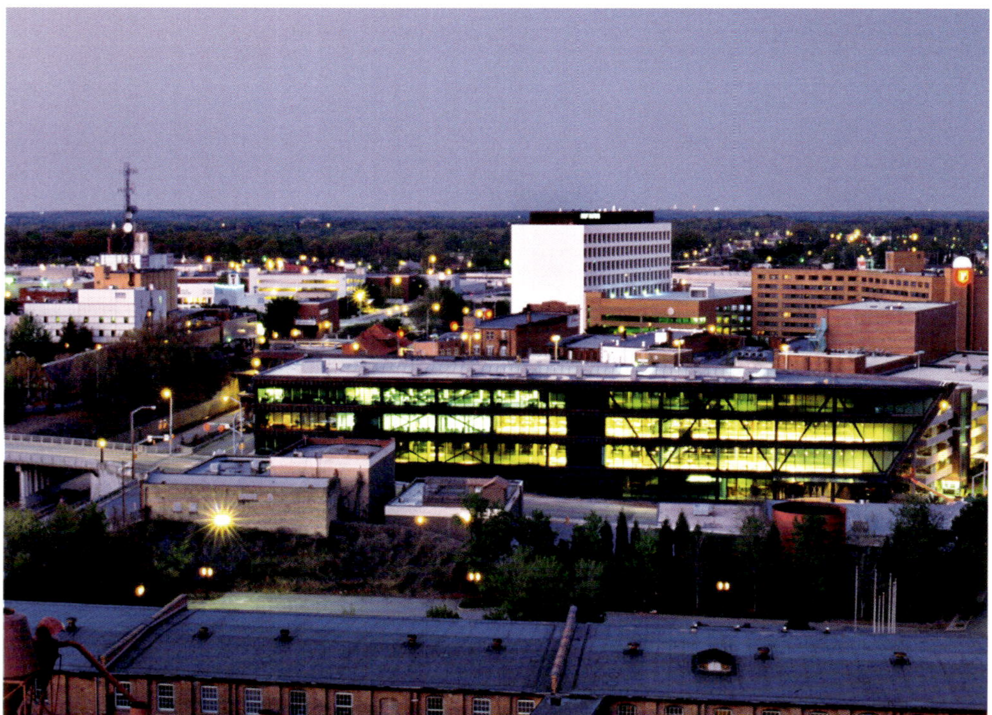

Natuzzi Americas Headquarters, High Point, North Carolina, USA, 1996–1998 /
Natuzzi Americas, High Point, North Carolina, Usa, 1996-1998

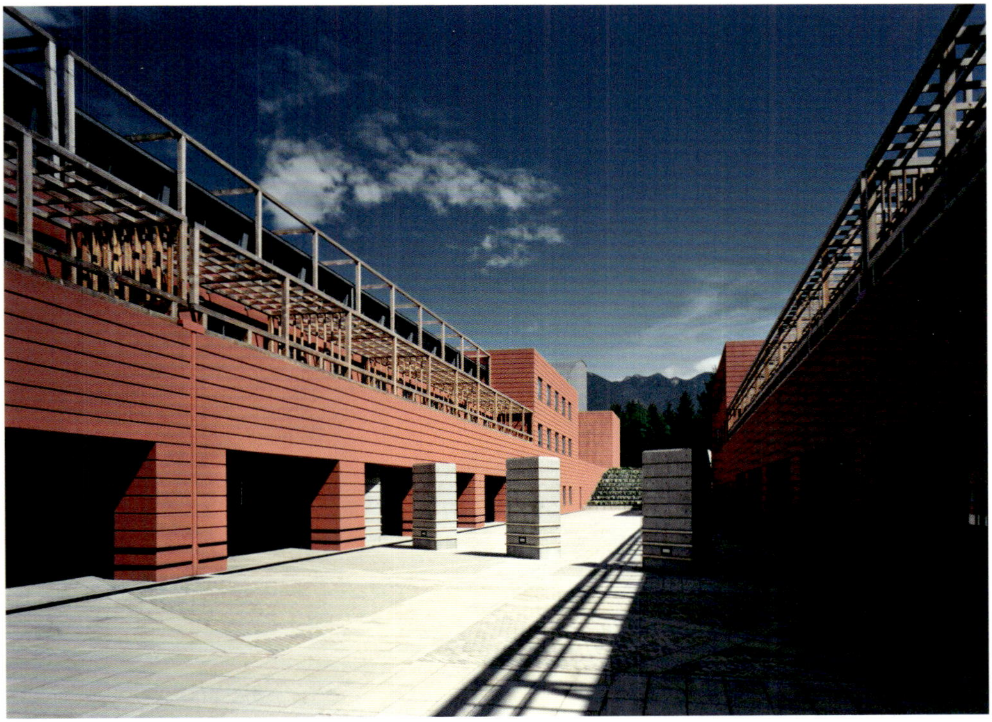

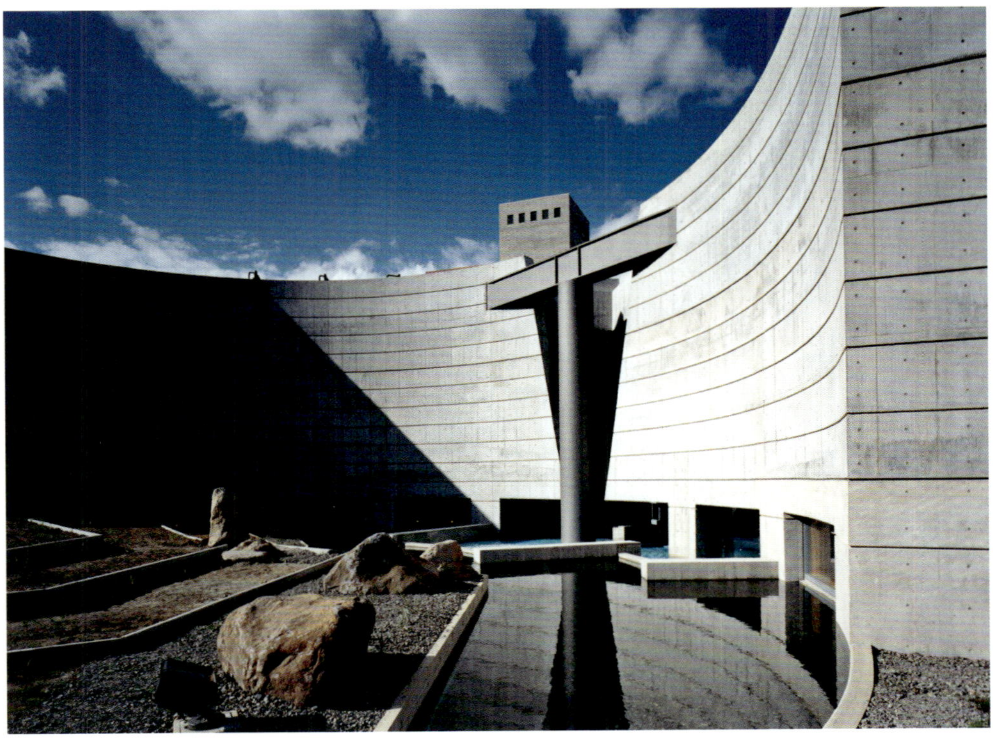

Risonare Vivre Club Complex, Kobuchizawa, Yamanashi, Japan, 1989–1992 /
Risonare Vivre Club, Kobuchizawa, Yamanashi, Giappone, 1989-1992

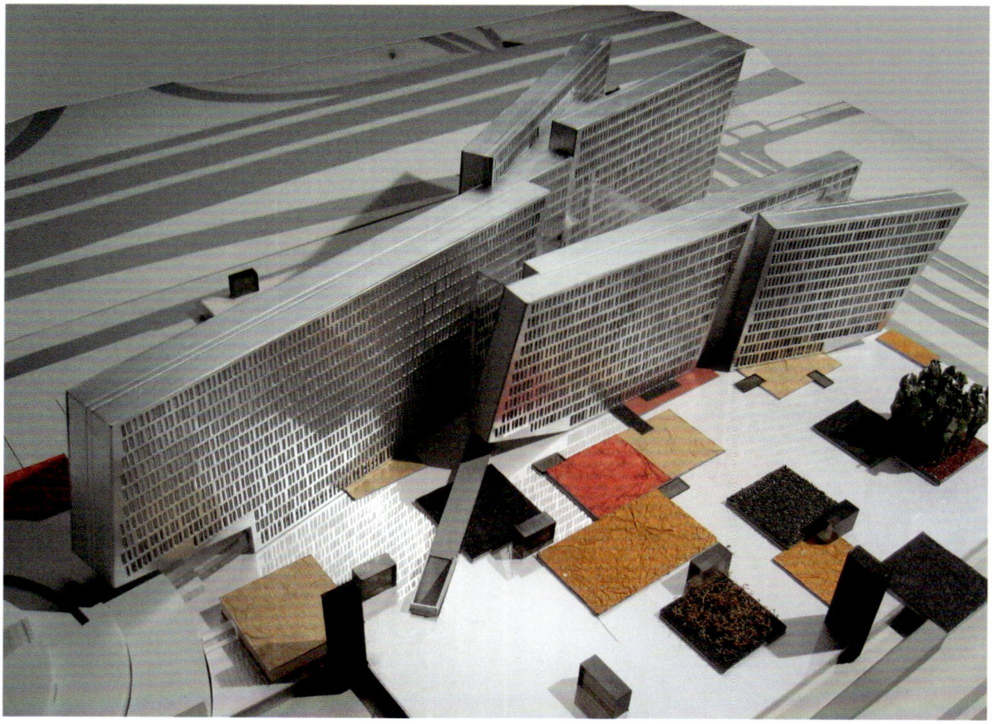

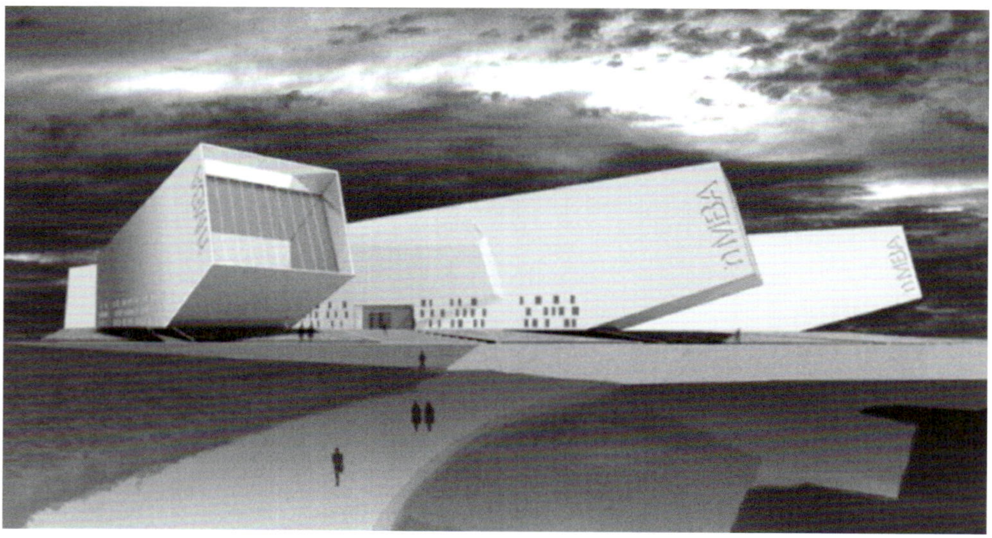

New headquarters of the European Patent Office, model, The Hague, Netherlands, 2004; New Museum of Fine Arts, Lausanne, Switzerland, 2004 /
Nuova sede European Patent Office, modello, L'Aia, Olanda, 2004; Nuovo Museo delle Belle Arti, Losanna, Svizzera, 2004

following page / pagina seguente
National Gallery of Victoria, Melbourne, Australia, 1996–2003 /
National Gallery of Victoria, Melbourne, Australia 1996-2003

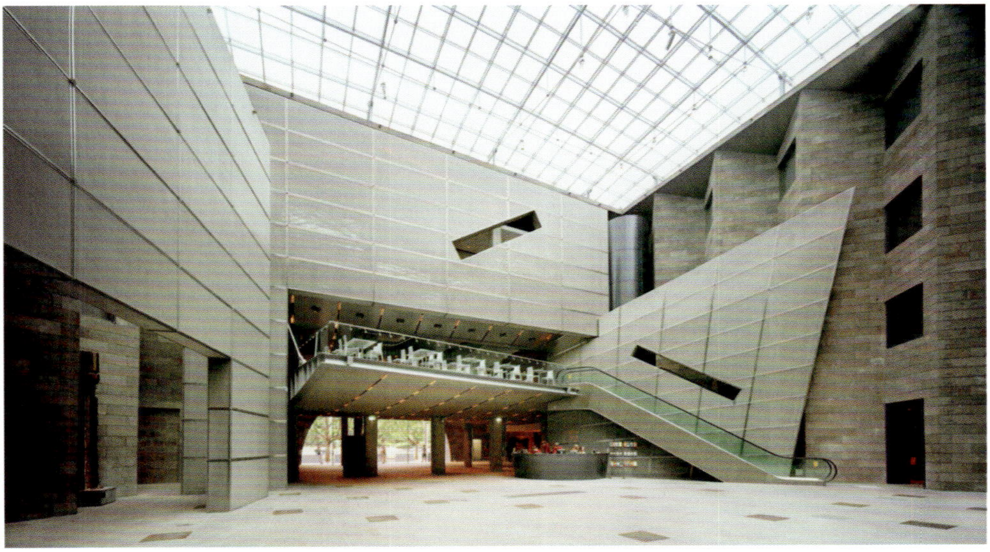

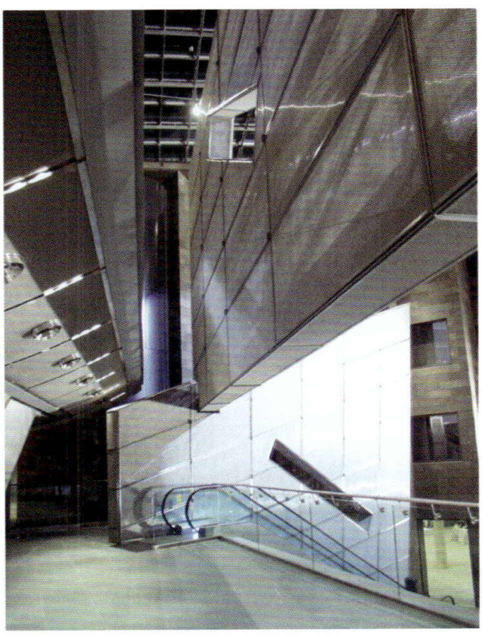

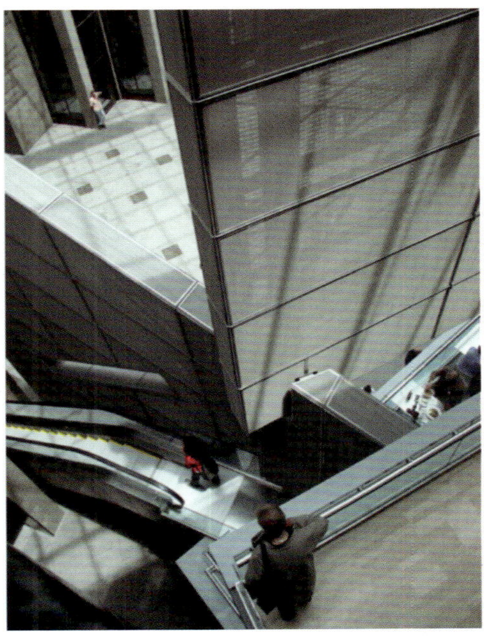

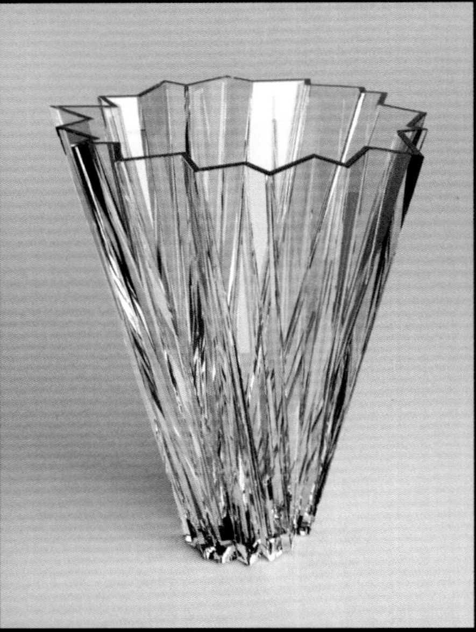

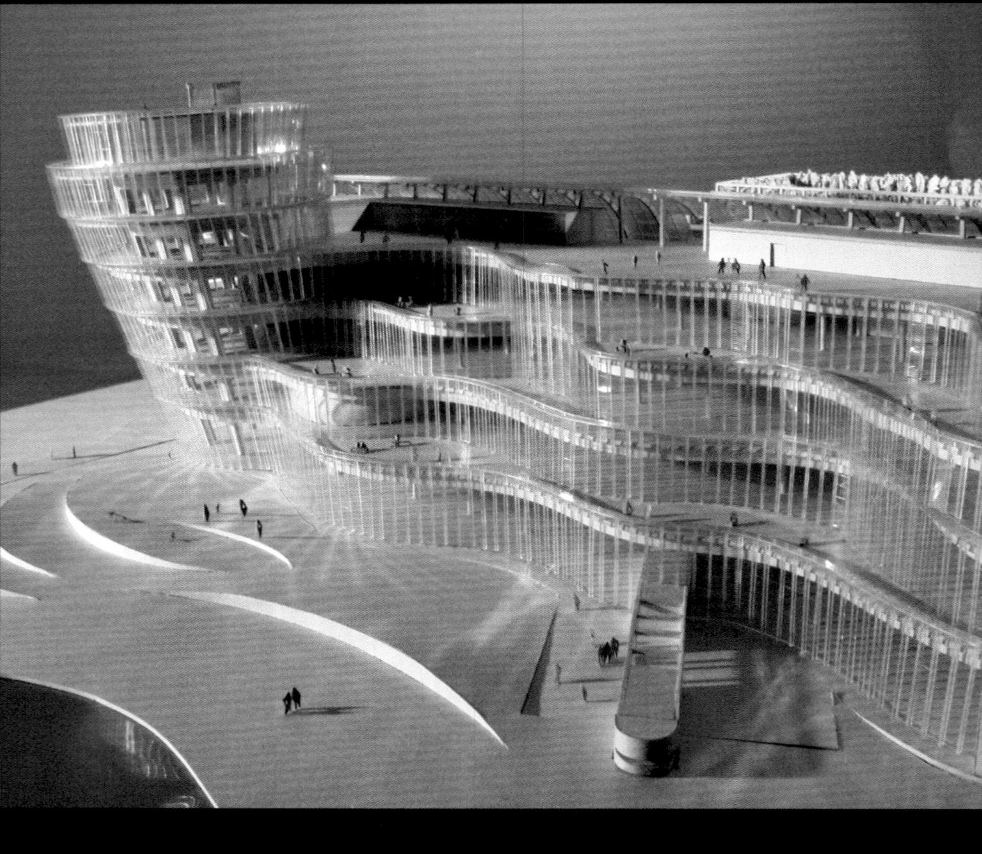

Shanghai, *vase, Kartell, 2012; New Cultural Center of Turin, model, Turin, 2001–2007* /
Shanghai, vaso, Kartell, 2012; Centro culturale di Torino, modello, Torino, 2001-2007

following page / pagina seguente
Verona Forum, former Foro Boario, Verona, 2005–2011; Stradivani, *sofa, Meritalia, 2009; Arsoa Co. Headquarters, Kobuchizawa, Yamanashi, Japan, 1996–1998* /
Verona Forum, ex Foro Boario, Verona, 2005-2011; *Stradivani*, divano, Meritalia, 2009; Headquarters Arsoa Co., Kobuchizawa, Yamanashi, Giappone, 1996-1998

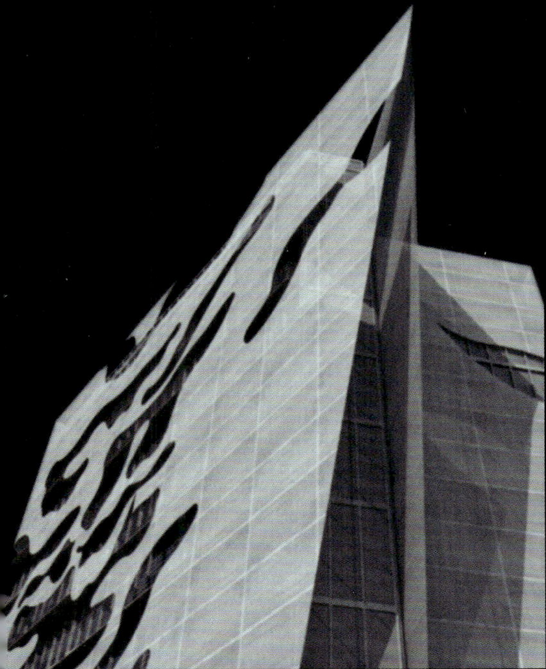
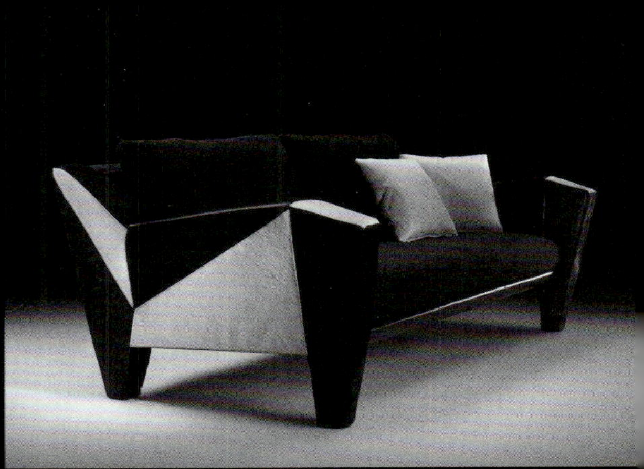
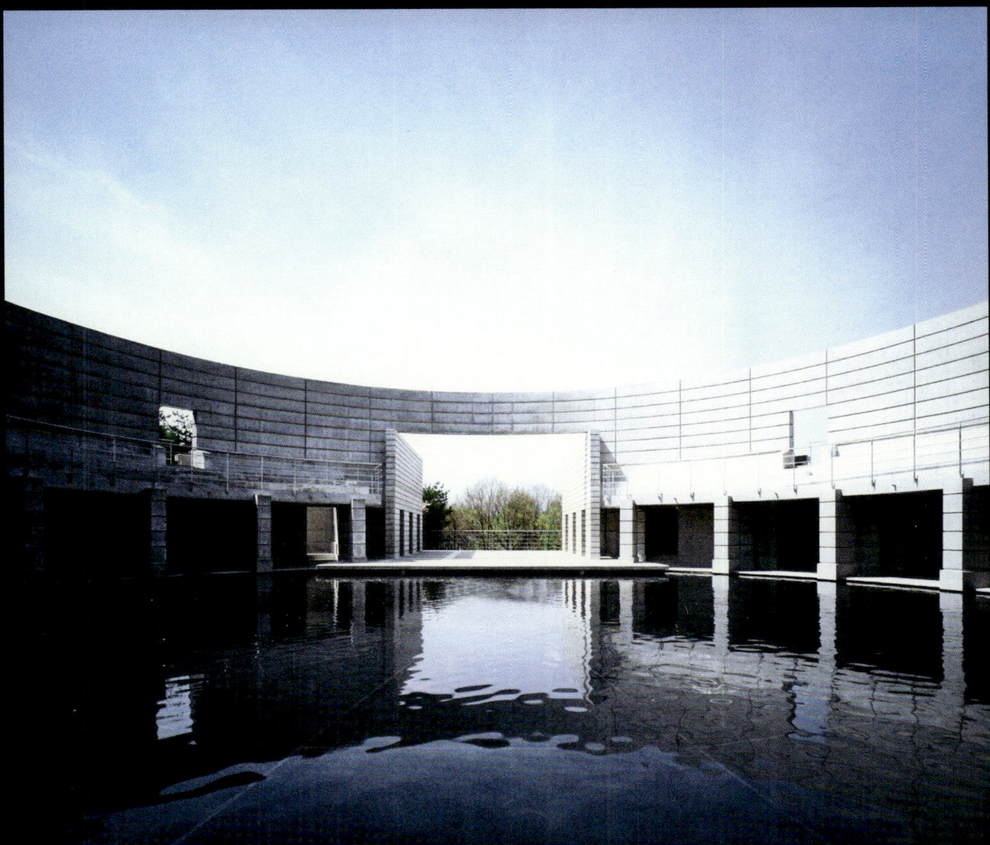

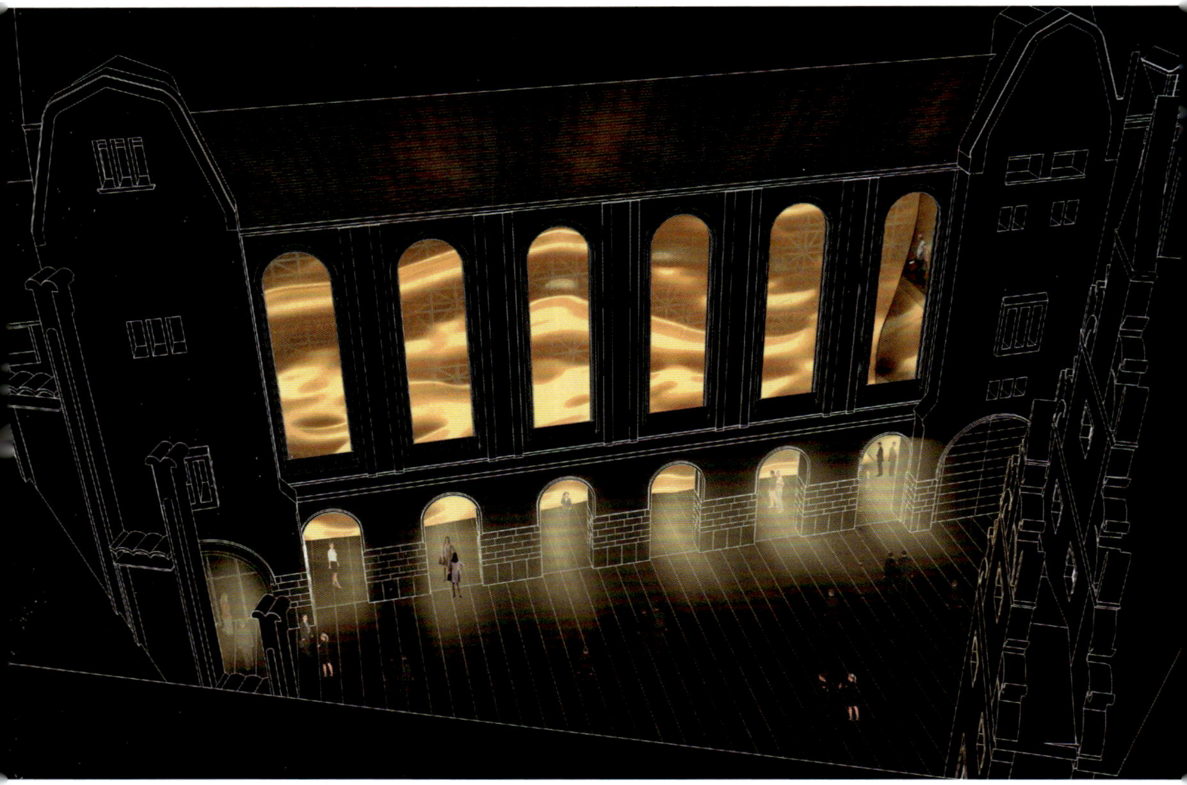

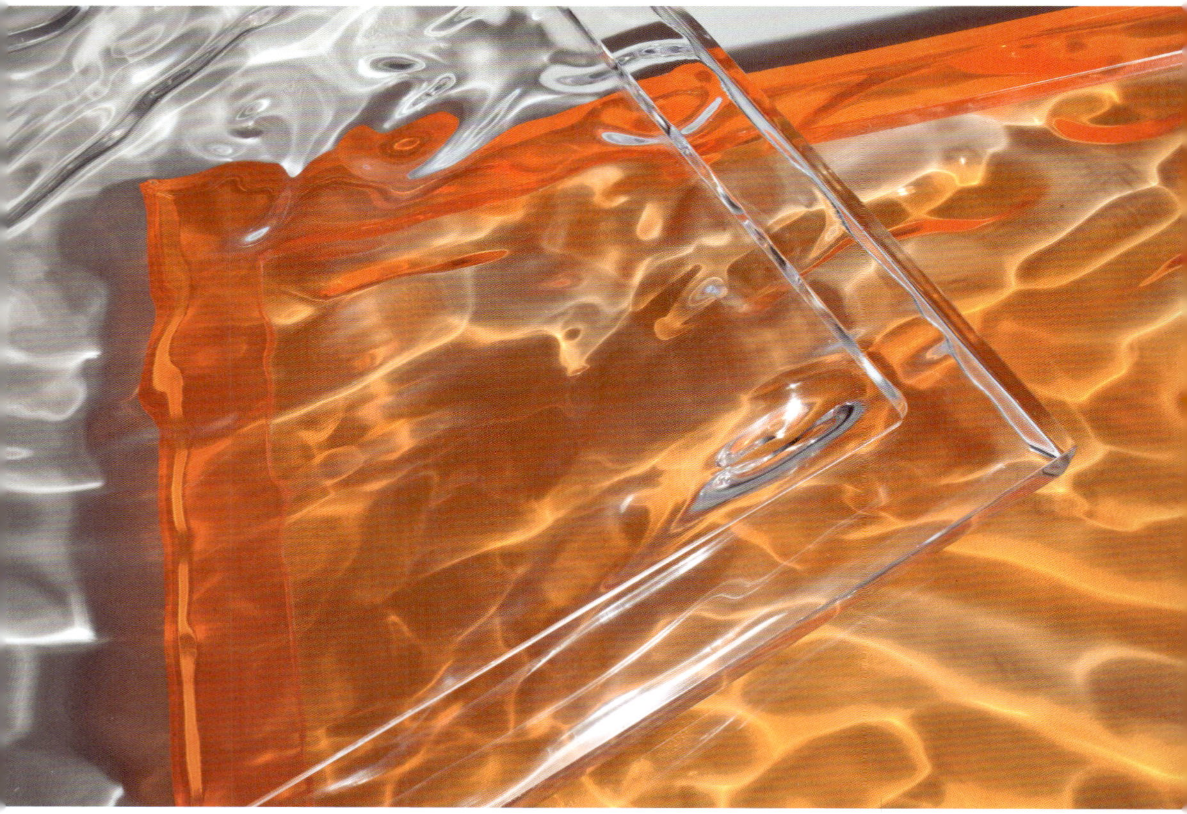

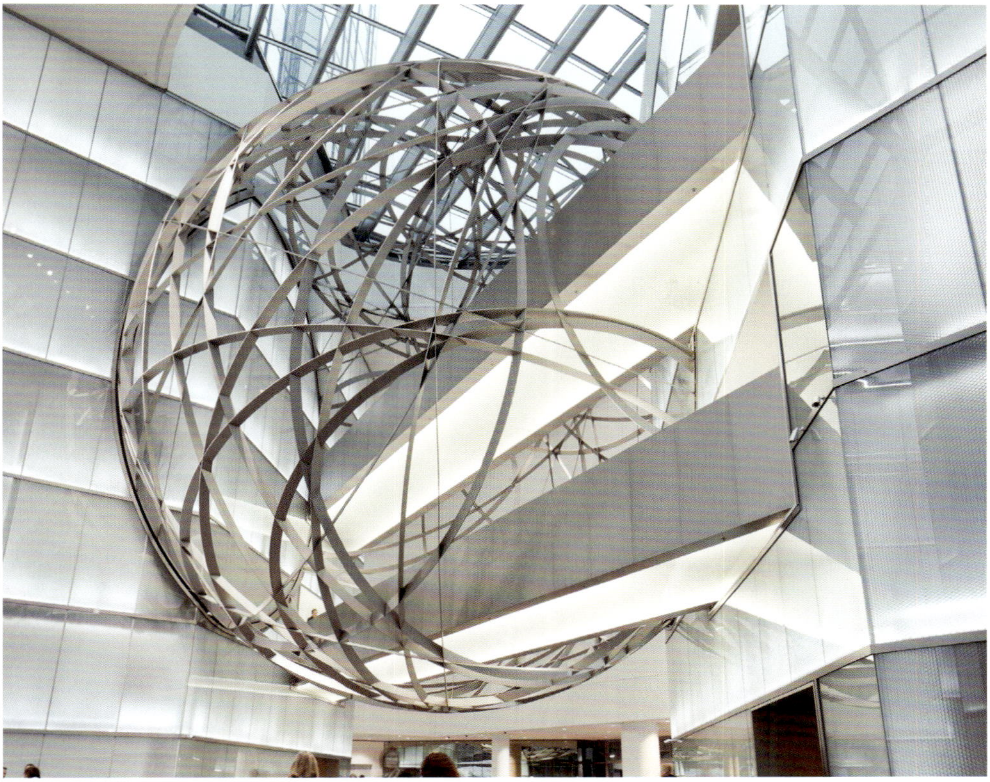

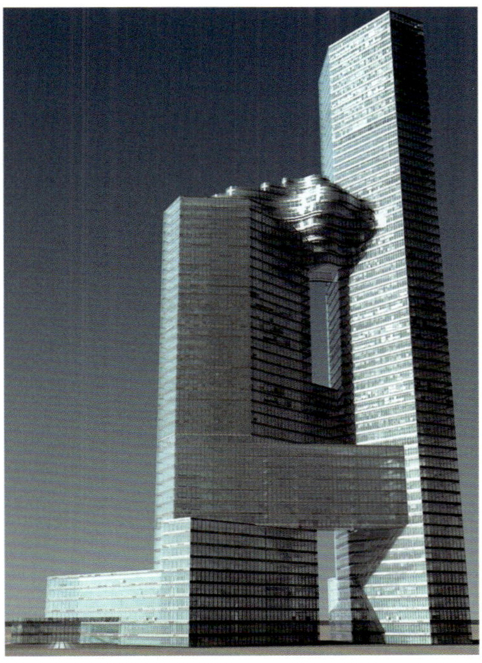

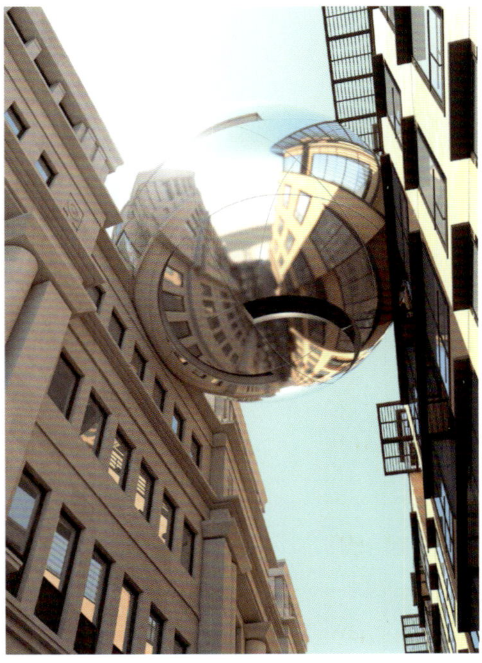

previous page / pagina precedente
Museum of the City of Berlin, Berlin, Germany, 2008;
Dune, *tray, Kartell, 2009 /*
Museo Città di Berlino, Berlino, Germania, 2008;
Dune, vassoio, Kartell, 2009

Deutsche Bank Headquarters, Frankfurt, 2006–2011;
Haihe waterfront, Tianjin, China, 2003; Link Bridge, Deutsche Bank, London, 2010 /
Headquarters Deutsche Bank, Francoforte, 2006-2011;
Haihe Waterfront, Tianjin, Cina, 2003; Link Bridge, Deutsche Bank, Londra 2010

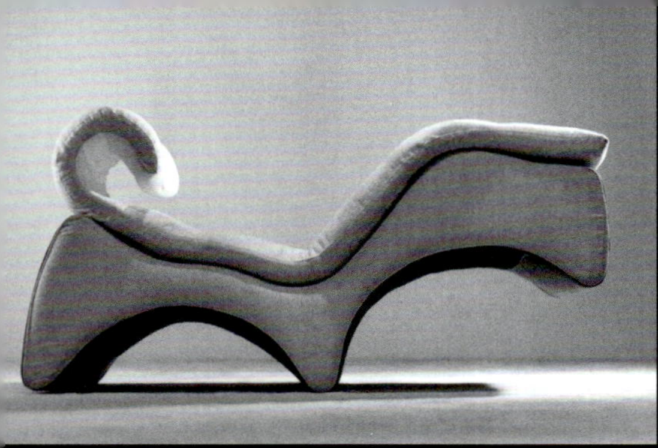

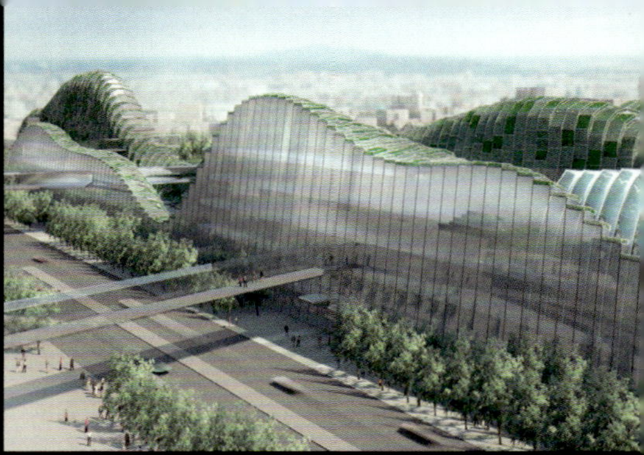

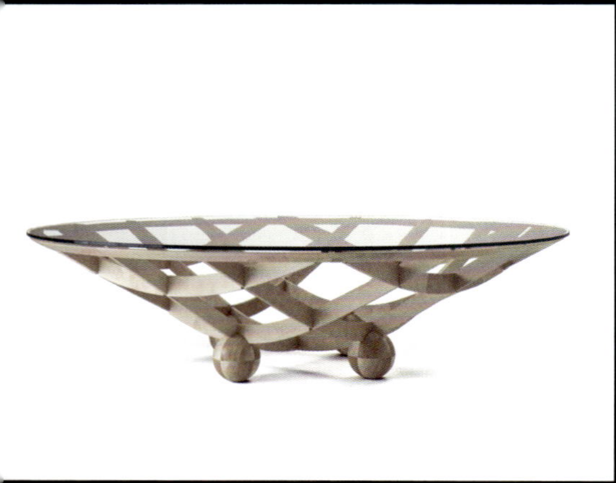

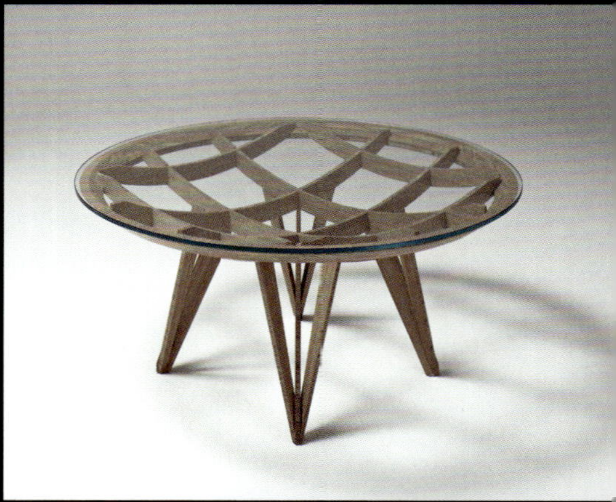

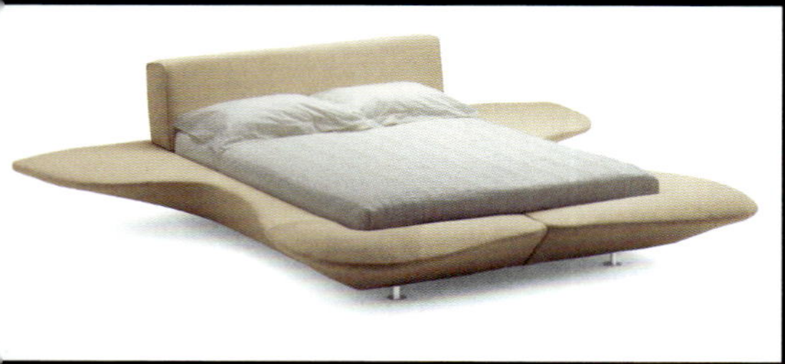

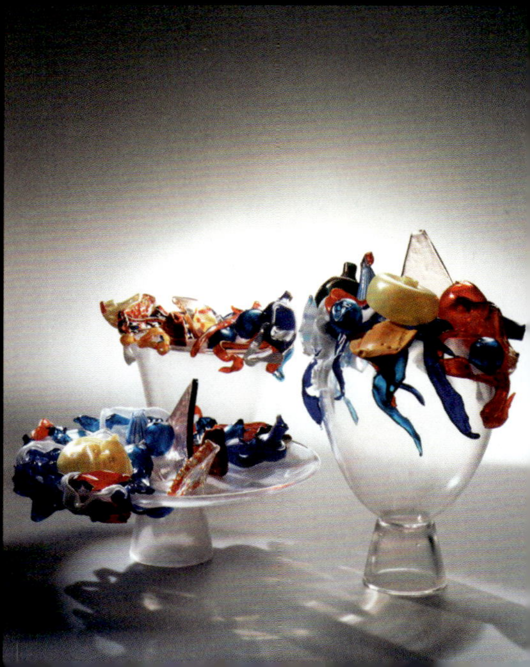

Bruco, *chaise longue, Cassina, 1965; Taipei Pop Music Center, Taipei, Taiwan, 2009;* Opera, *tables, Meritalia, 2014–2015;* Grand Piano, *bed, Flou, 2007;* Sogni infranti, *vases, Venini, 1992 /*
Bruco, chaise longue, Cassina, 1965; Taipei Pop Music Center, Taipei, Taiwan, 2009; *Opera*, tavoli, Meritalia, 2014-2015; *Grand Piano*, letto, Flou 2007; *Sogni Infranti*, vasi, Venini 1992

following page / pagina seguente
Pop Music Center, Taipei, Taiwan, 2009; Villa Erba International Exhibition and Convention Center, Cernobbio, Como, 1986–1990 /
Taipei Pop Music Center, Taipei, Taiwan, 2009; Centro espositivo e congressi di Villa Erba, Cernobbio, Como, 1986-1990

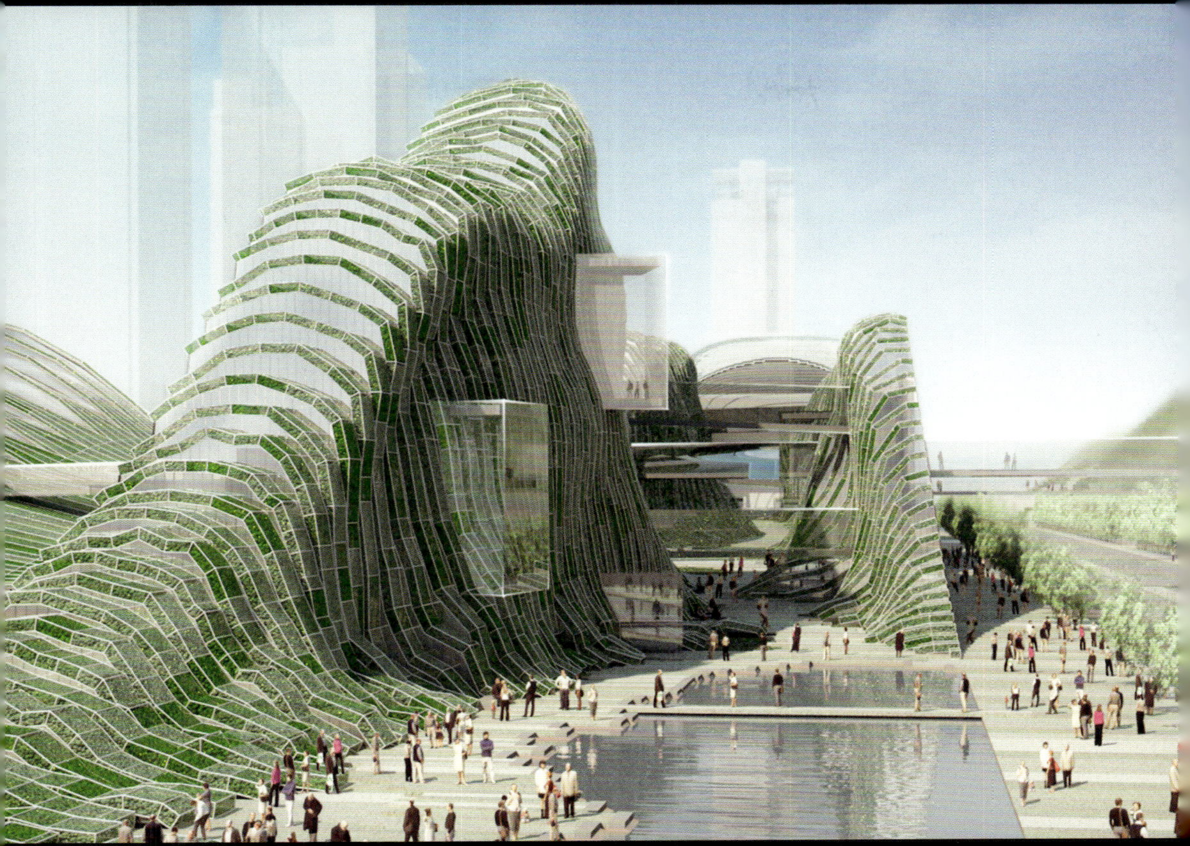

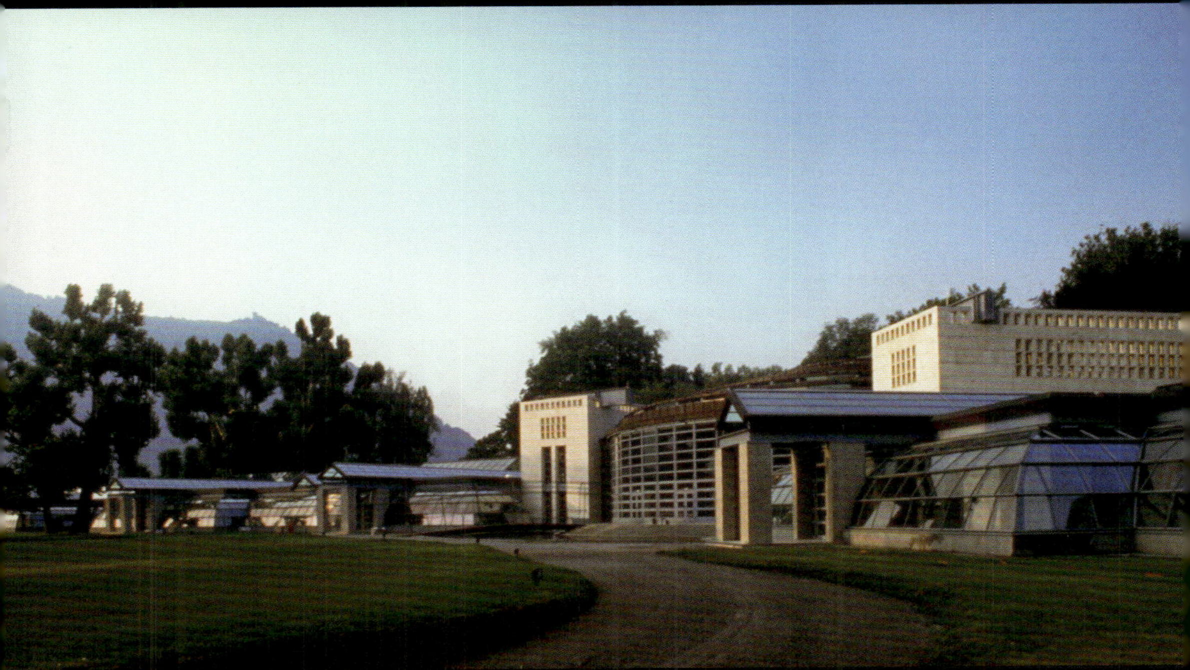

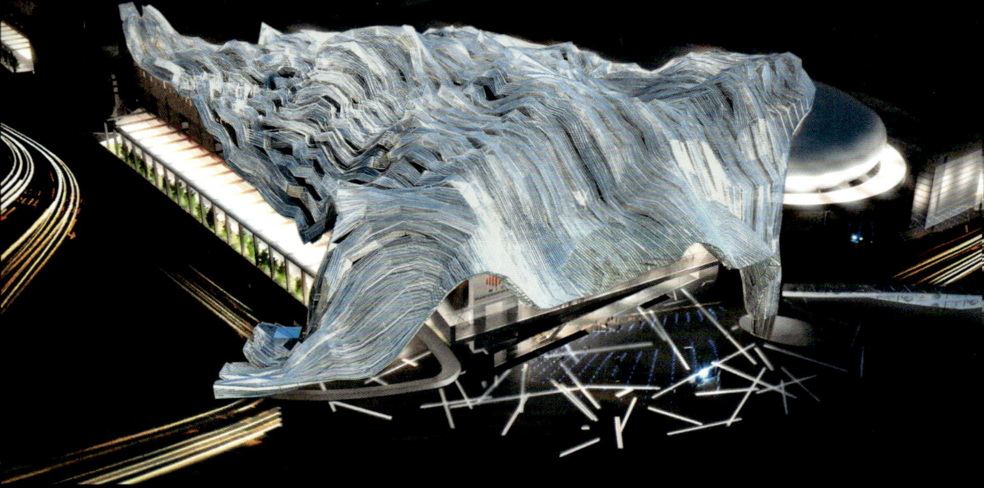

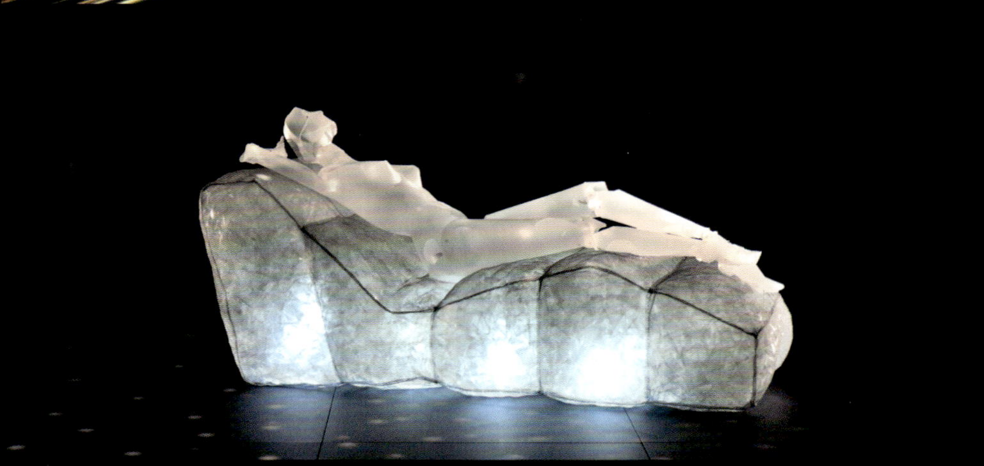

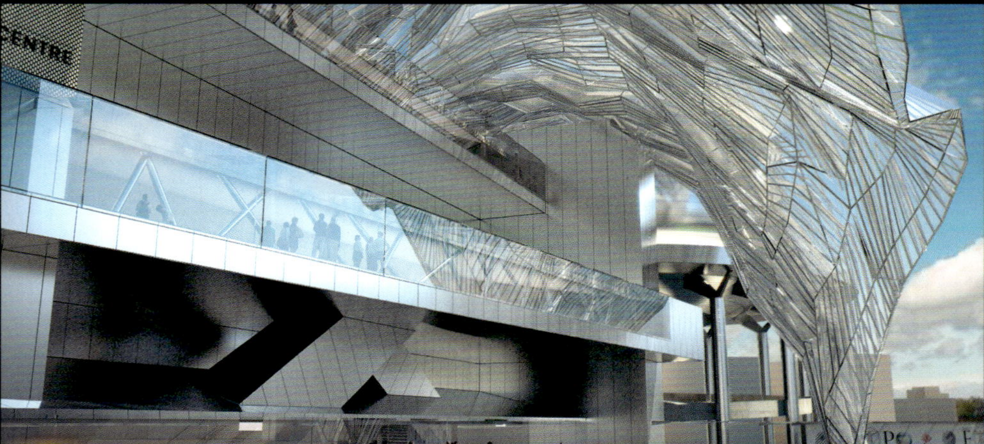

MiCo Convention Center, Fondazione Fiera Milano, Milan, 2008–2012; Stardust*, chaise longue, Meritalia, 2007;*
MiCo Convention Center, Fondazione Fiera Milano, Milan, 2008–2012 /
MiCo, Centro Congressi, Fondazione Fiera Milano, Milano, 2008-2012; *Stardust*, chaise longue, Meritalia, 2007;
MiCo Centro Congressi, Fondazione Fiera Milano, 2008-2012

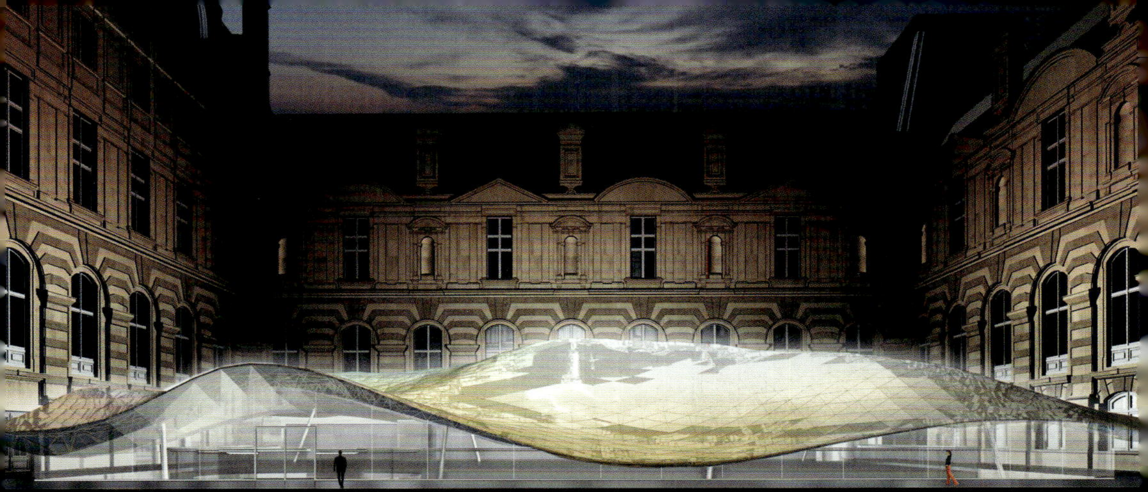
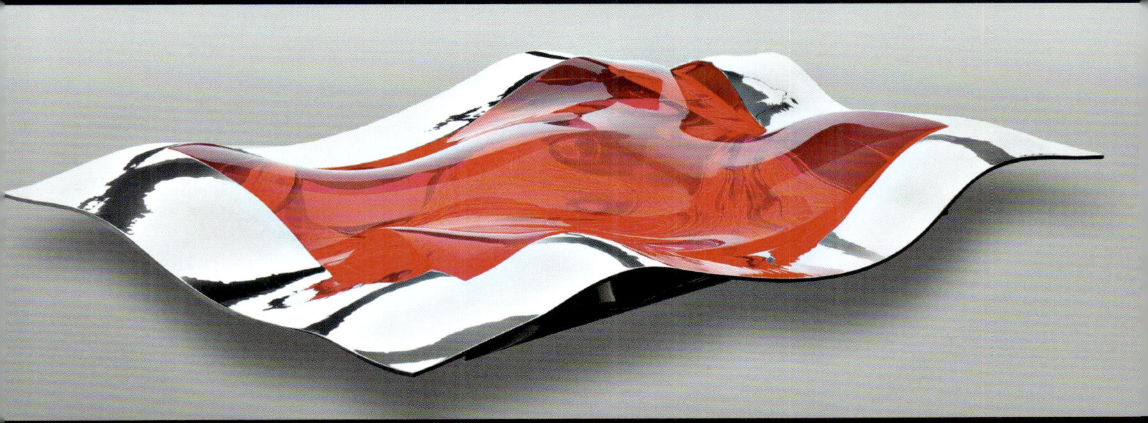
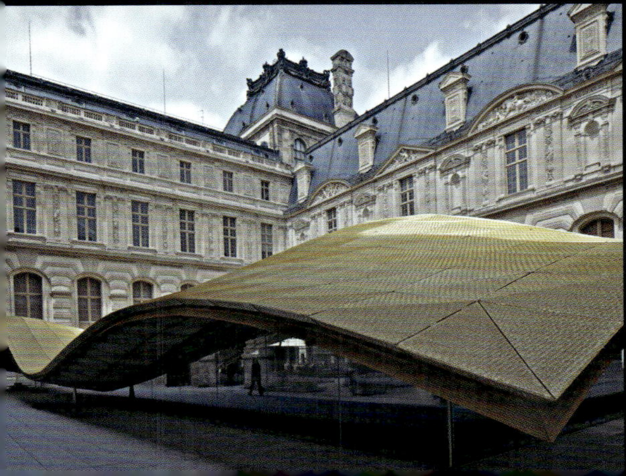
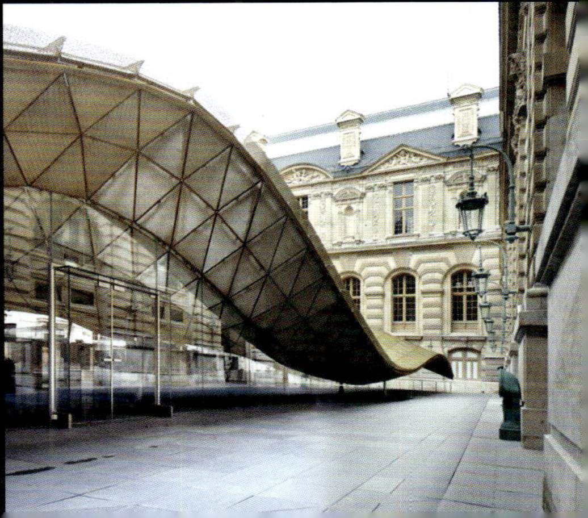

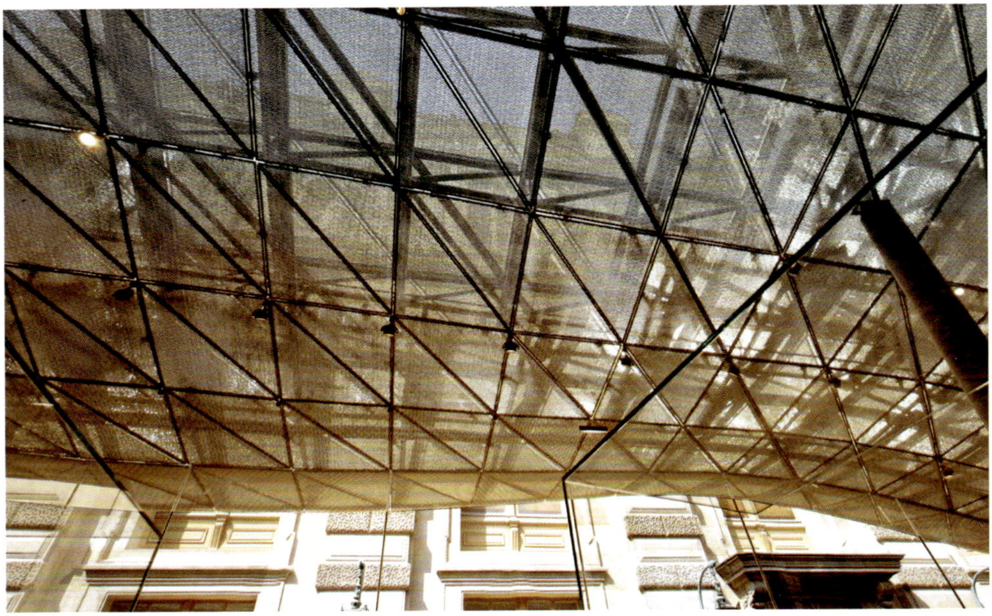

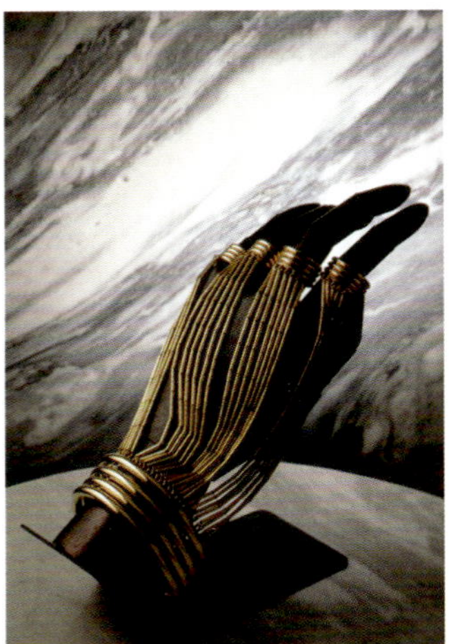

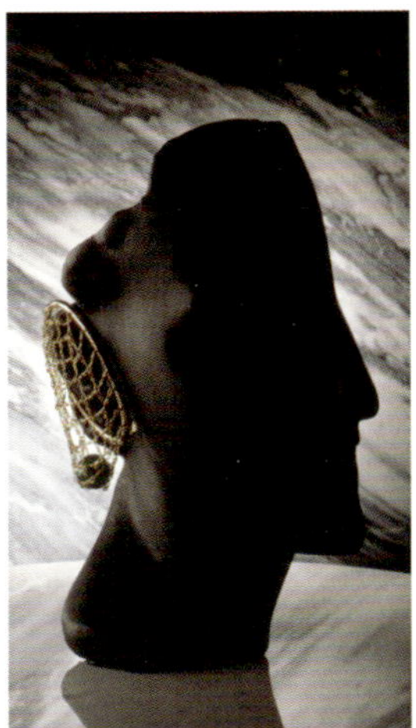

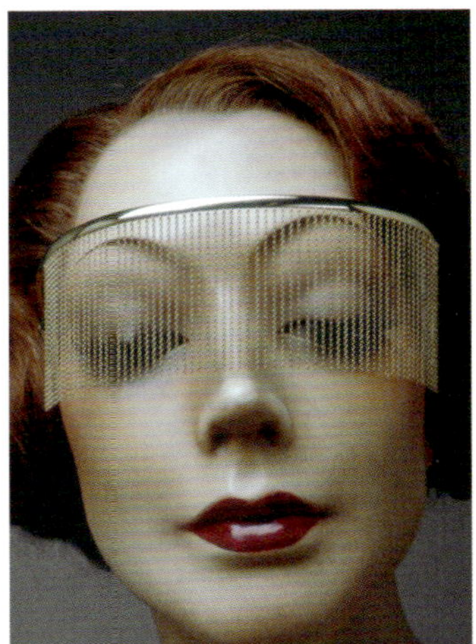

Department of Islamic Arts, Louvre, Paris, 2005–2012;
Bracelet and earring, Cleto Munari, 1986; Veletta, *Faraone, 1979* /
Dipartimento delle Arti Islamiche, Louvre, Parigi, 2005-2012;
Bracciale e orecchino, Cleto Munari, 1986; *Veletta*, Faraone, 1979

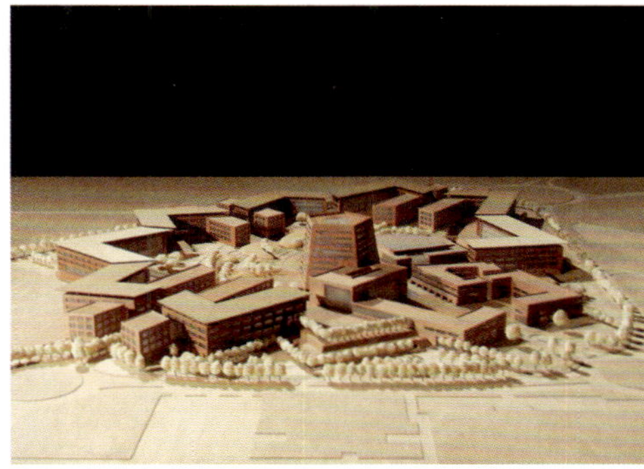
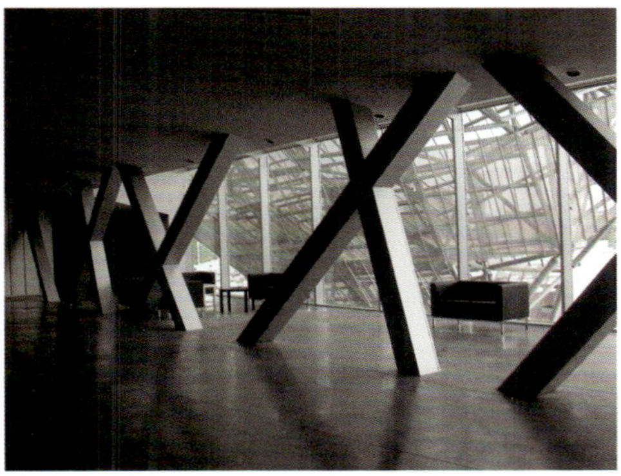
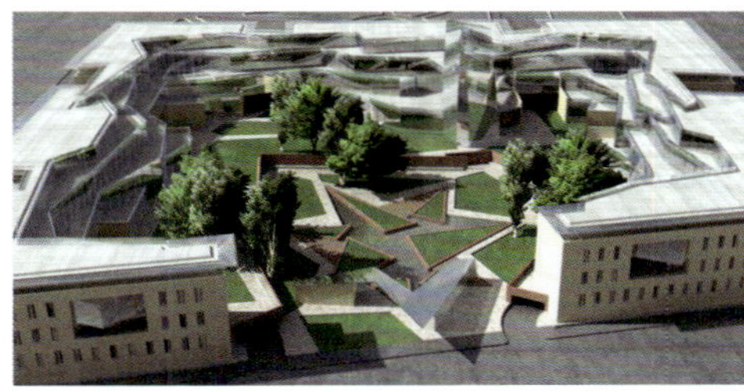
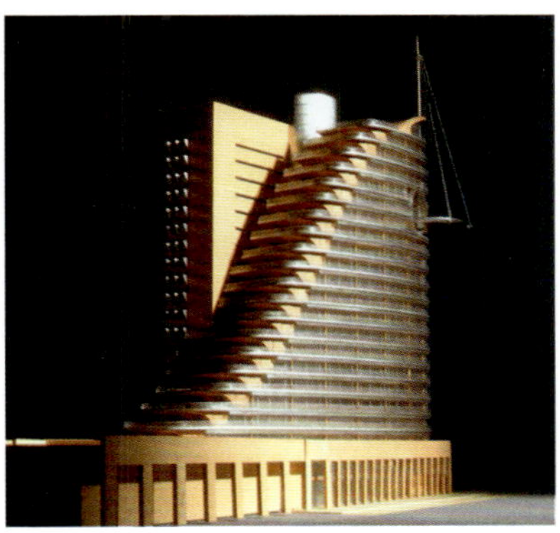
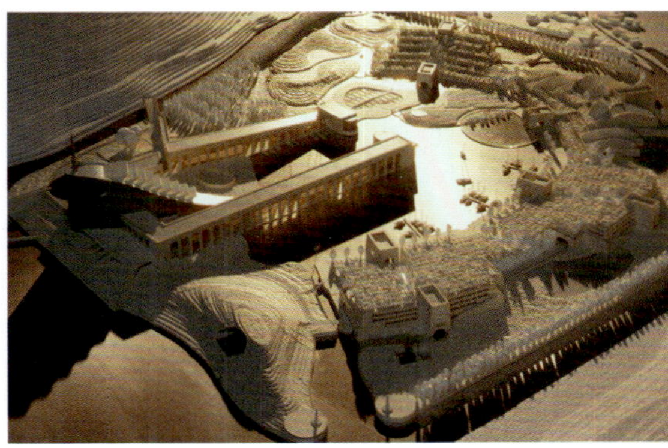

Cittanova 2000, *Modena, 2003; Cassa di Risparmio di Firenze Headquarters, Florence, 2003; Dubai Creek Tower, Dubai, United Arab Emirates, 1998; Goshikidai Marine Resort Complex, Goshikidai, Japan, 1992–1993 /*
Cittanova 2000, Modena, 2003; Headquarters Cassa di Risparmio di Firenze, Firenze, 2003; Dubai Creek Tower, Dubai, Emirati Arabi, 1998; Marine Resort Goshikidai, Giappone, 1992-1993

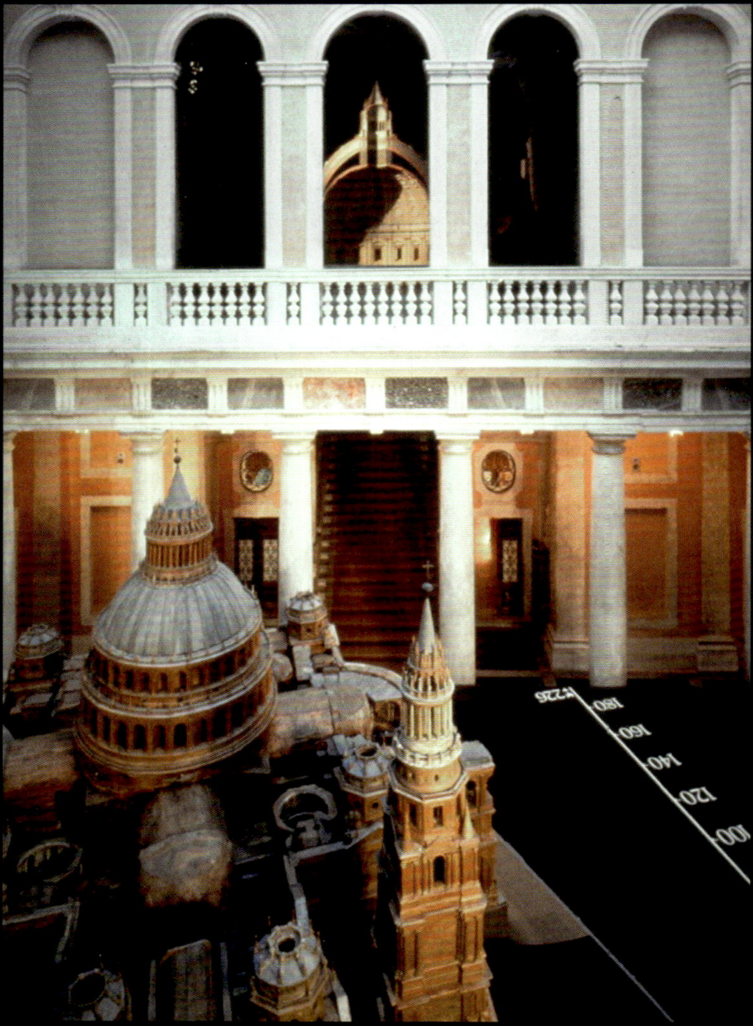

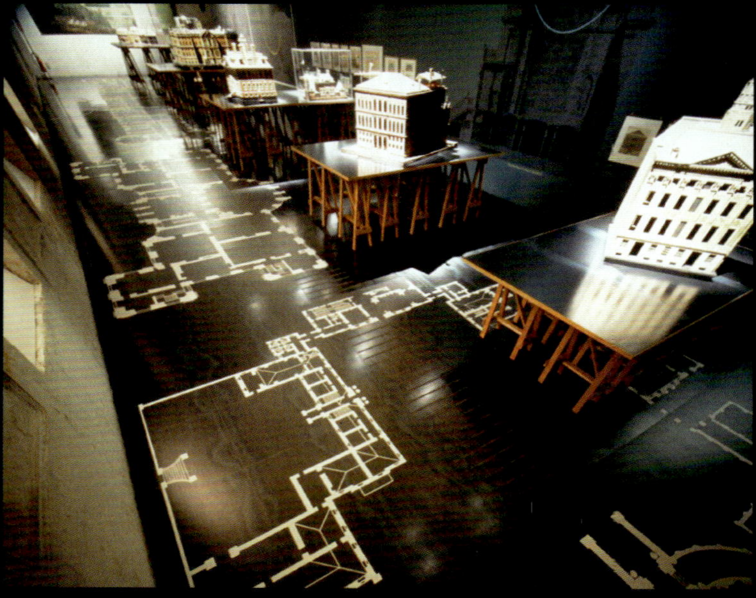

revious page / pagina precedente

"Rinascimento, da Brunelleschi a Michelangelo," Palazzo Grassi, Venice, 1994–1995; "I Trionfi del Barocco," Reggia di Venaria Reale, Turin, 1998–1999 /

I Rinascimento, da Brunelleschi a Michelangelo, Palazzo Grassi, Venezia, 1994-1995; *I Trionfi del Barocco*, Reggia di Venaria Reale, Torino, 1998-1999

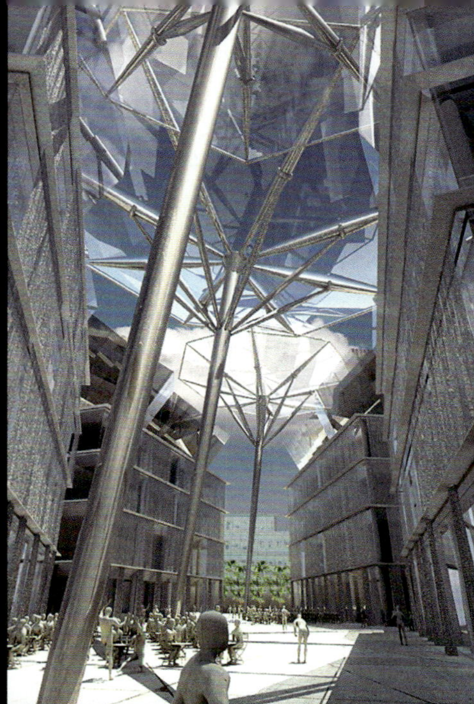

hopping Center, Frankfurt, 2002; Sheik Zayed National Museum, Abu Dhabi, United Arab Emirates, 2007; Trieste Maritime Station, Trieste, 2002 /

Centro commerciale, Francoforte, 2002; Museo Sheik Zaied, Abu Dhabi, Emirati Arabi, 2007; Stazione Marittima di Trieste, Tieste, 2002

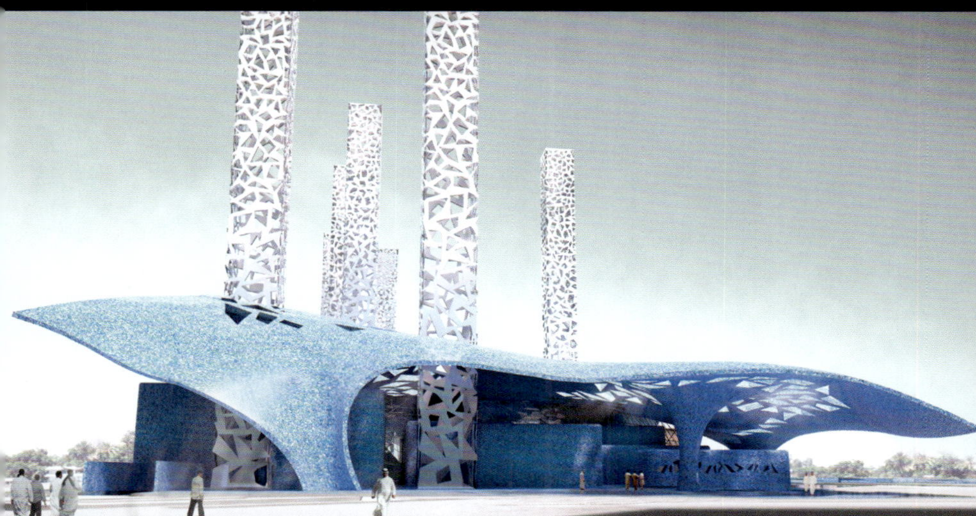

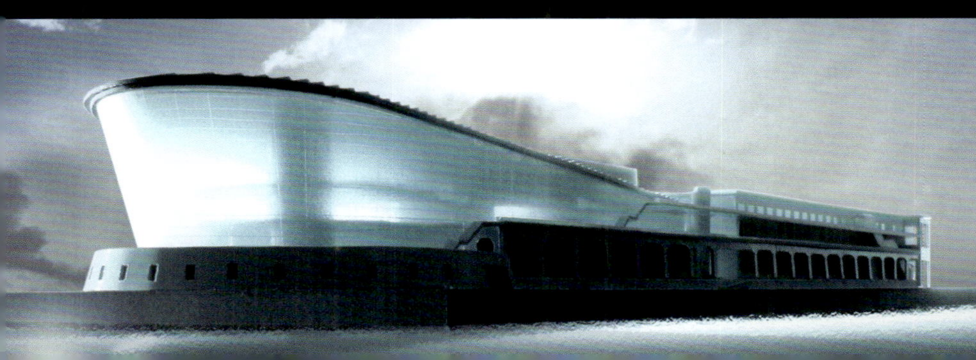

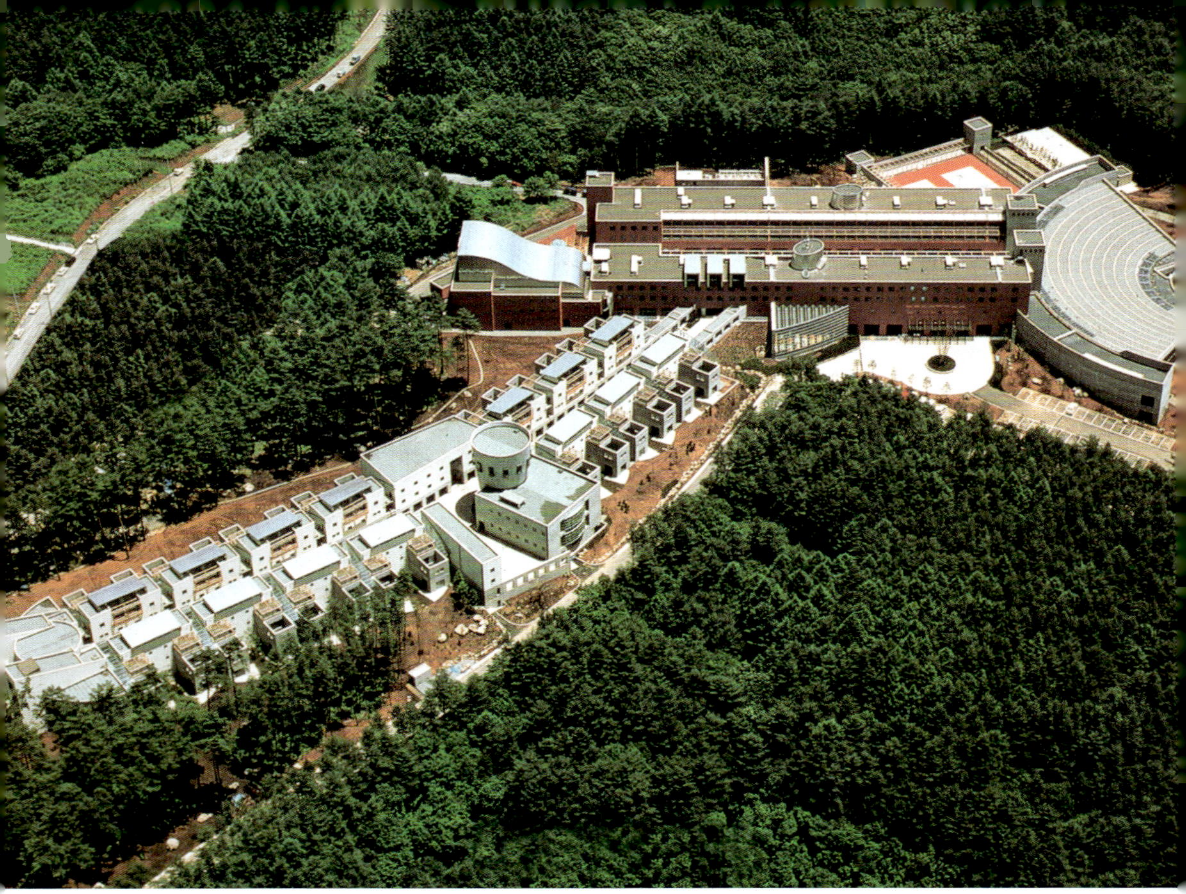

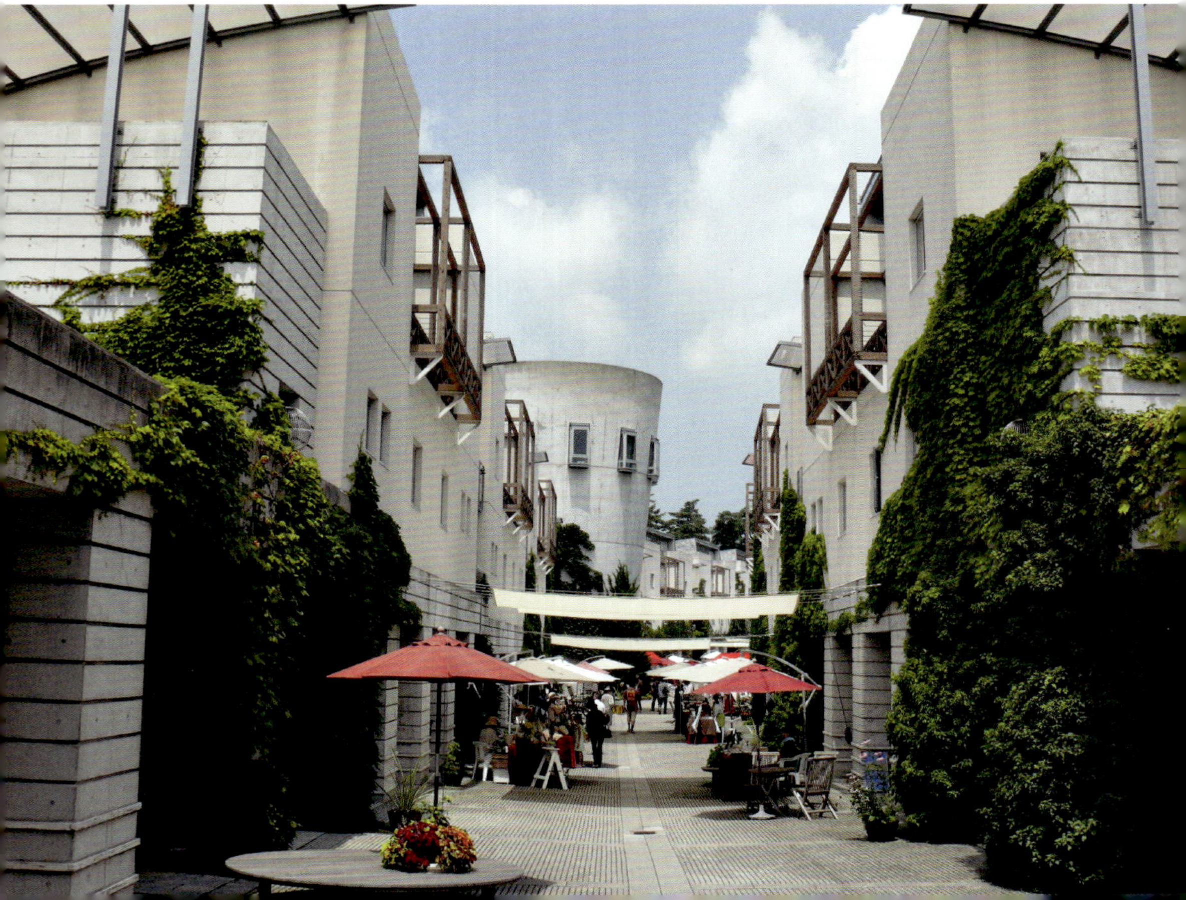

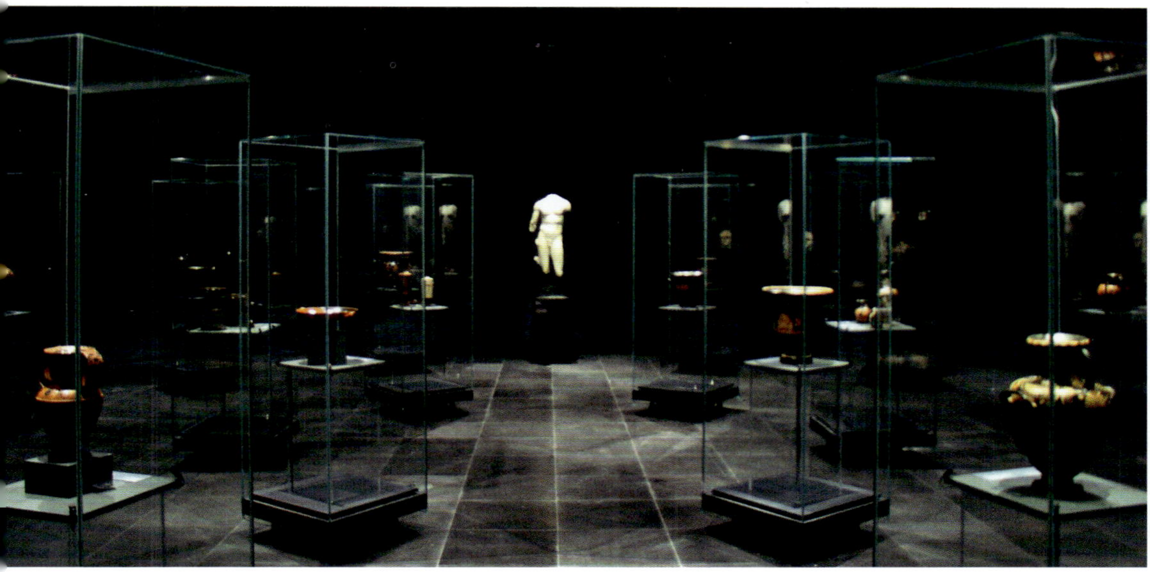

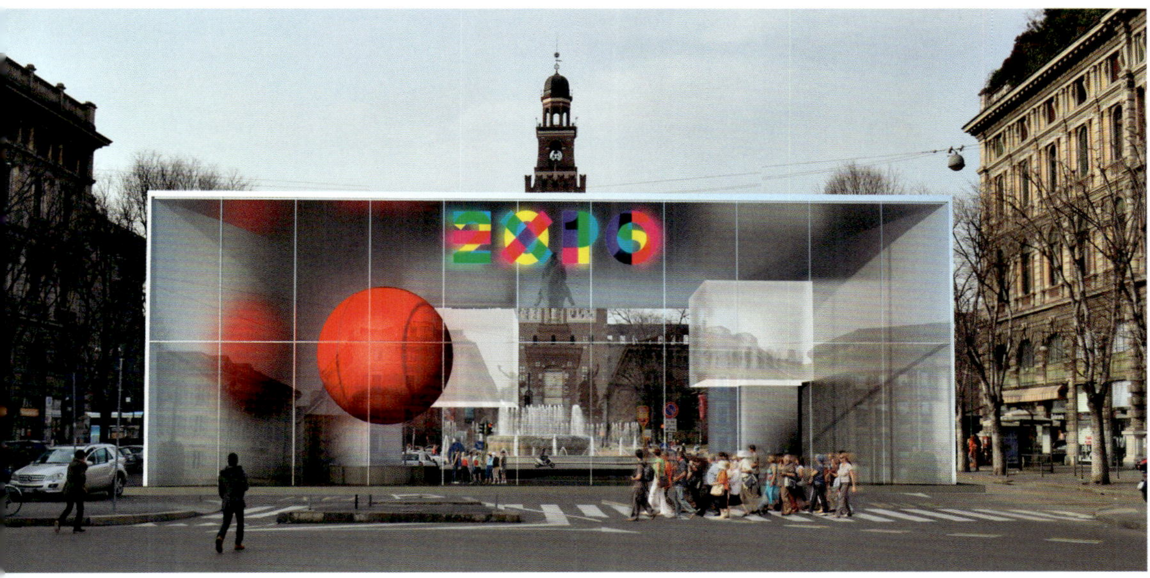

previous page / pagina precedente
Risonare Vivre Club Complex, Kobuchizawa, Yamanashi, Japan, 1989–1992 /
Risonare Vivre Club, Kobuchizawa, Yamanashi, Giappone, 1989-1992

National Gallery of Victoria, Melbourne, permanent collection set up, 1996-2003; Expo 2016 Pavilion, Milan, 2013 /
National Gallery of Victoria, Melbourne, allestimento della collezione permanente, 1996-2003; Padiglione Expo 2016, Milano, 2013

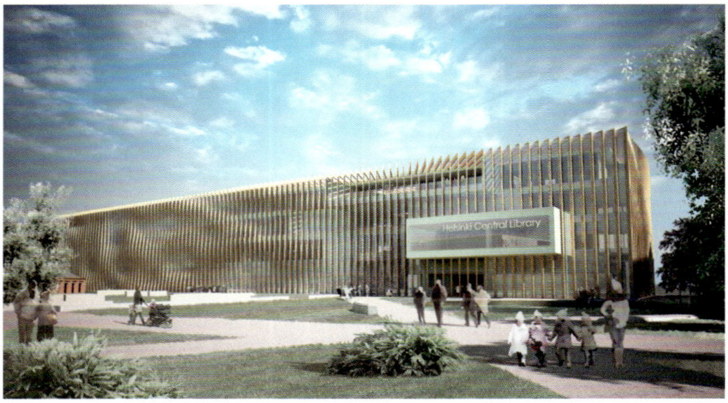

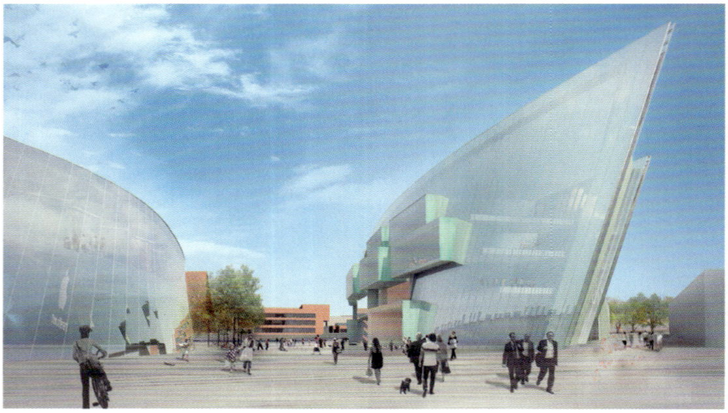

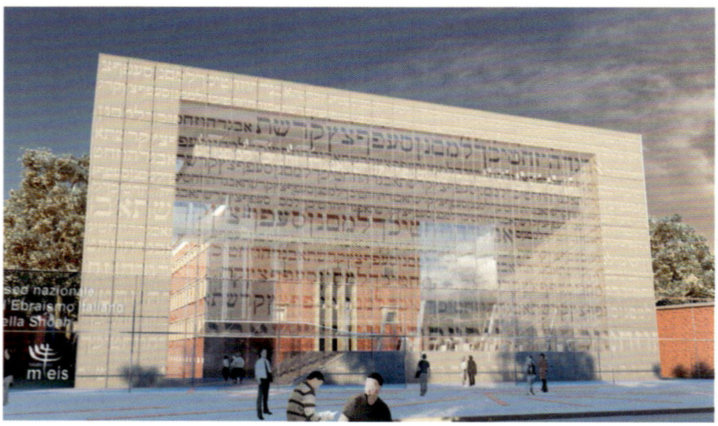

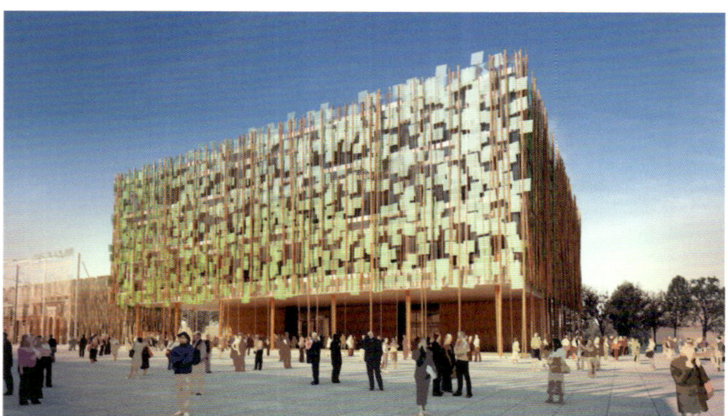

Central Library, Helsinki, Finland, 2012; Otaniemi Central Campus, Aalto University, Otaniemi, Finland, 2012; Italian Museum of Judaism and the Shoah, Ferrara, 2010; Italy Pavilion, Expo 2016, Milan, 2012 /

Biblioteca centrale, Helsinki, Finlandia, 2012; Otaniemi Central Campus, Aalto University, Otaniemi, Finlandia, 2012; Museo dell'ebraismo e della Shoah, Ferrara, 2010; Padiglione Italia Expo 2016, Milano, 2012

following page / pagina seguente Museum of the City of Bologna, 2003–2012, central tower and display set up / Museo della Città di Bologna, 2003-2012, torre centrale e un allestimento

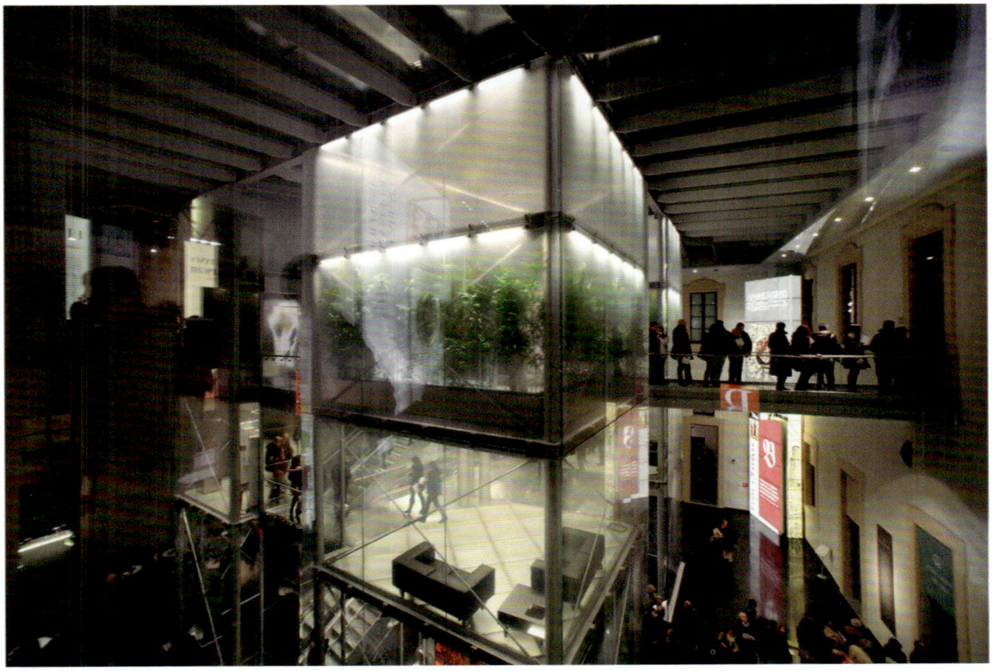

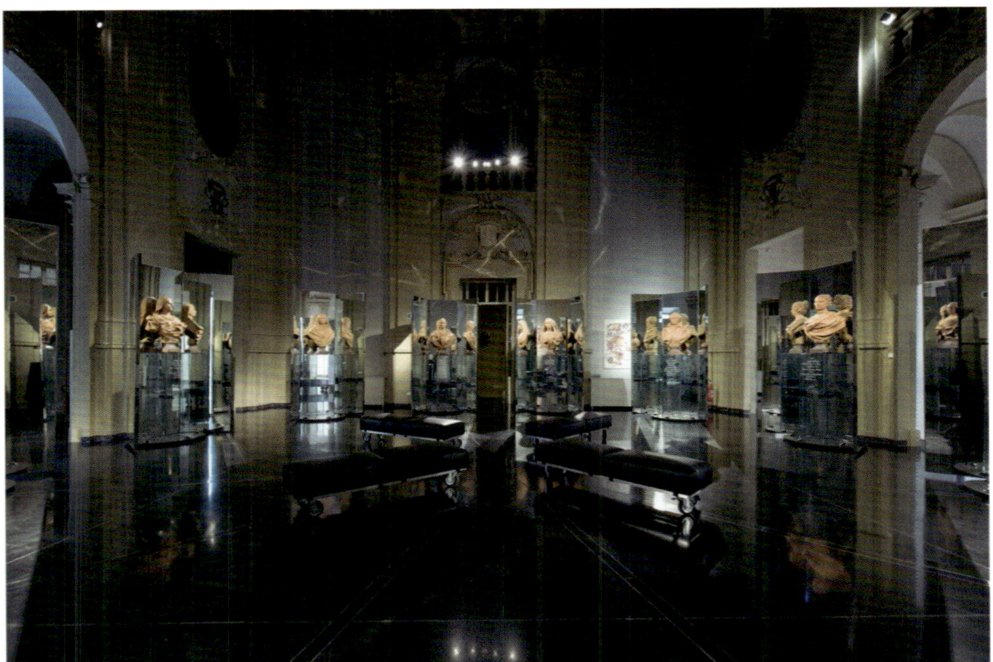

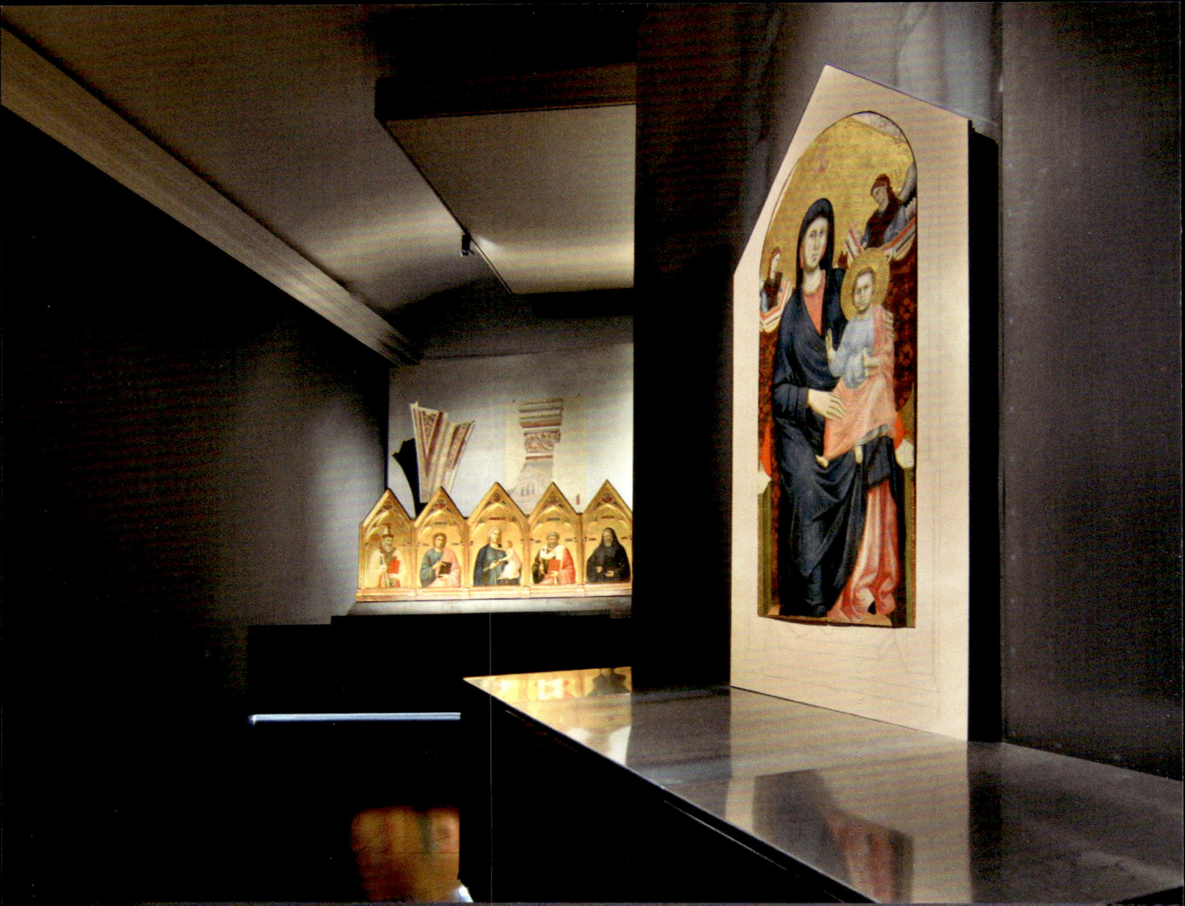

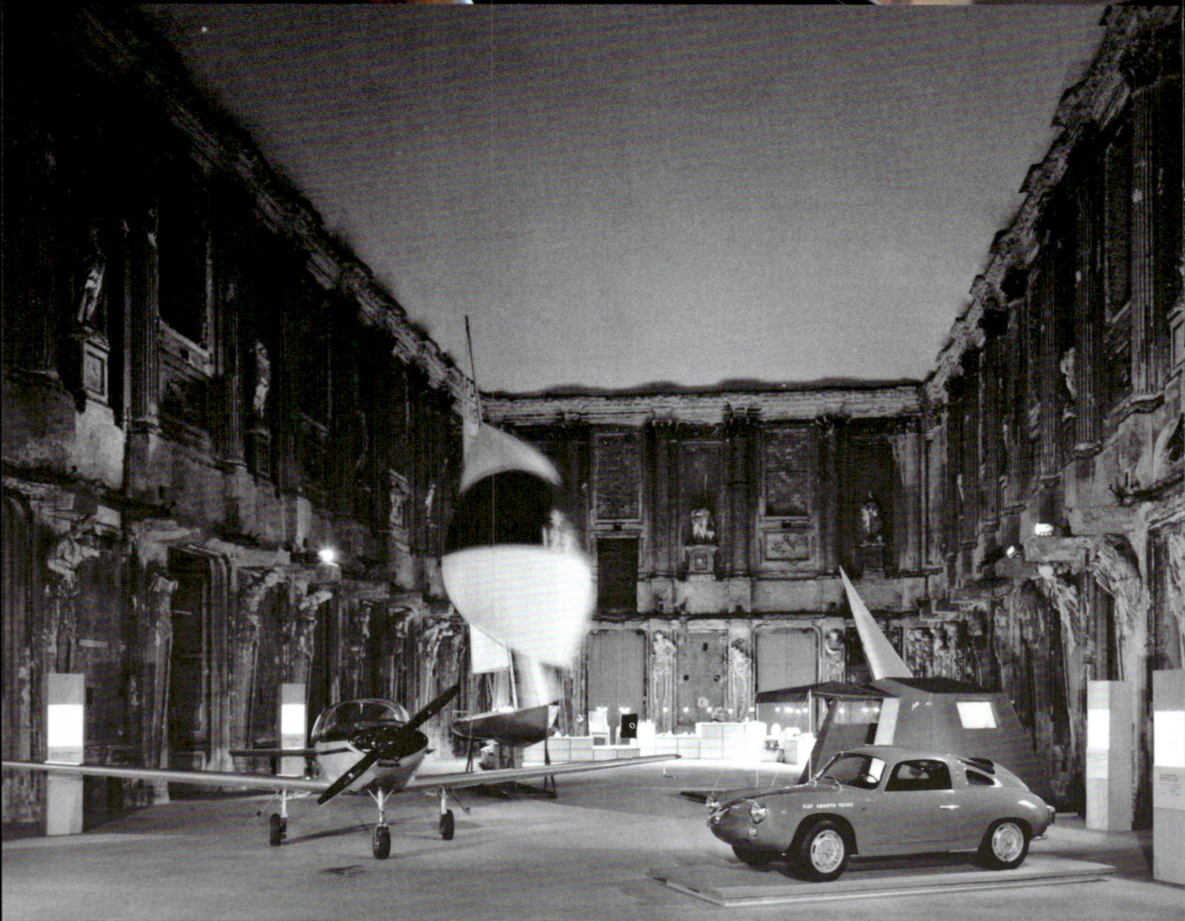
FIAT ABARTH 1000

previous page / pagina precedente
"Giotto, l'Italia," exhibition design, Palazzo Reale, Milan, 2015–2016; Compasso d'Oro Industrial Design Award, exhibition design, Palazzo Reale, Milan, 1962 / *Giotto, l'Italia*, allestimento, Palazzo Reale, Milano 2015-2016; Premio Compasso d'Oro, allestimento Palazzo Reale, Milano 1962

Generali Group Academy Headquarters, Trieste, 2015-2019 / Sede centrale Generali Group Academy, Trieste, 2015-2019

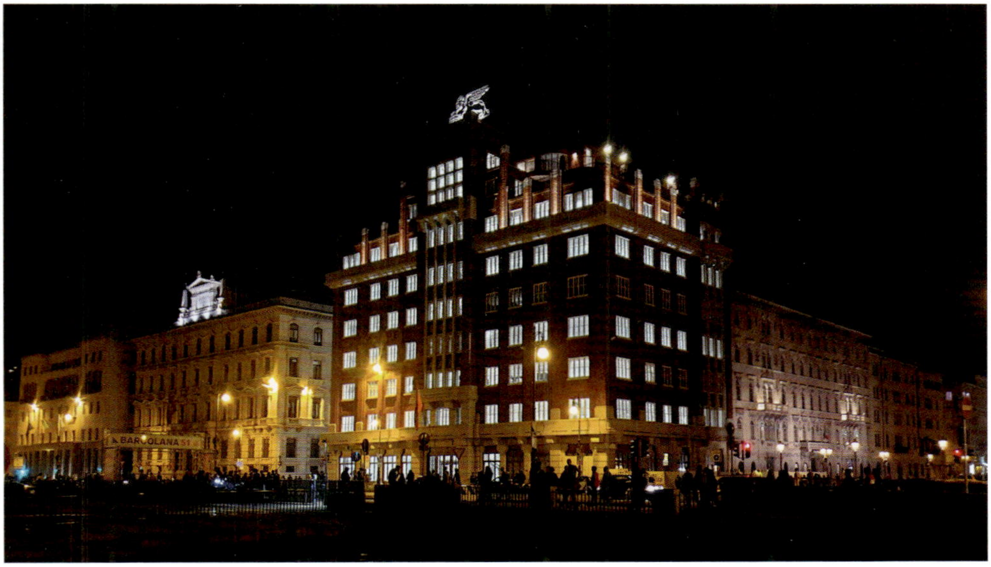

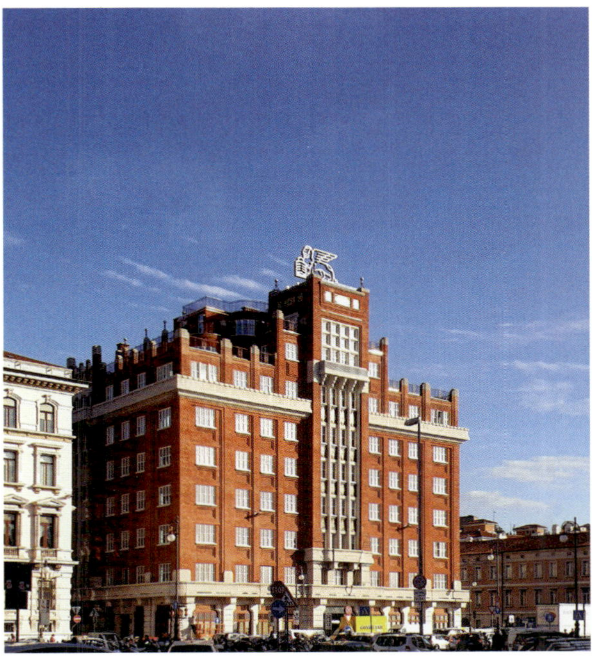

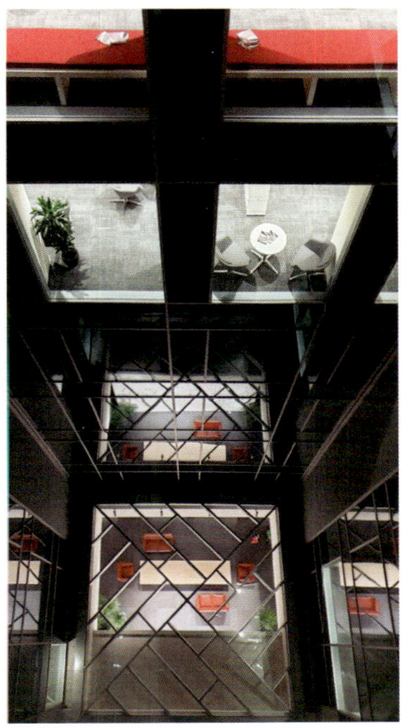

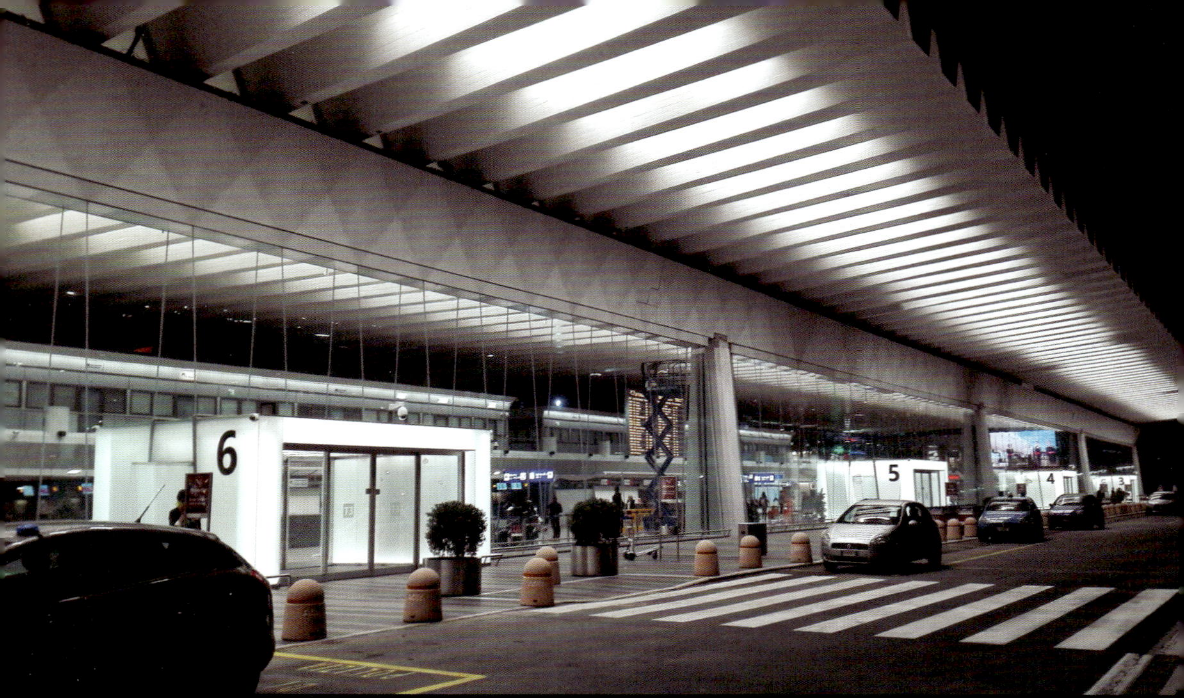
6
5
4

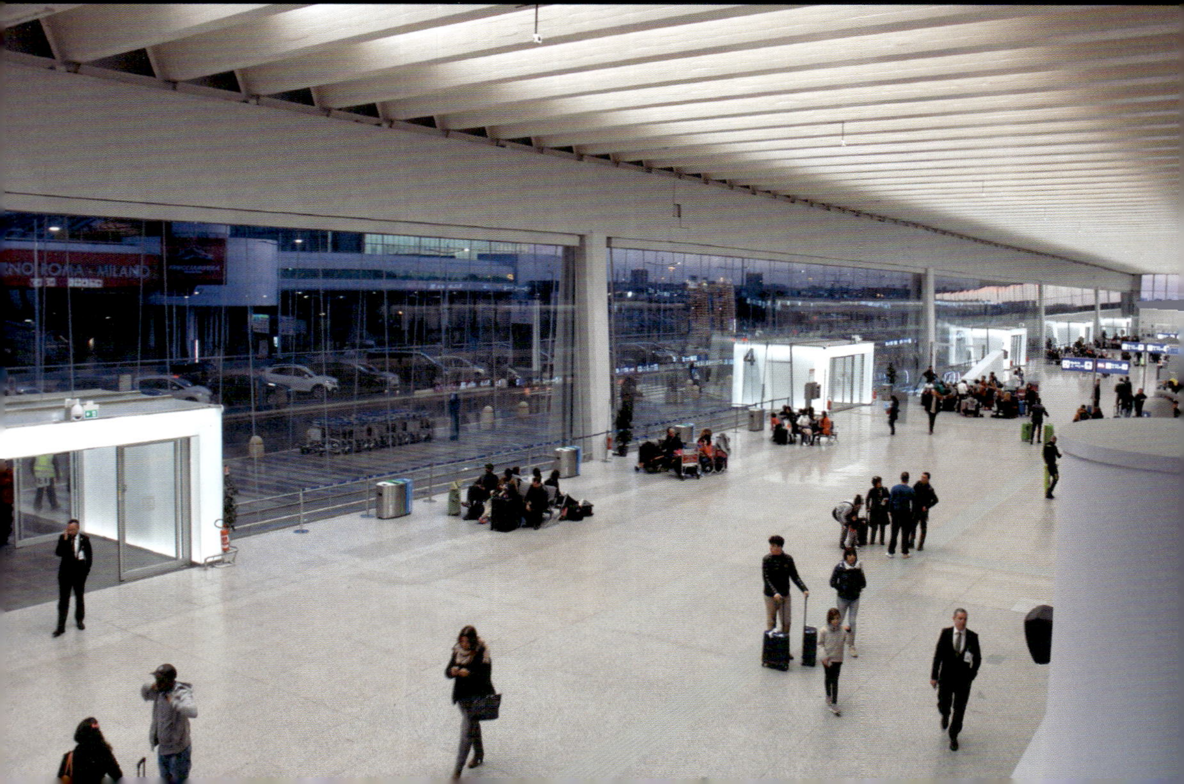
4

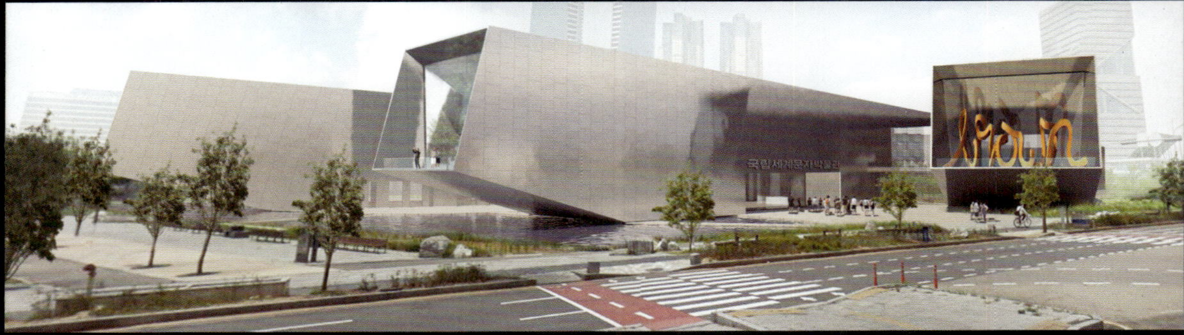

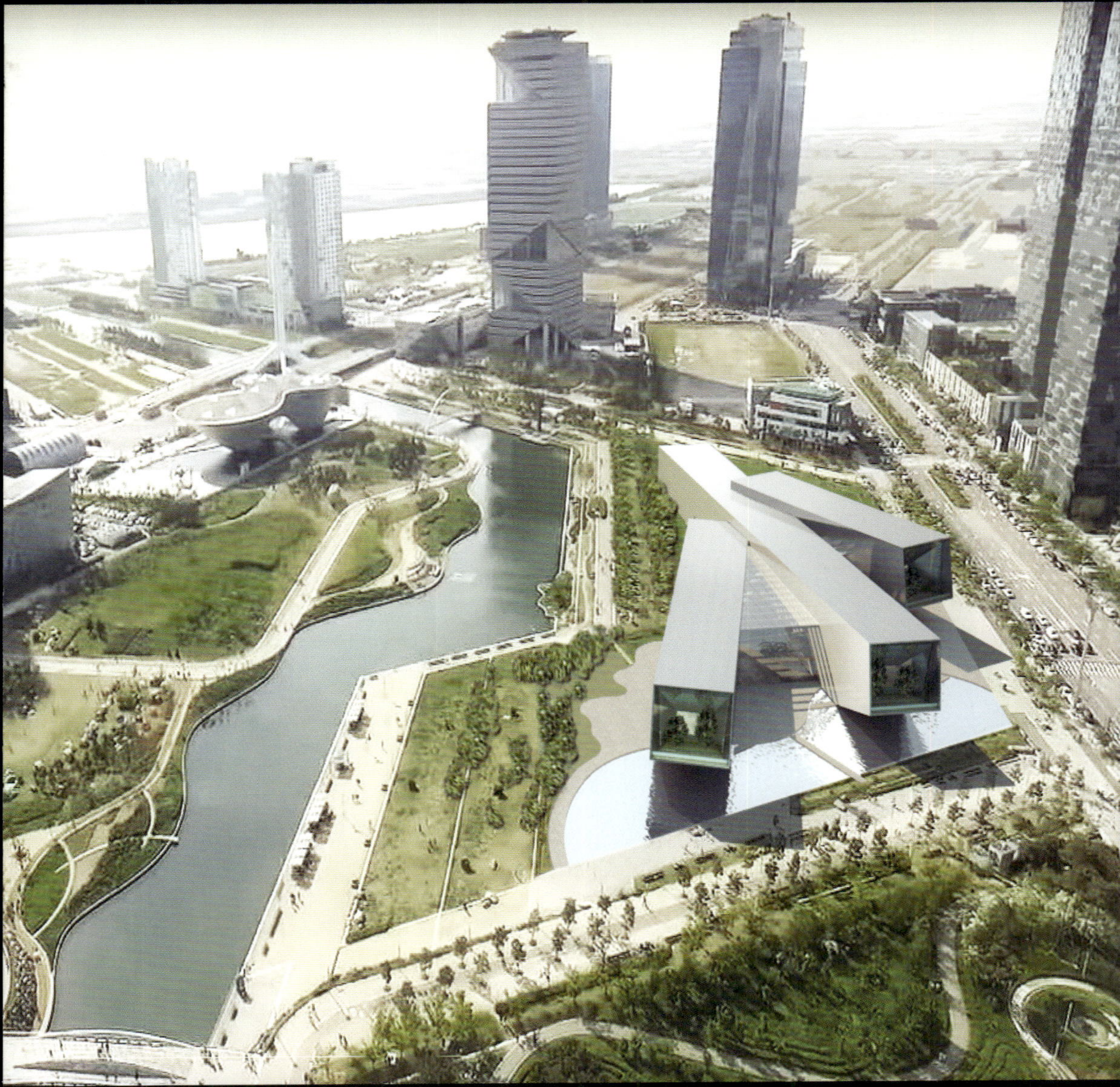

National Museum of World Writing, Songdo, Corea del Sud, 2017,

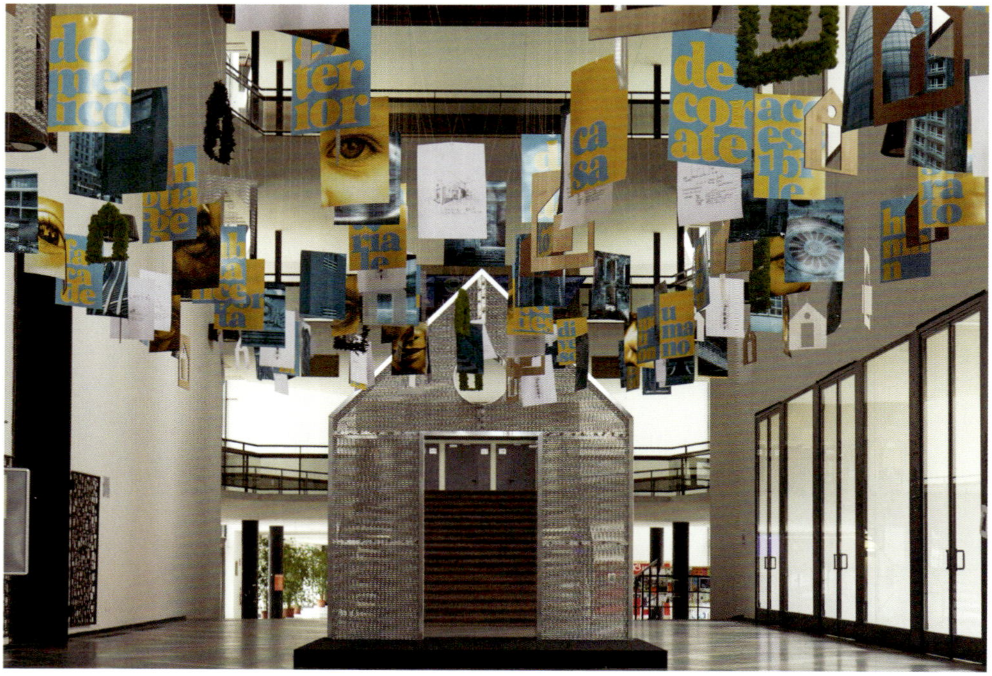

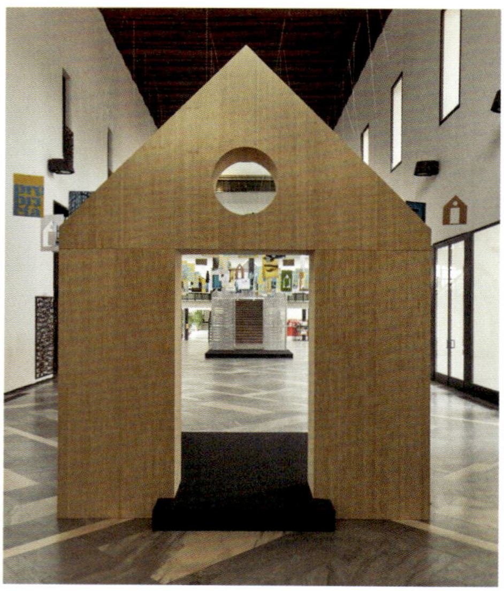

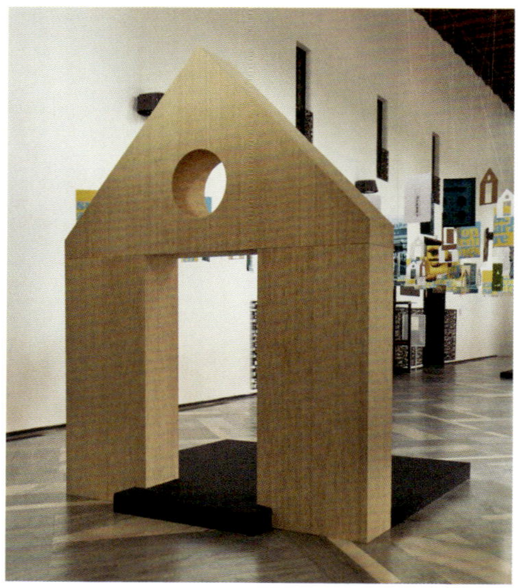

"House in Motion," Università Statale, Milan, 2018, set up installation / House in Motion, Università Statale, Milano, 2018, allestimento installazione

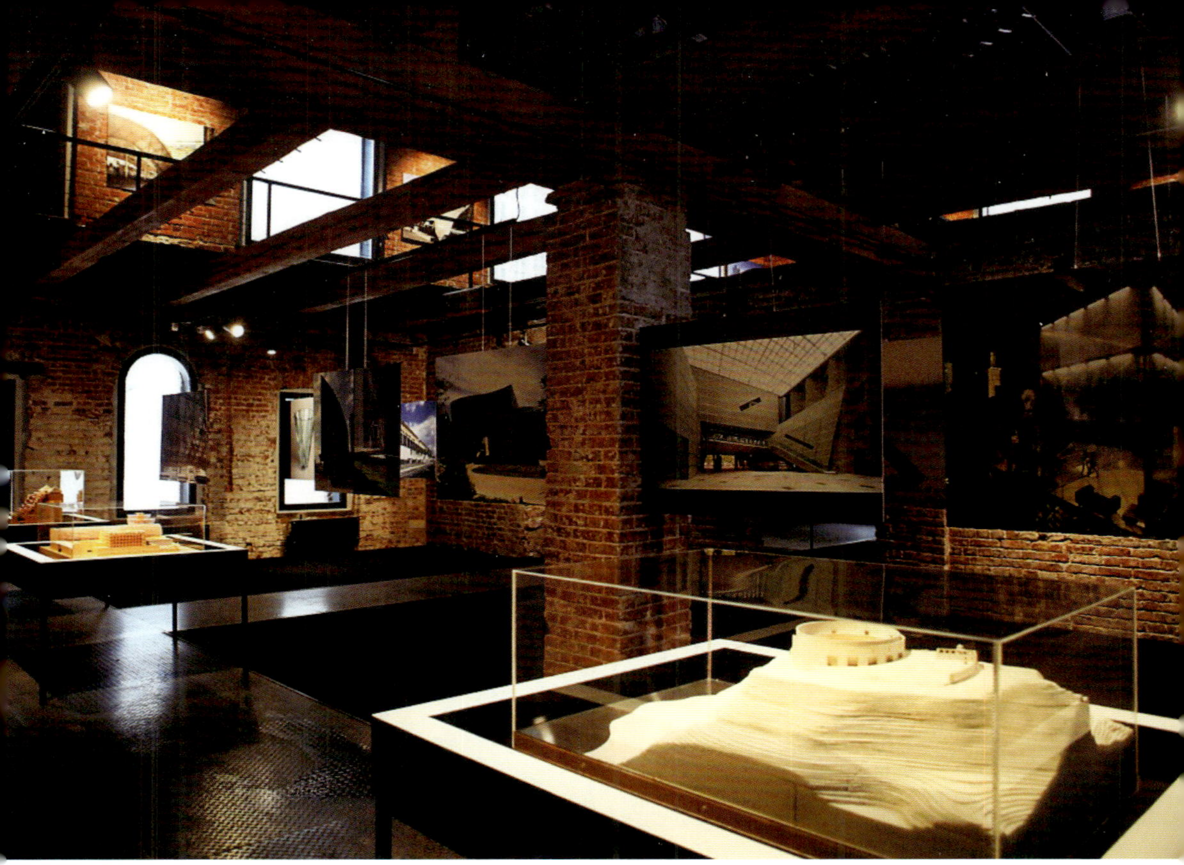

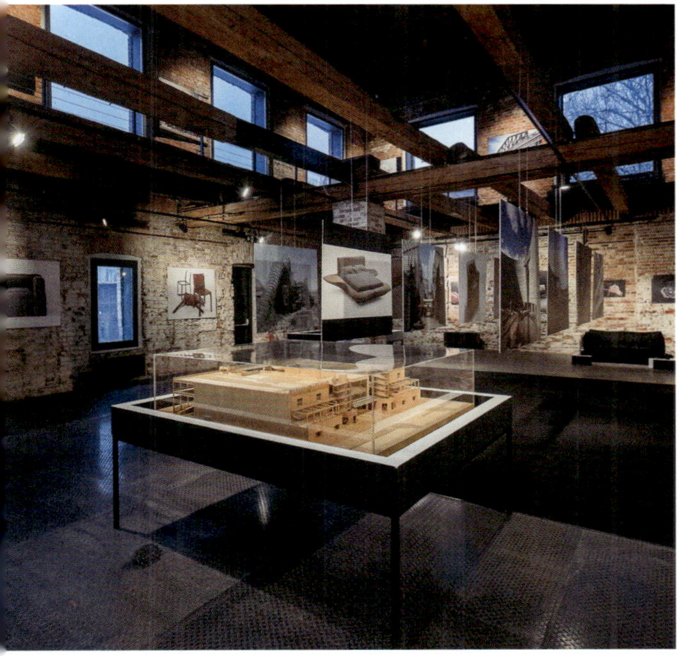

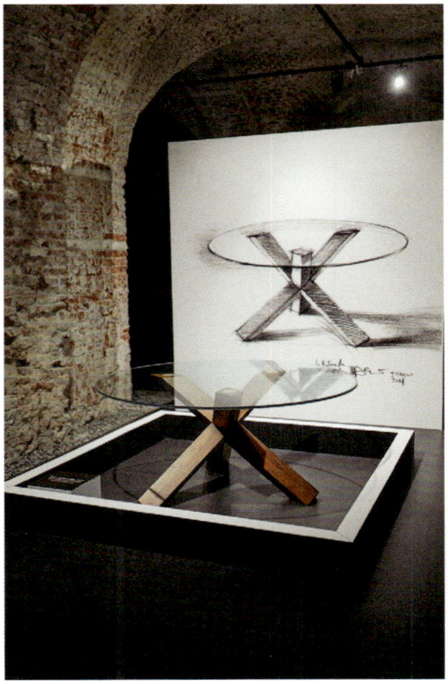

"Mario Bellini. Italian Beauty," Shchusev State Museum of Architecture, Moscow, 2019 /
Mario Bellini. Italian Beauty, Museo Statale di Architettura Shchusev, Mosca, 2019

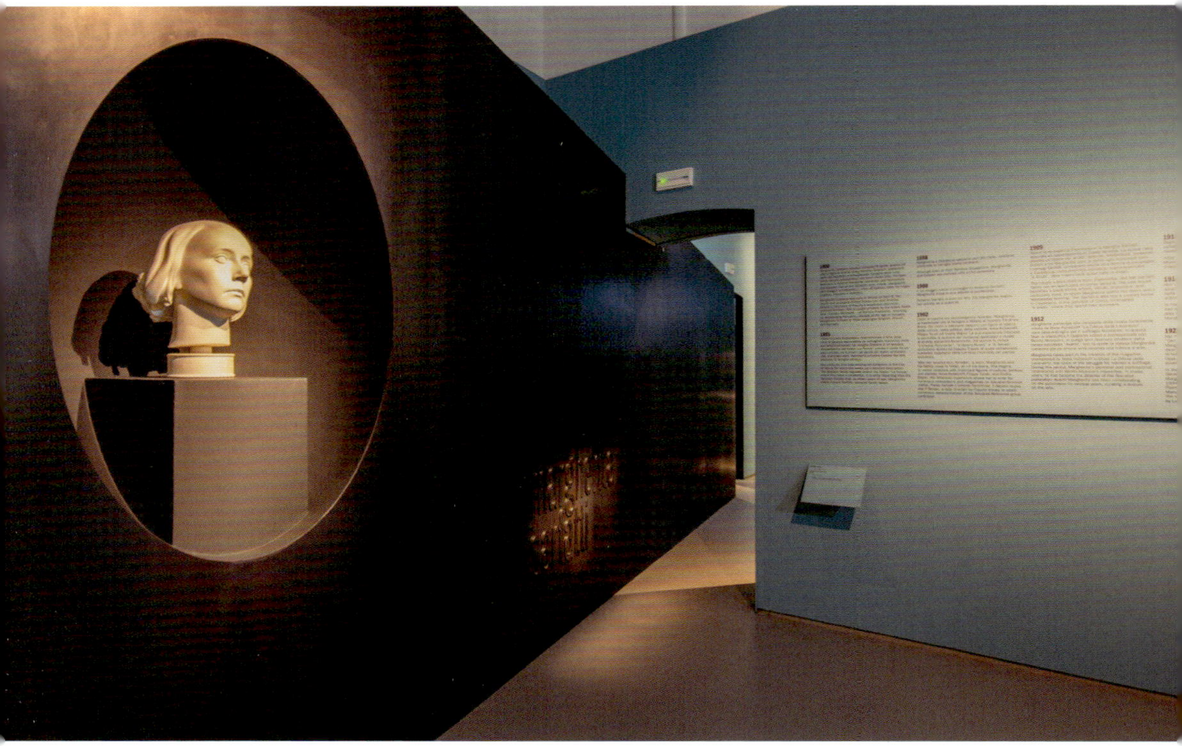

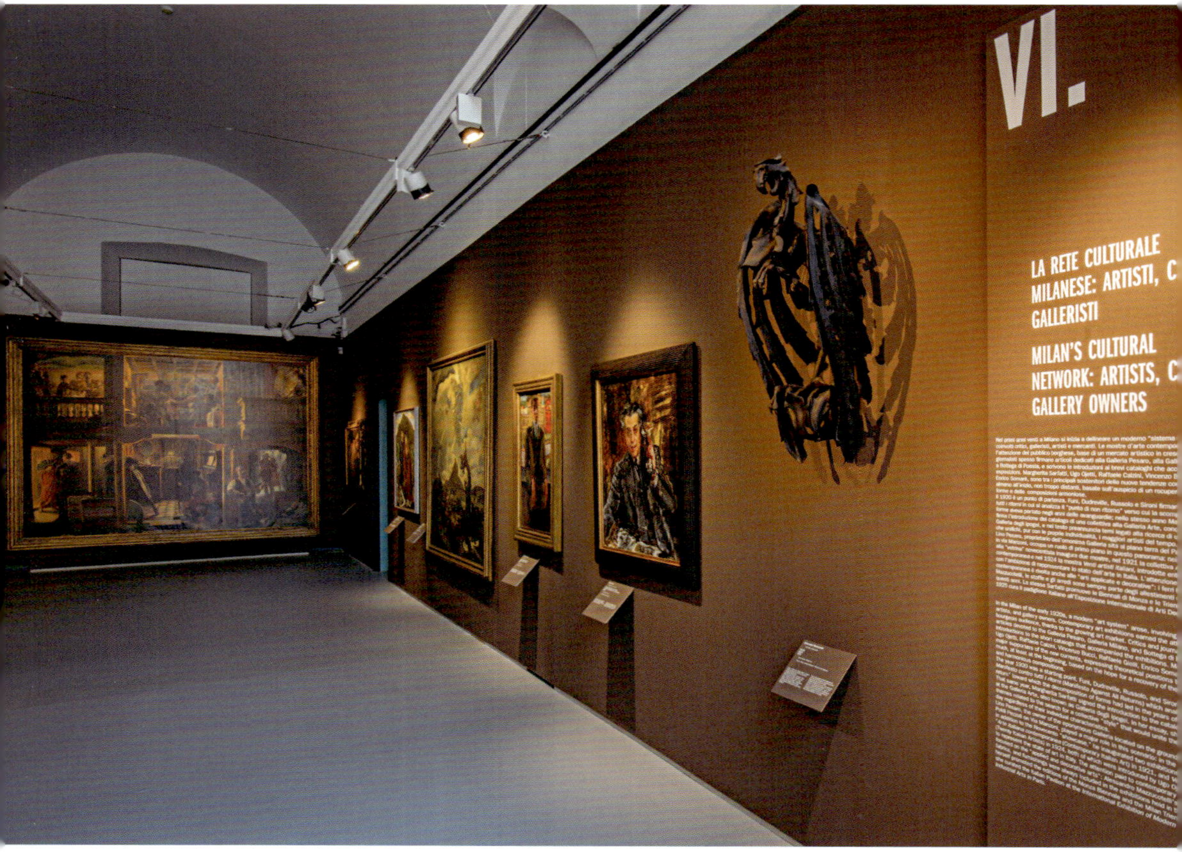
VI.
LA RETE CULTURALE MILANESE: ARTISTI, C
GALLERISTI
MILAN'S CULTURAL NETWORK: ARTISTS, C
GALLERY OWNERS

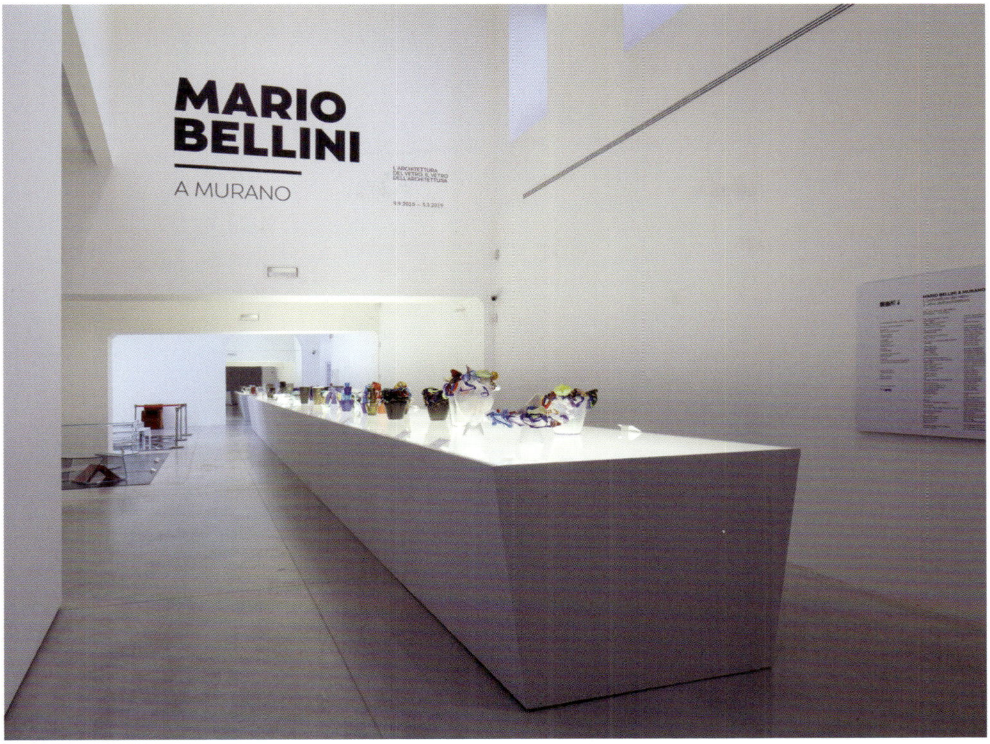

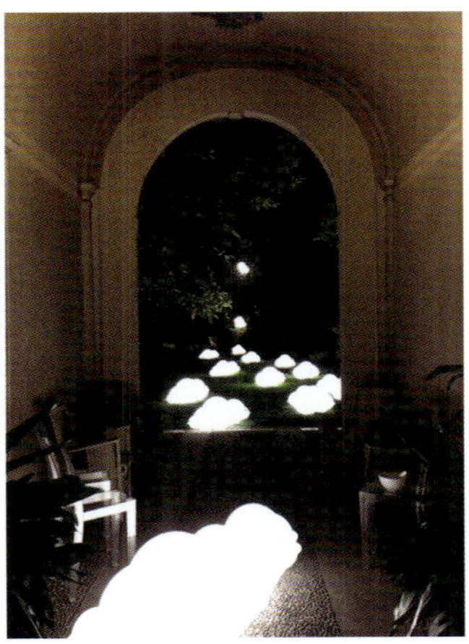

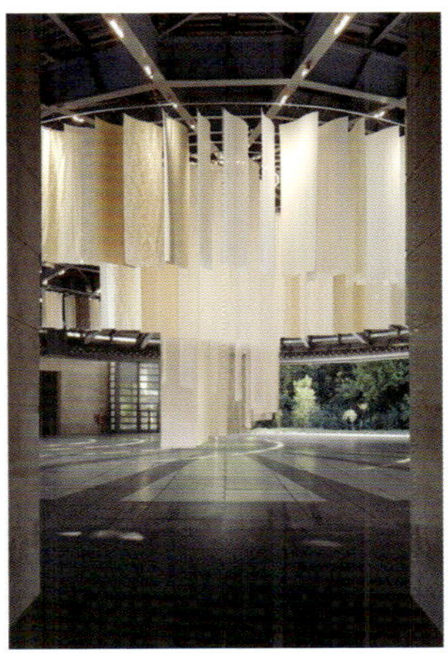

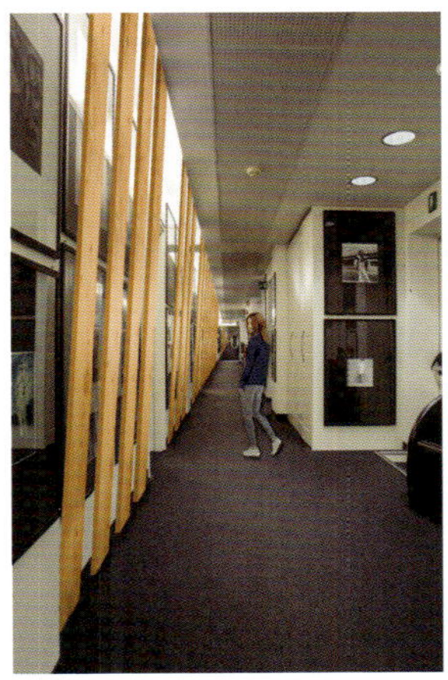

previous page / pagina precedente
"Margherita Sarfatti. Segni, colori e luci a Milano," Museo del Novecento - Palazzo dell'Arengario, Milan, 2018, exhibition design /
Margherita Sarfatti. Segni, colori e luci a Milano, Museo del Novecento - Palazzo dell'Arengario, Milano, 2018, allestimento

"Mario Bellini a Murano," Museo del Vetro, Murano, 2018; "Sottosopra - Unexpected Italy," Milan, 2017, set up installation; "Proposte 2018" Centro espositivo di Villa Erba, Cernobbio, 2018, set-up installation; "Life in Vogue," Milan, 2018, set up installation / Mario Bellini a Murano, Museo del Vetro, Murano, 2018; *Sottosopra - Unexpected Italy*, Milano, 2017, allestimento installazione; *Proposte 2018*, Centro espositivo di Villa Erba, Cernobbio, 2018, allestimento installazione; *Life in Vogue*, Milano, 2018, allestimento installazione

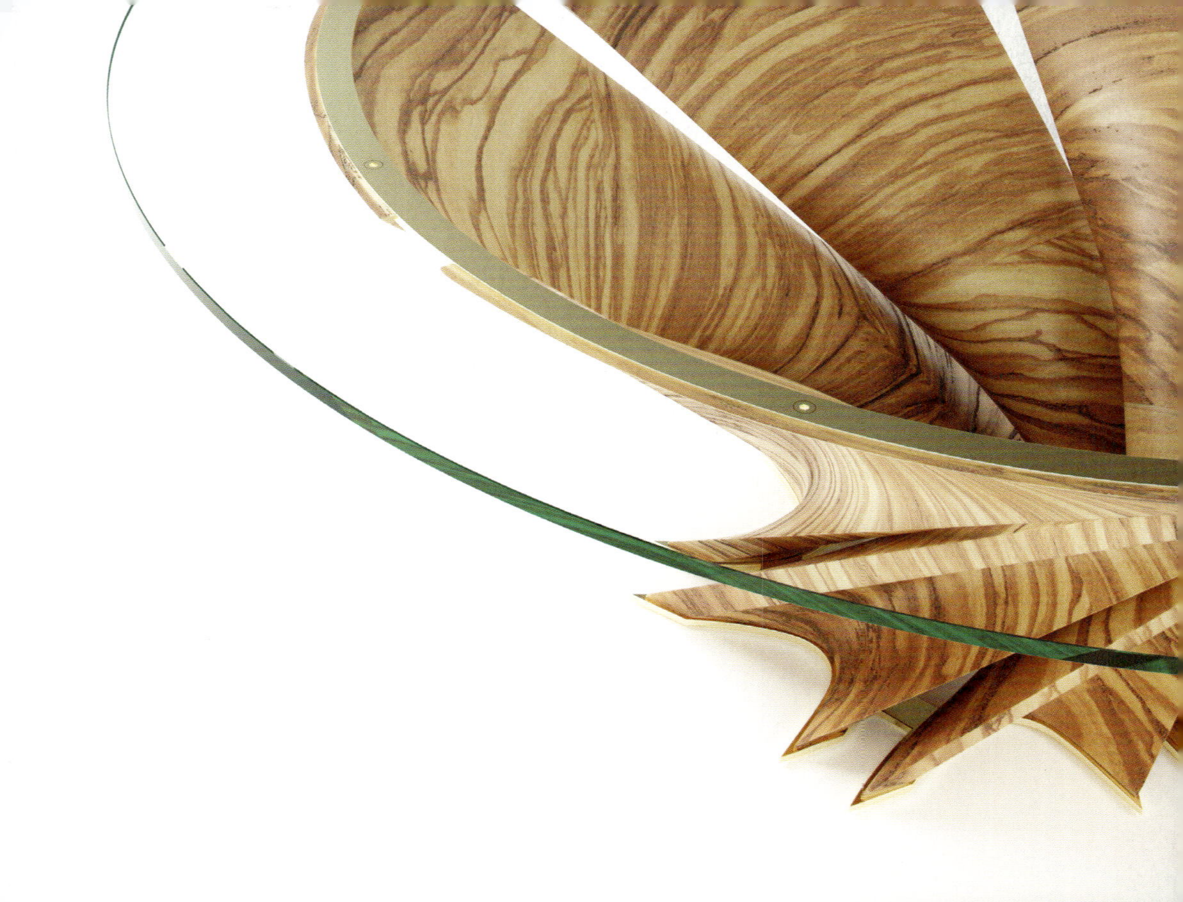

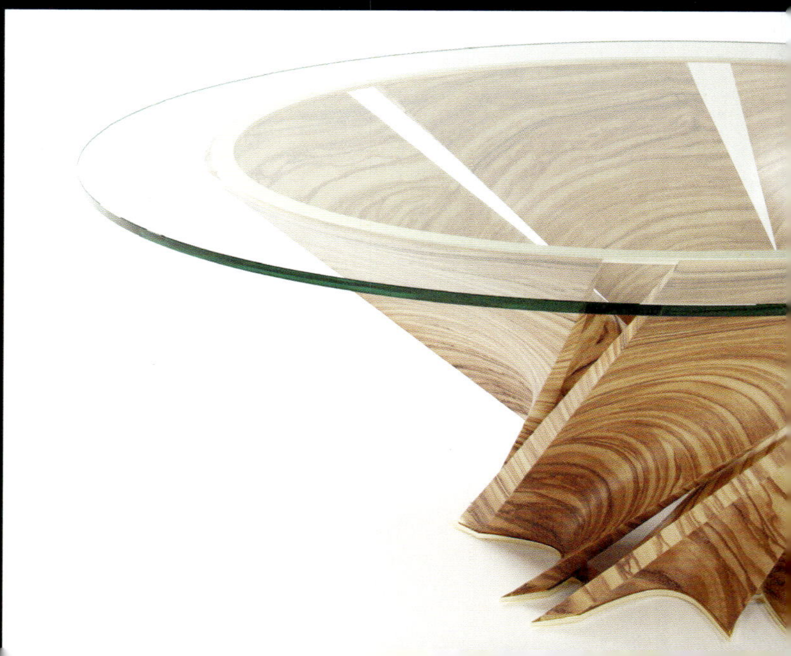

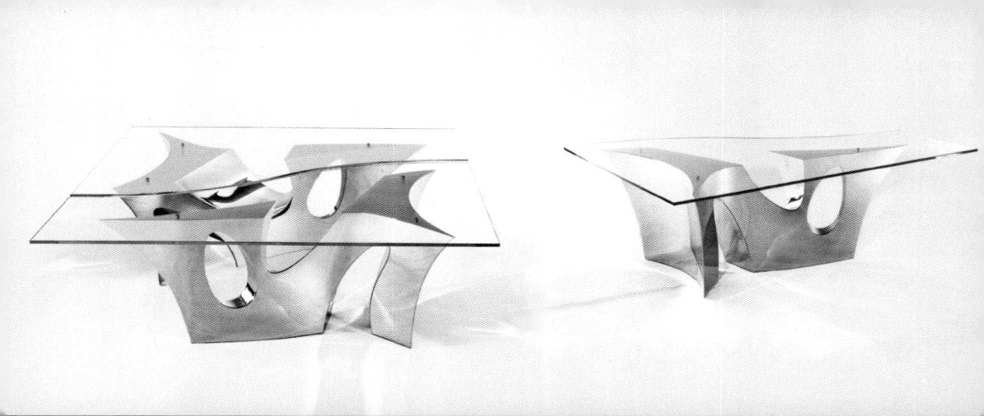
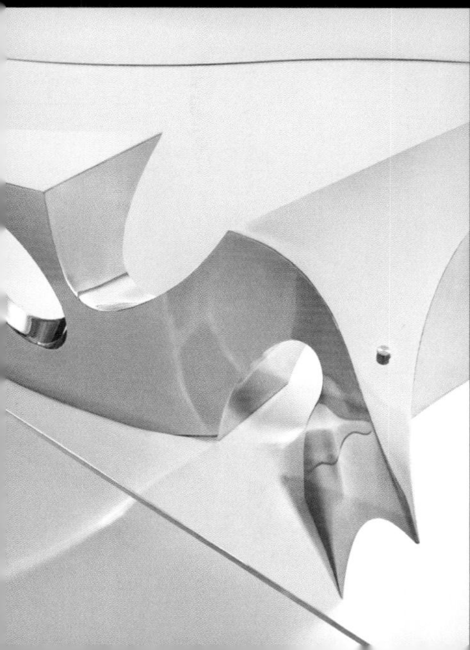
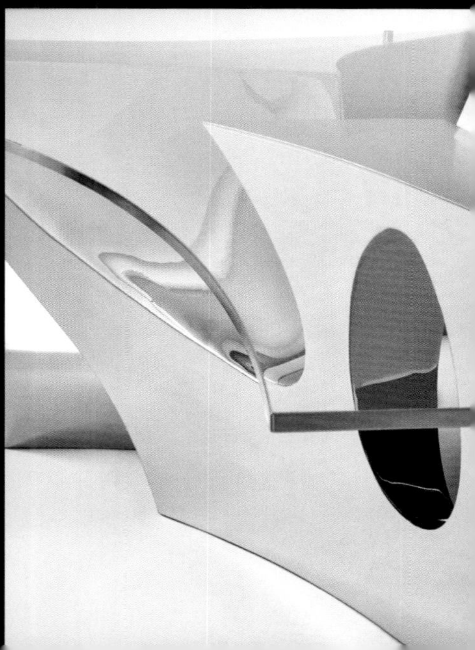

Flying Bridge, tavolo, Bottega Ghianda, 2018

B&B Italia, 2020 / Camaleonda Re-edition,
famiglia di imbottiti componibili, B&B Italia, 2020

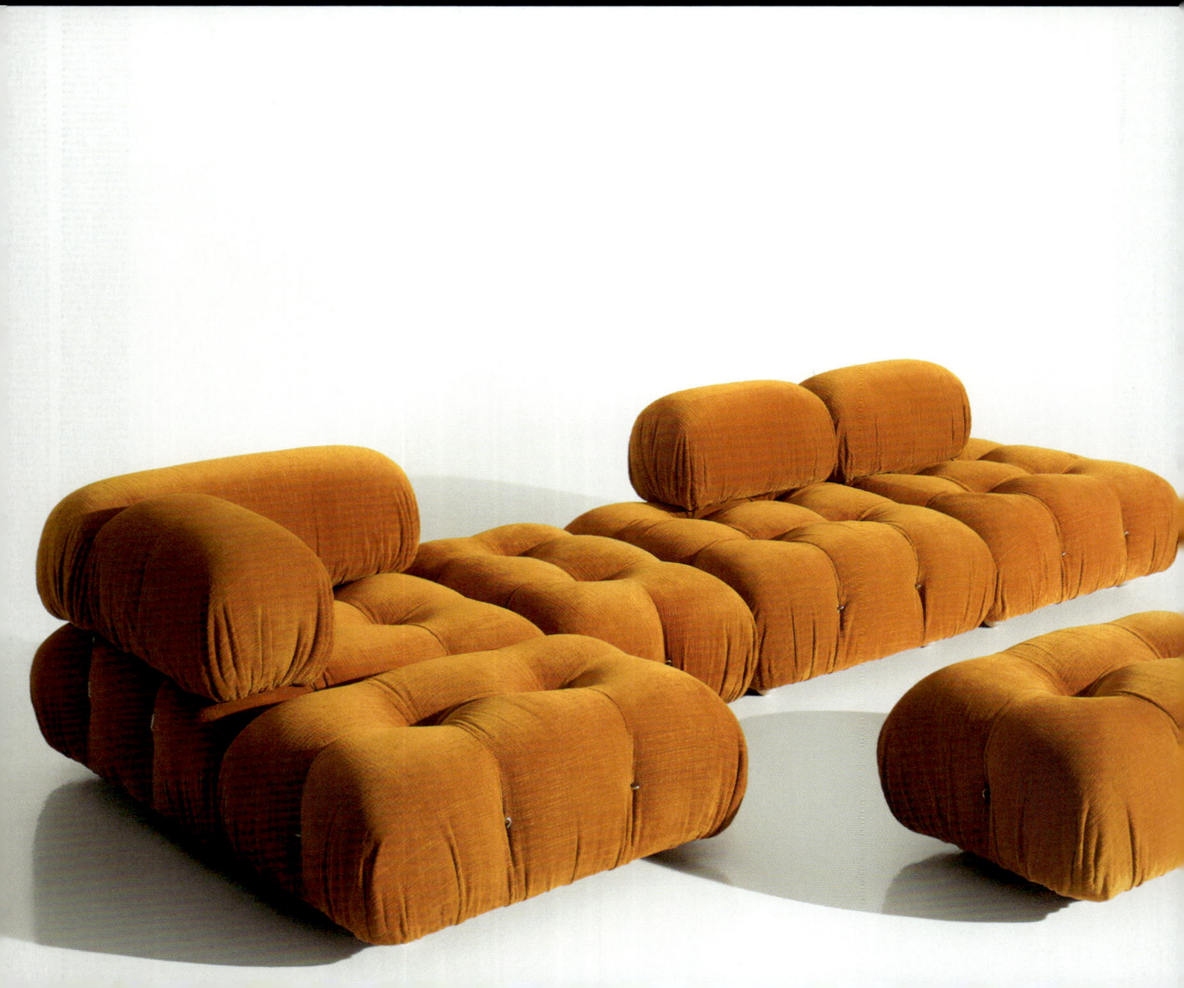

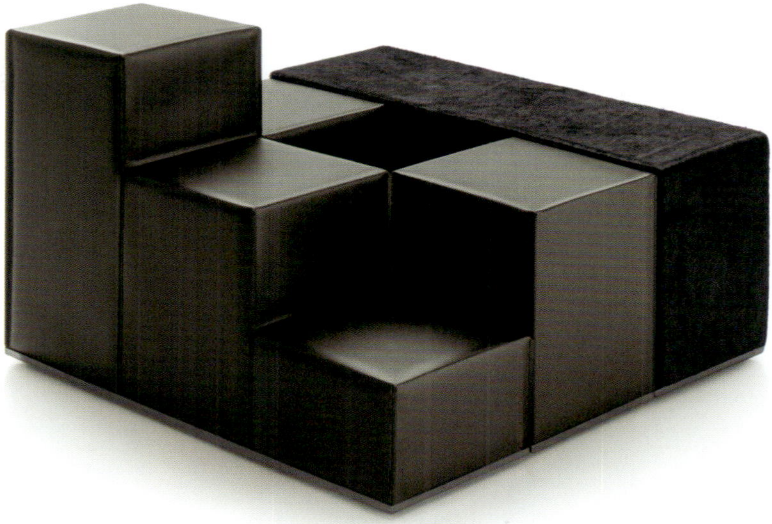

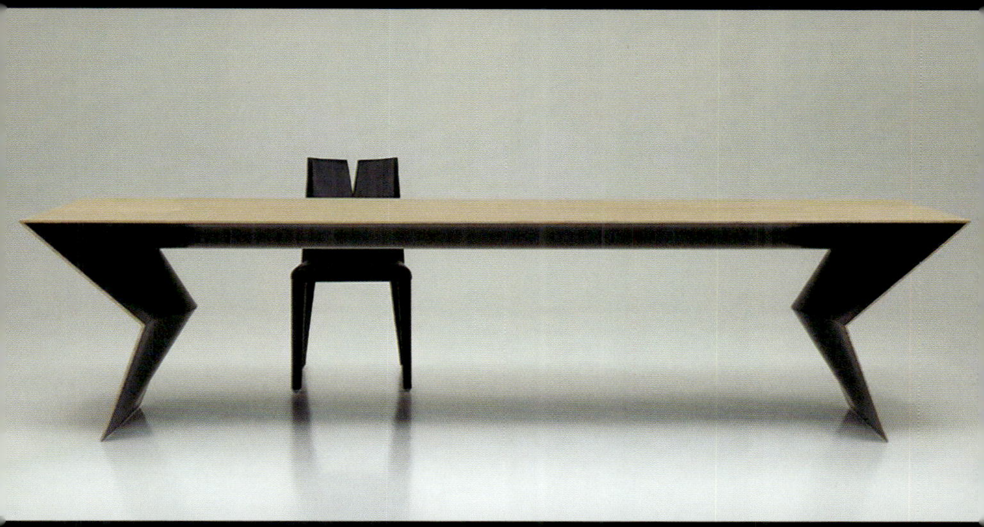

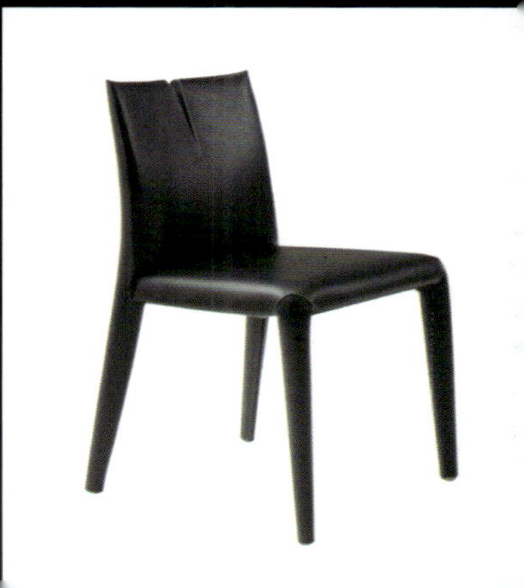

Gli scacchi Re-edition, *modular seats, B&B Italia, 2020;*
Cutter, *chair, B&B Italia, 2020;* Blitz, *table, B&B Italia, 2020* /
Gli scacchi Re-edition, sedute componibili, B&B Italia, 2020;
Cutter, sedia, B&B Italia, 2020; *Blitz*, tavolo, B&B Italia, 2020

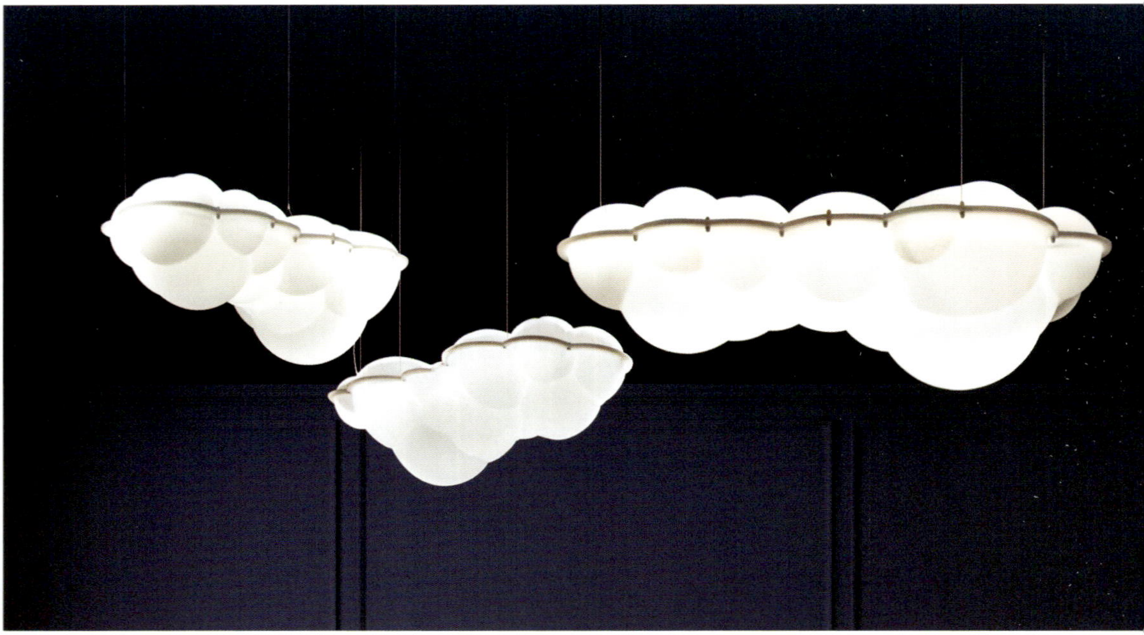

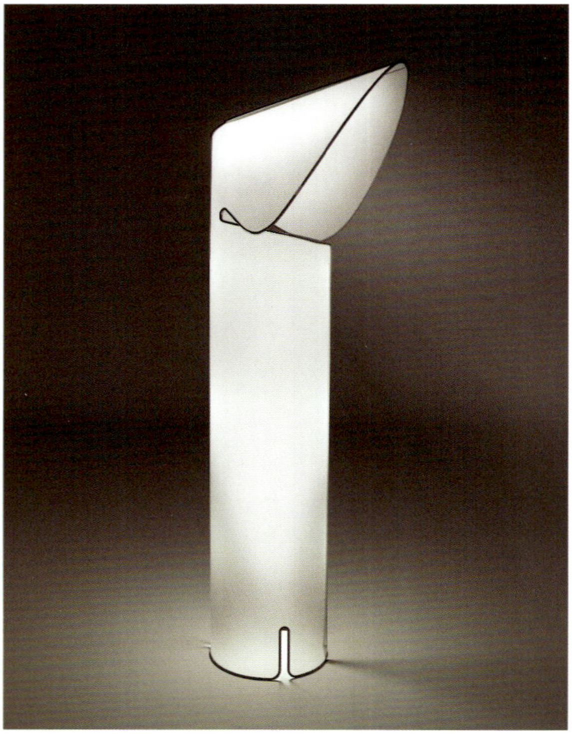

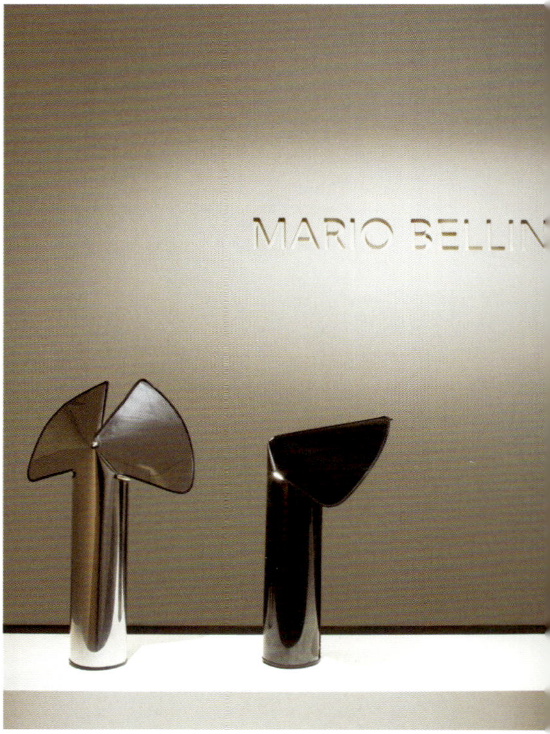

Nuvola Minor, *suspension and wall lamp, NEMO Lighting, 2019 / Nuvola Minor*, lampada a sospensione e parete, NEMO Lighting, 2019; Chiara Re-edition, *ground lamp, FLOS, 2020 / Chiara Re-edition*, lampada da terra, FLOS, 2020; Chiara Mini, *table lamp, FLOS, 2020 / Chiara Mini*, lampada da tavolo, FLOS, 2020

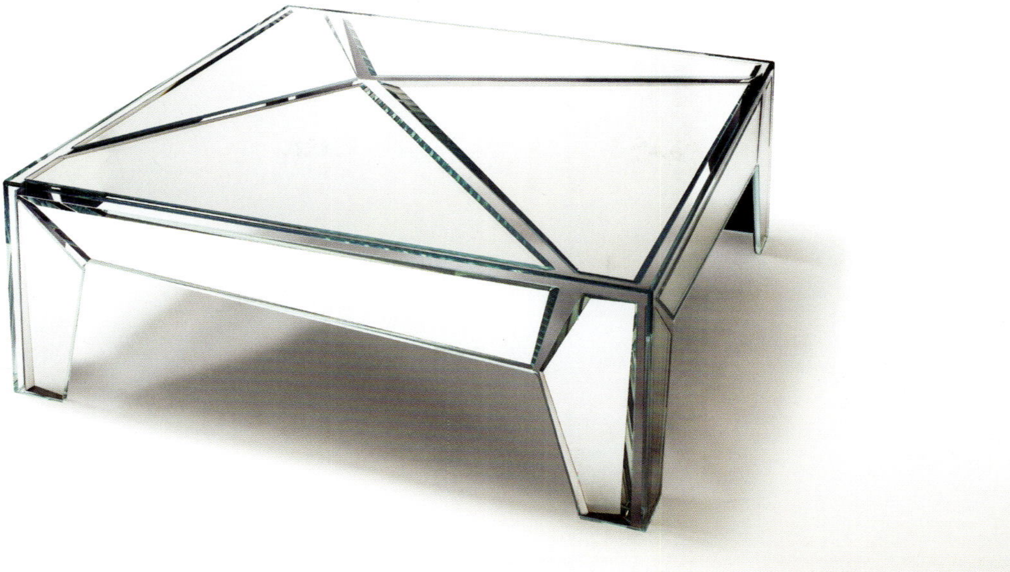

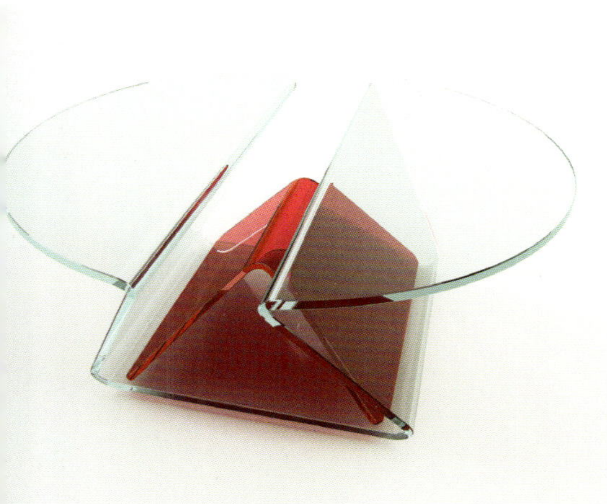

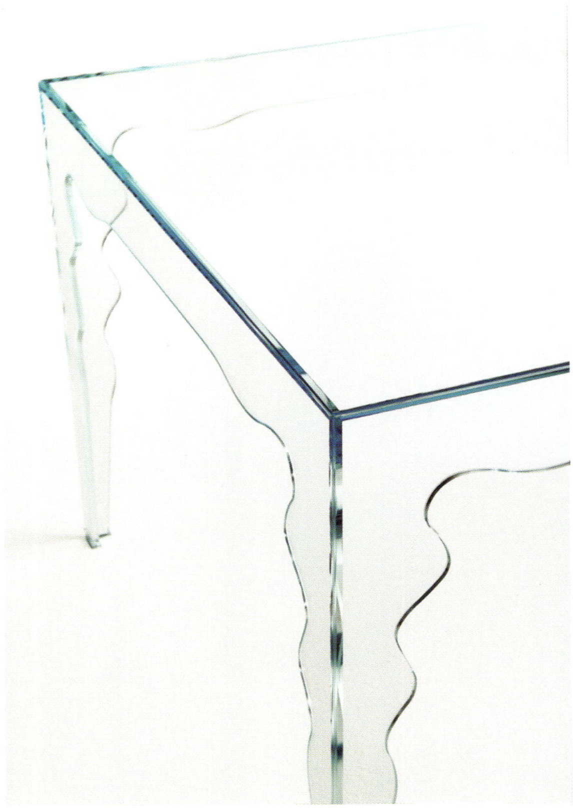

Hypertable*, table, Glas Italia, 2018 / Hypertable*, tavolo, Glas Italia, 2018; Plissé*, table, Glas Italia, 2018 / Plissé*, tavolo, Glas Italia, 2018; Jabot*, table, Glas Italia, 2019 / Jabot*, tavolo, Glas Italia, 2019

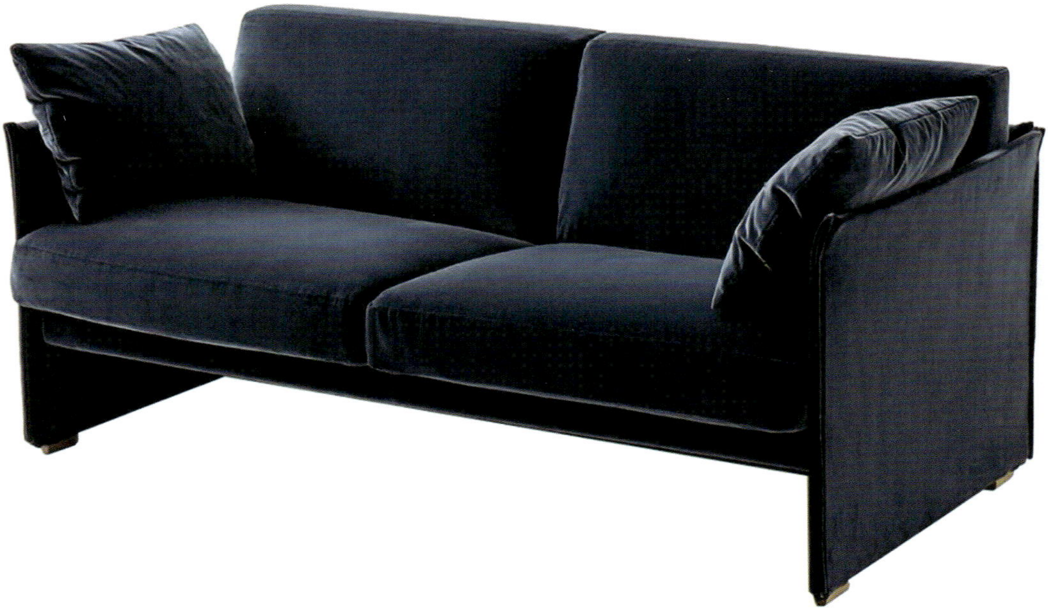

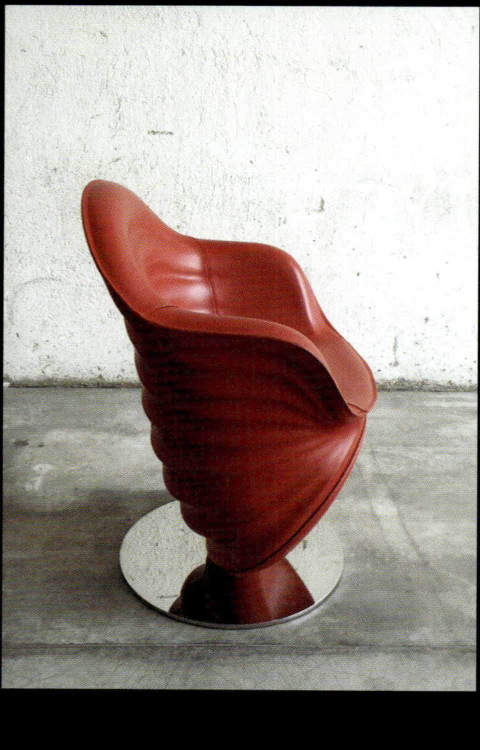

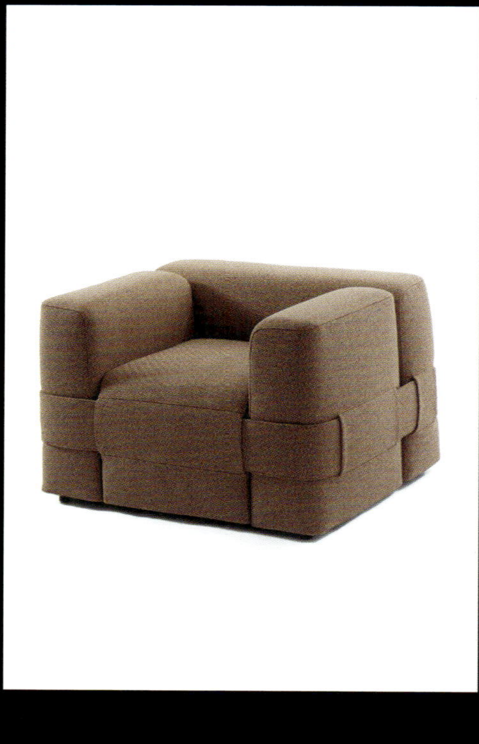

Duc Duc, *series of upholstered items, Cassina, 2020 / Duc Duc,* famiglia di imbottiti, Cassina, 2020; Teneride Re-edition, *small armchair, Cassina, 2018 / Teneride Re-edition,* poltroncina, Cassina, 2018; MB1 Quartet Re-edition 932, *armchair, Cassina, 2017 / MB1 Quartet Re-edition 932,* poltrona, Cassina, 2017

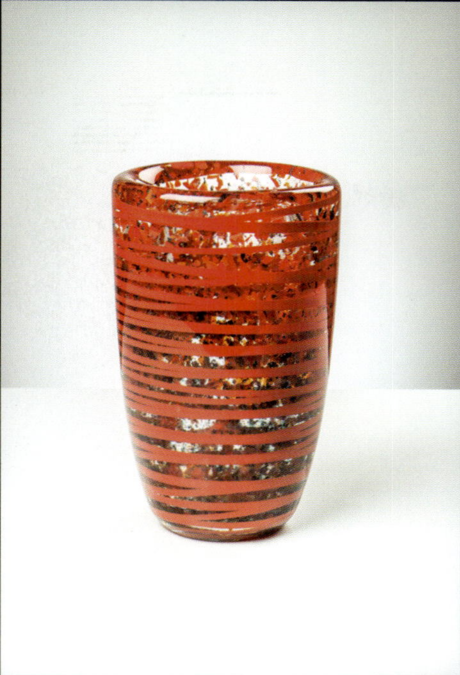
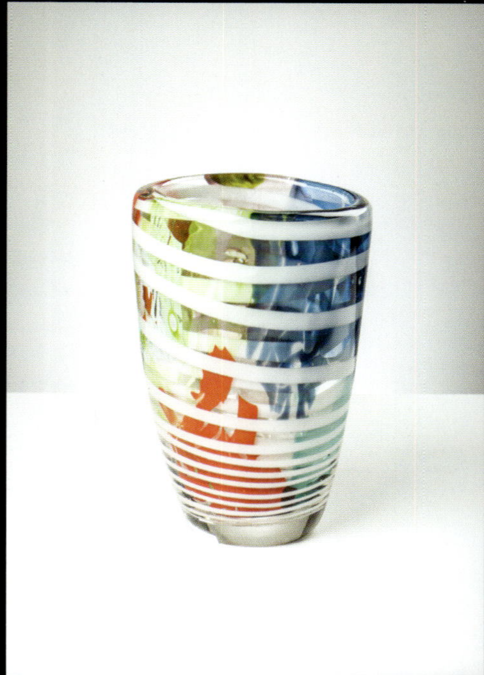
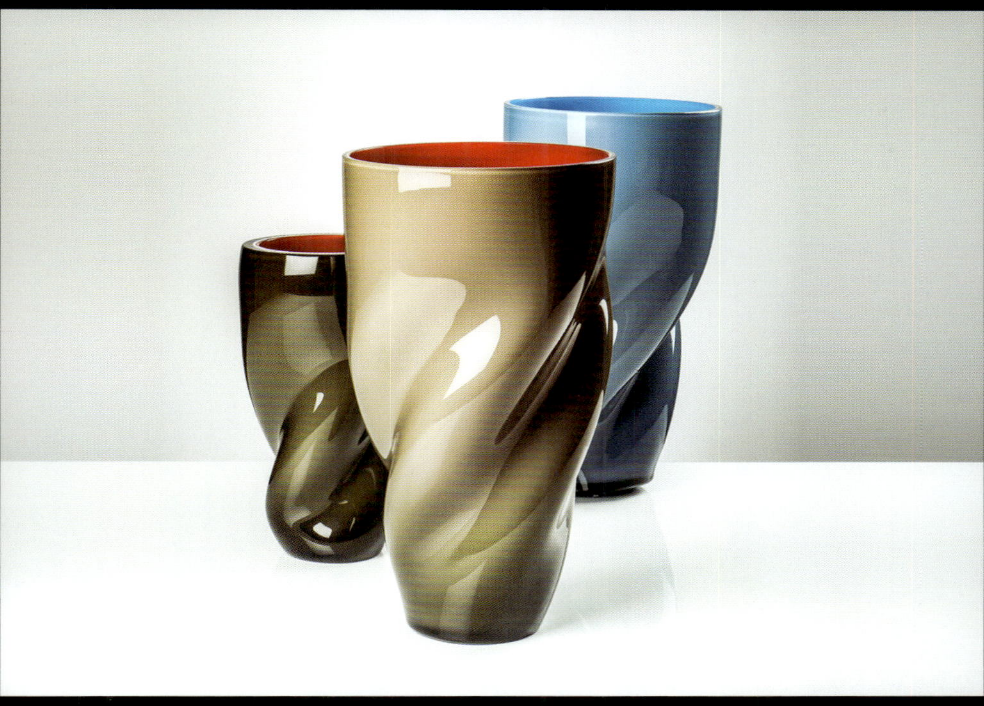

Abissi, *collection of vases, Venini, 2018 / Abissi*, collezione di vasi, Venini, 2018; Torre di Babele, *collection of vases, Venini, 2018 / Torre di Babele*, collezione di vasi, Venini, 2018; Torcia, *collection of vases, Venini, 2018 / Torcia*, collezione di vasi, Venini, 2018

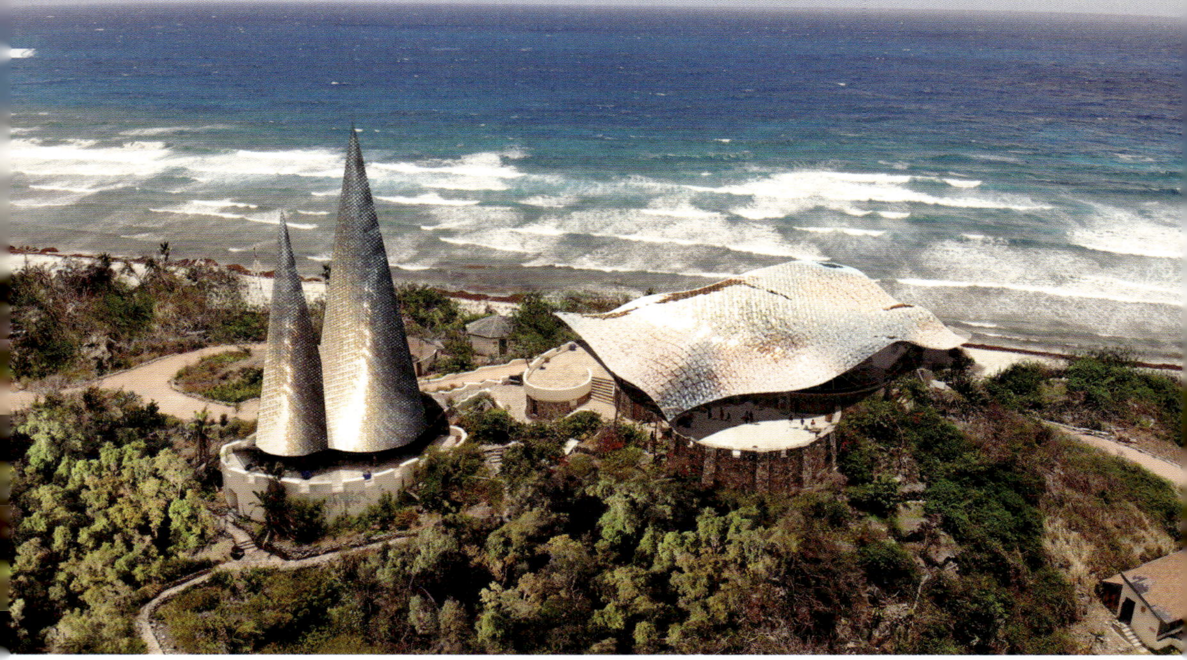

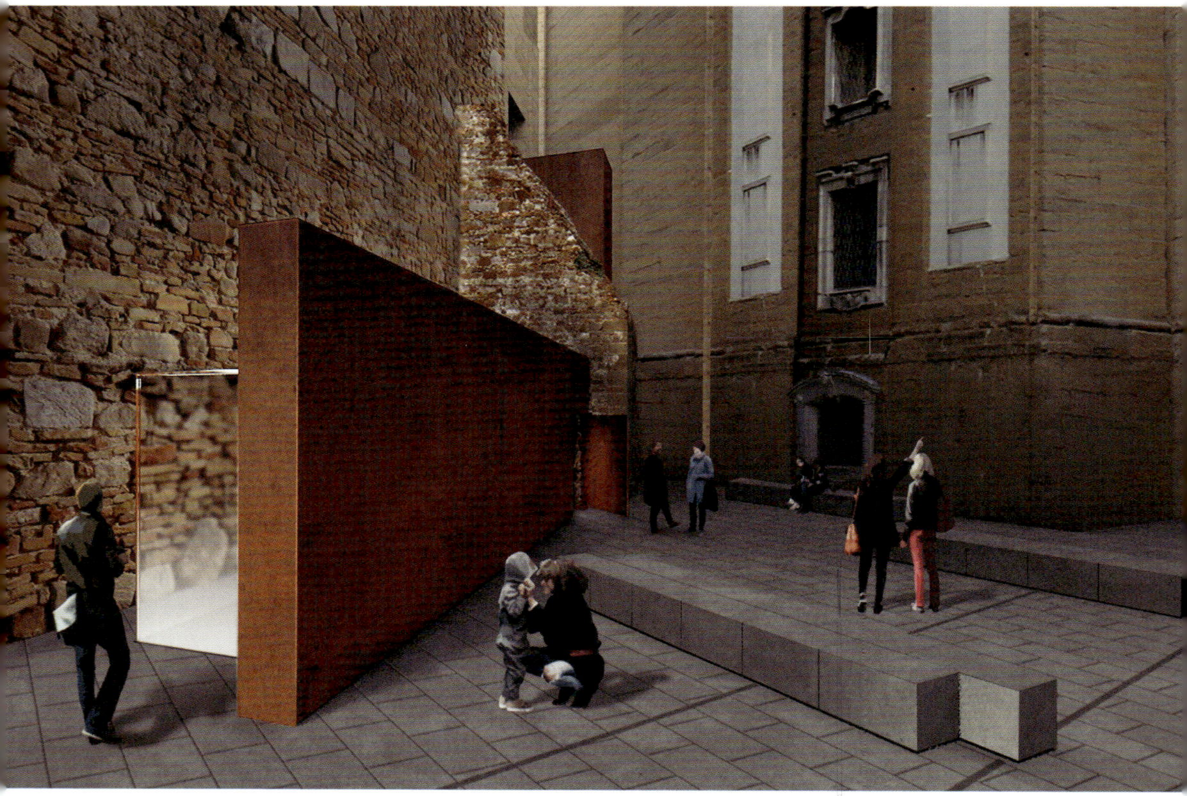

Biras Creek Resort, new hotel-residential building,
Virgin Gorda Island, 2017
Biras Creek Resort, nuova struttura alberghiera-residenziale,
Virgin Gorda Island, 2017

New exit and bookshop of Museo delle Cappelle Medicee,
Florence, 2018, international competition
Nuova uscita e bookshop del Museo delle Cappelle Medicee
Firenze, Italia, 2018, concorso internazionale

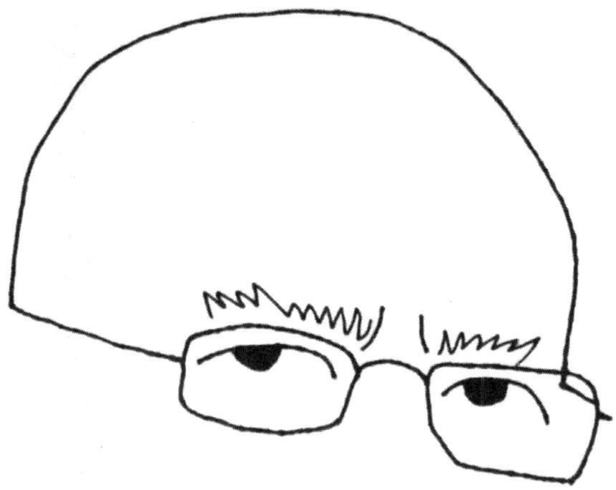

Vincenzo D'Alba, Portrait of Mario Bellini, *2016*
Vincenzo D'Alba, *Ritratto di Mario Bellini*, 2016

From Objet Type to Mise en Scène

Kenneth Frampton

It is not easy for a late outsider like myself to characterize the overall achievements of Mario Bellini, for like many others I am more familiar with his work as an industrial designer than with his equally prominent and prolific career as an architect. In the first instance it is clear that he has long since proven himself as the master of the sublime, industrially produced anthropomorphic object, oriented towards the scale, sensibility, and habitual movement of the human subject. Although not exactly the objet type *of Le Corbusier, Bellini's sense of the operative* produktform *nonetheless helped to establish the new humanist standard of Italian design, as comprehensively celebrated by Emilio Ambasz in his exhibition "Italy: The New Domestic Landscape" staged in the Museum of Modern Art, New York, in 1972. In the second instance, it is evident that there is a strikingly hybrid, theatrical character to his architecture, quite removed from the suave quality and aura of his industrial design. Hence the polarity of my title, alluding to the undeniable schism between the act of design as determined by ergonomics and techno-economic conditions of industrial production, and the act of design in the service of our still highly idiosyncratic building industry, still employing many diverse craft trades and processes along with the specific, often eccentric nature of each individual client and brief.*

With regard to the aforementioned theatricality, I think one may claim that this is in the service of Bellini's overall architectonic approach, which is invariably divided between the constructivist legacy of the modern *avant-garde of the period 1920–1940, and the rationalist, metaphysical* post-modern *civic vision of Aldo Rossi, Mario Botta, and Leon Krier. In this regard, Bellini's theatricality would prove essential to his involvement with bridging the gap between light-weight, dematerialized construction in steel and glass, and the heavier, time-honored traditional wall architecture made up, in appearance at least, by load-bearing walls with pierced windows. This syntactical schism and synthesis is at once evident in his 1992 design for the Tokyo Design Center and the Risonare Vivre resort in Kobuchizawa, Japan, crowning a hilly, wooded landscape with a view of Mount Fuji. A similarly hybrid form is evident in Bellini's 1992 addition to Luchino Visconti's Villa Erba in Cernobbio, on the shores of Lake Como, where the central ferro-vitreous rotunda is in strong contrast to the attendant outriding wings, finished in masonry. Something similar obtains in the long street façade of the Fiera di Milano —the so-called Fiera Portello—under construction from 1987 to 1997. In each instance, we encounter a* stereotomic *wall system combined with* tectonic, *ferro-vitreous construction, either in the curtain wall of the rotunda in*

Dall'objet-type alla mise en scène

Kenneth Frampton

Non è facile per uno come me – ormai sopra le parti – analizzare, nella sua totalità, l'opera di Mario Bellini, perché, come molti altri, conosco meglio il suo lavoro di designer che non la sua altrettanto importante e prolifica carriera di architetto. Nel primo ambito, l'architetto milanese si è dimostrato, sin dagli inizi, un maestro di sublimi, antropomorfi oggetti e apparati industriali, ispirati alla scala, alla sensibilità e al comportamento quotidiano dell'uomo. Sebbene non vada esattamente nella direzione dell'*objet-type* di Le Corbusier, il senso della sua opera nel campo della Produktform operativa ha tuttavia contribuito a stabilire il nuovo standard umanista del design italiano, come venne esaustivamente celebrato da Emilio Ambasz nella sua mostra *Italy: The New Domestic Landscape*, al Museum of Modern Art di New York nel 1972. Nel secondo ambito, è evidente che nell'architettura di Bellini è presente un sorprendente carattere ibrido e teatrale, "altro" rispetto alla qualità e all'aura raffinata del suo design industriale. Ecco spiegata la polarità del titolo che ha ispirato questo contributo, un titolo che allude all'innegabile scisma fra l'atto del design, determinato dalle condizioni ergonomiche e tecno-economiche della produzione industriale, e l'atto del design a servizio del settore edilizio, un settore tuttora fortemente idiosincratico, all'interno del quale il ricorrere ancora ai molteplici e differenti processi produttivi artigianali si intreccia alle richieste, spesso eccentriche, che provengono dai singoli clienti. Riguardo alla già menzionata teatralità, penso si possa affermare che questa è funzionale all'approccio architettonico di Bellini nel suo complesso, che è in costante equilibrio tra l'eredità costruttivista delle avanguardie moderne del periodo compreso fra gli anni venti e gli anni quaranta e il razionalismo metafisico-postmoderno della visione civile post-moderna di Aldo Rossi, Mario Botta e Leon Krier.

In questo senso, la teatralità di Bellini si sarebbe rilevata essenziale nel colmare il divario fra le leggere e smaterializzate costruzioni in vetro e acciaio e le più pesanti, storiche murature in pietra della tradizione, costituite – almeno in apparenza – da pareti portanti in cui incidere finestrature. Questo paradigma sintattico scisma/sintesi è presente nel suo progetto per il Tokyo Design Center (1992) e in quello per il Risonare Vivre Club a Kobuchizawa, Giappone, che sormonta un paesaggio collinare e boscoso con vista sul monte Fuji. Una forma analogamente ibrida è riconoscibile nel complesso congressuale espositivo di villa Erba, realizzato nel 1992 a Cernobbio, sulle rive del lago di Como nell'ex proprietà di Luchino Visconti, dove la rotonda

the Villa Erba, or in the spiral stairs, encased in glass cylinders feeding the multiple levels of the Fiera Portello.

In other buildings by Bellini, where the stereotomic-tectonic approach predominates, it is impossible to discount the influence of the Ticinese tendenza, *as the 1991 Yokohama Business Park, with its concentric, labyrinthine format recalls. Botta's influence is detectable in the project for the Donato Milanese Town Center. However, Bellini's penchant for a rhetorical, monumental mise en scène is possibly at its best in his 1990 proposals for the center of Berlin, and in the business center that he projected for Garibaldi Repubblica in Milan in the same year. A long-standing Italian preoccupation with the metaphysical prevails in these works, laying bare and dramatizing the void lying at the heart of the contemporary city, whether one likes it or not.*

Irrespective of his already proven prowess, both as an industrial designer and as a public architect working at a civic scale, Bellini is, like Carlo Scarpa and Franco Albini, at his unsurpassable best as a designer of museological exhibitions. As with his Italian predecessors, Bellini's talent is at its very height in this regard when the commission involves the design not only of a permanent display for the material in hand, but also the integration of the expository narrative with the spatial reorganization and restoration of the historical fabric. This last is most evidently the case in Bellini's Antiquarium, designed for the New Museum of the Roman Forum, in which he creates a new museological sequence on the very origins of ancient Rome out of an amalgam of medieval and baroque form standing on what is virtually the axis of the Roman Coliseum. This will involve the construction of new gallery spaces within the footprint of the existing structure. On entering from the west via an open cortile, the itinerary entails a sequence of three major spaces on the ground floor: first, a vaulted space, housing funerary fragments from the earliest occupation of the forum; second, material from the Roman period proper, including extraordinary fragments of Dioscuri along with the equestrian escorts and housed within a cubic glass volume projecting from the existing perimeter; and finally, a rather disorienting illusory space in which Bellini has suspended architectonic fragments of the same imperial era within a graphic black and white stage set, a kind of immersive "pop up book" in which partitions peel diagonally away from the ground plane and fold again to follow the curve of the roof vaults. The sequence continues to the first floor, with few dark, geometrical spaces in which row upon row of ceramic artifacts are mirrored across the various facets of the rooms.

The new permanent exhibition of Islamic Arts at the Louvre, Paris (2012), cunningly inserted within the existing complex in the Cour Visconti, enabled Bellini to unify his three innate talents quite literally under one roof in order to shelter a number of movable vitrines destined to accommodate the still expanding collection. This involved cutting into the undercroft of the existing courtyard to create an entirely new basement floor, conceived as a storage-cum-overspill space for the

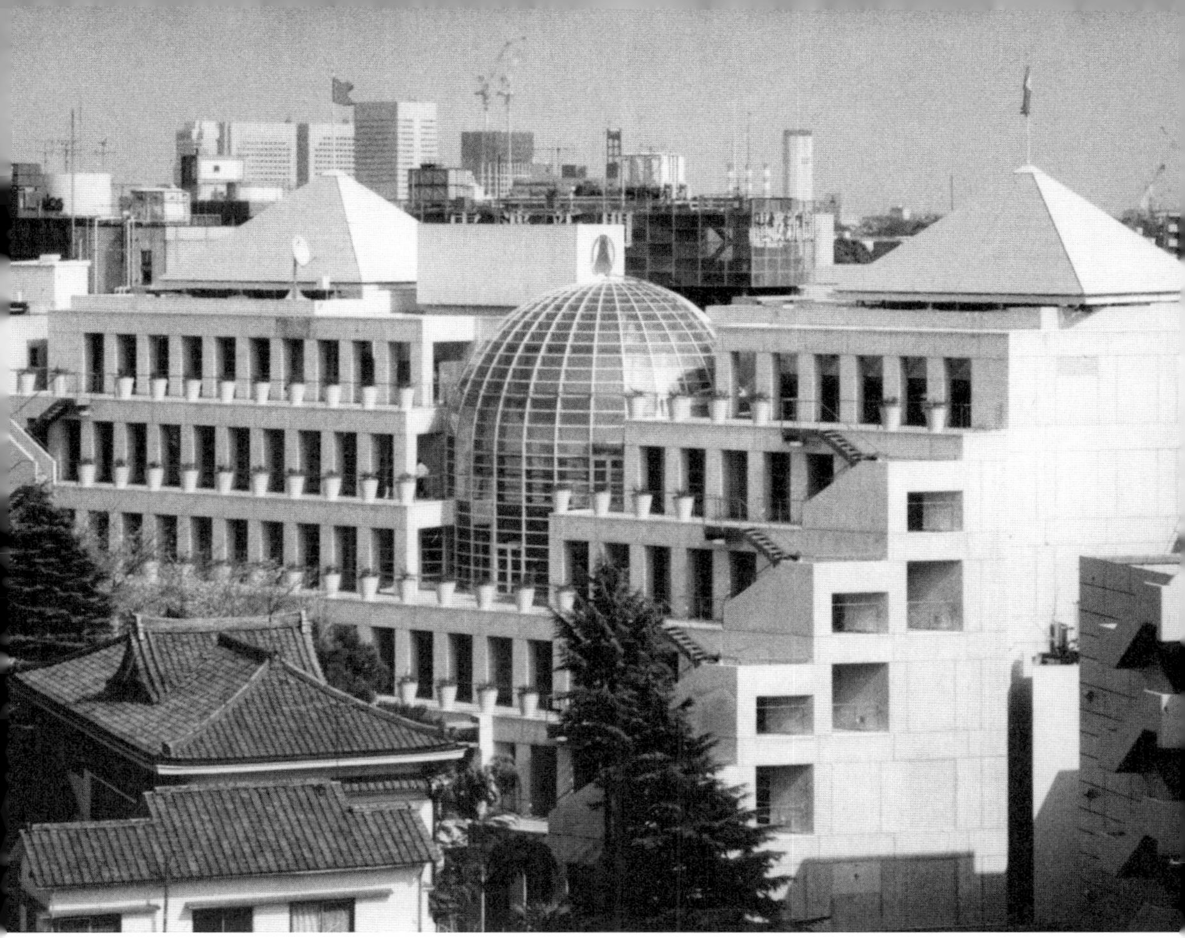

centrale, realizzata in metallo e vetro, rappresenta un elemento di forte contrasto rispetto alle tre ali, costruite in mattoni. Qualcosa di simile si ritrova/respira nella facciata, su strada, della Fiera di Milano – la cosiddetta Fiera Portello – costruita fra il 1987 e il 1997. In entrambi i casi incontriamo un sistema di pareti stereotomiche combinato con la costruzione tettonica, in ferro e vetro; in villa Erba nelle pareti vetrate della rotonda, in Fiera Portello nelle scalinate a spirale avvolte in cilindri di vetro che danno accesso ai diversi livelli espositivi. In altri edifici realizzati da Bellini, dove predomina l'approccio stereotomico-tettonico, è impossibile ignorare una certa influenza della tendenza ticinese, come nel Yokohama Business Park (1991), la cui struttura concentrica e labirintica richiama l'opera di Mario Botta.

L'influenza della "Tendenza Ticinese" si riscontra anche nel progetto per il centro cittadino di San Donato Milanese. Tuttavia, l'inclinazione di Bellini per una mise en scène retorica e monumentale fa mostra di sé probabilmente al suo meglio nelle proposte del 1990 per il centro di Berlino e nel complesso di uffici progettati nello stesso anno per Garibaldi-Repubblica a Milano.

La duratura attenzione italiana per la metafisica prevale in queste opere, che si presentano spoglie e drammatizzano il vuoto civile e sociale insito nel cuore della città contemporanea, che ci piaccia o no.

Tokyo Design Center, Tokyo, Japan, 1988–1992

Tokyo Design Center, Tokyo, Giappone, 1988-1992

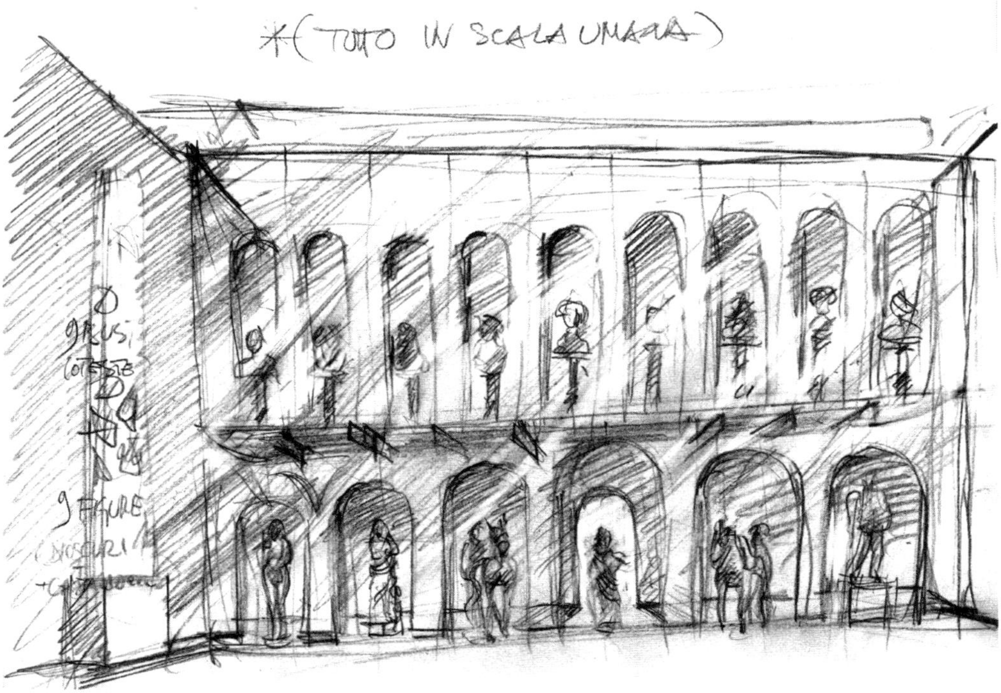

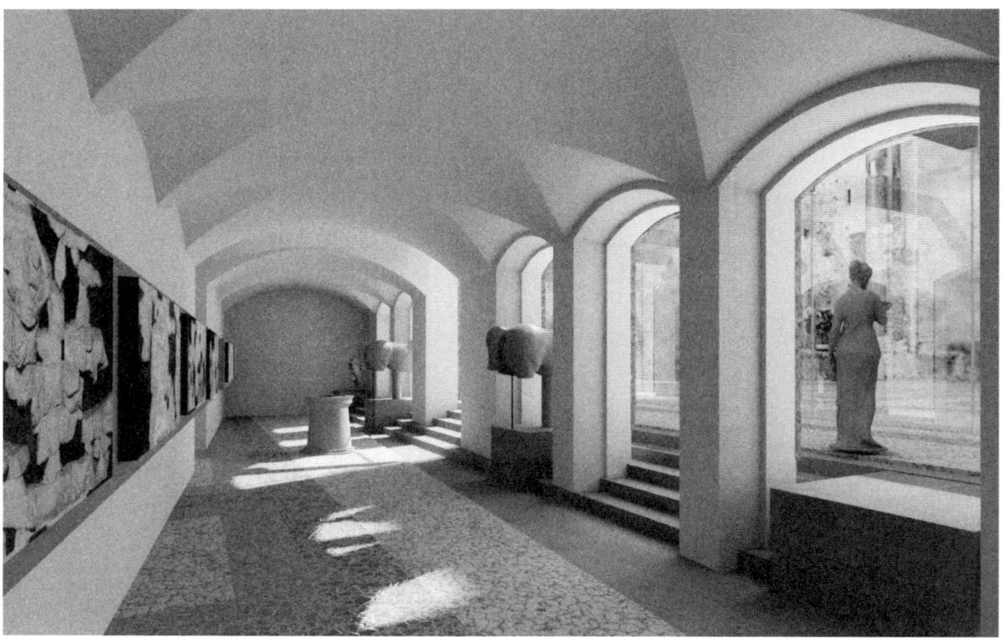

New Museum of the Roman Forum "Antiquarium," Rome, 2015–2017: sketch. Below, a rendering of the interior exhibition design. The museum is planned to open in 2017

Nuovo museo del Foro "Antiquarium", Roma, 2015-2017: lo schizzo. Sotto, un render dell'allestimento interno; il museo verrà inaugurato entro il 2017

Indipendentemente dalla comprovata maestria sia come designer sia come architetto di opere pubbliche che lavora su scala civile, Bellini – come Carlo Scarpa e Franco Albini – dà il suo meglio come progettista di musei e mostre. Come nel caso dei suoi predecessori, il suo talento raggiunge il massimo in questo ambito quando l'incarico comprende non solo il progetto per una mostra permanente con materiale a disposizione, ma anche l'integrazione di narrazione espositiva-architettonica, con riorganizzazione dello spazio e ripristino di un edificio storico. Quest'ultimo aspetto si rileva in modo particolare nell'Antiquarium progettato per il Nuovo Museo del Foro a Roma, nel quale Bellini crea una nuova sequenza museologica dedicata alle origini dell'antica Roma da un amalgama di forme e spazi medievali e barocchi sull'asse virtuale del Colosseo. Questo comporta la costruzione di tre nuove gallerie sulla base della struttura esistente. Entrando dal lato ovest attraverso un chiostro aperto, l'itinerario comprende una sequenza di tre grandi spazi al piano terra: il primo, coperto a volta, ospita frammenti di opere funerarie risalenti alla prima occupazione del Foro; il secondo contiene materiali del periodo romano vero e proprio, fra cui gli straordinari frammenti dei *Dioscuri* con la scorta equestre inseriti in una teca prismatica che fuoriesce dal perimetro esistente per affacciarsi sulla cella del tempio della dea Roma. Infine, uno spazio illusorio e disorientante, nel quale Bellini ha sospeso frammenti architettonici di epoca imperiale all'interno di una semplice scenografia bianca e nera, una sorta di "libro pop-up" immersivo, nel quale le partizioni si discostano in diagonale dalla base, per poi ripiegarsi di nuovo e seguire la curvatura delle volte del soffitto. La sequenza continua al primo piano, con pochi spazi geometrici scuri, nei quali file su file di manufatti ceramici si specchiano nelle diverse sfaccettature delle stanze come in una serie di grandi caleidoscopi.

La nuova mostra permanente delle arti islamiche al Louvre (2012), ingegnosamente inserita nel complesso esistente della Corte Visconti, ha consentito a Bellini di unire i suoi tre talenti innati quasi letteralmente sotto un'unica nube dorata, per ospitare una serie di vetrine mobili in cui viene conservata la collezione in continua espansione. Questo ha portato a ricavare sotto la corte esistente un piano interrato completamente nuovo, concepito come ulteriore spazio per la raccolta. L'altro aspetto del progetto prevede la costruzione di un leggero e ondulato (parametrico) elemento soprastante la corte, una struttura librata a mezz'aria che enfatizza per definizione il nucleo tecnocratico della creatività dell'architetto milanese. Come lo scavo e la stabilizzazione controllati del piano interrato, anche la copertura "fluttuante" è un *tour-de-force* tecnologico. È proprio questo "quasi nulla", più vicino alla leggera struttura proto-geodetica del planetario di Zeiss, costruito a metà degli anni venti a Jena, che alla metafisica di Mies, che conferma ancora una volta il ruolo cruciale della tecnica virtuosistica dell'immaginazione di Bellini. Di qui, la brillante e

collection. The other aspect of the project involves the construction of a lightweight, undulating (parametric) roof over the existing surface of the court, a structure which emphasizes, by definition, the technocratic core of Bellini's creativity. Like the controlled excavation and stabilization of the basement, the roof is a technological tour-de-force. *It is this "almost nothing," closer to the lightweight, proto-geodesic structure of the Zeiss planetarium built in the mid-1920s in Jena than to Mies's metaphysics, which confirms once again the crucial role played by virtuoso technique in Bellini's imagination. Hence the brilliant, unbelievable ingenuity of this layered, "floating" roof, comprising triangulated glass tiles masked by operable, perforated metal sun-screening, carried on a welded latticework of tubular steel, and propped up by thicker tubular steel columns. Beneath all of this is yet another tessellated mesh, which is integrated with exhibition spotlighting. The final touch of this very Italian project is surely the ironic fact that, given the museological content, this is nothing more nor nothing else than a hi-tech reimagining of the traditional Berber tent.*

This text was originally published in *Mario Bellini Architetto / Architect*, preface by Kenneth Frampton, Silvana Editoriale, Cinisello Balsamo, 2016, pp. 6–9.

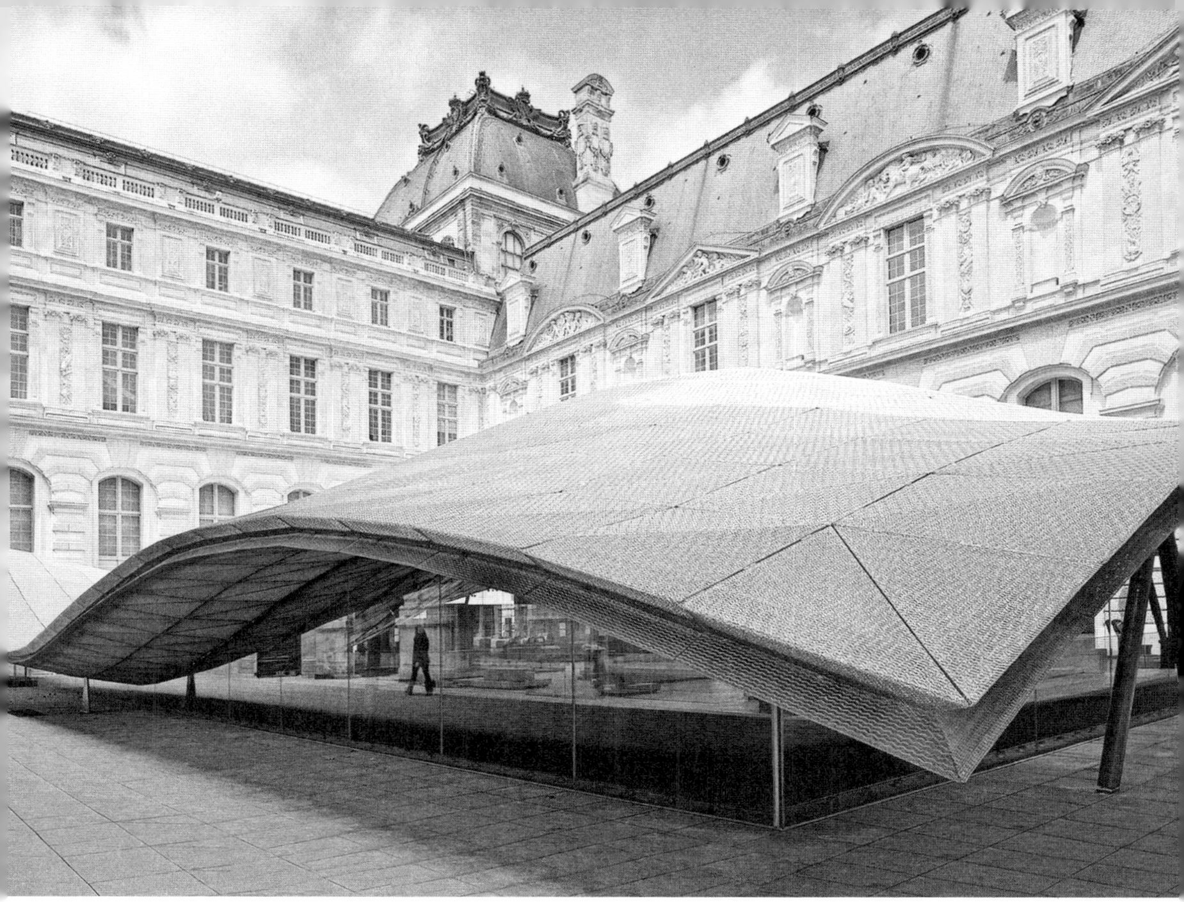

incredibile ingegnosità di questo tetto stratificato, "fluttuante", composto da grandi scaglie di vetro triangolari, schermate da griglie metalliche dorate e argentate, montate su una struttura tridimensionale a traliccio di acciaio tubolare, sostenuta da otto aste "danzanti". Al di sotto di tutto ciò si trovano specularmente le stesse scaglie di maglia integrate con l'illuminazione dello spazio espositivo. Il tocco finale di questo progetto tutto italiano è certamente l'ironico fatto che, dato il contenuto museologico, la copertura non è niente di più né nient'altro che una rivisitazione *hi-tech* della tradizionale tenda berbera.

Department of Islamic Arts, Louvre, Paris, 2005–2012

Dipartimento delle Arti Islamiche al Louvre di Parigi, 2005-2012

Testo tratto da *Mario Bellini Architetto / Architect*, prefazione di Kenneth Frampton, Silvana Editoriale, Cinisello Balsamo 2016, pp. 7-9.

Design as a Cultural Act

Enrico Morteo

Mario Bellini is a lucky man. In 1960, a few months after finishing his degree in Architecture, he went to work in the Development Office of La Rinascente, an important Italian department store that played a fundamental role in the shaping of a new figurative and design culture in Milan in the wake of the Second World War, attracting such luminaries as Gio Ponti, Albe Steiner, Franco Albini, Max Huber, Carlo Pagani, Lora Lamm, Marco Zanuso, Bruno Munari, Roberto Sambonet, Grazia Varisco, Andries van Onck, Salvatore Gregorietti and Giancarlo Iliprandi, to name but a few.

After two valuable years of training, during which he was exposed to the logics of product design, industry methods and the formal and technical grammar of materials, he designed a small, extremely simple table, the Cartesius, for which he won his first Compasso d'Oro in 1962.

After leaving La Rinascente, Bellini immediately became a consultant at Olivetti, where the rapid development of electronics was constantly raising new questions requiring urgent answers. When Roberto Olivetti asked him to design a new machine for the electronic management of checks and accounting documents, he quickly designed an extraordinarily easy-to-use machine, the Olivetti CMCc7, for which, in 1964, he won a second Compasso d'Oro.

Whilst working for Olivetti in Ivrea three days a week, Bellini approached Cesare Cassina in Milan, who invited him before long to work for his namesake company in Meda. It was an extremely interesting time: in the 1960s, cutting-edge technologies—such as resins and polyurethane foam—rose up to flank traditional carpentry, bringing about new relationships with objects and domestic spaces.

This time round, the next Compasso d'Oro award did not come immediately. It eventually came in 1979, the year in which C&B (Cassina & Busnelli) debuted the Le Bambole series of upholstered seating in polyurethane foam without a supporting frame.

Mario Bellini was awarded no fewer than eight Compasso d'Oro awards over the course of his career. His extraordinary journey, celebrated in 1987 with a retrospective at MoMA in New York dedicated to the first 25 years of his career, was crowned with the editorship of Domus, a post he held from 1986 to 1991.

And yet—somewhat surprisingly given his success—Bellini never had an easy or straightforward relationship with the critics. What disoriented them was probably Bellini's approach to design, a personal and critical tack that separated him from both the promoters of rationalist "good design" and the more experimental endorsers of "anti-design."

Il design come atto culturale

Enrico Morteo

Mario Bellini è un uomo fortunato. Pochi mesi dopo il conseguimento della laurea in Architettura, nel 1960 entrava nell'Ufficio Sviluppo de La Rinascente, snodo fondamentale nel formarsi di una nuova cultura progettuale e figurativa milanese nell'immediato dopoguerra, luogo intorno al quale ruotavano personaggi del calibro di Gio Ponti, Albe Steiner, Franco Albini, Max Huber, Carlo Pagani, Lora Lamm, Marco Zanuso, Bruno Munari, Roberto Sambonet, Grazia Varisco, Adries van Onk, Salvatore Gregorietti, Giancarlo Iliprandi, solo per citarne alcuni.

Dopo due anni di questa utile palestra, che lo vide familiarizzare con le logiche del prodotto, con i metodi dell'industria, con la grammatica formale e tecnica dei materiali, disegna un piccolo tavolo semplicissimo che gli valse nel 1962 il primo Compasso d'Oro.

Interrotta la collaborazione con La Rinascente, Bellini iniziava immediatamente una nuova consulenza con la Olivetti, là dove l'evolversi rapido dell'elettronica sollevava di continuo nuove domande e sollecitava con urgenza altrettante risposte. Incaricato da Roberto Olivetti di disegnare una nuova apparecchiatura per la gestione elettronica di assegni e documenti contabili, progettava in tempi brevi una macchina di esemplare chiarezza che, nel 1964, gli meritò il suo secondo Compasso d'Oro.

Mentre per tre giorni alla settimana lavora per la Olivetti a Ivrea, Bellini contatta a Milano Cesare Cassina, che lo inviterà ben presto a disegnare per l'omonima azienda di Meda. Il momento era di estremo interesse visto, che proprio nel corso degli anni sessanta alla tradizionale falegnameria si stava affiancando la lavorazione di resine e poliuretani espansi, frontiera avanzata della tecnologia, ma anche interprete di nuove relazioni con gli oggetti e con gli spazi della casa.

Questa volta il Compasso d'Oro non sarà immediato e occorrerà attendere sino al 1979, anno in cui la C&B (Cassina & Busnelli) presenta la serie di imbottiti Le Bambole, poliuretano a schiumatura integrale senza telaio portante.

Sono ben otto i Compassi d'Oro che punteggiano la carriera di Mario Bellini, una parabola straordinaria celebrata nel 1987 da una mostra personale al MoMA di New York dedicata ai suoi primi 25 anni di lavoro e infine coronata dalla direzione di "Domus", rivista che Bellini ha diretto dal 1986 al 1991.

A dispetto di questo percorso di successo, Bellini non ha coltivato con la critica un rapporto facile e univoco. A disorientare è stato probabilmente l'approccio con cui Bellini ha affrontato il design stesso, un approccio personale e critico che l'ha allontanato sia dai fautori del buon

The former never forgave his skepticism toward the idea of design as a self-sufficient discipline with solid foundations and its own formal vocabulary governed by the logic of big numbers, the objectivity of method and the rationality of industry. The latter appeared to rebuke him for his disenchantment with subversive and libertarian ideologies, his desire to innovate whilst remaining within the limits imposed by the rules of product design and the fact he worked within the system without attributing design any revolutionary or utopian meaning.

These were two partial and practically symmetrical views that impeded both camps from seeing Bellini's work in its complexity. The rationalists did not realize that formal freedom never neglected the functional aspects of the objects Bellini designed, all it did was introduce a broader, looser vision of the living space, while the radicals, put off by his lack of ideological premises, were unable to see just how unorthodox a lot of Bellini's work really was.

In truth, I believe that in order to understand the way that Mario Bellini sees, thinks and designs, it is best not to worry about the variables of form, the absence of a recognizable poetics, the repeated figurative echoes or his free use of materials. We should look instead at the two issues of the magazine Album, *which Bellini edited between 1979 and 1982 for the publisher Electa. The subtitle of the magazine is significant:* Album. Annuario di progetto e cultura materiale *(Album. A Design and Material Culture Annual). The editorial program allotted vast swathes of time for completing commissioned single-theme texts, an approach which opened the way to truly unpredictable scenarios. On occasion of the presentation of the magazine at the Triennale di Milano in December 1979, Bellini himself wrote: "*Album *aims to be a leading magazine: a design magazine in the broadest sense. Which is to say, a magazine not just about* industrial design *or* architecture, *but, for example,* eating, working in the office, *or* dressing... *in short, design as the—past or present, spontaneous or mindful—design of everything that furnishes, changes, structures and shapes our environment. A magazine about* artificial nature *seen from an anthropological and anthropocentric perspective." This brief text did not simply encapsulate the editorial mission for an open, transversal and multicultural magazine, but also concisely and precisely describes Bellini's approach to the project and to design.*

The magazine thus aimed to be something other than simply a survey of international innovations, exemplary projects to serve as inspiration or refined theories developed in university classrooms. Similarly, Bellini's definition of design defies adhesion to an international language or respect for privileged typologies or pre-established theories.

Suffice it to look at the first issue, "Progetto Mangiare" (Eating as Design), which came out after a long gestation in 1981. Introduced by a passage from Gustav Flaubert's Madame Bovary, *it then moves on to a comparative analysis of six restaurants in Milan (with a photo reportage by*

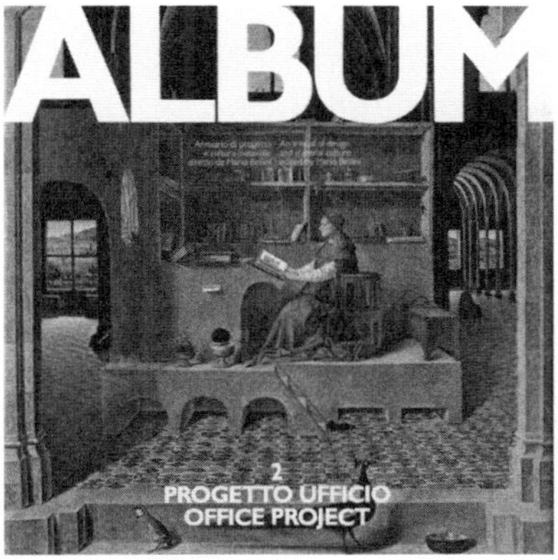

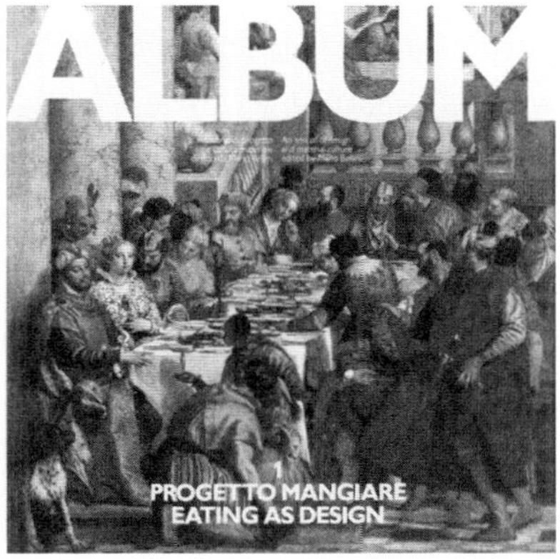

"Progetto ufficio" and "Progetto mangiare": the covers of the two issues of Album *edited by Mario Bellini and published, respectively, in 1983 and 1980*

Progetto ufficio e *Progetto mangiare*: qui accanto le cover dei due *Album* diretti da Mario Bellini rispettivamente nel 1983 e nel 1980

design di matrice razionalista, quanto dai più sperimentali sostenitori del cosiddetto *antidesign*.

I primi non hanno mai perdonato lo scetticismo di Bellini verso un'idea del design inteso quale disciplina autosufficiente, dotata di fondamenti certi e di un proprio vocabolario formale governato dalle logiche dei grandi numeri, dall'oggettività della tecnica, dalla razionalità dell'industria. I secondi sembrerebbero rimproverargli il disincanto verso ideologie eversive e libertarie, il suo volere innovare entro i limiti imposti dalle regole del prodotto, il suo agire all'interno del sistema senza riconoscere al design compiti rivoluzionari o utopici.

Due sguardi parziali e pressoché simmetrici, che hanno impedito agli uni e agli altri di vedere l'intera complessità del lavoro di Bellini.

I razionalisti non si sono accorti che la libertà formale non ha mai negato gli aspetti funzionali degli oggetti, limitandosi a collocarli in un'allargata prospettiva dell'abitare; i *radicals*, depistati dalla mancanza di premesse ideologiche, non sono riusciti a scorgere quanto poco ortodosse fossero molte delle ricerche condotte da Bellini.

In verità, credo che, per comprendere il modo con cui Mario Bellini guarda, pensa e disegna i suoi oggetti, il l'approccio migliore non sia quello di arrovellarsi sulle variabile della forma, sulla mancanza di una poetica riconoscibile, sulle ricorrenti eco figurative o sulla libertà nell'uso dei materiali. Credo che il modo migliore sia prendere in mano e sfogliare i due volumi della rivista "Album", diretta da Bellini tra il 1979 e il 1982 per l'editore Electa. Per essere precisi, la testata della rivista era completata da un significativo sottotitolo: "Album. Annuario di progetto e cultura materiale". Per quanto il programma editoriale annunciato prevedesse scadenze dilatate di ordinati fascicoli monotematici, quella chiosa apriva scenari in verità imprevedibili. Scriveva lo stesso Bellini in occasione della presentazione della rivista presso la Triennale di Milano nel dicembre del 1979: "Album vuole essere una rivista di tendenza: una nuova rivista di design. Cioè non di industrial design o di architettura, ma per esempio sul mangiare, sul lavorare in ufficio, o sul vestirsi [...] insomma di design in quanto disegno – passato o presente, spontaneo o consapevole – di tutto ciò che attrezza, modifica, struttura o dà forma al nostro ambiente.

Gabriele Basilico) and a historical journey though dining rooms from the eighteenth century to the present. Next comes a piece on local food festivals (anticipating, in a way, the current fashion for gastronomic authenticity), then a semiological analysis of food. This is followed by a study of the McDonald's phenomenon and an exploration of the American fast-food subculture. An excerpt from Jonathan Swift's Gulliver's Travels *marks a change of direction, leading to the ritual of the banquet, formal table etiquette and an interview with Roberto Sambonet. And so on and so forth, also touching on objects for the table by Rosenthal and architect dining rooms at the turn of the nineteenth century, menus designed by Milton Glaser and food for astronauts, practical china designs and elaborate table decorations for hotels, children's lunches and futuristic dinners, Daniel Spoerri's art installations and dinner parties, erotic and ritual sweets and a brief overview of the religious iconography of the Last Supper.*

If Bellini could imagine a jumble of a magazine, made up of forays into the past and future and constant digressions into sociology and customs, photo-graphic and literary language, interviews and comparative studies, this was because that's the way he thinks and designs. Incessant research, the continuous exploration of new possibilities, the juxtaposition of information, confrontation with tradition and experimentation with new methods and materials are the ingredients of Mario Bellini's work method. It is a method that has no room for routine, because working with a limited repertoire of forms entails a risk of turning onto paths that have already been trodden.

More than a leading instructive model, Album *was like a working sketchbook, filled with ideas, observations and comparisons. Similarly, the objects designed by Bellini are not so much "correct" interpretations of a canon as they are syntheses of long development processes, explorations of memory and invention, technology and habits.*

Mario Bellini's approach to design emerges from between the lines of this work method. It is a process that balances on the ridge between history and research, a declaration of faith in the future but also the conviction that, in our gestures and the objects that support them, practicality is never detached from rituality, experience and symbolism. In a word, it is never detached from culture.

Seen from this perspective, the objects designed by Mario Bellini no longer seem disparate and formalist. The conspicuous differences and references to known figures turn out to be signs of an underground journey through the memory of things, an exploration of domestic culture, an examination of the relationship between places and objects and between objects and bodies. This explains the development of his trajectory in the world of electronics, which, from the organic complexity of its origins dictated by the wonder of technology then rose to the absolute essentiality of simple lines and archetypical forms. It explains the portable record player with all the elegance of a handbag. It explains soft volumes of polyurethane foam shaped by the new rules of casual

Una rivista sulla natura artificiale vista in una prospettiva antropologica, insomma antropocentrica". Questa breve frase non racchiude semplicemente il progetto editoriale di una rivista, che si vuole aperta, trasversale, multiculturale, ma descrive con sintetica esattezza l'approccio con cui Bellini si è accostato al progetto e al design.

Così come la rivista non vuole essere una patinata rassegna di novità internazionali, di progetti esemplari cui ispirarsi o di levigate teorie cresciute nelle aule universitarie, così il design non è per Bellini l'adesione a un linguaggio internazionale, il rispetto di tipologie privilegiate o di teorie precostituite.

Scorriamo l'indice del primo numero, "Progetto Mangiare", uscito dopo lunga gestazione nel 1981. Introdotti da un brano di Gustave Flaubert tratto da *Madame Bovary*, si passa da un'analisi comparata fra sei ristoranti milanesi (affidati a un reportage fotografico di Gabriele Basilico) a un *excursus* storico sulla sala da pranzo dal Settecento a oggi. Si prosegue con una ricognizione delle sagre alimentari di paese (quasi presagendo la moda contemporanea per i giacimenti gastronomici) per addentrarsi poi in un'analisi semiologica del cibo. Si prosegue con un'inchiesta sul fenomeno McDonald's e un'esplorazione della sottocultura americana del fast-food. Un brano tratto dai *Viaggi di Gulliver* di Jonathan Swift segna un cambio di scena che ci porta al rito del banchetto e alle apparecchiature cerimoniali della tavola, per poi proporre un'intervista con Roberto Sambonet. E così di seguito, fra gli oggetti da tavola firmati Rosenthal e le sale da pranzo degli architetti a cavallo fra Ottocento e Novecento; fra i menu disegnati da Milton Glaser e il cibo degli astronauti; fra funzionali progetti di porcellana d'albergo ed esuberanti apparati decorativi per la tavola; fra pranzi per bambini e cene futuriste; fra installazioni di Daniel Spoerri e *dinner-party* d'autore; fra dolci erotici o rituali e una carrellata sull'iconografia religiosa dell'ultima cena.

Se Bellini immagina una rivista magmatica, costruita dal susseguirsi di incursioni nel passato e nel futuro, da continue digressioni fra sociologia e costume, fra linguaggio foto-grafico e letteratura, fra interviste e analisi comparate, è perché questo è il modo con cui Bellini pensa e progetta. È questa ricerca incessante, questo continuo aprire nuove possibilità, questo sovrapporsi d'informazioni, questo confronto con la tradizione, questo sperimentare nuove tecniche e nuovi materiali che costituisce il metodo operativo di Mario Bellini. Un metodo che esclude la *routine*, il privilegio di lavorare con un ridotto paesaggio di forme, il rischio di tornare su strade già percorse.

Più che proporsi come un modello didattico di riferimento, "Album" si offre come un vero quaderno di lavoro, un'accumulazione di pensieri, osservazioni, confronti. Allo stesso modo, ogni oggetto disegnato da Bellini non si propone come corretta interpretazione di un canone, quanto piuttosto quale sintesi di un lungo processo di elaborazione, un'esplorazione fra memoria e invenzione, tecnologia e consuetudine.

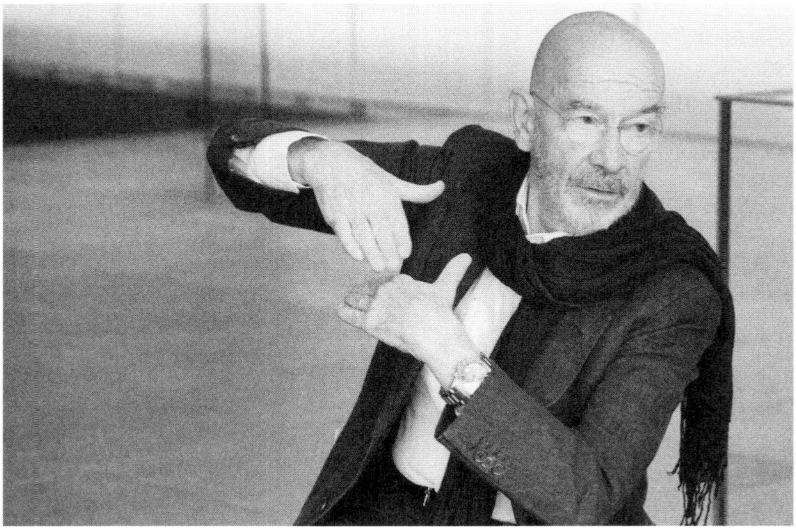

Mario Bellini using the hands that, in the words of Enrico Morteo, "talk, caress surfaces, mime volumes, […] measuring and explaining. Bellini's hands are an amazing synecdoche, a part that can represent the whole"

Mario Bellini e le mani che, secondo Enrico Morteo, "parlano, accarezzano superfici, mimano volumi, soppesano e spiegano. Le mani di Bellini sono una meravigliosa sineddoche, la parte di noi capace di spiegarci come un tutto"

conversation. It explains the leather chair reduced to the shape created by our weight over time. It explains jewelry that follows the movements of our hands or face. Intelligent, sensitive objects so intuitive they seem simple but so full of consideration that they are always surprisingly complex.

If this reading still leaves something to be desired, I suggest shifting our attention to Mario Bellini's hands. Ideally, you would be able to meet him in person, but watching a video or at least seeing a photograph of him in the middle of describing one of his designs might do the trick. There are some in which his hands are the real stars. As he speaks, his hands come to life, triggering a fantastical dance that gives shape and substance to his words. His hands talk, caress surfaces, mime volumes, his fingers define thicknesses and outlines, measuring and explaining. Bellini's hands are an amazing synecdoche, a part that represents the whole. A whole made up of physicality and ideas, the senses and culture, behavior and habits. Our gestures contain not only functionality, but also centuries of conventions, mythologies and taboos.

And our gestures reveal that the body is a mine of experiences held in check by the rules of manners, always under threat from the impetuous welling up of the emotions. The body is an archive of taste and preferences, but it is also the frontier of experimentation and encounters with the new.

And so we should forget styles and design rules and instead look at the objects designed by Mario Bellini as relational machines. Extremely simple machines, like tables with the hieratic quality of an altar, or complex machines, car prototypes designed for travel, discovery and adventure. Machines to be used as practical objects or machines to be entrusted with our hopes and fears.

Machines as cultural objects that accompany us—filled with curiosity—through our time.

È questo atteggiamento che lascia emergere in filigrana la stoffa dell'approccio progettuale di Mario Bellini. Un procedere sul crinale fra storia e ricerca, una dichiarazione di fiducia verso il futuro, ma anche la convinzione che, nei nostri gesti e negli oggetti che li assecondano, la funzionalità non sia mai disgiunta dalla ritualità, dall'esperienza, dalla simbolicità. In una parola dalla cultura.

Se li osserviamo da questo punto di vista, gli oggetti di Mario Bellini cessano di apparirci eterogenei e formalisti. Le vistose differenze e i richiami a figure conosciute si rivelano essere i segnali di un tragitto sotterraneo compiuto attraverso la memoria stessa delle cose, una ricognizione nella cultura del domestico, un interrogarsi sul rapporto fra i luoghi e gli oggetti, fra gli oggetti e i corpi. Ecco allora dispiegarsi la parabola dell'elettronica che, dalla complessità organica delle origini dettata dallo stupore della tecnologia, va poi sublimandosi nell'essenzialità assoluta di profili semplici e forme archetipiche. Ecco un mangiadischi portatile assimilare tutta l'eleganza di una borsa. Ecco morbidi volumi di poliuretano disegnati dalle nuove regole di una conversazione informale. Ecco una sedia di cuoio ridursi alla forma impressa dal nostro peso nel tempo. Ecco gioielli accompagnare i movimenti delle mani o del viso. Oggetti intelligenti e sensibili, così intuitivi da apparire semplici, ma così pieni di attenzioni da risultare sempre sorprendentemente complessi.

Se questa lettura ancora lasciasse insoddisfatti, consiglio allora di spostare l'attenzione sulle mani di Mario Bellini. L'ideale sarebbe poterlo incontrare di persona, ma può bastare un video o, al limite, una fotografia scattata mentre è intento a descrivere un suo progetto. Ve ne sono alcune in cui le sue mani sono autentiche protagoniste. Vedremmo allora le sue mani animarsi, inscenare un fantastico balletto teso a dare forma e sostanza a quanto evocato dalle parole. Mani che parlano, che accarezzano superfici, che mimano volumi, dita che definiscono spessori e profili, mani che soppesano e che spiegano. Le mani di Bellini sono una meravigliosa sineddoche, la parte di noi capace di spiegarci come un tutto. Un tutto fatto di fisicità e d'idee, di sensi e di cultura, di comportamenti e di abitudini. I nostri gesti non racchiudono solo mera funzionalità, bensì secoli di convenzioni, di mitologie e di tabù.

E i nostri gesti rivelano come il corpo sia un'autentica miniera di esperienze trattenute dalle regole di una buona educazione sempre minacciata dal sorgere irruento delle emozioni. Corpo come archivio di gusti e preferenze, ma anche come frontiera della sperimentazione e dell'incontro con il nuovo. Dimentichiamo allora stili e regole del design e guardiamo invece gli oggetti disegnati da Mario Bellini come macchine da relazione. Macchine semplicissime, come tavoli immaginati con la ieraticità di un altare, o macchine complesse, prototipi di automobili immaginate per assecondare le esigenze del viaggio, della scoperta e dell'avventura. Macchine da usare come oggetti pratici o macchine a cui affidare le nostre paure e le nostre speranze.

Macchine come oggetti culturali con cui attraversare –curiosi– il nostro tempo.

Form as Process

Franco Purini

Should one travel across the events of modern and contemporary architecture through an overall vision of the whole, while avoiding excessive ideological or historical-critical prejudice and without resorting to stereotyped interpretations, it would not be difficult to see that in these great consecutive seasons (bound together by strong connections, but also by considerable and sudden shifts in themes) it is possible to identify (for that which regards architectural writing) two major orientations. Needless to say that this summary is too radical to account for what really took place; but there is no doubt that outlines of this kind are very useful in understanding, in their real essence, some aspects of research into the problems that architects have been facing for almost a century and a half. Research which, despite the difference in cultural and productive contexts that have come about in the twentieth century and the early years of the new century, has maintained its original specifications.

The first of these orientations encompasses architects who have always been faithful to a theme in their work; one that, at a certain point in their career, they chose to be the ideal, theoretical and operational focus of their commitment. These architects are strongly led towards abstraction, towards continuity of expression as far as possible, and towards a certain kind of demonstrative excess. They stand as presences in constant opposition to most widespread conventions, attempting to overcome them through the identification of new spaces for a language rooted in a recognizable autographical dimension. In other words, this orientation is characterized by the belief that architecture needs a precise and lasting stylistic dimension as the result of a biased view of reality. A concept that aims at producing modifications that are often radical in reality itself, in view of its reform inspired by utopia, by idealization and visionariness. Using a sort of slogan, one might say that these architects adapt reality to suit themselves *in light of a new way of conceiving the world.*

The second orientation considers the former one based upon an obsolete tradition, also because it still revolves around the concept of the artistic nature of architecture that is no longer as determined as it was during the age of Academy; but one put into perspective and casual at times—in addition to being limited and contextualized. The interiority characteristic of the first orientation is opposed by an attitude addressed outside of itself; a less "absolute" attitude that is based upon considerations supported by a strong realism. It is an ability to intercept specificity and the needs of various contexts; while dealing with the influences that occur in the contexts of architectural work, the path opens up to a radical experimentation characterized by the will to meet

La forma come processo

Franco Purini

Se si ripercorrono le vicende dell'architettura moderna e di quella contemporanea con uno sguardo d'assieme, evitando nello stesso tempo eccessivi pregiudizi ideologici o storico-critici, così come il ricorso a stereotipi interpretativi, non è difficile constatare che in queste grandi stagioni consecutive, legate da forti connessioni, ma anche da considerevoli e improvvisi scarti tematici, è possibile individuare, per quanto riguarda la scrittura architettonica, due grandi orientamenti. Ovviamente non ci sarebbe bisogno di chiarire che tale sintesi è troppo radicale per dar conto di quanto è veramente avvenuto, ma è indubbio che schematizzazioni di questo tipo siano molto utili per comprendere nella loro reale essenza alcuni aspetti della ricerca delle problematiche affrontate dagli architetti per quasi un secolo e mezzo. Una ricerca la quale, nonostante la differenza dei contesti culturali e produttivi che si sono susseguiti nel Novecento e nei primi anni del nuovo secolo, ha mantenuto le sue distinzioni originarie.

Il primo di questi orientamenti comprende gli architetti che nel loro lavoro sono stati sempre fedeli a un tema che a un certo punto della loro esperienza creativa hanno scelto come centro ideale, teorico e operativo del loro impegno. Fortemente portati all'astrazione, alla continuità espressiva per quanto essa è possibile, e a un certo eccesso dimostrativo, questi architetti si configurano come presenze in costante opposizione nei confronti delle convenzioni più diffuse, che cercano di superare attraverso l'individuazione di nuovi spazi per un linguaggio radicato in una riconoscibile dimensione autografica. In una parola, questo orientamento si connota per la convinzione che sia necessario all'architettura una precisa e duratura dimensione stilistica come esito di una concezione tendenziosa della realtà. Un'idea che vuole produrre nella realtà stessa modificazioni spesso radicali in vista di una sua riforma ispirata all'utopia, all'idealizzazione e alla visionarietà. Con una sorta di slogan si potrebbe dire che questi architetti adattano la realtà a se stessi, alla luce di un nuovo modo di pensare il mondo.

Il secondo orientamento considera il primo come basato su una tradizione ormai superata da tempo, anche perché ruota ancora attorno al concetto di un'artisticità dell'architettura non più decisa come nell'età dell'Accademia, ma relativizzata e a volte casuale, nonché limitata e contestualizzata. All'interiorità che caratterizza il primo orientamento, si oppone un atteggiamento rivolto verso l'esterno di sé, un atteggiamento meno assoluto che si fonda su considerazioni sostenute da un accentuato realismo.

Si tratta di una capacità di intercettare la specificità e le esigenze dei

the demands of these urban and architectural issues that gradually come to the forefront. Intrinsically situationist, *this orientation is not resolved in the denial of significant and lasting architectural expressions, but considers them precise answers (in some ways unique) to specific environmental circumstances. Again resorting to a slogan, these architects (contrary to those belonging to the first orientation)* adapt themselves to reality *by giving life to works that do not wither out in an accomplished self-referentiality although they are not only energetic but also often surprising at the formal level. Moreover, their experiencing globality is not the result of a collage of partial idioms (each referring to a particular architectural culture, like in ideal Esperanto in the field of building), but the effect of sublimation of reasons born from the encounter with contexts, as we already mentioned, tensed by a personal vocation for composing.*

At this point one might wonder which one of the two orientations is the most appropriate, the one most able to represent the architectural phenomenon in all of its complexity. The question is legitimate, but the answer can only ascertain that the two positions are of equal value. While the first orientation opposes itself to the elapsing of time in the quest for a permanent sense of the work, the second instead attempts to transcribe the changing flow of events themselves into a dynamic-evolutionary vision of architecture. While it is important to transcend places (albeit interpreting them) within the autographical dimension, contexts are the primary environment of expression within ceaseless experimentation. Contexts in which the building is totally permeated. Moreover, while pure form presents itself as a concluded entity within the autonomist tendency, in the latter it assumes an intrinsically procedural *nature. If the two orientations are of equal value, then the difference stands in how respective theoretical-operational perspectives are translated into physicality of the work—in addition to the diagrammatic spectrum that will live on in the memory of those who have seen or inhabited it. There remains to be said that regarding the artistic essence of architecture, the first orientation is given as something definite within a high composition level. And, vice-versa, the said essence in the second case is proposed as an open dialogue that relates it to a stronger aim of a performing-descriptive nature.*

Mario Bellini's architecture is one of the most convincing examples of planning belonging to the second category. Incidentally, between the two described, this category is the most sensitive to the new language-media horizons that have been opened up by globalization. In fact, the moment in which the Milan-born master's architectures escape the doctrinal root of elitist professionalism theorized during the 1950s and 1960s by Ernesto Nathan Rogers (rather referring to the versatile inventiveness of Giò Ponti), they simultaneously tend to be constituted as moments of undoubted authorship—but ones that do not wish to be identified with a stylistic signature that has to be confirmed case-by-case.

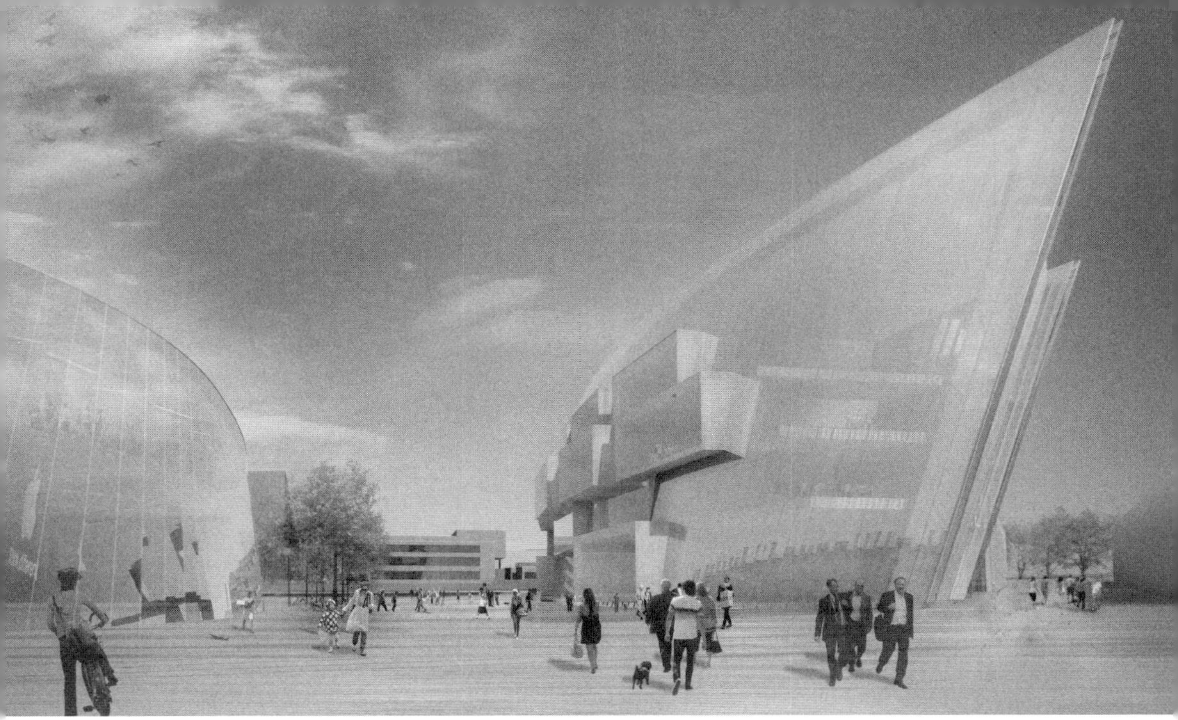

Otaniemi Central Campus, Aalto University, Otaniemi, Finland, 2012: rendering for the international competition

Otaniemi Central Campus, Aalto University, Otaniemi, Finlandia, 2012: render del concorso internazionale

vari contesti, che mentre fa i conti con i condizionamenti dell'operare architettonico che si manifestano nei contesti stessi si apre a uno sperimentalismo radicale caratterizzato dalla volontà di rispondere con notevole esattezza alle questioni urbane e architettoniche che via via si propongono. Intrinsecamente situazionista, questo orientamento non si risolve nella negazione di espressioni architettoniche significative e durevoli, ma considera queste come risposte puntuali, per certi versi irripetibili, a precise circostanze ambientali. Ricorrendo anche in questo caso a uno slogan, questi architetti, al contrario di quelli del primo orientamento, si adattano alla realtà dando vita a opere che non si esauriscono in una compiuta autoreferenzialità, anche se esse sono non solo energiche, ma anche, e non poche volte, sorprendenti sul piano della forma. Inoltre, il loro vivere la globalità non è il risultato di un collage di idiomi parziali, ciascuno dei quali riferito a una particolare cultura architettonica, come in un ideale esperanto del costruire, ma l'effetto della sublimazione di motivi nati dall'incontro con i contesti, di cui si è già detto, messo in tensione con una personale vocazione al comporre.

Ci si potrebbe chiedere a questo punto quale dei due orientamenti sia più appropriato, più in grado di rappresentare in tutta la sua complessità il fenomeno architettonico. Tale domanda è legittima, ma la risposta non può che consistere nel constatare che le due posizioni hanno un valore equivalente. Se il primo orientamento si oppone allo scorrere del tempo alla ricerca di un senso permanente dell'opera, il secondo cerca invece di trascrivere proprio il flusso mutevole degli eventi in una visione dinamico-evolutiva dell'architettura. Se all'interno della dimensione autografica è importante trascendere i luoghi, seppure interpretandoli, nell'incessante sperimentalismo i contesti sono

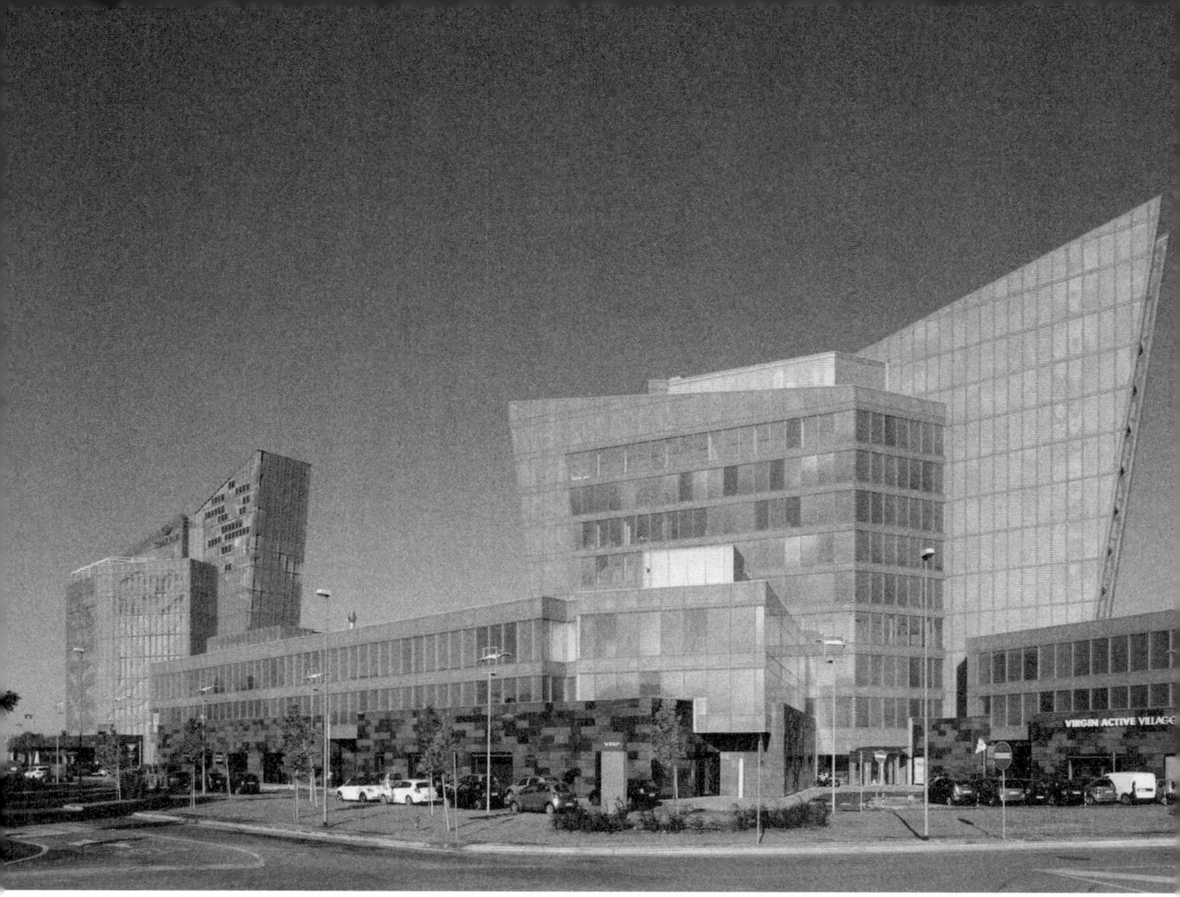

Verona Forum, transformation of the former Foro Boario area, Verona, 2005–2011

Verona Forum, trasformazione dell'area ex Foro Boario, Verona, 2005-2011

Originality of the architectural design is certainly not denied, but it lies at the same time in a grammatical and syntactic system supported by a clear inclination towards anonymity. In a certain sense Mario Bellini's works, as many others that can be attributed to this second orientation, do not make up a succession of similar and stylistically homogeneous architectures, but give life to a series of independent episodes that make for exciting architectural appearances, *places in the infinite extension of urban non-places. We must also point out that Bellini's works never abandon themselves to that* cult of the crisis *that characterizes most twentieth-century Italian architecture. In short, they do not share that widespread penchant for dramatization and meditation on the unattained or lost that has fed so much architecture and much historiography—often turning buildings into coldly rational or expressively tormented by an inflexibility to change the country for the better. On the contrary, Mario Bellini's works are imbued with positivity: in the sense that they introduce elements of transformation into the city; beyond architecture, they extend the potential for cutting-edge planning aimed at improving the inhabited area beyond architecture itself.*

Mario Bellini's way of planning and building has some constants that clearly emerge from the analysis of his many accomplishments. At first glance, it is the building technique that captures one's attention: namely a non-exhibited technique as occurs in high-tech but withheld like an

l'ambito primario dell'espressione. Contesti di cui l'edificio è totalmente permeato. Inoltre, mentre nella tendenza autonomista la pura forma si presenta come un'entità conclusa, nella seconda essa assume un carattere intrinsecamente processuale. Se i due orientamenti sono di pari valore, la differenza è allora tra come le rispettive prospettive teorico-operative sono tradotte nella fisicità dell'opera oltre che nello spettro diagrammatico che vivrà nella memoria di chi le ha viste o abitate. Resta da dire che, per quanto riguarda l'essenza artistica dell'architettura, nel primo orientamento essa si dà come qualcosa di definitivo all'interno di una tonalità elevata della composizione. Al contrario, nel secondo tale essenza si propone come un discorso aperto, che la mette in relazione con una finalità più marcata di natura performativo-descrittiva.

L'architettura di Mario Bellini è uno degli esempi più convincenti della progettualità del secondo tipo. Per inciso, tra le due descritte, quella più sensibile ai nuovi orizzonti linguistico-mediatici aperti dalla globalizzazione. Nel momento in cui le architetture del maestro milanese si sottraggono infatti alla radice dottrinaria del professionismo elitario teorizzato negli anni cinquanta e sessanta da Ernesto Nathan Rogers, rifacendosi piuttosto alla inventività versatile di Gio Ponti, esse tendono nello stesso tempo a costituirsi come momenti di un'indubbia autorialità che non vuole però identificarsi con una cifra stilistica da confermare ogni volta. L'originalità della scrittura architettonica non è certo negata, ma al contempo essa si dispone in un sistema grammaticale e sintattico sostenuto da una evidente inclinazione all'anonimato. In un certo senso, le opere di Mario Bellini, come molte altre che si possono attribuire a questo secondo orientamento, non compongono una successione di architetture simili, stilisticamente omogenee, ma danno vita a una serie di episodi autonomi che si configurano come emozionanti apparizioni architettoniche, luoghi nell'infinita estensione dei non-luoghi urbani. Inoltre va messo in evidenza che le opere belliniane non si abbandonano mai a quel culto della crisi che ha contraddistinto gran parte della produzione architettonica italiana del Novecento. In breve, esse non condividono quella diffusa inclinazione alla drammatizzazione e alla meditazione su qualcosa di non raggiunto o di perduto che ha alimentato tante architetture e molta storiografia facendone testimonianze spesso gelidamente razionali o espressionisticamente tormentate di un'inflessibilità a cambiare in meglio il paese. Al contrario, le architetture di Mario Bellini sono permeate di positività, nel senso che esse immettono nelle città vettori trasformativi che estendono oltre l'architettura le potenzialità di una progettazione avanzata tesa a migliorare l'abitare.

Il modo di progettare e di costruire di Mario Bellini presenta alcune costanti che emergono con grande chiarezza dall'analisi delle sue numerose realizzazioni. A un primo sguardo la tecnica costruttiva che cattura l'attenzione, una tecnica non esibita, come accade nell'*high tech*, ma trattenuta come un elemento implicito, a suo modo tenuto sottotono,

implicit element (in its own way kept subdued) though masterfully treated. Materials and their becoming part of the building are conceived in such a way as to suggest that single components of the work are joined by a magical magnetism that removes any mechanism from the tectonic organization. Immediately later comes a noticeable sense of the intrinsically plastic composition that is translated into accurately shaped volumes, illuminated by a calibrated topological tension, skilfully tuned with real and virtual energy flows activating the contexts. In addition to this sculptural dimension, which nevertheless never conceals the relations with the ideological structure of the building, come the internal spaces where a controlled dramatic feeling vibrates. Like spaces with a poetic tension, the cavities that come in succession are likewise episodes of a suggestive narration played upon subtle dialectics between continuity and discontinuity. Ultimately both the light investing exterior volumes and that describing the spaces they contain, unifies and amplifies individual parts of the building—making it necessary for its own self, in every one of its aspects.

In closing these brief notes, I want to look specifically at some of Mario Bellini's projects—the New Eco-City in Zhenjiang (China), the Otaniemi Central Campus for the Aalto University in Finland, the MK3 Casa Altra Office Building in Dusseldorf, the Portello Trade Fair in Milan (its two versions), the Department of Islamic Arts at the Louvre Museum—as precious fragments of a new urban universe that has transferred the future from a more or less marked distance to the present. Each one different from his previous buildings, without the need for them to mirror one another, these works demonstrate that architecture does not only build its own reality, but can deeply modify reality itself in its entirety. Modifying it in a creative way, renewing it while revealing its potential for creating the human dwelling—perhaps the most real reality—an increasingly broad space for knowledge, freedom and emotions.

sebbene magistralmente trattato. I materiali e il loro unirsi nell'edificio sono concepiti in modo tale da suggerire che le componenti dell'opera siano unite da un magico magnetismo che toglie all'organizzazione tettonica ogni meccanicismo. Subito dopo si rende avvertibile un senso della composizione intrinsecamente plastico che si traduce in volumetrie accuratamente sagomate, accese da calibrate tensioni topologiche, accordate sapientemente ai flussi energetici reali e virtuali che attivano i contesti. Oltre a questa dimensione scultorea, che comunque non nasconde mai le relazioni con l'impianto ideologico dell'edificio, intervengono successivamente gli interni, nei quali vibra un controllato sentimento scenografico. Come spazi a tensione poetica, le cavità che si susseguono sono altrettanti episodi di una narrazione suggestiva giocata su una sottile dialettica tra continuità e discontinuità. Infine la luce, sia quella che investe i volumi dall'esterno, sia quella che descrive gli spazi che essi contengono, unifica e amplifica i valori delle singole parti del manufatto, rendendolo necessario a se stesso in ogni suo aspetto.

A conclusione di queste brevi note, chi scrive ritiene che sia possibile considerare le architetture di Mario Bellini – si pensi in particolare alla Nuova Città Ecologica di Zhenjiang in Cina, all'Otaniemi Central Campus dell'Aalto University in Finlandia, al Palazzo per uffici MK3 "Casa Altra" a Dusseldorf, alla Fiera Portello a Milano, nelle due versioni, al Dipartimento delle Arti Islamiche al Louvre – come preziosi frammenti di un nuovo universo urbano che ha saputo trasferire il futuro da una lontananza più o meno accentuata al tempo presente. Rinunciando a rispecchiarsi l'una nell'altra e a discendere ogni volta da quelle precedenti, queste opere dimostrano che l'architettura in fondo non costruisce solo una sua realtà, ma può modificare profondamente la realtà stessa in tutta la sua estensione. La modifica in modo creativo rinnovandola, mentre ne rivela la potenzialità che essa possiede di fare dell'abitare umano – forse la realtà più reale – uno spazio sempre più ampio di conoscenza, di libertà e di emozione.

The "Horizontal" Time of Mario Bellini

Lorenzo Pietropaolo

A drawing by Mario Bellini for the Corriere della Sera*—published on the cover of the* la Lettura *supplement, and titled "Lo spazio (bianco) dell'architetto" (The Architect's [White] Space)—fixes a perspectivally rendered, liminal, absolute space on paper, perhaps the inside of a white box, the open threshold of which emits an auroral light. A solitary human figure stands opposite the threshold, arms raised, captured in the tension-filled moment of coming to the opening. This is the space of Bellini's designing mind, the mise en scène of the moment of oblivion in which memory steps aside for the invention of the design, and the thinking hand is about to draw from the light of the white sheet of paper the not-yet-visible mark that perhaps already resides there.*

Aldo Rossi's Teatrino Scientifico, *on the other hand, with its colorful planks reminiscent of a beach hut, has "lived" in the entrance to Mario Bellini's Milan home since 1978, the year in which it was made on the model of the puppet theaters of Goethe's childhood. A door with a simple, temporary structure—located on the threshold between inside and outside—the Teatrino, with its De Chirico-style backdrop, has a clock on its gable that does not mark the hour, stopped in a frozen, suspended moment in time. The scene discloses a private, secret space, carved out in the vital complexity of a big city. There, time has stopped. The time of the Teatrino is not of the kind measured by clocks. But nor is it extraneous to action, which is set into motion on its stage always at the same hour, with inescapable punctuality. Archetypes and prototypes—of forms as well as of life—co-exist here, and they touch almost to the point of coinciding, in a suspension that is at once memory and knowledge.*

The time of these two images is probably one and the same, frozen and suspended. The time in which Bellini's brilliance operates seems to be, however, a "horizontal" time—as he himself defines it—where the permanence (archetypes) and evolution (prototypes) of forms and their reasons can be perceived, studied and experimented with in their simultaneous presence, the horizon of their meaning and verification not being the "vague terrain" of linguistic and autobiographical research, but rather the culture of making, using and living, where the physicality of the body, historical selection and technological possibility interact. The buildings and everyday objects that Bellini designs are never solitary or self-referential episodes, but rather complex dramatis personae, conceived to dialogue with a space of a higher order—home, city, landscape—and with the people who reside and live their lives there.

His way of designing characters, meaning, dialogue and interactions in the various project scales gives his work a kind of theatrical, dynamic and (seriously) playful movement.

This is what makes the Kar-a-sutra—the car model designed by Bellini in 1972 for the celebrated MoMA exhibition "Italy: The New Domestic

Il tempo "orizzontale" di Mario Bellini

Lorenzo Pietropaolo

Un disegno di Mario Bellini per il "Corriere della Sera" – pubblicato come copertina del supplemento "La Lettura" e intitolato *Lo spazio (bianco) dell'architetto* – fissa prospetticamente sulla carta uno spazio liminare, assoluto, forse dentro un cubo bianco, dalla cui soglia dischiusa proviene una luce aurorale. Una solitaria figura umana è di fronte a quella soglia, le braccia levate, colta nell'attimo tensivo di affacciarvisi. È lo spazio della mente progettante belliniana, la messa in scena dell'istante di oblio in cui la memoria lascia il posto all'invenzione del progetto, e la mano pensante sta per trarre dalla luce del foglio bianco il segno non ancora visibile che forse già vi abita.

Il *Teatrino scientifico* di Aldo Rossi, invece, con le sue doghe colorate come quelle delle cabine da spiaggia, "abita" l'ingresso della casa milanese di Mario Bellini sin dal 1978, anno in cui è stato realizzato sul modello dei teatri di marionette dell'infanzia di Goethe. Soglia dalla struttura semplice e provvisoria – posta sul limite tra interno ed esterno, tra architettura e città, tra realtà e finzione – il *Teatrino*, con il suo fondale dechirichiano, reca sul timpano un orologio, dove l'ora non batte il tempo, ferma com'è su di un istante raggelato e sospeso. La scena disvela uno spazio privato e segreto, ritagliato nella complessità vitale di una grande città, il tempo non scorre: il tempo del *Teatrino* non è lo stesso che misurano gli orologi, eppure non è affatto estraneo all'azione, che ci si attende si replichi sul suo palcoscenico alla medesima ora, con ineludibile puntualità. Archetipi e prototipi – delle forme come del vivere – appaiono qui coabitare, e toccarsi fino quasi a coincidere, in una sospensione che è in uno memoria e conoscenza.

L'ora di queste due immagini è probabilmente la stessa, raggelata e sospesa: il tempo in cui l'ingegno di Bellini agisce sembra essere però un tempo "orizzontale" – come egli stesso lo ha definito – dove la permanenza (gli archetipi) e l'evoluzione (i prototipi) delle forme e delle loro ragioni possono essere ascoltate, ricercate e sperimentate nella loro contemporanea presenza, avendo come orizzonte di senso e di verifica non il *terrain vague* della ricerca linguistica o autobiografica, ma la complessiva cultura del fabbricare, dell'usare, del vivere, laddove interagiscono la fisicità del corpo, la selezione operata dalla storia e le possibilità della tecnica. Le architetture come gli oggetti d'uso che Bellini disegna non sono mai episodi solitari o autoreferenziali, quanto piuttosto personaggi complessi, immaginati per dialogare con uno spazio di volta in volta di ordine superiore – la casa, la città, il paesaggio – e con gli uomini che lo abitano e agiscono.

Il suo modo di architettare caratteri, significati, dialoghi e interazioni

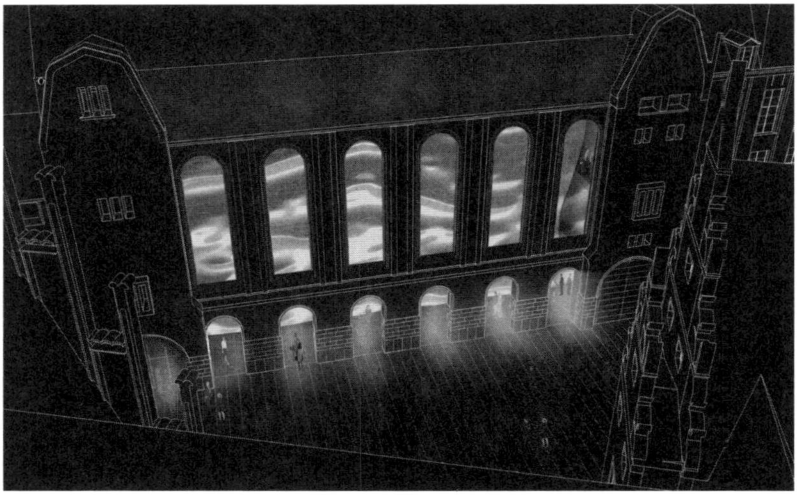

Museum of the City of Berlin, 2008: rendering for the international competition

Museo della Città di Berlino, 2008: render del concorso internazionale

Landscape"—a "mobile human space" that, with the same footprint as a big American car, invents a new typology of ways of "living in a passenger compartment," to stage a nomadic experience of seeing. The precursor of the modern minivan, the vast interior space—almost entirely made of glass, including the roof, which could also be extended upward—is open-plan, a stage filled with pillows and inhabited by bearded mimes, where one could "stretch out, smile, chat face-to-face, stand up, soak up the sun, take pictures, play cards, eat and drink, make love and buy a horse or a piano along the way," in short, live life while traveling through the world.

Bellini's sophisticated dramaturgy—which shuns all rigid functionalism, always keeping its technical and formal experimentation within the verifiable limits of the stated aim—seems to present itself gushingly on the architectural scale, where the stage is, in a Rossi-like way, the city.

Bellini tackles the challenge posed by the city by pushing his built dramatis personae to the dimensional limits of the "statuary" scale of architecture. His macro-fragments seem to compose a new movement for the Großstadt Architektur *symphony, sometimes in agreement with his Schinkelian roots (as, for example, in the case of the Berlin Morgen proposed for the rebuilding of the center of the reunified capital, 1990), sometimes transposing and disjointing a sequence of otherwise De Chirico-style public squares in order to redraw the dimensions of the city to the point of including within it nature itself and the landscape (as in the project for the redevelopment of the Tianjin river front, 2003), or condensing a Taut-like* Stadtkrone *symbolic force in the speaking sign of its iconic buildings.*

The clothing and masks that Bellini designs for his architectural dramatis personae are like interpretive variations of the relationship between costume and structure, and of the line between interior and exterior, between architecture and city, which he stages ad hoc, masterfully reinventing the materials and compositional elements of the structure.

This is why the Tokyo Design Center (1988–1992) looks like a two-faced Janus: the city's restrained mask is slashed by a large vertiginous opening that

attraverso le diverse scale del progetto conferisce alle sue opere una sorta di movimento teatrale, dinamico e seriamente giocoso.

Ecco allora che *Kar-a-sutra* – il modello di automobile progettato nel 1972 da Bellini in occasione della celebre mostra newyorchese sul paesaggio domestico italiano – è uno "spazio umano mobile" che, occupando la stessa impronta di una grande vettura americana, inventa una nuova tipologia di modi per "abitare un abitacolo", per mettere in scena un'esperienza nomade del vedere. Precursore delle future monovolume, il grande spazio interno – quasi completamente vetrato anche sul tetto, per altro estensibile in altezza – è un'ampia "pianta libera", un palcoscenico arredato con cuscini e abitato da mimi barbuti, in cui poter "stiracchiarsi, sorridere, chiacchierare faccia a faccia, stare in piedi, godersi il sole, fare foto, giocare a carte, mangiare e bere, fare l'amore, comprare un cavallo e un pianoforte lungo la strada", mettere in scena insomma la vita, mentre si attraversa lo spettacolo del mondo.

La raffinata drammaturgia belliniana – che rifugge ogni rigido funzionalismo, mantenendo la sperimentazione tecnica e formale sempre all'interno dei verificabili limiti di rispondenza allo scopo – appare poi mostrarsi in modo prorompente alla scala dell'architettura, quando il palcoscenico è rossianamente la città.

La sfida posta dall'organismo urbano è affrontata da Bellini spingendo i suoi personaggi costruiti ai limiti dimensionali della scala "statutaria" dell'architettura. I suoi macro-frammenti sembrano scrivere un nuovo movimento della sinfonia della Großstadt Architektur, ora in accordo con le sue radici schinkeliane (come ad esempio nel caso de *Il mattino di Berlino*, proposta per la ricostruzione del centro della capitale riunificata, 1990), ora trasponendo e disarticolando una sequenza di piazze altrimenti dechirichiane per rimisurare la città fino a includere in sé la natura stessa e il paesaggio (come accade nel progetto per la riqualificazione del lungofiume di Tianjin, 2003), oppure ancora condensando nel segno parlante dei suoi edifici iconici una forza simbolica da Stadtkrone tautiana.

Gli abiti e le maschere che Bellini disegna per i suoi personaggi architettonici appaiono come variazioni interpretative del rapporto tra rivestimento e struttura, e del limite tra interno ed esterno, tra architettura e città, che egli mette in scena caso per caso, reinventando sapientemente i materiali e gli elementi compositivi del costruire.

Ecco allora che il Tokio Design Center (1988-1992) si mostra come un Giano bifronte: la trattenuta maschera sulla città è lacerata da un vertiginoso e ampio varco che allude e disvela il carattere tutto introspettivo dell'edificio/isola; attraverso la lacerazione della maschera, lo spettatore/attore è introdotto in una galleria prospettica memore dei dispositivi scenografici barocchi, per essere condotto per via della scalinata in essa contenuta a conquistare il nascosto giardino buddhista, e a sorprendersi nel conoscere il vero e più esplicito volto dell'edificio, vale a dire il fronte definettianamente gradonato che si fa natura artificiata degradante verso il giardino.

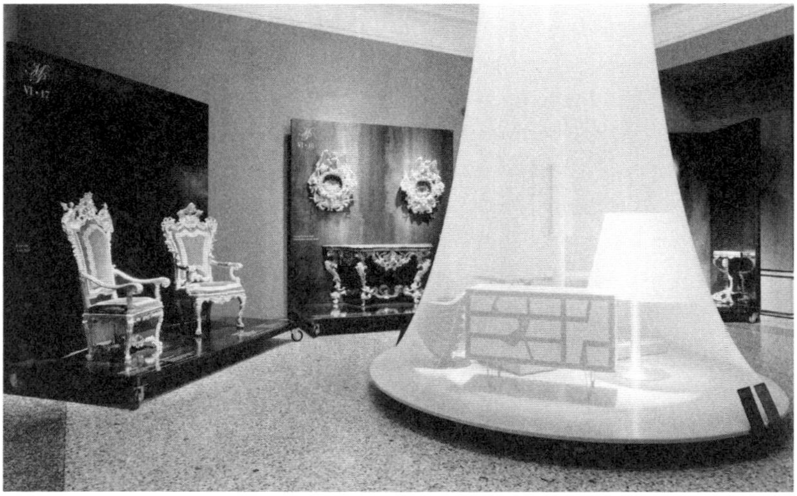

Exhibition design for "Magnificenza e progetto," Palazzo Reale, Milan, 2008–2009

Una delle installazioni dell'allestimento per la mostra *Magnificenza e progetto*, Palazzo Reale, Milano, 2008-2009

alludes to and reveals the introspective nature of the building/island. Through the opening of the mask, the spectator/actor is ushered into a perspectival gallery reminiscent of Baroque set devices, and then led via a flight of stairs to a hidden Buddhist garden, where he will be surprised to discover the building's true and more explicit face, which is to say the de Finettianly terraced facade, an element of artificial nature that slopes down towards the garden.

At the Museum of the City of Berlin (2008), on the other hand, a few meters behind the rigid and precise hieratic nature of the mask, in this case the existing facade of the Marinehaus—restored as an urban theater wing in continuity with the street curtain wall—Bellini erected a kind of perforated, shining, see-through golden veil/theater curtain, lowered into the vertiginous space and extending the full height of the foyer. Through the openings in the mask and the transparency of the undulating surface of the veil, the urban space and museum interior are put in direct relation and visual dialogue, then revealing, through the golden skin, the face of the exhibition covering the last century of the city's history.

This shiny, wavy surface then seems to be repeated, as a precious visual attractor and scenic device—simultaneously concealing and revealing—in the parametric forms covering the new spaces of the Department of Islamic Arts at the Louvre (2005–2012), set into the Cour Visconti like a fluctuating horizontal façade raised up by dancers in the form of metal rods, or unfurled to rewrite and re-ascribe meaning to the incomplete macro-fragment of his design for the Portello International Milan Trade Fair.

For that matter, it is in the museum device that Bellini's dramaturgical vocation reveals itself as an eloquent talent for writing in space, with enveloping refinement, a mise en scène that puts together all of the project's different scales, engaging the spectator in a dimension of total, integrated, dynamic art theater, inviting him to become an actor, never an extra.

The exhibition design for "Treasury of San Marco" (1984–1987), for example, responds to the challenge of designing a traveling exhibition through the constant of pyramid-shaped glass cases on columns, which Bellini immersed in a richly evocative half-light. A light source hidden at the top of each pyramid

Nel museo della città di Berlino (2008), invece, a pochi metri dietro la rigida ed esatta ieraticità della maschera costituita dalla facciata esistente del Marinehaus – recuperata come quinta urbana nella continuità della cortina stradale – Bellini innalza una sorta di dorato velo/sipario, perforato, rilucente e permeabile allo sguardo, calato nel vertiginoso spazio a tutta altezza del foyer. Attraverso le aperture nella maschera e le trasparenze della superficie plasticamente ondulata del velo, lo spazio urbano e l'interno del museo sono messi direttamente in relazione e in dialogo visivo, per disvelare poi attraverso la pelle dorata il volto della macchina espositiva che racchiude l'ultimo secolo di storia della città.

La superficie ondulata e rilucente sembra poi ricorrere, nella sua funzione di prezioso attrattore visivo e di espediente scenico – al contempo di occultamento e disvelamento – anche nelle parametriche forme che coprono i nuovi spazi del dipartimento di Arti Islamiche al Museo del Louvre (2005-2012), incastonate nella Cour Visconti come una fluttuante facciata orizzontale sollevata da danzatrici in forma di aste metalliche, o dispiegate a riscrivere e risignificare il macro-frammento incompiuto della sua stessa architettura per la Fiera di Milano-Portello.

È del resto nel dispositivo del museo che la vocazione drammaturgica di Bellini si mostra come capacità eloquente di scrivere nello spazio, con avvolgente raffinatezza, una messa in scena che compone tutte le diverse scale del progetto, coinvolgendo lo spettatore in una dimensione da teatro d'arte totale, integrato e dinamico, invitandolo a farsi egli stesso attore, e mai comparsa.

L'allestimento del Tesoro di San Marco (1984-1987), ad esempio, risolve la sfida di progettare una mostra itinerante attraverso l'invariante di teche piramidali in vetro su colonne, che Bellini immerge in una penombra immaginifica: una fonte di luce, nascosta nel vertice di ciascuna delle piramidi, annulla la materialità del vetro ed esalta la preziosità dei tesori, che appaiono sospesi e assoluti in quelle smaterializzate lanterne magiche.

L'annullamento della consistenza della teca di vetro – e della separazione percettiva che altrimenti si introdurrebbe tra il "protagonista" esposto e lo spettatore – ritorna anche nell'allestimento della mostra *Giotto, l'Italia* (2015-2016): con inesorabile esattezza e maestria tecnica, Bellini protegge le opere senza ingabbiarle in una scatola climatica, ma utilizzando un vetro sottilissimo, antiriflesso ed extra chiaro, di fatto impercettibile. Così protetti, i protagonisti – tra cui cinque polittici policromi su fondo oro – non sono "appesi" ad arredare le pur ariose stanze del Palazzo Reale: Bellini li monta su degli elementari altari profani in ferro nero da laminatoio, disposti dinamicamente nello spazio e messi in scena con luci che alludono all'aura degli edifici di culto per cui i capolavori di Giotto furono concepiti.

L'uso del dispositivo scenico delle zattere mobili è del resto già presente nell'allestimento della mostra *Magnificenza e progetto* (2008-2009), anch'essa a Palazzo Reale e dedicata alla storia del mobile

cancels out the materiality of the glass and enhances the preciousness of the treasures, which appear to be suspended and absolute in their dematerialized magic lanterns.

The cancellation of the substance of the glass cases—and of the perceptive separation that would be otherwise introduced between the "star" on display and the viewer—is repeated in the exhibition design for "Giotto, l'Italia" (2015–2016). With tireless precision and technical mastery, Bellini protected the works without caging them in climate control display cases, instead using an extremely thin, almost imperceptible non-reflective, ultra-clear glass. Protected thus, the "stars," including five polychrome, gold-ground polyptychs, were not "hung" to decorate the airy rooms of the Palazzo Reale. Bellini mounted them instead on basic secular altars made of rolled black iron, dynamically arranged in the space and lit to allude to the aura of the religious buildings for which Giotto's masterpieces were conceived.

Bellini had already used the stage device of mobile rafts for the exhibition design for "Magnificenza e Progetto" (2008–2009), also held at the Palazzo Reale and devoted to the history of Italian furniture design. While the aura of the historical objects is dramatized using stage lighting here as well, the iconic objects of twentieth-century Italian industrial design are instead veiled with a kind of shroud of stage gauze, lifted up in a cone shape towards the ceiling to receive a light of varying intensity, creating an alternating concealing/revealing effect and suggesting allusions and influences, permanence and evolution, circularly referencing the concepts of archetype and prototype.

In his display design for the Brera renovation (2009), his complex lighting design instead defines a precise chromatic and material palette for the background walls in each room, in a sequence that calls to mind Visconti's opera direction, like the perspectival room designed to continue the celebrated material spatiality of Andrea Mantegna's Dead Christ *beyond the space of the painting.*

In the Antiquarium designed for the New Museum of the Roman Forum (begun in 2015), Bellini's dramaturgy takes on the challenge of interpreting and restoring, through allusions and reconfigurations, the complexity of a stratified palimpsest. The illusory and disoriented space of a transparent display case/volume—the recumbent position of which recomposes the lost structure of the cell of the Temple of Roma—contains a series of sculptures arranged in relation to the arches at the back, presented, by means of lightweight supports, "on a human scale," suspended and frozen in an apparition in the style of the Teatrino Scientifico, where time is suspended and, in Bellini's way, "horizontal."

As already presaged by the extraordinary display for the exhibition of objects and furnishings selected for the Compasso d'Oro award in 1960, what seems to be describable as theatricality and dramaturgy in Bellini's work is perhaps nothing more than his vocation for the relationships between space, people and objects, and his tireless wonder at the things of the world and life, put into practice with an inquisitive capacity for listening and distance, in the horizontality of a time that crosses over history. These are perhaps some of the more intimate characteristics that make Mario Bellini a statutory architect of the contemporaneity to come.

italiano. Se l'aura degli oggetti storici è anche qui drammatizzata dalla luce proiettata da fari teatrali, gli oggetti iconici del disegno industriale italiano del Novecento sono invece velati da una sorta di sindone di garza scenica, innalzata a cono verso il soffitto a ricevere una luce a intensità variata, con l'effetto ora di celarli, ora di rivelarli, suggerendo allusioni e ascendenze, permanenze ed evoluzioni, rimandi circolari tra archetipo e prototipo.

Nell'allestimento progettato nell'ambito della riorganizzazione di Brera (2009), la complessa regia della luce conduce invece alla definizione di un'accurata tavolozza cromatica e materica per le pareti di fondo di ciascuna sala, in una sequenza quasi da regia lirica viscontiana, che culmina nelle "arie" di alcune voci protagoniste, come quella della camera prospettica disegnata a prolungare oltre il piano del quadro la celebre spazialità materica del *Cristo morto* di Andrea Mantegna.

Nell'Antiquarium progettato per il nuovo Museo del Foro a Roma (dal 2015), poi, la drammaturgia belliniana affronta la sfida di interpretare e restituire, per allusioni e riconfigurazioni, la complessità di un palinsesto stratificato. Lo spazio illusorio e spiazzato di un volume/teca trasparente – la cui giacitura ricompone la perduta geometria della cella del tempio della dea Roma – contiene una teoria di sculture disposte nell'impaginato murario degli archi retrostanti, messe in scena, per mezzo di leggeri supporti, "alla scala umana", sospese e raggelate in un'apparizione da *Teatrino scientifico*, dove il tempo è sospeso, bellinianamente "orizzontale".

Come già presagiva lo straordinario allestimento della mostra degli oggetti e degli arredi premiati con il Compasso d'Oro del 1960, ciò che appare descrivibile come teatralità e drammaturgia nell'arte di Bellini forse non è altro che la sua vocazione innata per le relazioni tra spazio, persone e oggetti, e il suo inesauribile stupore per le cose del mondo e della vita, praticato con curiosa capacità di ascolto e di distacco, nell'orizzontalità di un tempo che attraversa la storia. Sono forse questi alcuni tra i caratteri più intimi che fanno di Mario Bellini statutariamente un architetto della contemporaneità a venire.

The Art of Building

Gaetano Pesce

My profession and passions being what they are, I am not especially skilled at putting words together in a logical sequence to form a text. And so I do it in haphazard fragments...

...Mario is not just an example of success, not just someone who ruled his time, not time like that of a bus, or a ferry, or that of repeated gestures, and not just that of the mind, or of the heart, of business, but that of the spirit as a whole...

...He views his global fame with exemplary modesty. I have often noted that even with his work being so highly regarded throughout the world, he is sincerely ready to hold the work of others in high esteem...

...I got to know him when we were both visiting C&B. But I had already become aware of his merits from afar before 1967, through my partner Milena Vettore, who attended the Istituto Superiore di Disegno Industriale in Venice, where Mario taught at the time. The company B&B Italia, for which he designed Amanta—a true innovation—now almost exclusively employs the services of a second-rate "Bellini"...

...Another major Italian company for which Mario designed a "great piece," the belted armchair, uses, in spite of itself, another "alter ego," who, whilst certainly bringing in money, is a far cry from the freshness and innovation that Bellini achieves with his designs...

...For those with an interest in "originality," I suggest taking a close look at the Kar-a-sutra project from 1971. That car gave vital ideas to the Arditi group, to an artist from London, now rightfully well known, and to the French car manufacturer Renault, which transformed it into a highly successful model...

....Regarding "abstraction" and "figuration," I should mention a lamp that Mario designed for the company Flos. In addition to being innovative for the way it was conceived, it was also one of the first design objects to evoke a figurative image: that of a nun...

...And now a line of poetry by Michelangelo comes to mind.
It expresses his wonder before the power of love. "How can it be that I am no longer mine?" This line makes me think that the work of certain designers

L'arte di costruire

Gaetano Pesce

Non sono particolarmente capace, sia per il mio mestiere e sia per le mie passioni, a mettere insieme delle parole con logica sequenza a formare un testo. Lo faccio quindi con frammenti disordinati.

...Mario non è solo un esempio di riuscita, non solo qualcuno che ha regolato il suo tempo, non un tempo come un autobus, o un traghetto, o quello dei gesti ripetuti e non solo quello della mente, o del cuore, degli affari, ma *in toto* quello dello spirito...

...la sua mondiale notorietà è considerata da lui con esemplare modestia. Spesso ebbi occasione di notare che, pur con quella sua attività dal mondo tanto stimata, lui fosse sinceramente disposto a tenere in alta considerazione il lavoro degli altri...

...lo conobbi durante le visite sue e mie alla C&B. Ma già negli anni precedenti al 1967 ne notai a distanza le qualità tramite la mia compagna Milena Vettore che allora frequentava l'Istituto Superiore di Disegno Industriale a Venezia dove Mario insegnava. Quell'industria (B&B Italia) a cui lui aveva dato da produrre l'autentica innovazione dal nome "Amanta," oggi si serve, quasi esclusivamente, dei servigi di un "Bellini" di seconda categoria...

...anche un'altra grande compagnia del "Made in Italy", con la quale Mario aveva realizzato un "grande pezzo" con la Poltrona a cinghie, si serve suo malgrado di un altro "alter ego" che se da un lato procura denaro, dall'altro è lungi dal raggiungere la freschezza e l'innovazione che Bellini realizza con i suoi progetti...

...a chi si interessa di "originalità" suggerisco di guardare attentamente al progetto "Kar-a-sutra" del 1972. Quell'auto diede idee vitali al gruppo "gli Arditi", a un creatore di Londra, oggi giustamente noto, e alla compagnia francese di auto Renault che lo trasformò in un modello di gran successo...

...a proposito di "astrazione" e "figurazione" mi è doveroso ricordare una lampada che Mario disegnò per la compagnia Flos. Essa, oltre che essere un'innovazione

makes it so that they no longer belong to themselves, that instead they and their work rise up to becoming possessions of the world.

That is what it is like for Mario: his work as an architect and designer belongs to us and has raised and raises salutary questions. I think the most important one is: is art still useful to contemporary society? Or is it just a marginalized product that serves a handful of elites, deluding them into believing that they know the culture of our time?

...But, in reality, it is the culture of objects, and maybe the art of building, that more closely represent this extraordinary historical moment of ours and that continue the tradition of great Western art.
The objects we consume and the spaces we live in are what reveal the nature of our time and its value (contrary to what many intellectuals believe: consumption is of primary importance for the advancement of knowledge). They are expressions still capable of universal communication and helping the world make progress in everyday life. Mario understood the marginalization of traditional academic art
from the beginning, dedicating his creative energy to new cultural expressions, and making a fundamental contribution to them.

New York, February 2005

per il modo con cui era concepita, era anche uno dei primi oggetti di design a evocare un'immagine figurativa: una suora...

...ora mi viene in mente una riga di una poesia di Michelangelo. Con questa esprimeva il suo stupore di fronte all'energia dell'amore. Essa dice: "Come può essere che io non sia più mio?". Questa frase mi fa pensare che il lavoro di certi creatori faccia sì che essi non si appartengano più, ma che il loro essere e lavoro salgano per divenire possedimenti del mondo. Così è per Mario: certamente il suo lavoro di architetto e designer ci appartiene e ci ha provocato e ci provoca salutari questioni. La più importante mi sembra essere: l'arte odierna è ancora utile alla società contemporanea? Oppure essa è solamente un prodotto marginalizzato che serve a delle esigue *elites* per illuderle di conoscere la cultura del nostro tempo?...

...ma in realtà è la cultura degli oggetti, e forse l'arte del costruire, che rappresentano più intimamente questo nostro straordinario momento storico e che continuano la tradizione della grande arte occidentale. Sono gli oggetti che consumiamo, e gli spazi che abitiamo, che ci rivelano la natura del nostro tempo e i suoi valori (contrariamente a quanto pensano molti intellettuali: il consumo è di primaria importanza per far progredire la conoscenza). Queste sono delle espressioni ancora capaci di comunicare universalmente aiutando il mondo a progredire nella vita di ogni giorno. Mario ha capito dal suo inizio la marginalizzazione dell'arte accademica tradizionale dedicando la sua energia creativa alle nuove espressioni culturali dando loro un fondamentale contributo.

New York, febbraio 2005

In Search of Beauty

Francesco Binfaré

Since a very young age, many years before I discovered design, I wanted to be an artist. I thought that, had I been born in the sixteenth century, I would have been an artist for the pope in Rome.

I also thought that the pope of my time was industry. I wanted to make art for industry.

My first important commission for Cassina was to design, sketch and produce chair prototypes for function rooms on cruise ships, working hand in hand with the architecture studios in charge of the overall project. This was back in the early 1960s. It was my testing ground. This anecdote is useful to outline the relationship I perceived at the time between the role of the architect and the world of craft furniture. The word "design" sounded exotic and mysterious, even among the elites. It was the modernity of the post-war period.

I had recently sent Cassina a letter in which, using an immature, bragging tone that betrayed my young age, I took the liberty of stating that the Cassina collection was not top-grade and that "I" could show the company the way to the upper reaches of "design."

After the ship project, Cesare Cassina approached me and asked: "You, what is it you want to do for Cassina?" I had just independently made a chair prototype. It was a groundbreaking idea. I replied that I wanted to design some pieces, some products, that the design I had in mind would revolutionize the world of upholstered furniture. He appreciated the design, but said to me: "Look, I can have all the architects in the world, if I want, but what I need is an architect of architects, and I think you're the person for the job." He had a stripped-down style of speaking, saying more with the silence of his pauses than with the sounds of his words. A vision started forming in my mind of what the field of my art would be. And that was the beginning of my new creative adventure, which consisted of using ideas and bring about the right collaborations to produce symphonies of things never seen before. Objects with an emotional as well as a functional content, objects with meaning. My idea was to start a contemporary Bauhaus. And Cesare Cassina was handing me the opportunity to do just that.

The first architect I chanced to meet was Mario Bellini. Years later we confessed to one another just how important each of us thought the other was. In my neophyte eyes, Mario was already an established architect. He had already won the Compasso d'Oro with his extremely intelligent table design and had a research position at a very prestigious company, Olivetti. In his eyes, I was the representative of a prestigious brand and had worked, and was working, with the leading names in architecture at that time. Our great mutual respect was one of the factors that fostered some of the truly

Alla ricerca della bellezza

Francesco Binfaré

Fin da molto giovane, parecchi anni prima di incontrare il design, pensavo che se fossi vissuto nel Cinquecento, a far l'artista come desideravo, sarei andato a Roma dal papa.

Pensavo anche che il papa del mio tempo fosse l'industria. Volevo fare l'arte per l'industria.

Il primo incarico importante che ebbi da Cassina fu progettare, disegnare e realizzare i prototipi delle sedute per le sale da festa delle grandi navi, in accordo con gli studi di architettura incaricati del progetto generale. Siamo attorno ai primi anni sessanta. Era il mio banco di prova. L'aneddoto serve a tratteggiare la relazione da me allora percepita tra il ruolo dell'architetto e il mondo dell'artigianato d'arredamento. La parola *design*, anche a livelli elitari, suonava esotica e misteriosa. Era la modernità del dopoguerra.

Avevo da poco mandato a Cassina una lettera in cui, con il tratto acerbo e guascone della mia età, mi permettevo di affermare che la collezione Cassina non era di serie A, e che "io" avrei potuto indicare loro la strada per arrivare al vertice del "design".

Dopo l'esperienza delle navi, Cesare Cassina mi interpellò e mi chiese: "Ma lei, cosa vuole fare per Cassina?". Avevo appena realizzato per conto mio il prototipo di una poltroncina. Un'idea rivoluzionaria. Risposi che volevo disegnare dei pezzi, dei prodotti, che il progetto che avevo in mente era l'anticipo per così dire di trasformazione dell'imbottito da aggettivo in sostantivo. Lui dimostrò apprezzamento per il progetto, però mi disse: "Guardi, io posso avere tutti gli architetti del mondo, se voglio, ma ho bisogno di un architetto degli architetti e penso che lei sia la persona giusta". Con la sua forma scarna, estremamente efficace nei silenzi delle pause più che nel rumore delle parole fece sorgere nella mia mente la visione di quello che sarebbe stato il campo della mia arte. Così cominciò la mia avventura, assolutamente nuova della creatività: confezionare con le idee e con gli incontri con persone sinfonie di cose mai viste prima. Oggetti che avessero un contenuto espressivo oltre che funzionale, che avessero significato. Avevo in mente di mettere in piedi un Bauhaus contemporaneo. E Cesare Cassina me ne stava dando l'opportunità.

Il primo architetto che l'occasione mi fece incontrare fu Mario Bellini. Ci confessammo anni dopo quanto ciascuno di noi considerasse l'altro molto importante. Ai miei occhi di neofita Mario era già un architetto affermato, aveva già vinto un Compasso d'Oro con un tavolino estremamente intelligente e aveva un incarico di ricerca con un'azienda di grande prestigio come l'Olivetti.

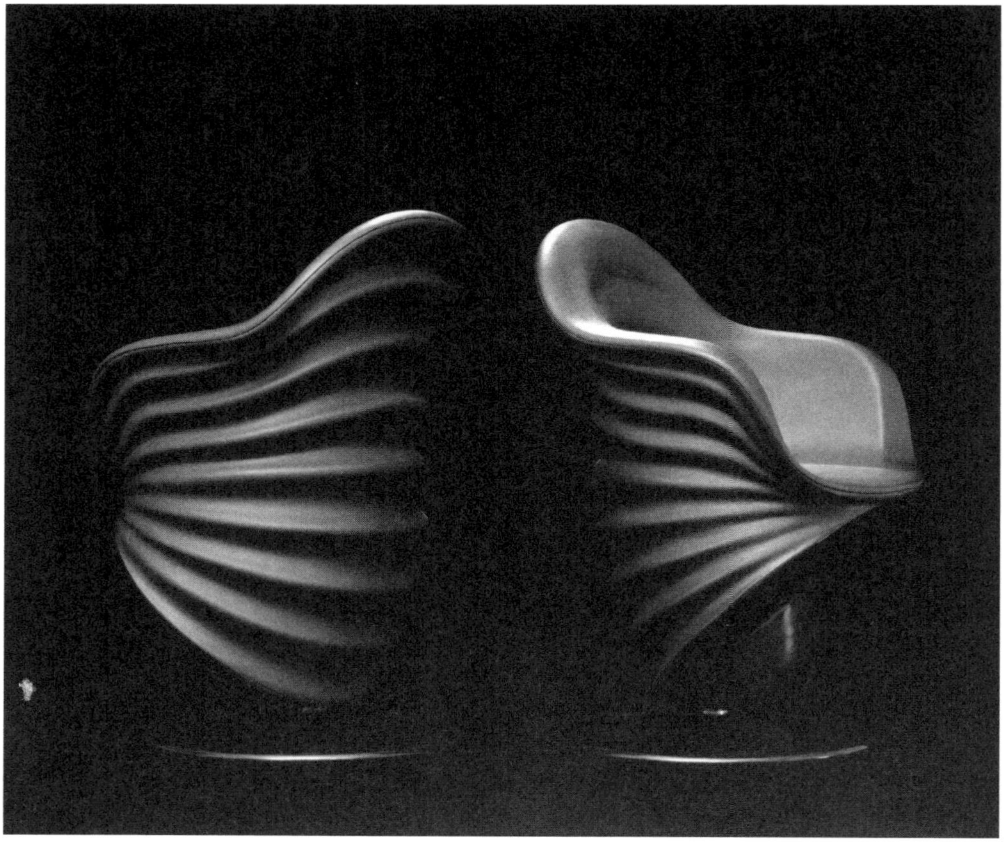

Teneride, *prototype for an office chair, Cassina, 1970*

Teneride, prototipo di sedia per ufficio, Cassina, 1970

extraordinary things we would later create. And it was a lucky incident for everyone. For me, for design, for the history of design. We had the same ideas on many levels and a lot of empathy. The two of us went on countless mental and physical journeys together. He was an amazing driver of ideas. A great person to share my resources with. The light of his intelligence illuminated mysterious spaces in my natural, wild, intimate relationship with beauty. Sometimes our Saturday night talks lasted until the small hours, getting us into trouble with our respective young partners. His powerful, lucid use of dialectic led me to question the ethics of every formal gesture. From him I learned about and grew aware of the constant to-and-fro between unconscious sensation and the rational lucidity of expression. A design project was often just a medium for philosophizing and talking about everything under the sun. One day, he came to me with a design made with rubber parallelepipeds, a kind of mobile chessboard activated by hydraulic jacks. It was a futuristic vision, a space landscape. I thought Cassina would not be even remotely capable of handling the development of a design like that. Almost to get myself out of a corner, I said: "Why don't we make an armchair that's as simple, accessible and soft as a slipper?" And Mario replied: "Why don't we take four cushions and tie them together with a belt?" And the result was the 932, the so-called "belted armchair," which had no structure whatsoever and was made of foam rubber, the precursor

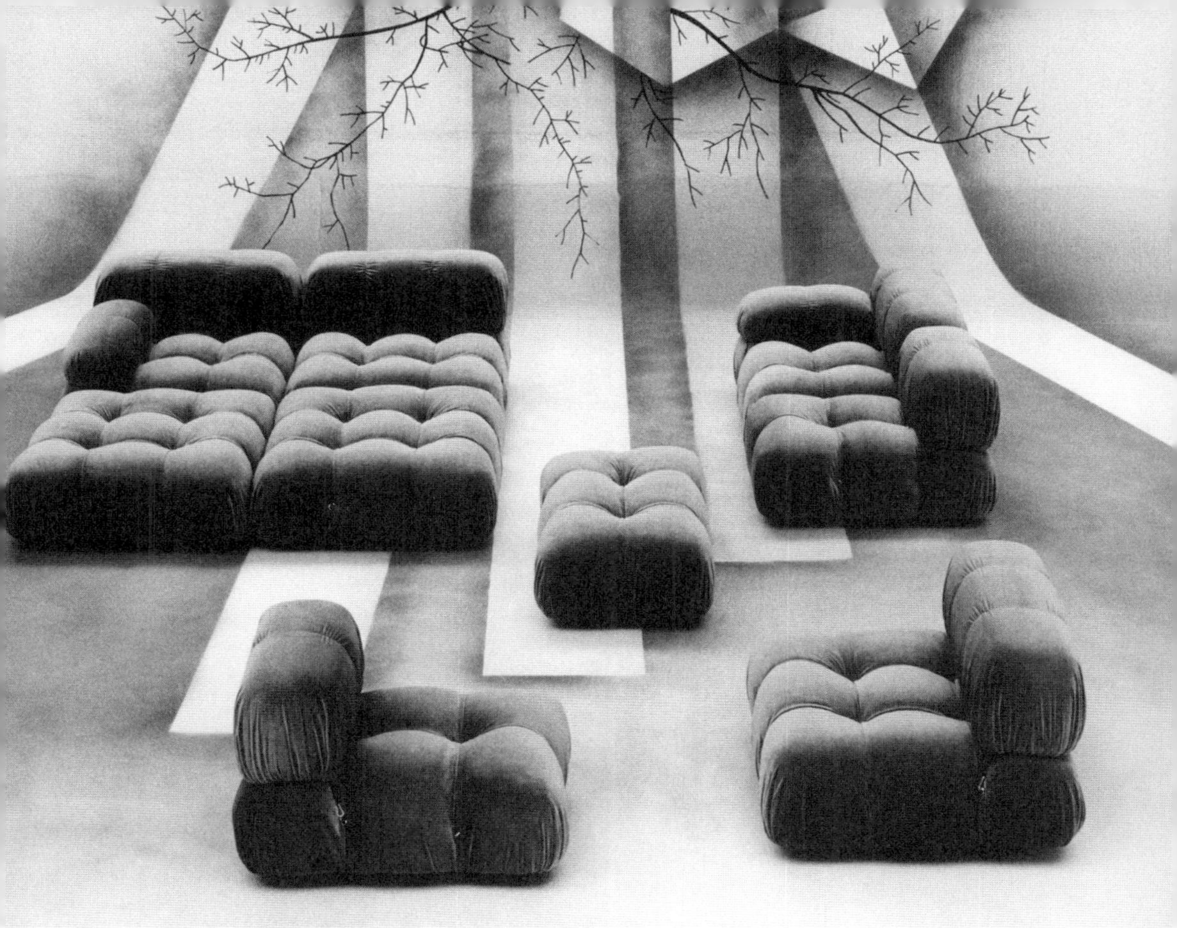

Camaleonda, *upholstered furniture series, C&B, 1970*

Camaleonda, sistema di imbottiti, C&B, 1970

Ai suoi occhi ero il referente di un marchio prestigioso con trascorsi e allora attuali rapporti di lavoro con le più alte rappresentatività del campo dell'architettura dell'epoca. Il grande rispetto reciproco fu una delle alchimie che favorirono il nascere delle straordinarie vicende successive. E fu una grande fortuna per tutti. Per me, per il design, per la storia del progetto. Avevamo le stesse idee su moltissimi piani e molta empatia. Con lui feci molti viaggi mentali e fisici.

Lui era un grande propellente di idee. Un committente straordinario delle mie risorse. La luce della sua intelligenza illuminava gli spazi misteriosi della mia naturale e selvaggia confidenza con la bellezza. Le nostre discussioni fino a tarda ora del sabato giocarono talvolta malumori nelle nostre rispettive giovani consorti. La sua ferrea e lucida arte dialettica mi portava a perlustrare le grotte dell'etica di ogni gesto formale. Imparai da lui e crebbe in me la coscienza della pulsazione ininterrotta tra la sensazione inconscia e la lucidità razionale dell'espressione. Il progetto era frequentemente solo un media per filosofeggiare e parlare di tutto. A un certo punto venne con un progetto da *contract*, fatto di parallelepipedi di gomma, una sorta di scacchiera mobile azionata da martinetti idraulici.
Era una visione futuristica, un paesaggio spaziale. Pensai che Cassina non fosse minimamente in grado di affrontare lo sviluppo di un

of polyurethane foam. Umberto Cassina, the president, shook his head in disbelief. Then came our adventure with C&B, the frame for the Amanta sofa. After we created C&B, Cesare Cassina made me the art director of the Centro Cesare Cassina: my dream of doing research independently of the company finally came true. The Centro was an extraordinary motley mix of design and creativity with extremely talented, passionate artisans. A perfect place. It was inaugurated with the Fiore in Bocca, a sculpture-manifesto in vacuum-packed foam that I made with Gaetano Pesce. Mario and I created the Teneride for Cassina, the Camaleonda and the Bambole for C&B. We set targets and found solutions for each other. My personal passion—almost an obsession—for making imprints of bodies with polyurethane foam, which had influenced the creative process of Archizoom's A&O and the work of Gaetano Pesce, inspired the plastic cushion solution for the Kar-a-sutra, the first ever minivan, Mario Bellini's dizzying anticipation of the future of cars. Then—and here we are already coming to the twilight of those special years—Mario's genius intuition turned around our tireless and inconclusive research for a mass-produced chair, with the crazy idea of leather as the main material for the design and as generator of the formal language. It was then up to the talent of the craftsmen and the team at the Centro to deliver its final form. Like a Tai master, I orchestrated the void. I was good at not hesitating and making sure things happened as if by magic. Mario was my teacher. The result was the Cab.

Then our paths diverged. He, the great oak tree, went on to fertilize forests on the hills of the world of architecture. I, the cypress, kept going deeper and deeper with my single root into the recesses of my mental terrain.

Mario Bellini, a man of great courage and great depth, the instigator of heady adventures, with whom I had the fortune and privilege of sharing extraordinary experiences. A friend of the rarest kind.

tale progetto. Quasi per salvarmi in angolo gli proposi: "Ma perché non facciamo una poltrona facile e disponibile e soffice come una pantofola?". "Perché non prendiamo quattro cuscini e li leghiamo assieme con una cintura", rispose Mario. E venne fuori il *932*, la cosiddetta poltrona a cinghie, una poltrona completamente disossata con poche sottili cartilagini realizzata in gommapiuma, un materiale premonitore della schiuma poliuretanica, tanta da far scuotere la testa a Umberto Cassina, il presidente. Poi venne l'avventura con la *C&B*, la scocca dell'Amanta. Con la nascita della *C&B*, ebbi poi in regalo da Cesare Cassina per il mio sogno di una ricerca libera staccata dall'azienda la direzione dell'arte del Centro Cesare Cassina. Una straordinaria armata brancaleone del design e della creatività con artigiani bravissimi e appassionati. Un luogo perfetto. Venne inaugurato con il *Fiore in bocca*, un manifesto/scultura in schiuma sottovuoto realizzato con Gaetano Pesce. Con Mario nacquero la *Teneride* per Cassina, il *Camaleonda* e le *Bambole* per *C&B*. Mario e io ci commissionavamo reciprocamente obiettivi e soluzioni. Una passione mia personale, quella di fare impronte di corpi con il poliuretano espanso, praticamente ossessiva, che aveva contaminato il processo creativo dell'A&O degli Archizoom e le opere di Gaetano Pesce, suscitò la soluzione dei cuscini plastici del *Kar-a-sutra*, in assoluto la prima monovolume, un'anticipazione vertiginosa di Mario Bellini nel mondo della prospettiva automobilistica. Poi, e siamo già al crepuscolo di quegli anni unici, la stupenda genialità di Mario nell'intuire la svolta risolutiva di un'affannosa ricerca infruttuosa per una sedia di grande tiratura, con il triplo salto mortale dell'idea del cuoio come materia principale del progetto e come generatore del linguaggio della forma. Stava poi alla bravura degli artigiani e del team del Centro portare in porto la forma finale. Il mio modo era simile a quello del maestro Tai, orchestrare il vuoto. La mia bravura stava nel non esistere e fare in modo che il tutto accadesse quasi d'incanto. E Mario in ciò mi era maestro. E venne fuori la *Cab*.

Poi le nostre strade si separarono. Lui, la grande quercia, a prolificare foreste, sulle colline del mondo dell'architettura, io, il cipresso, con la mia unica radice, andando sempre più giù nel profondo del mio terreno mentale.

Mario Bellini, un uomo di grande valore, di grande profondità, suscitatore di emozionanti avventure, con il quale
ho avuto la fortuna e il privilegio di condividere esperienze straordinarie, un amico, raro.

The Fast Traveler

Gabriele Basilico

The landscape is charming; a moderately warm sunny day brightens the places that slowly glide past framed by the window: from Genoa westward, the Cornigliano iron and steel works, the iron and coal deposits, a black and almost monochromatic landscape, the shipyards of Nervi in feverish activity, and, beyond the airport—Genova Voltri—a vast asphalt plain of sidereal dimensions, where, like an army at rest, lie hundreds of colored containers. The train skirts small stony beaches—often very close to the tracks, with bathing equipment stacked for the winter torpor—which alternate with villages and towns, almost always seen from above. Every once in a while, flowery terraces and small paths appear, the latter embellished with flowers, succulents or palms, such as in Bordighera, where groups of the elderly are strolling as though for no other purpose than to enjoy the pleasant warmth of the sun.

In peaceful contemplation of this northern Mediterranean landscape, I think of Mario's photographs, of the visionary adventure of Japan, of the impact with the landscape, with the persons, with the flow of things, with the merchandise, and also with the train. The impression is that the speeding train—but perhaps the car as well, or the simple act of walking—were fundamental instruments for reading this new world so different, but also so similar, in its almost excessive adherence to modernity, to the West. The idea I have formed is that Mario Bellini was a fast-moving traveler: observing these pictures, it is as though he wanted to see a great deal, everything, without skipping any fragment of the show of this new world.

An insatiable reporter starved for often-panoramic images, renouncing the details that would have caused him to lose his rhythm, slowing down the vision and creating "narrative jumps." Perhaps the desire, which here is transformed into a project, was to relate the experience in a way more cinematic than photographic, as though all of the single frames were pieces of one huge puzzle.

At this point I must add that his choice of camera—a Zeiss Hologon with range finder and fixed 120-degree optics—was fundamental.

The field framed by this lens is much broader than that perceived by the human eye in a unit of time. Paradoxically, as it is known, a picture snapped in a fraction of a second contains much information that is normally perceived by the human eye and consciousness in a longer time. The Hologon heightens this phenomenon, seeing much more than what we can register at a glance. The fixed-focus lens and the wide-angle lens help to render an extensive space, enlarged by a constant perception of the horizon and the far-away, as well as simultaneously of the near-by; in the end producing an almost homologated representation of the landscape.

Il viaggiatore veloce

Gabriele Basilico

Il paesaggio è affascinante, una tiepida giornata di sole illumina i luoghi che scorrono lentamente inquadrati dal finestrino: da Genova verso ponente, il complesso siderurgico di Cornigliano, i depositi di ferro e di carbone, un paesaggio nero quasi monocromatico, i cantieri navali di Nervi in febbrile attività e, oltre l'aeroporto, Genova Voltri, una vasta pianura di asfalto di dimensioni siderali, dove come un esercito in riposo giacciono centinaia di container colorati. Il treno costeggia piccole spiagge di sassi, spesso vicinissime ai binari, con le attrezzature balneari accatastate dal letargo invernale, che si alternano ai piccoli borghi e a paesi urbani, quasi sempre visti dall'alto. Ogni tanto appaiono terrazze fiorite e piccoli sentieri ornati da fiori, da piante grasse o da palme, come a Bordighera, dove gruppi di anziani passeggiano lentamente come senza meta, godendo del tepore del sole.

In pacifica contemplazione di questo paesaggio nord-mediterraneo, ho pensato alle foto di Mario, all'avventura visionaria del Giappone, all'impatto con il paesaggio, con le persone, con i flussi, con le merci, e anche con il treno. L'impressione è stata che il treno veloce, ma forse anche l'auto o il semplice camminare, siano stati degli strumenti fondamentali per leggere questo nuovo mondo così diverso, ma anche così simile, nell'esasperata adesione alla modernità, all'occidente. Mi sono fatto l'idea che Mario Bellini sia un viaggiatore veloce: osservando queste immagini è come se lui avesse voluto vedere tanto, tutto, senza perdere nessun frammento dello spettacolo di questo mondo nuovo.

Un reporter insaziabile, affamato di immagini spesso panoramiche, rinunciando ai dettagli che gli avrebbero fatto perdere il ritmo, rallentando la visione e creando del "salti narrativi". Forse il desiderio, che qui si trasforma in progetto, è stato quello di raccontare l'esperienza più in modo cinematografico che fotografico, come se tutti i singoli *frames* fossero i componenti di un unico grande puzzle.

A questo punto devo aggiungere che la scelta della fotocamera, la Zeiss Hologon a telemetro con ottica fissa di 120 gradi, è stata fondamentale. Il campo inquadrato da questo obiettivo è molto più ampio di quello percepito dall'occhio umano nell'unità di tempo. Paradossalmente, come si sa, un'immagine scattata in una frazione di secondo contiene molte informazioni che di norma sono percepite dall'occhio umano e dalla coscienza in un tempo più lungo. La Hologon esaspera questo fenomeno, vede molto più di quanto possiamo registrare con lo sguardo. L'obiettivo fisso e il grande angolo di campo aiutano a restituire uno spazio esteso, dilatato con una costante percezione dell'orizzonte e del lontano, ma anche contemporaneamente del vicino,

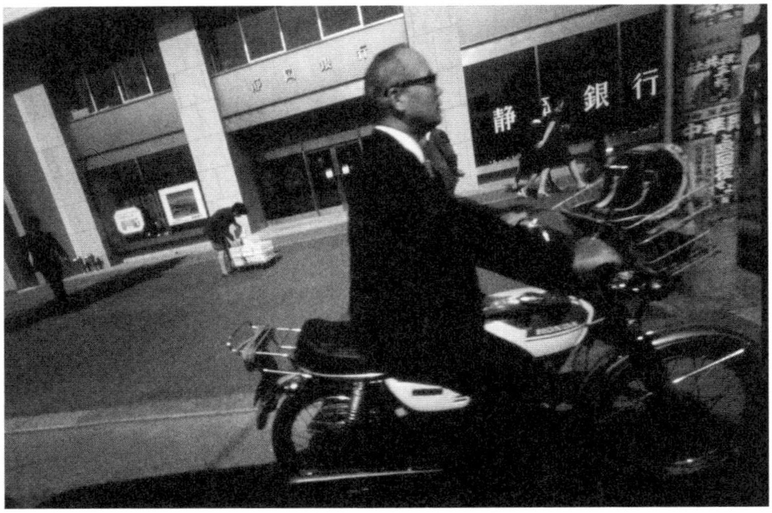

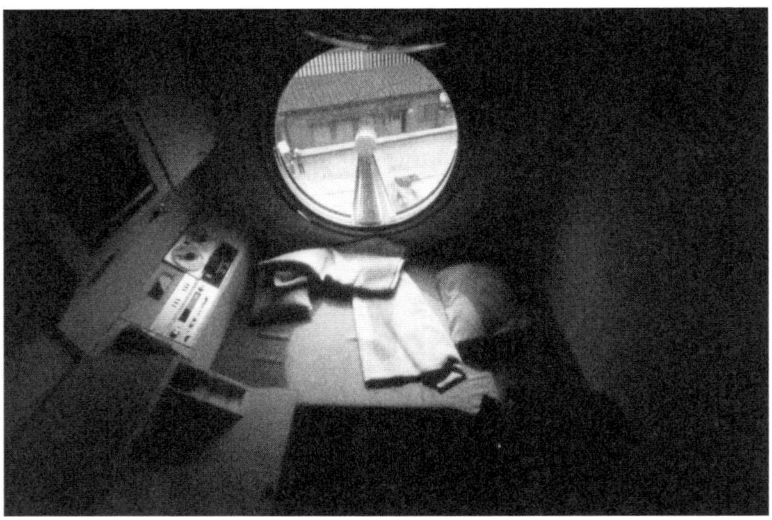

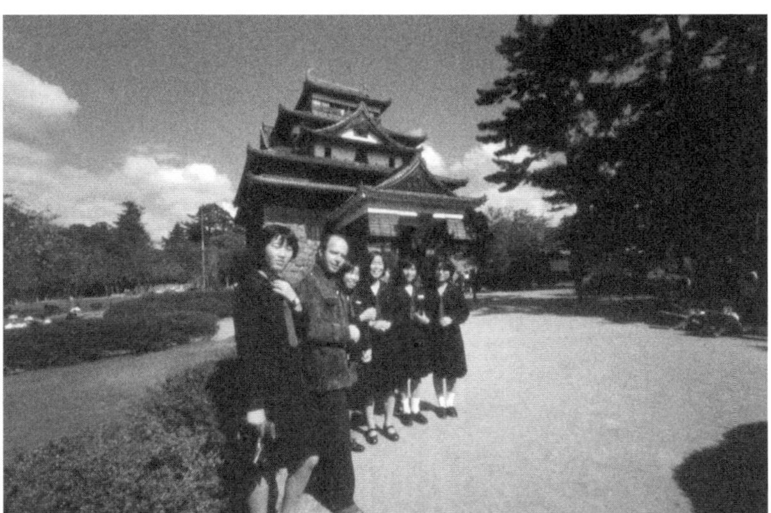

Six photographs from Mario Bellini. Il fuoco nell'occhio: *the 1973 reportage documents Mario Bellini's first trip to Japan, accompanied by a special guide: Toshiyuki Kita. The photos are taken by Bellini using a Zeiss Hologon*

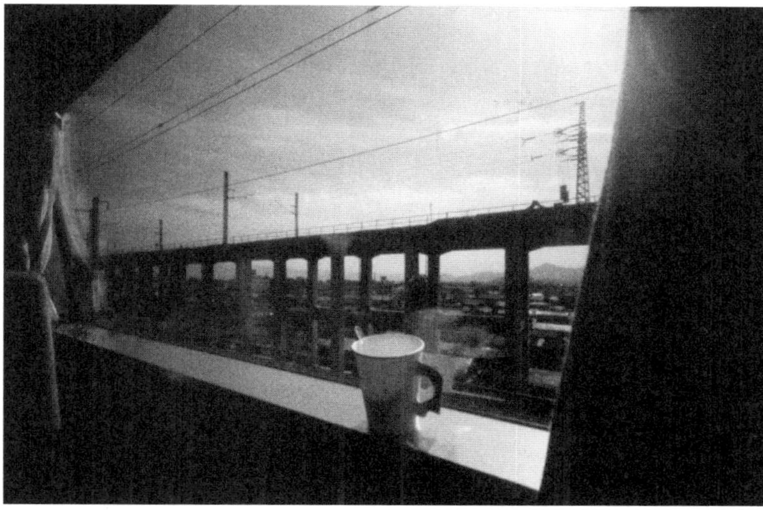

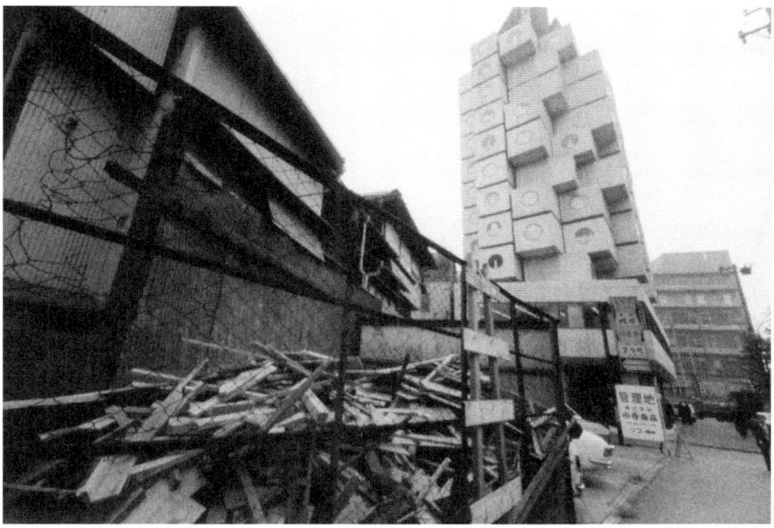

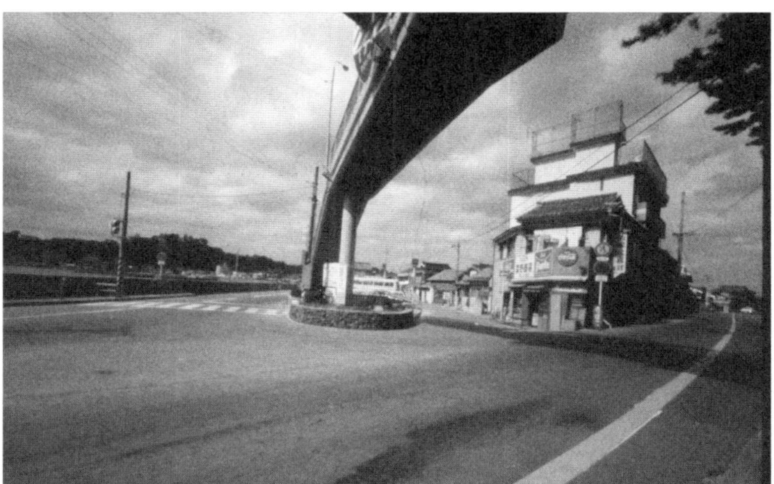

Sei fotografie tratte da *Mario Bellini. Il fuoco nell'occhio*: il reportage, datato 1973, rende conto del primo viaggio di Mario Bellini in Giappone accompagnato da un guida speciale: Toshiyuki Kita; le foto sono state scattate da Bellini con una Zeiss Hologon

The Hologon, because of its telemetry rather than reflex vision, is much more helpful for "capturing" than composing. This may seem contradictory for so famous an architect and designer as Mario Bellini, who in designing is accustomed to thorough analysis and the definition of every little detail and every function. But—without gainsaying the rule of opposites, according to which we are often attracted by what is different from us, including our work habits—it seems to me that on the one hand, Mario Bellini's choice was courageous from a creative standpoint, while on the other hand, it was consistent with the need for experimentation with language, technique and behavior that characterized artistic endeavor in the 1970s.

I am convinced that Mario Bellini belongs to the group of creative spirits (architects, designers and artists) who do not limit their field of investigation to within the confines of their own discipline (in this case, design and architecture), but on the contrary hold that confrontation with other, apparently different creative experiences is, in addition to being a necessary response to curiosity, a fundamental experience for the verification of one's own work and a way to broaden one's horizons in creative and professional practice.

In photography in previous years, a not dissimilar way of describing and interpreting the outer world had already become evident at the international level—a dynamic, quick and grammatically aggressive vision had imposed itself on a contemplative and measured vision. The photographer was a powerful presence on the scene. The "wide-angle" vision appreciated by press photographers in those years erased the distance separating the subject and brought close to one another photographer, subject and background (very often the city), "compressing them" virtually into a single plane. I recall that one of the leading exponents of this trend was William Klein,[1] *who with his books of photographs dedicated to New York, Moscow, Tokyo and Rome, had revolutionized the way of looking at things, offering us a spectacular, very lively world, dense with signs and symbols. It is interesting to note that in those same years William Klein experienced Italy while working in the graphic arts for* Domus *magazine, then edited by Giò Ponti. I have no idea whether Mario Bellini was acquainted with William Klein's work, but above and beyond this possibility, I like to think that the intersecting ebb and flow of artistic experiences, and their mutual influence, represent an effective, stimulating and indispensable instrument for creative research and professional activity.*

Translation originally published in *Mario Bellini. Il fuoco nell'occhio. Tokyo-Osaka a 220 km orari*, Nicolodi Editore, Rovereto, 2006, pp. 71–83.

[1] William Klein retrospective at Center Pompidou, Paris (7 December 2005–20 February 2006).

restituendo alla fine una rappresentazione quasi omologata del paesaggio. La Hologon, anche a causa della visione telemetrica e non reflex, aiuta molto di più ad "afferrare" che a comporre. Questo può sembrare contraddittorio per un architetto e designer famoso come Mario Bellini che, nella progettazione, è abituato all'approfondimento e alla definizione di ogni piccolo dettaglio e di ogni funzione. Ma, fatta salva la legge dei contrari per cui si è attratti spesso da ciò che è diverso da noi, o dal nostro metodo di lavoro, a me sembra che la scelta di Mario Bellini sia stata da una parte creativamente coraggiosa e dall'altra coerente con quella necessità di sperimentazione di linguaggio, di tecniche e di comportamento che ha caratterizzato la ricerca artistica negli anni settanta. Sono convinto che Mario Bellini appartenga a quella schiera di creativi (architetti, designer, artisti) che non limitano il proprio campo di ricerca dentro i confini della propria disciplina (il design e l'architettura), ma al contrario pensano che il confronto con altre esperienze creative, apparentemente diverse, sia oltre che una necessaria risposta alla curiosità, un'esperienza fondamentale di verifica del proprio lavoro e un modo per allargare l'orizzonte della pratica creativa e professionale.

In fotografia, negli anni precedenti, un modo non dissimile di descrivere e interpretare il mondo esterno si era già messo in evidenza a livello internazionale. Una visione dinamica, veloce, grammaticalmente aggressiva si era imposta a una visione contemplativa e misurata. Il fotografo era fortemente presente sulla scena. La visione "grandangolare" apprezzata dai fotoreporter di quegli anni annullava la distanza dal soggetto e avvicinava fotografo, soggetto e sfondo (molto spesso la città) "comprimendoli" virtualmente in un unico piano. Ricordo che uno dei protagonisti importanti di questa tendenza era William Klein[1], che con i suoi libri fotografici dedicati a New York, Mosca, Tokyo e Roma, aveva rivoluzionato lo sguardo e ci aveva riproposto un mondo spettacolare, vivacissimo, denso di segni e simboli. È interessante notare che William Klein negli stessi anni aveva avuto un'esperienza italiana come grafico della rivista "Domus", allora diretta da Gio Ponti. Non so se Mario Bellini conosca il lavoro di William Klein, ma al di là di questa possibilità, mi piace pensare che i flussi incrociati delle esperienze artistiche, e le loro contaminazioni, siano uno strumento efficace, eccitante e irrinunciabile della ricerca e della professione creativa.

Testo tratto da *Mario Bellini. Il fuoco nell'occhio. Tokyo-Osaka a 220 km orari*, Nicolodi Editore, Rovereto 2006, pp. 71-83.

[1] Expo retrospettiva di William Klein al Center Pompidou di Parigi (7 dicembre 2005 - 20 febbraio 2006).

Kodak Moments

Mario Calabresi

Mario Bellini's journey has all the charm of that deep America, apparently no longer with us; his photographs stir up nostalgia for a distant world, even among those who were no more than children or who weren't even born at the time [1972, Ed.], yet who are familiar with that era through rock, art or the films of Scorsese, Coppola... One may read it as a testimony to a time gone by, or strain oneself to look beyond to pick out those common characteristics that have been transformed but not lost. The soul of America, with all its vices, excesses and naivety, has not changed substantially; it has merely been updated.

What remains of those hippies who sought a more balanced relationship with nature, eating grains, doing drugs and promoting forms of free love? Apparently nothing, but if we go beyond appearances, we cannot overlook the American obsession with organic foods, vegetarian and vegan diets, granola morning noon and night: a back to basics sanctified by the Paleolithic diet! Or how about marijuana sold freely in ever more states? Gay weddings? And the idea of a society without hierarchies, in which everyone could be on the same level instead of being subjected to vertical relationships—has this perhaps not been brought about by Internet, which has itself led to the breaking of so many monopolies, as well as guaranteeing the success of the notion of all for free and free for all?

And not only in terms of culture and behavior, but also in physical terms, of everything that fascinated Mario Bellini on his epic journey between the Atlantic and the Pacific, many elements remain and many points of continuity are still to be found.

I have traveled across America over the last ten years, initially to follow election trails—first and foremost that of Barack Obama—and then in order to investigate phenomena such as the economic crisis and the onset of home foreclosures; lastly, tracking down the technologies that have created the new world in which we now live.

I came across the same waves of migrating pensioners, living in their giant silvery trailers; the same villages of homes on wheels; new groups of utopians in search of great spirits among the red rocks of Arizona; the same deserted roads that seem to lead straight into the middle of nowhere, and—luckily intact and wonderfully preserved—the houses of Frank Lloyd Wright in Oak Park, an outlying neighborhood of Chicago. Going to visit them would be worthwhile even just for the journey on the elevated subway that departs from the center and offers breathtaking views of the Windy City skyline.

As for the religious congregations, they have continued to multiply, although the micro-churches met the same fate as the single-window shops that they once occupied: they have been swept away by the great outlying

Kodak Moments

Mario Calabresi

Il viaggio di Mario Bellini ha il fascino di raccontarci un'America profonda apparentemente scomparsa, le sue foto creano nostalgie di un mondo lontano, anche in chi allora era solo un bambino [1972, n.d.r.] o non era nemmeno nato, ma quel tempo lo ha conosciuto attraverso il rock, l'arte o i film di Scorsese, Coppola... Lo si può leggere come testimonianza di un tempo finito oppure sforzarsi di guardare oltre per trovare quei caratteri comuni che si sono trasformati, ma non sono andati perduti. L'anima dell'America, con i suoi vizi, i suoi eccessi e le sue ingenuità, non è sostanzialmente cambiata, si è solo aggiornata.

Cosa resta degli hippie che cercavano un rapporto più equilibrato con la natura mangiando granaglie, usando stupefacenti e professando forme di libero amore? Apparentemente nulla, ma se andiamo oltre le apparenze non possiamo non registrare l'ossessione americana per il biologico, le diete vegetariane, vegane, la granola a colazione e cena, un ritorno alle origini santificato dalla dieta paleolitica! E la marijuana venduta liberamente in sempre più stati? E i matrimoni gay? E l'idea di una società senza gerarchie, in cui tutti potessero essere sullo stesso piano anziché sottostare ai rapporti verticali, non è stata forse realizzata da internet, che ha anche regalato la rottura di molti monopoli oltre ad aver fatto trionfare l'idea del tutto gratis a tutti?

Non solo nella cultura e nei comportamenti, ma anche nella sostanza fisica, quella che ha affascinato Mario Bellini nel suo lungo viaggio tra Atlantico e Pacifico, restano richiami e si trovano continuità.

Ho viaggiato la stessa America negli ultimi dieci anni: prima al seguito delle carovane elettorali, soprattutto quella di Barack Obama, poi per indagare fenomeni come la crisi economica e la grande ondata di pignoramenti di case, infine sui percorsi delle tecnologie che hanno creato il mondo nuovo in cui viviamo.

Ho ritrovato le stesse migrazioni di pensionati che vivono in gigantesche roulotte argentate; gli stessi villaggi di case su ruota; nuovi gruppi di utopisti che cercano i grandi spiriti tra le rocce rosse dell'Arizona; le stesse strade dritte e deserte che sembrano portare al nulla e – fortunatamente intatte e meravigliosamente conservate – le case di Frank Lloyd Wright a Oak Park, quartiere periferico di Chicago. Andarle a visitare varrebbe la pena anche solo per il viaggio sulla metropolitana sopraelevata che parte dal centro e regala uno straordinario panorama dello *skyline* della città del vento.

Quanto alle congregazioni religiose, hanno continuato a moltiplicarsi, anche se le micro-chiese hanno subìto la stessa sorte dei negozi a una vetrina che occupavano: sono stati spazzati via dai grandi agglomerati

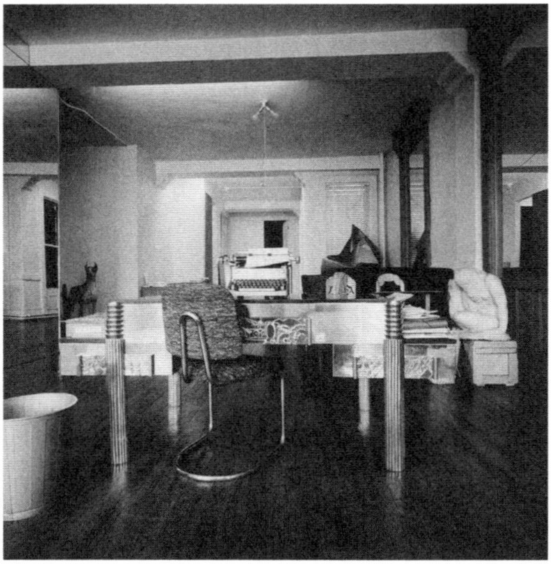

1.

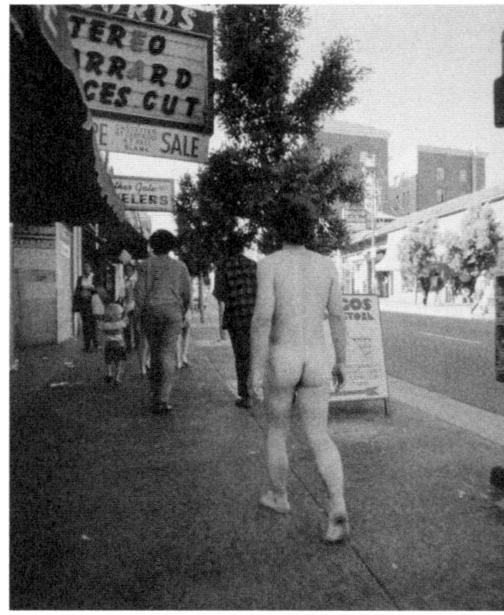

2.

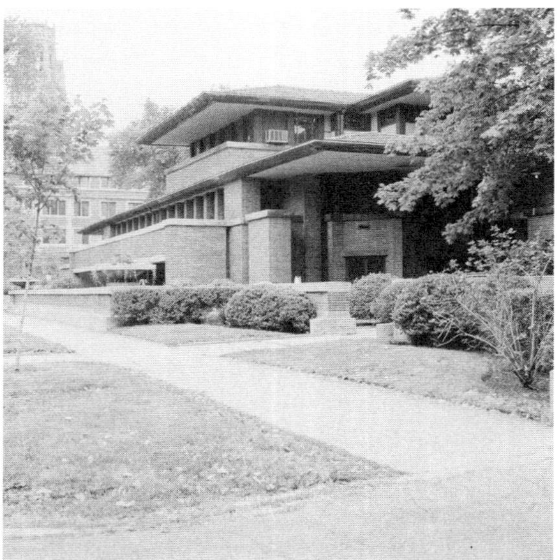

5.

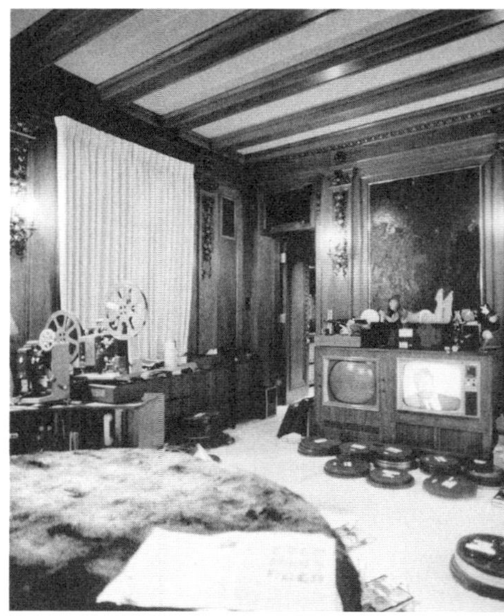

6.

On these pages, photographs taken by Mario Bellini using a Hasselblad, originally published in Mario Bellini. Usa 1972 (Humboldt Books, Milan, 2015). *Bellini's reportage documents his coast-to-coast trip, together with Francesco Binfaré and Davide Mosconi, in the summer of 1972, after the closing of the exhibition "Italy: the New Domestic Landscape" at MoMA, New York.*
1. Andy Warhol's studio in New York.
2. One of the first examples of striking in Telegraph Street, Berkley, California.
3. Father Jod, founder of L. A. spiritual commune The Source Family.
4. Interstate 80, linking Chicago to the Pacific Coast.
5. The Robie House, Hyde Park, Chicago, designed by Frank Lloyd Wright.
6. Bedroom in Hugh Hefner's original mansion in Chicago.
7. Inauguration of the first arch in Arcosanti, Paolo Soleri's utopian city in Arizona.
8. Paolo Soleri as he illustrates his project.

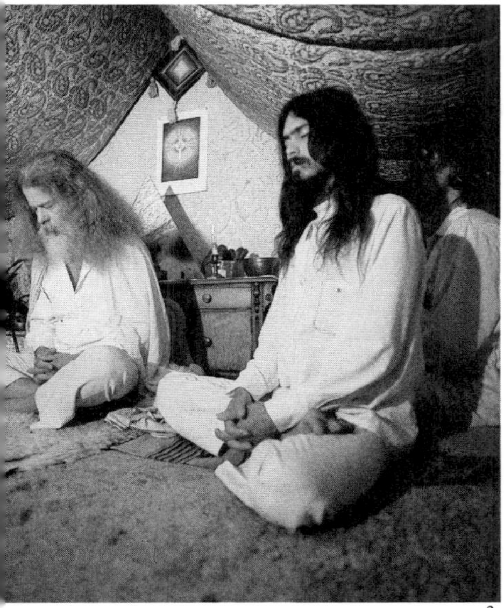

3.

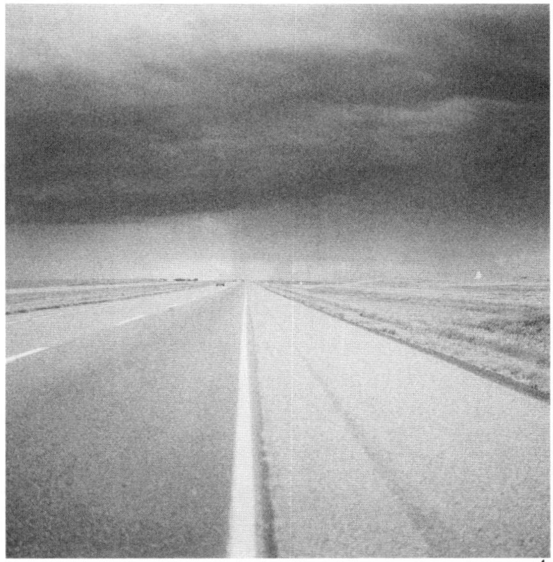

4.

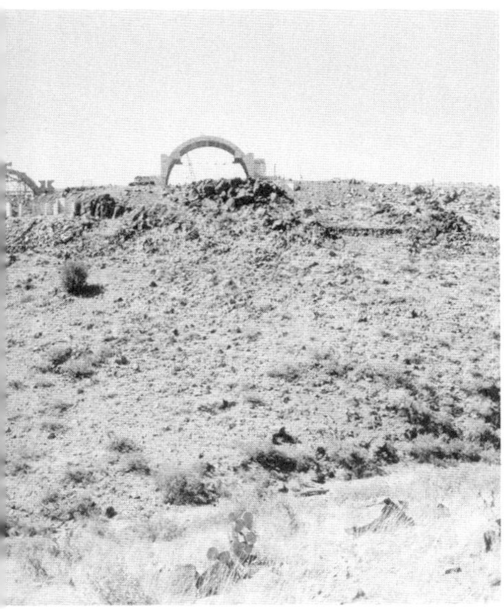

7.

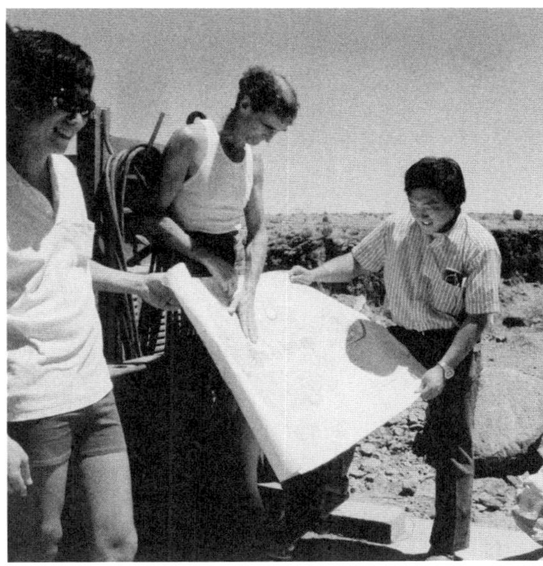

8.

In queste pagine alcune fotografie di Mario Bellini scattate con una Hasselblad e tratte da *Mario Bellini. Usa 1972* (Humboldt Books, Milano 2015). Il reportage di Bellini, documenta un viaggio *coast to coast* fatto con Francesco Binfaré e Davide Mosconi, nell'estate del 1972 al termine della mostra *Italy. The New Domestic Landscape* promossa dal MoMA di New York.
1. Lo studio di Andy Warhol a New York.
2. Uno dei primi esempi di "striking" in Telegraph Street, Berkely, California.
3. Father Jod, fondatore della comune La Sorgente, a Los Angeles.
4. La Interstate 80 che collega Chicago alla costa del Pacifico.
5. la Robie House di Frank Lloyd Wright a Oak Park, Chicago.
6. La camera da letto della mansion di Hugh Hefner a Chicago.
7. L'inaugurazione del primo arco ad Arcosanti, la città utopica di Paolo Soleri, in Arizona.
8. Paolo Soleri mentre illustra il suo progetto.

agglomerates, and so just as there are major shopping malls, there are also the mega-churches with their sprawling car parks, ready to host spectacular preaching before teeming crowds. As for the sexy shops, they have pretty much been usurped by Internet!

The welcome given in provincial homes, one the other hand, has remained unchanged, and the photos of children sporting braced teeth and college sweaters are still always close at hand. After an initial moment of mistrust, curiosity and the duty of hospitality prevail: I remember writing electoral correspondence in the dining room of a home way out in the midst of the Pennsylvania countryside, where the lady of the house immediately brought me a cup of coffee and a slice of cake, or dining on the evening of the start of the primaries at the house of a couple of teachers from Iowa whom I had met in the street, and the barbecue set out below the basketball hoop in front of the garage of every home.

The morgue-sized fridges and walk-in closets, on the other hand, have crossed the ocean, and today are to be seen in our own homes, which have also been contaminated with the technologies churned out by that great "laboratory of novelties" which the USA continues to represent.

Something which instead is lost and gone forever: those colors unfound in nature yet which existed only in 1970s camera rolls: that fully charged green, those "Kodak Moment" oranges, the memories that all of us have, buried away in some drawer.

Translation originally published in *Mario Bellini. Usa 1972*, Humboldt Books, Milan, 2015.

periferici e così oggi ci sono i grandi centri commerciali per lo shopping e le *megachurch* con immensi parcheggi per ospitare prediche spettacolari a folle oceaniche. Quanto ai sexy shop, quelli sono stati sostituiti da internet!

Immutata è rimasta invece in provincia l'accoglienza nelle case, dove le foto dei figli con l'apparecchio ai denti e la felpa del college non mancano mai. Dopo un primo momento di diffidenza, prevalgono ancora la curiosità e il dovere dell'ospitalità: ricordo di aver scritto le mie corrispondenze elettorali nella sala da pranzo di una villetta sperduta nella campagna della Pennsylvania dove la padrona di casa mi allungò subito un caffè e una fetta di torta, o di aver cenato la sera dell'inizio delle primarie da una coppia di insegnanti dell'Iowa che avevo incrociato per strada, e il barbecue sotto il canestro davanti a ogni garage.

I giganteschi frigoriferi e le cabine armadio invece hanno attraversato l'oceano e oggi li vediamo nelle nostre case, contaminate anche dalle tecnologie di quel grande "laboratorio del nuovo" che continuano a essere gli Stati Uniti.

Una cosa invece è andata irrimediabilmente perduta: quei colori che non esistono in natura e che esistevano solo nelle pellicole degli anni settanta, quel verde carico, quegli arancioni dei *Kodak Moment*, i ricordi che ognuno di noi ha sepolto in qualche cassetto.

Testo tratto da *Mario Bellini. Usa 1972*, Humboldt Books, Milano 2015.

On the Road with Mario

Marco Romano

We traveled in a large minivan, with a roof that opened up like a boat. Opposite the side door was an L-shaped sofa, and there was another sofa next to the driver—both sofas were adapted versions of Le Bambole. The driver of course looked ahead while everyone else moved around, looked at tourist guides and maps, played with dice and soaked up the sun.

We had a rule, which we strictly followed, that two hours before dark we would turn onto a side road and find a flat spot for pitching our tents. Four or five pup tents would come out of the belly of the minivan—two for the adults, the others for the children—along with a big, solid table with chairs and stools, cookers, pasta and wine.

We traveled on roads and through towns that are perhaps not so safe today—in Syria, Jordan, Iraq, Iran and Egypt—and when we set up our tents, the villagers came to watch, silently observing, helping us to set up camp and reluctantly tasting our pasta. Even in the desert on the Iran–Afghanistan border, adults and children emerged out of nowhere.

Under the stars, we told our children old stories of the countries we visited, we told them of the adventures of Valentinian, the Roman emperor who lost his army in an attempt to conquer Persia and who the Persians then depicted as a prisoner in a bas-relief, we told them of the New Year's procession sculpted on stone bases in Persepolis, we told them of Islamic civilization just outside the holy city of Mashhad, we told them of the Babylonians and their ziggurats, which we had just climbed down, on the banks of the Euphrates, we told them of the reign of Mithridates while at the foot of his tomb, a gigantic stone cone standing three-thousand meters high.

At noon we would eat in the best little restaurants: rice and kebabs throughout Persia, elaborate sauces in Lebanon, the unequaled firin kebab of the pilgrims of Konya, the famous 1001 wine that the Armenians have had the right to produce in Isfahan since the time of Shah Abbas.

And we drank fruit juice sold by local vendors, ignoring the tourist guides' warning to avoid water from local taps.

Traveling with Mario was like a party, everything became something that sparked curiosity, every meal was an opportunity for experimenting, every building an exploration of architecture, every campsite the image of a landscape. The people we encountered, whether farmers or carpet sellers, were never an "Other" to be suspicious of; they were always people from whom we could learn about life.

In all those years, none of us ever suffered from so much as the slightest upset stomach, and we never had a single negative encounter.

But in many of these countries, the cities are spread out hundreds of

In viaggio con Mario

Marco Romano

Viaggiavamo con un grande pulmino, col tetto apribile come una barca, di fronte al portello laterale un divano a L e un altro divano di fianco al guidatore – ricavati da un adattamento de "Le Bambole" – che, lui sì, guardava davanti, mentre gli altri cambiavano posto, consultavano le guide e le carte, leggevano, giocavano ai dadi, prendevano il sole.

Era regola rigorosa, due ore prima del buio, inoltrarci in qualche stradina laterale fino a trovare un qualche posto pianeggiante dove piantare le tende: uscivano dal ventre del pulmino quattro o cinque canadesi – due per i grandi e le altre per i bambini –, usciva un grande e solido tavolone con le seggiole e gli sgabelli, uscivano i fornelli e le pastasciutte e il vino.

Viaggiavamo per strade e per paesi forse oggi meno sicuri – in Siria, in Giordania, in Iraq, in Iran, in Egitto – e dove montavamo le tende arrivavano gli abitanti dei villaggi, guardavano in silenzio, aiutavano a montare il campo, assaggiavano riluttanti la pastasciutta e persino nel deserto che corre ai confini iranici verso l'Afghanistan sbucavano dal nulla torme di grandi e piccini.

Sotto le stelle, poi, raccontavamo ai nostri bambini le antiche storie di quei paesi, raccontavamo le vicende di Valentiniano, l'imperatore romano che perse il suo esercito per conquistare la Persia e i persiani l'hanno raffigurato prigioniero in un bassorilievo, raccontavamo la processione dell'anno nuovo scolpita sui basamenti di Persepoli, raccontavamo della civiltà islamica appena usciti dalla città santa di Mashaad, raccontavamo sulle rive dell'Eufrate dei babilonesi e dei loro ziggurat dai quali eravamo appena discesi, raccontavamo del regno di Mitridate ai piedi della sua tomba, un immenso cono di pietra a tremila metri di altezza.

A mezzogiorno mangiavamo nelle migliori trattorie: riso e spiedini per tutta la Persia, elaborati intingoli nel Libano, l'ineguagliabile *firin kebab* dei pellegrini di Konya, il famoso vino 1001 che gli armeni hanno diritto di coltivare a Isfahan dai tempi di Shah Abbas. E bevevamo i succhi di frutta dai banchetti popolari, del tutto indifferenti al monito delle guide turistiche di evitare l'acqua dei rubinetti locali.

Viaggiare con Mario era una festa, perché ogni cosa diventava motivo di curiosità, ogni cibo un momento di sperimentazione, ogni manufatto una ricognizione sull'architettura, ogni campeggio l'immagine di un paesaggio: mai succedeva che gli altri, i contadini o i venditori di tappeti, fossero un altro del quale diffidare, ma erano sempre per noi persone delle quali capire la vita. Sicché in tanti anni

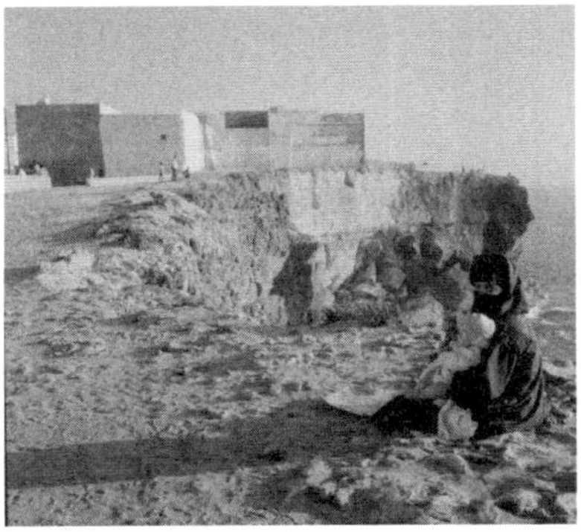

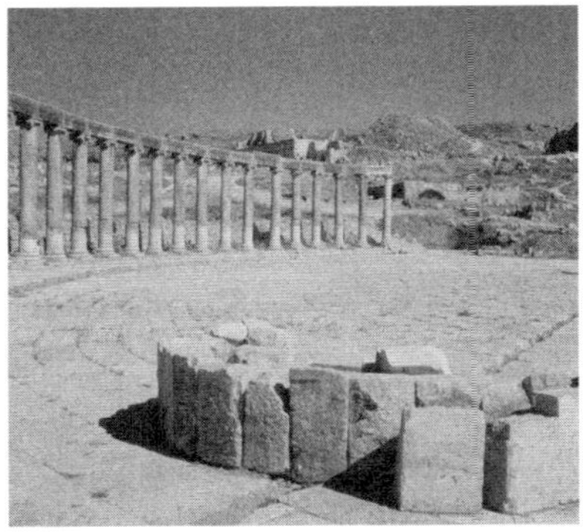

Between 1969 and 1985, Mario Bellini and the architect and town planner Marco Romano traveled with their Canadian and a Volkswagen minivan with a modified convertible canvas roof, furnished, from 1972, with Le Bambole upholstered seating (designed for B&B). Together, they explored several countries, some of which, including Iran, Iraq, Turkey, Syria and Egypt, are now dangerous. On this page, the trips to Morocco and to the Roman city of Gerasa (now Jerash) in Jordan; on the next page, the tents in Algiers and south of Rabat

kilometers apart, while in Umbria or Burgundy every half-hour there is somewhere to stop and something to see. We spent whole days in our minivan talking about what kind of vehicle we could design that would fit our travels like a glove, of course always excluding the concept of the caravan, of mobile homes that distance travelers from the world, which we instead wanted to know as intimately as possible.

That's what traveling is about.

The car of our dreams could be completely opened up, like our minivan, it was utterly flexible, with mobile seating that could be used to create sofas and seats facing every direction. It was a kind of ideal traveling living room that we were still unable to create but that always seemed just within reach.

Back then, Mario and I shared a studio. And one day, a large plywood flatbed appeared in our big model room, and another day, our dream armchairs came up the stairs. What was taking shape, day after day, right before my eyes, was the car of our dreams: an ideal design, since a lot of things were still missing, but it was not difficult to imagine what to add to make it absolutely perfect.

Except the Kar-a-sutra remained the car of our dreams, and for a few years we continued traveling in our old minivan, but no longer talked about how we would change it, because we had already seen the perfect design in our big model room.

Until we, too, became too old to pick up and go as we used to. We sold the minivan and bought ourselves normal cars.

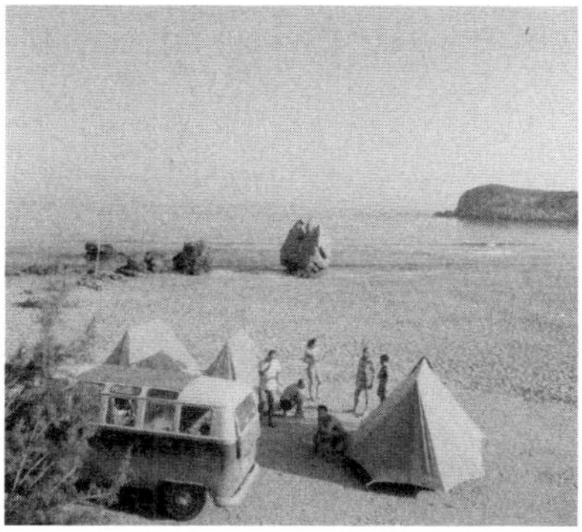

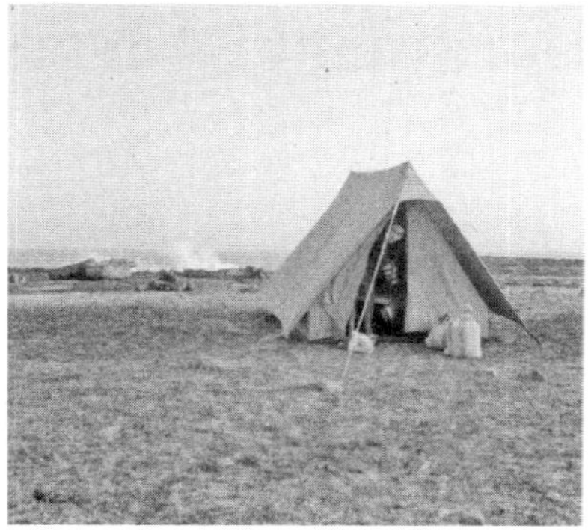

Tra il 1969 e il 1985 Mario Bellini e l'urbanista Marco Romano hanno viaggiato con tende canadesi e pulmino Volkswagen modificato con tetto in tela apribile e, a partire dal 1972, arredato con gli imbottiti *Le Bambole* di B&B. Insieme hanno esplorato Paesi – alcuni dei quali oggi a rischio – come Iran, Iraq, Turchia, Siria ed Egitto. Nella pagina accanto, i viaggi in Marocco e a Gerasa in Giordania; qui, le tende ad Algeri e a sud di Rabat

nessuno di noi ha mai avuto l'ombra di un mal di pancia e neppure abbiamo mai fatto cattivi incontri.

Ma in molti di questi paesi le città distano tra loro centinaia di chilometri, e mentre in Umbria o in Borgogna ogni mezz'ora abbiamo di che fermarci e di che visitare, lì passavamo giornate intere sul nostro pulmino a domandarci quale automobile avremmo potuto progettare che aderisse come un guanto al nostro viaggiare, sempre escludendo beninteso il principio delle roulotte, delle case mobili che allontanano dal mondo del quale volevamo essere il più possibile ospiti consapevoli.

Viaggiare è questo.

La macchina dei nostri sogni era del tutto apribile, si intende, come il nostro pulmino, era poi sovranamente flessibile con le seggiole mobili a comporre divani e sedili per ogni senso di marcia, era per così dire il perfetto salotto viaggiante che non eravamo ancora riusciti a realizzare, ma che ci sembrava ogni volta a portata di mano.

A quei tempi avevamo con Mario lo studio insieme: ed ecco un giorno comparire nella grande sala dei modelli un largo pianale di compensato, ecco salire per le scale le nostre poltrone ideali, ecco prendere forma giorno per giorno, sotto ai miei occhi, la macchina dei nostri sogni: un luogo ideale, si intende, perché molte cose mancavano ancora, ma non era difficile immaginare come arricchirla per renderla assolutamente perfetta.

Solo che *Kar-a-Sutra* è rimasta soltanto la macchina dei nostri sogni e abbiamo continuato ancora per qualche anno a viaggiare nel nostro vecchio pulmino, senza raccontarci più come l'avremmo voluta, perché eravamo riusciti a vederla davvero nella grande sala dei modelli.

Finché anche noi siamo diventati troppo vecchi per riprendere il mare alla vecchia maniera, abbiamo venduto il pulmino e abbiamo comperato le solite automobili.

The (Extraordinary) Adventure of Domus

Italo Lupi

The time during which I worked at Domus *together with Mario Bellini was a happy and, I believe, creative one. It lasted six years, but it flew by quickly since the interesting content of the magazine made our intense, almost non-stop work schedules seem light.*

Mario was the editor-in-chief and I was just the art director, but, as everyone knows, these two positions, despite their hierarchical diversity, are the ones at a publication that require regular information exchange and demand crystal clarity about the aims of the overall cultural policy.

Mario and I had worked together before, on a rather unusual occasion which was, I think, extremely educational for all of us: Mario, Roberto Orefice and myself. We were three very young architects who had just graduated from the Politecnico di Milano, each one with his own special and different inclinations in of the broad field of Milanese design, which was already at that time, or perhaps especially at that time, open to free and various exploration. Mario was already perfectly aware of his abilities as a designer. Roberto was cultured and had a sharp, difficult intelligence, more inclined towards criticism and questioning the meaning of the projects. As for myself, I was very interested in graphic design and the expressive modes of publishing.

The department store La Rinascente was looking for an art director for its renowned Development Department, and wanted one and only one person for the job, and someone great and famous to boot. Like three musketeers, we proposed three young brains instead of the one La Rinascente was looking for. And Augusto Morello (the future great president of the Triennale di Milano), who headed the Development Office, accepted the challenge and defended it enthusiastically. A man of sharp intelligence who had studied criticism and philosophy under Giulio Carlo Argan, he was our great travel companion. Although he had a sometimes difficult nature, Morello was always faithful when it came to dialectical exchange. Together with Franco Mocellin, he supported us for three intense years of proposals and the occasional crisis situation for the line of products traditionally offered by La Rinascente. Our proposals ran in the direction of, or anticipated, sometimes ingenuously, the critical movements that were forming at the time especially in Milan in the wake of the teachings of Ernesto Nathan Rogers.

This was an extraordinary experience for us also because the department was a magnet for young international designers. It was an exceptionally rich workplace, certainly unique for the 1960s. The opportunity to direct our contemporaries from Finland, Japan, the United States, France and Germany was no small thing and it was anything but a "provincial" experience. And then it was interrupted, some of us were called up and we all went our separate ways. And Mario's was immediately successful. Cassina, B&B, Flos

L'avventura (straordinaria) di Domus

Italo Lupi

Il periodo di lavoro con Mario Bellini a "Domus" è stato felice e, credo, molto creativo. Un periodo durato sei anni, ma volato rapido perché l'interesse delle cose che con la rivista trasmettevamo rendeva lieve un lavoro comunque molto intenso e quasi senza respiro.

Mario era il direttore e io solo l'art director, ma è noto che queste due funzioni, pur nella loro diversità gerarchica, sono all'interno di una redazione quelle che obbligano più scambi informativi ed esigono chiarezza sulle finalità della politica culturale complessiva del giornale.

Con Mario c'era stata una precedente esperienza di lavoro, nata in modo insolito e credo, per tutti noi, molto formativa. Eravamo Mario, Roberto Orefice e io, tre giovanissimi architetti appena laureati al Politecnico di Milano, ognuno con proprie speciali inclinazioni progettuali in campi differenti del più vasto campo dell'architettura milanese, che già allora, o soprattutto allora, permetteva incursioni libere e diverse. Mario, già perfettamente consapevole delle sue capacità di progettista; Roberto, colto e di acuta, problematica intelligenza, più propenso alla critica e alla messa in discussione del senso stesso dei progetti; infine io, molto interessato alla grafica e ai modi espressivi dell'editoria.

L'occasione era stata una proposta di lavoro de La Rinascente, che cercava un art director per il suo celebratissimo Ufficio Sviluppo, e ne cercava uno e uno solo, grande e di fama. Come tre piccoli moschettieri proponemmo invece tre giovani cervelli al posto dell'unico che La Rinascente cercava. E Augusto Morello (il futuro bravo presidente della Triennale di Milano), che quell'Ufficio Sviluppo dirigeva, accettò la scommessa e la difese con entusiasmo. Uomo di acuta intelligenza e con una preparazione critico-filosofica maturata dall'insegnamento di Giulio Carlo Argan, fu il nostro grande compagno di viaggio. Di carattere non sempre facile, ma sempre puntuale nei momenti di reciproca dialettica, Morello, insieme a Franco Mocellin, ci sopportò per tre anni ricchi di proposte e talvolta di messa in crisi della linea di prodotti tradizionalmente offerta da La Rinascente. Proposte che correvano nel filo o precedevano, talvolta anche ingenuamente, i movimenti critici che andavano allora formandosi soprattutto a Milano nel solco dell'insegnamento di Ernesto Nathan Rogers.

L'esperienza fu per noi straordinaria, anche perché questo ufficio era un vero porto di mare di giovani progettisti internazionali: era cioè luogo veramente ricco di esperienze, soprattutto rarissimo in quegli anni sessanta; e poter dirigere coetanei finlandesi e giapponesi, americani e francesi o tedeschi non era cosa da poco e certamente

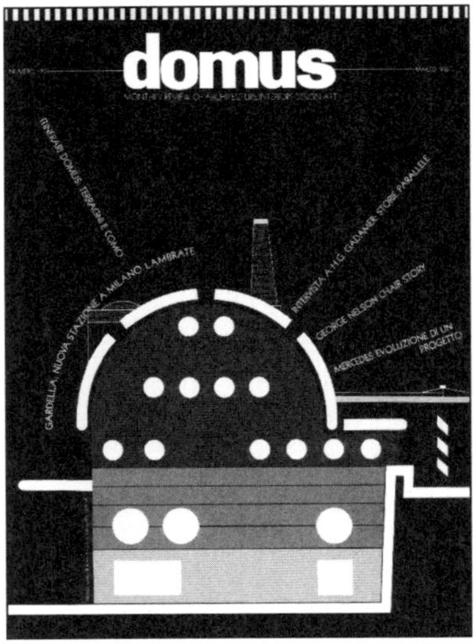

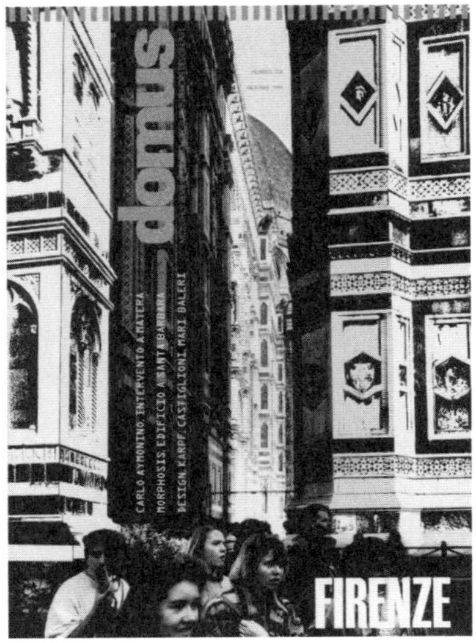

Mario Bellini was the editor of Domus *from 1986 to 1991: the first and last magazine covers, designed by Italo Lupi*

Dal 1986 al 1991 Mario Bellini dirige "Domus": qui accanto la prima e l'ultima copertina, realizzate da Italo Lupi

and above all Olivetti, the "Olympus" of architecture and design at the time. But also city planning, sociology, publishing and politics.

Roberto Orefice, after a series of brilliant articles for Leonardo Fiori's magazine Superfici *and Vittorio Gregotti's* Edilizia Moderna *and a stunning design for a kindergarten in Corsico (complete with a subtle tribute to his beloved van Eyck), decided to focus on research, teaching and sophisticated analysis of the history of religion.*

As for myself, I paired my professional activity with what turned out to an important formative experience, working as a consultant for Abitare, *a collaboration I continued until 1986 and started up again in 1992.*

It was not until 1986 that I worked with Mario again. Ms Mazzocchi, the editor of a raft of magazines, offered Mario the editorship of Domus *and he picked me as the art director. It was an exciting, and clearly very demanding, offer. As is always the case with the best jobs, it came with a challenge: to change the magazine from the ground up and create a clear way of presenting projects, or better, ideas, in the broad fields of architecture, design, art and criticism. Bellini took up the helm as editor after Mendini, who had boldly introduced a new, eccentric way of producing the magazine, inventing, as an addition to the publication, a series of cultural initiatives and concentrating unbiased attention on the avant-garde, which, in a rapidly changing world, Mendini had a knack for perceiving, detecting it like a light-hearted dowser. For the new editorial staff, it was not a return to order, but rather a creative return to design, to its concrete lines, with an open outlook and lots of freedom of judgment.*

The editorial team, which was young and new to this line of work (Marco Romanelli for design, Ermanno Ranzani for architecture, Gigi Spinelli for guides, Paola Antonelli, who soon after followed me to Abitare, *and Vittorio Magnago Lampugnani as deputy editors), produced issue after issue of a new, extremely cultured magazine that was highly attentive to new designs, without exclusions or constraints. In hindsight I*

non è stata un'esperienza provinciale. Poi c'è stato lo stacco, il servizio militare (per chi lo ha fatto) e ognuno è andato per la sua strada. E quella di Mario è stata subito trionfale. Cassina, B&B, Flos e soprattutto la Olivetti, l'Olimpo allora dell'architettura e del design. E ancora: dell'urbanistica, della sociologia, dell'editoria, della politica.

Roberto Orefice, dopo una serie di brillanti saggi sia per "Superfici", la rivista di Leonardo Fiori, che per la insuperabile "Edilizia Moderna" di Vittorio Gregotti, e dopo un bellissimo progetto di architettura di un asilo a Corsico (dove l'omaggio all'amatissimo Van Eyck era tributato in modo sottile), aveva preferito dedicarsi allo studio, all'insegnamento e alle sue sofisticate analisi di storia delle religioni. Io, a fianco dell'attività professionale, cominciavo un'esperienza per me molto formativa: la collaborazione di consulenza, continuata poi a lungo, con "Abitare" fino al 1986, poi ripresa nel 1992.

Solo nel 1986 si riannodano i fili del mio lavoro con Mario. La signora Mazzocchi, editore di tanta rivista, propone la direzione di "Domus" a Mario e Mario mi propone come art director.

Il momento è emozionante, sicuramente molto impegnativo, e pone sul tavolo, come sempre nei migliori lavori, una scommessa: modificare profondamente la rivista e inventare un modo chiaro di presentazione dei progetti, o meglio delle idee, nei campi ampi dell'architettura, del design, dell'arte, della critica. La direzione di Bellini seguiva quella di Mendini, che aveva con coraggio introdotto un modo nuovo ed eccentrico di fare la rivista, inventando, a corollario di questa, una serie di iniziative culturali e di attenzioni spregiudicate (nel senso migliore del termine) ai fenomeni di avanguardia che, in un mondo in rapida modificazione, Mendini sapeva cogliere come un divertito rabdomante. Si tratta, per la nuova redazione, non di un ritorno all'ordine, ma di un creativo ritorno al progetto, alle sue linee concrete, con molta apertura e molta libertà di giudizio. Una redazione giovane e nuova a questo lavoro (Marco Romanelli per il design, Ermanno Ranzani per l'architettura, Gigi Spinelli per le guide, Paola Antonelli, che mi seguirà poi subito dopo ad "Abitare", e Vittorio Magnago Lampugnani come vice-direttore) costruisce numero dopo numero un nuovo giornale molto colto, molto attento ai nuovi progetti, senza preclusioni e chiusure e, mi pare di poter dire oggi, buon testimone di quanto avveniva nel mondo del progetto.

Bellini è un direttore attento, sottile suggeritore di tutte le strategie del giornale, uno *scout* straordinario nel segnalare cosa stava succedendo in tutte le latitudini delle nostre discipline.

Ogni numero è come un grande volume per numero di pagine e per argomenti e, non ultimo, per la massa di pubblicità che affluisce sedotta dalla serietà e dall'autorevolezza del prodotto e non certo da parzialità o favori. Sono stati gli anni iniziati con le caratteristiche copertine tridimensionali, cioè forate, nelle quali la lettura dell'immagine ritagliata era possibile solo con il perfetto disegno della pagina

can say this was good evidence of what was happening at the time in the world of design.

Bellini was an attentive editor, subtly suggesting all of the strategies for the magazine, and an extraordinary scout, reporting what was happening in every area of our discipline. Every issue was like a massive volume, for the number of pages, the number of topics and, not least, the mass of advertising that poured in, attracted by the seriousness and respectability of the publication and not bias or favors. Those were the years that introduced the magazine's distinctive three-dimensional, punched covers, in which the cutout image could only be read thanks to the perfect design of the following page. It was challenging work, and it was successful due to Bellini's constant encouragement to experiment and find new formulas for communication.

Was it just a ploy? Not at all. It was certainly a minor thing, but still a new way of conceiving the magazine's covers that instantly communicated the change, and certainly had an impact if still today everyone remembers those punched windows. But of course they were not simply windows: they were complex designs, reinvented for every issue of the magazine, each with its own paradigm.

The same goes for the different kinds of paper used, and for the pages of the major essays and those of the expanded criticism section (headed by Gian Mario Andreani). The new structure of the magazine and the order of its contents stood up to the scrutiny of three editors and remained substantially unchanged up to the editorship of Stefano Boeri, when it was again completely revamped.

Bellini and I both left the magazine at the same time, at the end of 1991. Mario resumed his profession, which besides he had never abandoned, with all of his usual intensity, but making a bold and intuitive shift oriented more towards architecture than to object design. In any case, the exploration of the complex ties between the two was always a distinguishing trait of his work.

After I left my post as art director of Domus, *I began a new exciting adventure, which has continued uninterrupted until the present day, as managing director and art director of* Abitare. *A job in which my previous experience and knowledge, of course, converged.*

Our paths did meet once again, with Mario's exhibition design paired with my graphic design. This was the period of the exhibitions for the Triennale di Milano and for Palazzo Grassi in Venice, where Mario's design skills were encouraged by Paolo Viti, a director of the Gruppo Fiat at the time. I rediscovered the same quick intuition that I had known at the magazine and I could bring to this experience everything I had learned over the years from my collaboration with Achille Castiglioni, an absolute master in the field.

Milan, January 2006

successiva. Un lavoro difficile, al quale si era arrivati per la continua sollecitazione di Bellini a trovare nuove sperimentazioni, nuove formule di comunicazione.

Solo un espediente? No, un fatto certo minore, ma un nuovo modo di concepire le copertine che è servito a comunicare con immediatezza il cambiamento avvenuto e certo un fatto non secondario se ancora oggi tutti ricordano queste finestre bucate.

Ma che solo finestre non erano: erano disegni complessi, di volta in volta inventati secondo differenti paradigmi.

Così come le diverse carte usate per le pagine dei grandi saggi e per quelle del rinforzato settore della critica bibliografica (affidata a Gian Mario Andreani). Una struttura del numero, una successione di argomenti che ha sopportato a oggi il vaglio di tre direttori e che è sostanzialmente rimasta immutata fino alla recente direzione di Stefano Boeri, di nuovo completamente innovativa.

Lo stacco di Bellini e mio dalla rivista è stato contemporaneo; si chiudeva questa esperienza alla fine del 1991. Mario riprendeva con l'intensità di sempre la professione mai abbandonata, ma con una direzione di marcia di coraggiosa intelligenza rivolta ormai più all'architettura che al disegno di oggetti. D'altronde, la complessità di questi legami era sempre stata una filigrana costante della sua attività.

Io, lasciata l'*art direction* di "Domus", iniziavo l'altra bella avventura che, da allora, dura ancora oggi, della direzione responsabile e dell'*art direction* di "Abitare". Un lavoro dove, evidentemente, sono confluite esperienze e conoscenze precedenti.

Poi le nostre strade si sono reincontrate. All'architettura degli allestimenti di Mario si sono associati i miei contributi di grafica applicata. È stato il periodo delle mostre per la Triennale di Milano e per palazzo Grassi a Venezia, dove alla capacità progettuale di Mario si aggiungeva lo stimolo di Paolo Viti, allora direttore per conto del Gruppo Fiat. Ho ritrovato allora la stessa rapidità di intuizione che già conoscevo nell'esperienza editoriale e potevo sommare questo bagaglio a quello che negli anni mi aveva fornito la collaborazione indimenticabile con Achille Castiglioni, maestro assoluto in questo campo.

Milano, gennaio 2006

Design as a Platonic Idea

Arturo Carlo Quintavalle

But seriously, how does Mario Bellini draw? And what does he draw? And when does he draw? Does he make different kinds of drawings depending on what he is designing, like furniture as opposed to architecture, or exhibition design as opposed to a car? To answer these questions, we need a strategy, and I believe that the most useful one is to start from an important field that has, so far, received little attention from those who study Bellini's design process: photography. Bellini has always used photography and photography has been a kind of traveling companion, not just for his design work but also for the way he sees. This is why I believe that in order to understand the designer's eye, we need to start with his photos.

Let's leave aside the thousands of shots that he has meticulously archived over the years, let's leave aside the on-site photo shoots for his countless projects in, and especially, outside of, Italy, and focus instead on just two books. The photos in the first were shot in 1972, those in the second in 1973. And the images in the first book, Mario Bellini. USA 1972 *(Humboldt Books, 2015) were taken with a Hasselblad, those in the second,* Mario Bellini. Il fuoco nell'occhio *(Nicolodi Editore, Rovereto 2006), with a fish-eye. And so, two views, two very different ways of conceiving the photograph, two ideas about the image and its functions. Let's take a look at the first volume, the 1972 trip through the United States. The 6x6 camera imposes a blocked view, which Bellini always reads in terms of a central vertical axis, and yet within that space he often captures movement to be overlapped by that from one photo to the next, since the photos are conceived in sequence and so the Mormons and the hippies, the naked man in the streets of Berkeley and Marina Towers in Chicago are connected with the emptiness of Warhol's flat, filled with ultra-modern furniture like a high-tech office, and images of a naked kid walking through Little Italy in New York. In short, Bellini shoots to remember, to reconstruct the spaces used by people, to capture their movements, to read what they are like together, how they move. But there is more here to interest the photography historian: incredibly, Bellini was proposing, in 1972, an exploration of the United States with a familial link to the work of Joel Meyerowitz, Stephen Shore and, in Italy, Luigi Ghirri and early Giovanni Chiaramonte. And so Bellini's eye was focused on places, people, their spaces, their gestures, their relationship with the urban landscape and the famed desert of the great American highways. In short, it was a way of taking notes on places and people. Bellini was traveling with Davide Mosconi, who wanted to make a film and was visiting homes to shoot the repetition of a story that at least Davide Mosconi himself considered stimulating. As Bellini writes, he was filming a "domestic altar, a collection of family photographs immortalizing important moments in their lives: birth, graduation, marriage, death." And*

Il disegno come idea platonica

Arturo Carlo Quintavalle

Ma, davvero, come disegna Mario Bellini? E che cosa disegna? E quando disegna? E ci sono disegni differenti a seconda delle cose che progetta, diciamo arredi oppure architetture, allestimenti oppure anche veicoli? Ecco, per rispondere a queste domande serve una strategia e io credo che quella più utile sia prendere le mosse da un territorio importante quanto poco studiato da chi si interessa al processo progettuale di Bellini: la fotografia. In realtà Bellini la fotografia la utilizza da sempre, e la fotografia è una specie di compagna di strada, non semplicemente della sua progettazione, ma anche e proprio del suo sguardo. Così, per capire lo sguardo del progettista, credo proprio dalle sue foto si debba partire.

Lasciamo da parte le migliaia di scatti che attentamente ha archiviato negli anni, lasciamo da parte le campagne fotografiche sul luogo dei tanti suoi progetti dentro e, soprattutto, fuori Italia e consideriamo solo due libri: le foto del primo sono state scattate nel 1972, quelle del secondo nel 1973. Il primo, *USA 1972* (Humboldt Books, 2015), propone immagini riprese con una Hasselblad; il secondo, *Mario Bellini. Il fuoco nell'occhio* (Nicolodi Editore, Rovereto 2006), foto scattate con un *fish-eye*. Dunque due sguardi, due modi di concepire la fotografia distanti, due idee dell'immagine e delle sue funzioni. Vediamo il primo volume, il viaggio del 1972 negli Stati Uniti.

La camera 6x6 impone una veduta bloccata, che Bellini legge sempre secondo un asse verticale mediano, però dentro quello spazio propone molte volte il movimento al quale si sovrappone quello da una foto all'altra, perché le foto sono pensate in sequenza e così i mormoni e gli hippies, il nudo per le strade di Berkeley e le Marina Towers di Chicago stanno insieme al vuoto dell'appartamento di Warhol, arredato di mobili modernissimi da ufficio high teck, e alle immagini di un ragazzo nudo che attraversa Little Italy a New York. Insomma Bellini scatta per ricordare, per ricostruire gli spazi della gente, per coglierne i movimenti, per leggere come stanno insieme, come si muovono. Ma c'è dell'altro che interessa lo storico della fotografia: incredibilmente Bellini propone, allora, siamo nel 1972, un'indagine sugli Stati Uniti che si imparenta con quelle di Joel Meyerowitz, di Stephen Shore e, da noi, con quelle di Luigi Ghirri e del primo Giovanni Chiaramonte. Dunque lo sguardo di Bellini è per i luoghi, le persone, per i loro spazi, i loro gesti, il loro rapporto con il paesaggio urbano, o con quello, deserto, ben noto, delle grandi *highways* statunitensi. Insomma, ecco un modo di prendere appunti e di prenderli sulla gente. Bellini viaggiava con Davide Mosconi che voleva girare un film ed entrava nelle case per riprendere il ripetersi di un racconto che certo Davide Mosconi considerava stimolante. Riprendeva dunque, scrive Bellini, un "altarino domestico, una composizione di fotografie di famiglia

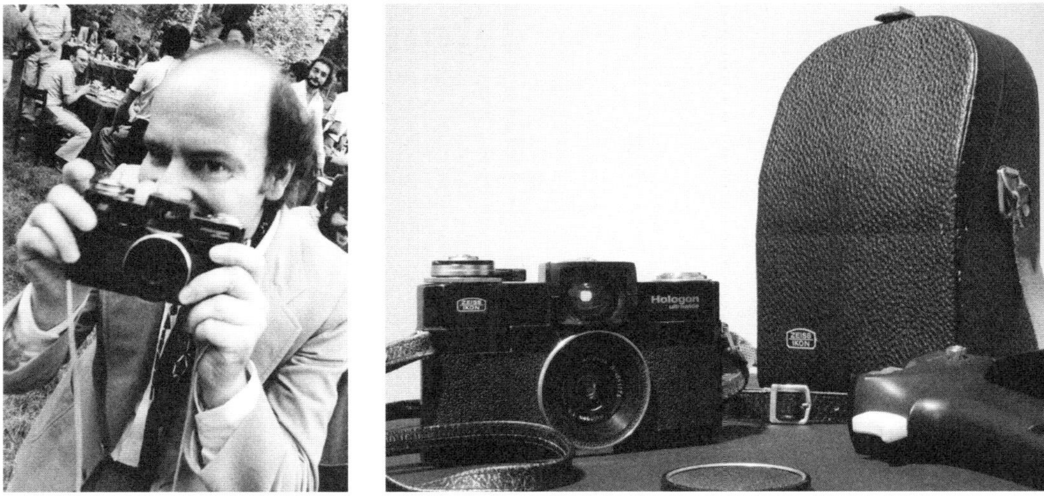

Mario Bellini in Japan with his Zeiss Hologon camera (left) and his full equipment (right)

Mario Bellini in Giappone con la macchina fotografica Zeiss Hologon (a sinistra) e l'attrezzatura completa (a destra)

this particular theme had a history at that time, first with Robert Frank's Les américains *(1958), then in Italy as well, for example with the black and white photos of Basilicata by Mario Cresci and, before that, Franco Pinna's photographs of Calabria, shot for Ernesto de Martino. In short, these images are not just documents, they are traces of a history of relationships and choices and are, in other words, another way of starting a project, of creating an anthropological document, and partly perhaps also imagining a different kind of life plan, discovering a "different" way of living—really "different." Indeed, Bellini went on that long trip after participating in the major exhibition at MoMA in 1972 "Italy the new domestic Landscape."*

What changes in the other photography book? First of all the camera, a fixed focus, 120-degree view angle Zeiss Hologon that, as Bellini immediately discovered, dictated quick decision-making and a quick eye due to the autofocus and the 24x36 film. Speed predominated, and not just because many of the photos of Japan were taken from the window of a train traveling at 250 kilometers per hour from Osaka to Tokyo. "I immediately discovered," Bellini writes, "that, although I bought this camera because I wanted to experiment with a new kind of visual recording, its radically different and direct features immediately and inevitably distorted my eye, my perception and shooting speed. It upended the order of my priorities and interests and shifted my attention to phenomena of rupture and hybridization, towards contradictions and discards that were incompatible with the rhythms and slow, compositional nature of the Hasselblad, my first love."

And so, in contrast with the 6x6 format of the camera used for his US trip, in Japan Bellini did not pose, as he himself writes, he did not compose. Instead, he photographed the city, the cities, from up close, during the day and at night. Looking through the images you immediately see that he was in dialogue with journalistic photography, reportage photography, but here as well you always see, even in the speed of the images, an exceptional compositional talent, attention to people, to the spaces used by people, their gestures and their relationships with places. In short, you discover, and remember that this was

che immortalava i cari nei momenti memorabili della loro vita: la nascita, la laurea, il matrimonio, la dipartita". E proprio questa ricerca aveva allora una storia, prima con *Les américains* di Robert Frank (1958), poi anche in Italia, ad esempio nelle immagini in bianco e nero della Basilicata di Mario Cresci e, prima, nelle immagini di Franco Pinna della Calabria, scattate per Ernesto de Martino. Insomma queste immagini, invece di essere semplicemente un documento, sono tracce di una storia di rapporti e di scelte, e sono, diciamolo, un altro modo di iniziare un progetto, di creare un documento antropologico, e in parte forse anche prospettare un diverso progetto di vita, scoperta di un modo di vivere *altro*; certo *altro* davvero: Bellini infatti faceva quel lungo viaggio dopo aver partecipato alla grande mostra del MoMA (1972) *Italy, the New Domestic Landscape*.

Che cosa cambia nell'altro volume di fotografie?

Prima di tutto la camera, una Hologon della Zeiss, fuoco fisso, 120 gradi di apertura angolare, che – e Bellini lo scopre subito – impone velocità di scelta, di sguardo legati all'automatismo della messa a fuoco, alla pellicola 24x36. La velocità si impone e non solo perché molte delle immagini del Giappone sono scattate dal finestrino di un treno che va a 250 chilometri all'ora da Osaka a Tokio. "Scopro subito – scrive Bellini – che, se anche l'acquisto di questa macchina è stato solo determinato dal desiderio di sperimentare un nuovo mezzo di registrazione visiva, le sue caratteristiche così radicalmente insolite e dirette hanno immediatamente e ineluttabilmente stravolto il mio occhio, la mia velocità di percezione e registrazione. Ribaltata la mia scala di priorità e interessi, spostata la mia attenzione su fenomeni di rottura e ibridazione, verso contraddizioni e scarti non compatibili con i ritmi e l'indole lenta e compositiva della Hasselblad, il mio primo amore". Dunque, rispetto al formato 6x6 della camera del viaggio negli Stati Uniti, in Giappone Bellini non posa, lo scrive lui stesso, non compone, fotografa la città, le città, da vicino, di giorno e di notte; scorrendo le immagini subito capisci che il suo è un dialogo con la foto di cronaca, la foto di reportage, ma anche qui leggi sempre, pur nella velocità delle immagini, una capacità compositiva eccezionale, un'attenzione alla gente, agli spazi delle persone, ai gesti e ai rapporti con i luoghi, insomma scopri, e siamo nel 1973, un coinvolgimento, un discorso diverso, nel segno di un'altra coinvolgente ricerca, quella della grande mostra fotografica *The Family of Men* (1955).

Ma, si potrebbe dire, che cosa c'entra la fotografia con il progetto, con il disegno di progetto? Cosa c'entrano questi due viaggi ripresi con scritture fotografiche così differenti, da una parte l'Hasselblad con lente messe a fuoco e lunghi sguardi, dall'altra la Hologon grandangolo, messa a fuoco automatica, formato Leica, pensata per un documento veloce, per corrispondere all'istante a un pensiero, a un desiderio di immagine? Ebbene, ho cominciato dalla fotografia proprio perché questa è davvero una utile introduzione al disegno di Mario Bellini e al modo della sua progettazione.

Bellini distingue subito delle figure di progettisti, da una parte i

in 1973, a different conversation, akin to another engaging project, the major photographic exhibition "The Family of Man" (1955).

But, you might object, what does photography have to do with design, with the project drawing? What do those two trips—shot with such different photographic methods, the Hasselblad on the one hand, with its slow focus and long views, the wide angle Hologon on the other hand, with autofocus and Leica-format film, designed for quick documentation, to correspond to the instant of an idea or desire for an image—have to do with anything?

Well, I started with photography because this is truly a useful introduction to Mario Bellini's drawing and design method. Bellini immediately distinguishes between different types of designers, graphic designers on the one hand, architects on the other, and, for him, the architects are the ones who almost always know how to draw, indeed they have to know how to draw, as a quick look at history will confirm. But architectural drawing is very different, there is a scale, there is a problem of ratios and, without ratios, there is no project and not even the drawing for that project. But there are also lots of types of manual skill and so lots of types of script and writing, and if the problem of scale is at the root of all design writing, drawing coincides, for Bellini, with the "idea." From what he himself tells us about design, we understand that without the idea, without the initial phase that so deeply involves and engages it, there can be no explanation of the creation, invention, innovation of any design.

So let's start with what Bellini says about scale and ratios. "I had a two-floor studio in the archiepiscopal seminary here in Milan, near San Babila. Two floors. On one, I designed for Olivetti, on the other, for myself. I looked out onto the inner courtyard. I knew that it measured 50 x 50 meters. It had double columns, Doric order below, Ionic above. How many things I drew looking out at that space. I knew its measurements, its dimensions. Perhaps I would then go to the city, I would see the walls, the spaces. If you build a skyscraper you need scale. I drew the Portello, the Milan Trade Fair, and when I drew it, I asked the guys to put up a 12-meter strip of paper, hung up over there, and that's how I checked the scale."

In the studio, Bellini looks through dozens and dozens of drawings, fantasy architecture, towers, objects, sheets that emerge from complex research, calculated to organize even the memory of the past. There are thousands of drawings, numerous sketches that indicate a precise process, on the one hand there are the color drawings, and perhaps drawings made after the fact, once the creative process has been made manifest and the object, perhaps even a design object, has become reality, the ones Bellini describes as portraits—portraits of objects, made a posteriori, after their invention, just as if they were people, and in effect, they are. The other drawings, the ones made at different times, maybe waking up in the middle of the night, fresh, quick drawings, these ones are made to fix an idea and trigger a chain of other sketches, perhaps more elaborate drawings, that, in the past, became, always through drawing, detailed representations, perspectives, finished projects, and now pass to the computer and become a rendering. But Bellini belongs to a different time

grafici, dall'altra gli architetti e, per lui, sono loro, gli architetti, che, quasi sempre, sanno disegnare, anzi che devono saper disegnare, come del resto conferma la storia. Ma il disegno degli architetti è molto diverso, esiste una scala, esiste un problema di rapporti e, senza rapporti, il progetto non esiste e neppure il disegno per quel progetto. Ma vi sono anche molti tipi di manualità e dunque di grafia, di scrittura, e se il problema della scala sta a monte di ogni scrittura progettuale, il disegno coincide, per Bellini, con l'idea.

Quello che lui stesso ci racconta sul progettare fa ben comprendere che senza l'idea, senza quella fase iniziale che tanto lo coinvolge e lo implica, non vi sarebbe possibile spiegazione della creazione, dell'invenzione, della novità di ogni progetto.

Cominciamo dunque da quello che Bellini dice della scala, dei rapporti. "Avevo uno studio su due piani nel seminario arcivescovile qui a Milano, dalle parti di San Babila: due piani, in uno disegnavo per Olivetti, nell'altro piano per me; guardavo la corte interna, sapevo che misurava 50 x 50 metri, colonne binate, sotto ordine dorico, sopra ionico, quante cose ho disegnato guardando quello spazio, ne conoscevo le misure, ne conoscevo le altezze. Magari poi andavo in città, vedevo le mura, gli spazi, se fai un grattacielo serve la scala. Io ho disegnato il Portello, la Fiera di Milano, e quando l'ho disegnato ho chiesto ai ragazzi di mettere una striscia di carta di 12 metri, appesa lì, e così ho controllato la scala".

In studio Bellini sfoglia decine e decine di disegni, sono architetture fantastiche, sono torri, sono oggetti, sono fogli che nascono da una complessa ricerca, volta a organizzare anche la memoria del passato. I disegni sono migliaia, molti gli schizzi che indicano un processo preciso, da una parte stanno i disegni colorati, e magari i disegni fatti dopo, quando il processo inventivo si è già manifestato e l'oggetto, magari anche di design, è nato, e quelli Bellini li definisce ritratti, ritratti degli oggetti, fatti a posteriori, dopo l'invenzione, ritratti proprio come se fossero di persone, e in effetti lo sono. Gli altri disegni, quelli che si fanno in momenti diversi, magari svegliandosi di notte, quei disegni, sorgivi, immediati, quelli nascono per fissare l'idea e da quelli deriva un catena di altri schizzi, magari disegni più elaborati che, un tempo, diventavano, sempre disegnando, rese dettagliate, prospettive, progetti finiti e che adesso passano al computer e diventano *render*. Ma Bellini appartiene a un altro momento, a un'altra tradizione progettuale, appartiene alla stirpe di coloro che considerano la progettazione come un processo complesso di avvicinamento a qualcosa che si deve scoprire.

Provo dunque a riportare qualche sua parola prima di tutto sugli strumenti, alcuni dei quali davvero sono inconsueti: "Ho scoperto che si può disegnare con qualunque cosa, quello che trasforma lo strumento e lo fa diventare trasparente, il nesso testa-idea-foglio, passa attraverso la mano, non lo strumento. Con una matita morbida puoi dare tanti accenti, ma anche se hai una banale biro, se hai sotto un foglio abbastanza spesso, con la biro si possono fare disegni di bellezza assoluta. Certo, con la

and a different design tradition, his is the stock that sees design as a complex process of getting closer to something that one needs to discover. I will therefore try to report some of what he has said first and foremost about tools, some of which are very unusual.

"I discovered that you can draw with anything. The thing that transforms the tool and makes it become transparent, the head/idea/sheet of paper nexus, passes through the hand, not the tool. Using a soft pencil, you can create lots of accents, but you can also do this with a humble biro. If you have thick enough paper, with a biro you can create drawings of extraordinary beauty. Of course if you are using graphite, you can do shading, you can create extremely intense renderings. I also use a fountain pen, the old-fashioned kind with a long nib, but also pastels and colored pencils. You can do a drawing all in color, and I like using the negative, white cardstock and black cardstock, and on the black you use light pastels, the kind that need to be sharpened frequently, I even have a sharpener with a little handle. Sometimes I set challenges for myself. When you make the process difficult you intensify the energy of your idea, the intensity. I did a self-portrait standing up in front of a mirror when I was seventeen years old, and I used blotting paper, a brush and diluted Indian ink. Working like that, you cannot change your mind, with watercolor it's instant, with oil you can correct the canvas, adding paint countless times, in that case, no. The self-portrait was a success, I met the challenge."

After this discussion of technique, I would like to try to understand something more about the initial phase of fixing the idea, namely the sketch, which is almost always black marks on paper. And so, to understand how Bellini designs, we went back over his invention of the Cab chair. It was 1977. For Bellini, designing a chair is a momentous experience, first and foremost because the chair is in direct relation to the human body. It is not a wardrobe, nor any other kind of furniture. The chair accommodates the body and is part of civilization, the civilization of sitting on a kind of tool, a support that is kind of like a throne. There are chair civilizations and civilizations without chairs,

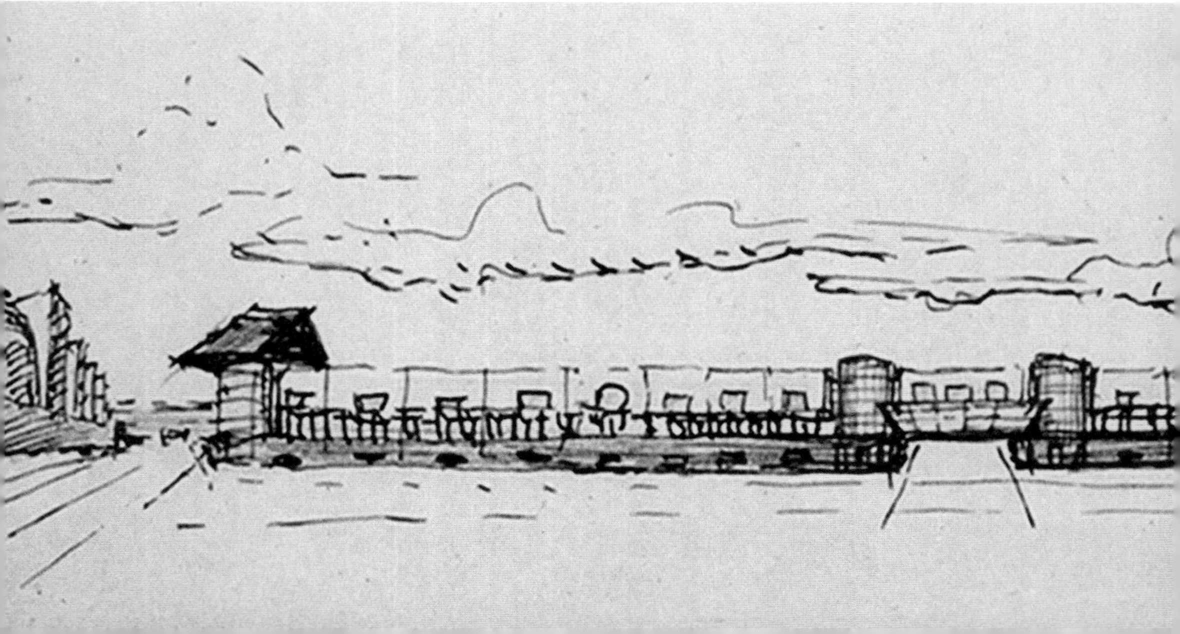

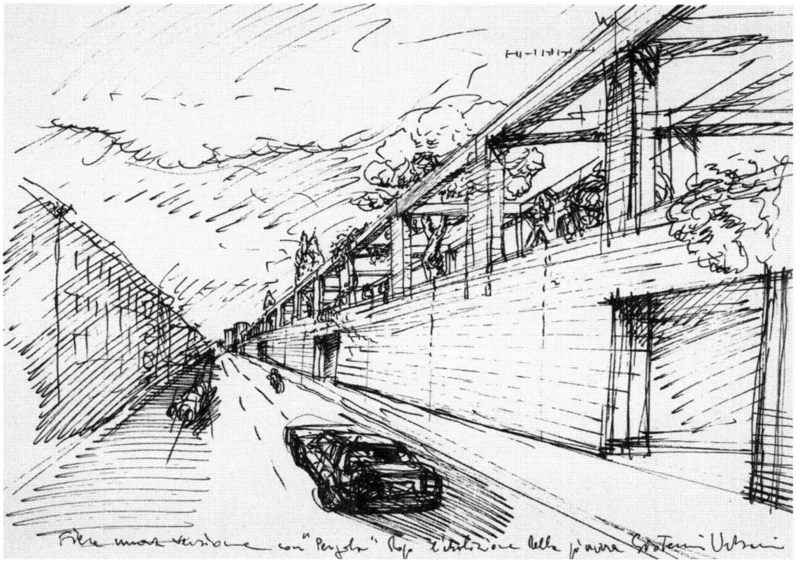

International Trade Fair of Milan, 1987–1997. A sketch of the Fair grounds, a stand-alone project in the Portello area, seen from the side facing Viale Scarampo. Below, a sketch of the overall view of the Fair grounds

Fiera internazionale di Milano, 1987-1997: qui a lato lo schizzo della Fiera, progetto-isolato nell'area del Portello, sul lato che si affaccia su viale Scarampo; in basso, lo schizzo del prospetto complessivo della Fiera

grafite si possono fare sfumature, si possono costruire situazioni molto intense. Uso anche la penna stilografica, di quelle col pennino lungo, di una volta, ma uso anche i pastelli, le matite colorate. Puoi fare un disegno interamente col colore, e mi piace usare il negativo, cartoncini bianchi e cartoncini neri, e sui neri lavori coi pastelli chiari, pastelli che vanno acuminati spesso, ho anche una macchinetta con una manovellina. A volte mi faccio delle sfide, quando rendi difficile il procedimento intensifichi la energia del pensiero, la intensità: mi sono fatto un autoritratto in piedi davanti allo specchio, avrò avuto 17 anni, usavo come supporto la carta assorbente, un pennello e china diluita. In quel caso non puoi pentirti, con l'acquarello è una cosa istantanea, con l'olio la tela la correggi, sovrapponi la pittura enne volte, in quel caso no. L'autoritratto è riuscito, una sfida vinta".

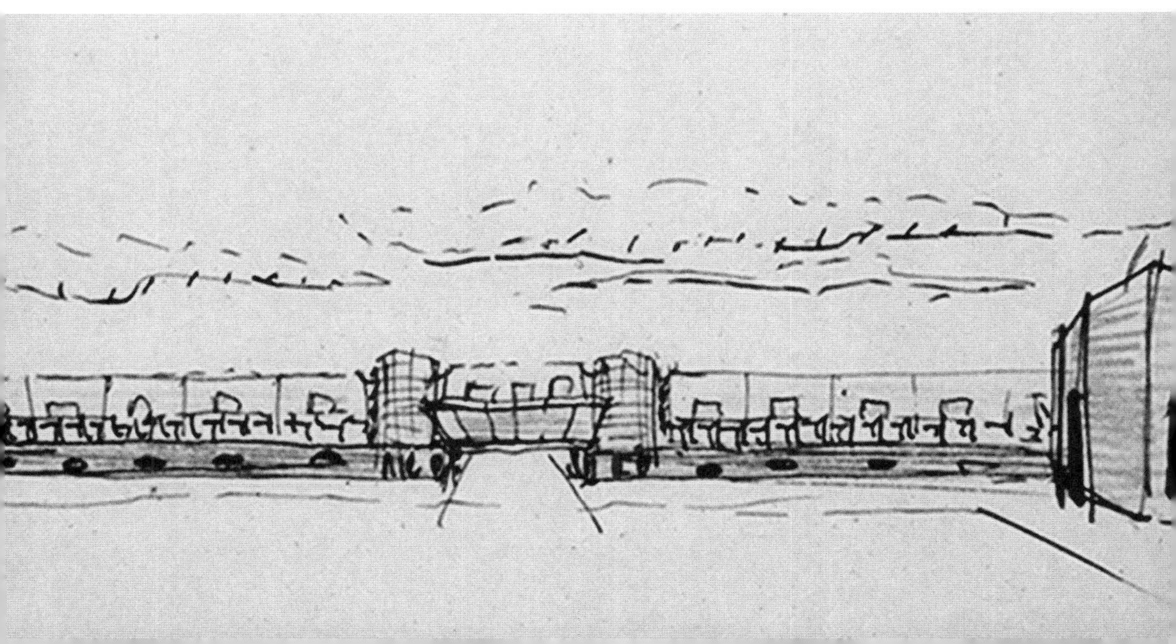

and here Bellini naturally thinks of Japan, where people crouch down on their legs and rest directly on the floor.

"The Cab, my most famous chair. Leather and a metal skeleton. I remember that I was at the Cassina research center. I was collaborating with them, and sometimes I stayed there for entire days. There was a workshop for experimenting where they could cut out metal, fabric and wood. One morning, I was talking with the guys, there were some drafting machines, it was the end of the 1970s, and I said: Let's do a ultra-modern chair, micro-perforated, high tech. Then, however, I thought about how Cassina has a different kind of image, highly cultured. So I thought about starting from the platonic idea of the chair, and, with one hand, I started drawing with the drafting machine, like Mickey Mouse might do in a Disney cartoon. I drew the outline of a chair, with the seat tipped slightly forward at around a 105 degree angle, and then I called the metalworkers and said: Cut the rods for me like this, and solder them together. Twenty minutes later, they brought me a chair made of metal rods that no one could sit on. There was no seat, no seat back. It was a platonic idea of a chair, and so I said: Give me something thick, some felt, some kind of fabric, some leather. And I picked up some scissors and cut out the material to fill the seat and seat back. We held together the pieces with a stapler, but the legs were bare. I said: How ugly! and, using the same leather, I covered the legs. We worked on it for weeks. Then, I put some zips underneath and when you take off the leather, the chair is flayed like St Bartholomew. So that was one way of designing, the drawing was barely used at all."

And that is exactly the point. The drawing, whether done in pencil, biro, pastels, pen or anything else, is at the root of this "idea" of a chair, and in the end, the metal design is the drawing. This is confirmed by what Bellini described as the platonic idea of a chair, which reveals, once again, his way of thinking about design.

If you look through Bellini's drawings, hundreds, thousands, dozens for every project, besides distinguishing between the ones he made first and the ones he made after bringing the design to life, which as we mentioned he calls portraits, you will see that his starting point is always the same. There is a minimum level, what we might call the zero degree of design. It is clear that the chair was reduced to its primary elements, and it is likewise clear that Bellini first emptied his mind of existing solutions so that he could achieve the design that went on to be an enormous critical and public success on an international scale. One can draw, therefore, with lots of different tools, even iron rods. But one also draws designing in another different way, again, instead of paper and pen, using different materials. Describing the genesis of a group of important, famous tables for Cassina—La Corte (1976), Basilica (1977) and La Rotonda (1977)—Bellini explains another of his ways of designing, revealing how his furniture designs, in this case tables, are complex spaces dense with precise symbolic meaning.

"I often start with a vague concept, slowly changing the object which in the end creates itself almost on its own. I really love drawing, but I made the drawings of the tables for Cassina afterwards. They are 'portraits.' I designed

Mi interessa, dopo questa indicazione delle tecniche, cercare di comprendere qualcosa di più proprio sulla fase aurorale del fissarsi dell'idea che è schizzo, quasi sempre segno nero sul foglio. Così, per capire come Bellini progetta, ripercorro con lui l'invenzione della *Cab*, siamo nel 1977. Per Bellini progettare una sedia è un grande snodo, prima di tutto perché la sedia è in diretto rapporto con il corpo umano, non è un armadio, non è un altro genere di arredo, la sedia accompagna il corpo e fa parte della civiltà, la civiltà del sedersi su uno strumento, su un appoggio che, al limite, è come un trono. Ci sono civiltà della sedia e civiltà senza sedia, e Bellini ricorda naturalmente il Giappone, dove la gente si accoccola sulle gambe e poggia direttamente al suolo. "La Cab, la mia sedia più nota, cuoio e scheletrino di metallo. Ricordo di essere stato al centro di ricerche della Cassina, collaboravo con loro, a volte stavo lì giornate intere: c'era una officina disponibile, si ritagliavano metalli, stoffe, legno.

Una di quelle mattine parlo coi ragazzi, c'erano dei tecnigrafi, era la fine dei '70 e suggerisco: facciamo una sedia modernissima, microforati, alte tecnologie; poi però ho pensato che Cassina ha un altro tipo di immagine, di alto livello culturale. Così ho pensato di partire dalla idea platonica della sedia e, con una mano, disegno col tecnigrafo, come potrebbe fare Topolino in un cartoon o un fumetto di Disney, disegno uno schema di sedia, sedile un poco inclinato in avanti, angolo a 105 gradi circa, e poi chiamo quelli del ferro e dico: tagliatemi così i tondini e saldateli. In venti minuti mi hanno messo davanti una seggiolina di tondino di metallo dove non ci si poteva sedere, mancava la seduta e lo schienale. Era una idea platonica di sedia, allora ho detto: datemi qualcosa di spesso, del feltro, una stoffa, del cuoio, e con la forbice ho tagliato il materiale per riempire sedia e schienale, e con la graffatrice tenevamo insieme i pezzi ma le zampe erano nude; dico: che brutte e con la stessa crosta di cuoio rigido ho fasciato le zampe. Ci abbiamo lavorato per settimane, poi, sotto, ho fatto delle cerniere e quando togli la pelle la sedia resta scuoiata come san Bartolomeo. Ecco, questo è stato un modo di progettare, il disegno non è quasi servito a niente". Bene, proprio qui sta il punto, il disegno, che lo si faccia con la matita, la biro, i pastelli, la penna o qualsiasi altro mezzo, sta a monte di questa "idea" di seggiola, e alla fine proprio il disegno di metallo è il disegno. Lo conferma quello che Bellini ha definito idea platonica di una sedia, che ci riporta, ancora una volta, al suo modo di pensare il progetto.

Se scorri i disegni di Bellini, centinaia, migliaia, decine per ogni progetto, oltre a distinguere quelli fatti prima e quelli fatti dopo la realizzazione dell'opera, i secondi, si è detto, li chiama ritratti, scopri che la partenza è sempre la stessa. Esiste un livello minimo, quello che potremmo chiamare il grado zero della progettazione. Che la sedia sia stata ridotta ai suoi elementi primari, gambe, seduta, schienale, è evidente ed è evidente che Bellini ha eliminato dalla propria mente le altre soluzioni proprio per raggiungere quel risultato che ha poi avuto un consenso internazionale enorme, dalla critica e dal pubblico. Disegnare, dunque, si fa con molti strumenti, anche col filo di ferro. Ma si disegna anche progettando in

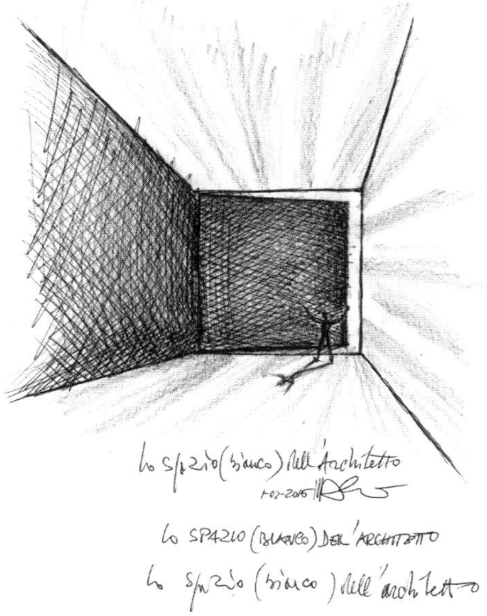

Lo spazio (bianco) dell'architetto, *drawing for* la Lettura, *the* Corriere della Sera's *cultural Sunday supplement (2015)*

Lo spazio (bianco) dell'architetto, disegno per "La Lettura", allegato culturale domenicale del "Corriere della Sera" (2015)

the tables in the workshop. I looked around for some pieces of wood, I arranged them, then I put a round piece of glass on top, and voila, La Rotonda. *That whole series of tables was designed for Cassina in the research center, in a single morning, with the workers, the guys. That's how I made Basilica, Colonnato, La Rotonda and another table. I didn't draw them, I just directed the workers. I support the idea, which self-nourishes itself. It's making by making."*

Which brings us to an observation about titles, which as we know come afterwards, but the associations are there from the beginning, they are an antecedent, perhaps an unconscious one, for every designer, and perhaps even more so for Bellini. And so the title of the La Corte table is not arbitrary, with its square top that perhaps evokes the large courtyard at the archbishopric that Bellini spent so much time contemplating. And while it is easy to guess the reasons behind the title of the La Rotonda table, the Basilica is perhaps more intriguing, since the table has the plan and possibly also the supports of a basilica, also evoking the tradition of the "friars."

The memory of the design process evokes the "ideas," the proposals, that Bellini talks about with some, but not with excessive, irony, when describing his creative process. "You need to distinguish what you are designing, a building, road, city, exhibition, object, all of which are things that are really difficult. The head/hand/paper method is irrelevant compared with the mental invention, drawing is a way of noting things down, taking note, making things visible and legible to others. You can make extremely beautiful but totally vacuous drawings. Design means expressing ideas, creating things. When I have a bit of insomnia, I close my eyes and am able to design some things. Without the hand/pencil/paper filter, I design directly in three dimensions, it's like a kind of rendering. I can actually see the things. I see them in the silence,

modo diverso, utilizzando non il foglio e uno stilo, ma altri materiali; così, descrivendo l'invenzione di un gruppo di importanti, notissimi tavoli per Cassina – *La Corte* (1976), *Basilica* (1977), *La Rotonda* (1977) – Bellini spiega un altro suo modo di progettare che fa comprendere come i suoi mobili, qui i tavoli, sono spazi complessi densi di riferimenti simbolici precisi. "Spesso inizio da un concetto vago, via via modificando l'oggetto che alla fine si crea quasi da solo. Amo tanto disegnare, ma i disegni dei tavoli per Cassina li ho fatti dopo, sono dei *ritratti*, ma li ho progettati in officina e ho cercato dei legni, li ho accostati, e sopra ci ho messo un tondo di vetro, ecco dunque La Rotonda; tutta quella serie di tavoli sono stati fatti per Cassina, nel centro di ricerca, in una mattina, con gli operai, i ragazzi, così ho fatto Basilica, Colonnato, La Rotonda e un altro tavolo ancora, senza disegnarli, solo dirigendo i lavoratori, sono fautore del pensiero che si autoalimenta, fare facendo". Un'osservazione va poi fatta sui titoli, che, lo sappiamo, vengono dopo, ma le associazioni stanno a monte, sono un precedente, magari inconscio, per ogni progettista, ancora più per Bellini. Così non è un caso il titolo di *La Corte*, con quel quadrato del ripiano che forse evoca il grande cortile dell'arcivescovado che Bellini ha contemplato tante volte; certo è facile capire le ragioni del titolo *La Rotonda*; intriga forse di più *Basilica*, perché il tavolo propone la planimetria e magari anche i sostegni di una basilica evocando anche la tradizione dei *fratini*.

La memoria della progettazione evoca quelle idee, quelle suggestioni, che Bellini racconta con qualche ironia, ma neppure troppa, illustrando il suo processo creativo: "Bisogna distinguere cosa si progetta, edificio, strada, città, mostra, oggetto, cose tutte molto difficili. Il procedimento testa-mano-carta è irrilevante rispetto all'invenzione mentale, il disegnare è prendere nota, un notare, rendere visibile e leggibile anche ad altri. Puoi fare bellissimi disegni vacui, progetto vuol dire idee, creare cose. Quando ho un poco di insonnia mi metto a occhi chiusi e riesco a disegnare delle cose. Non essendoci il filtro della mano-matita-carta disegno direttamente in tre dimensioni, una specie di *render*. Riesco a vedere le cose, le vedo nel silenzio, quando non sono disturbato; talvolta ho immaginato cose interessanti, ti viene magari la tentazione di svegliarti e alzarti e disegnare, ma al mattino a volte dimentichi, se è importante però lo ricordi. Il disegno rende manifesto il pensiero immaginifico".

C'è un disegno del 2015 che si intitola *Lo spazio (bianco) dell'architetto*: un parallelepipedo in prospettiva, una figura a braccia aperte contro una parete a texture incrociata nera che sembra aprirsi; sopra e attorno il vuoto di una stanza, come un sogno, un incubo, un'ossessione del bianco, del progettabile, del possibile.

In un altro disegno, forse uno schema per una conferenza, battezzato *Mappa della mia vita*, leggiamo molte interessanti indicazioni, quasi confessioni: "Olivetti top cultura ital/europea"; "affamato/curioso/pieno di energia/carico/ricettivo/dedicato/curiosissimo"; "Compasso d'oro!!! Dis. a 26 anni"; "non sento nessun bisogno di fare apprendistato"; "Zorzi Soavi Viti Mostre Palazzo Grassi Mondo Torino", "collezionista inizio

when there is nothing to disturb me. Sometimes I imagine interesting things, you might be tempted to wake yourself up, get up and draw, but sometimes in the morning I have forgotten them. If it was important, though, I remember it. Drawing reveals richly imaginative thinking."

There is a drawing from 2015 called Lo spazio (bianco) dell'architetto *(The Architect's [White] Space), depicting a parallelepiped in perspective and a figure with open arms against a black wall covered with a textured criss-cross pattern that seems to be opening up. Above and around the void of a room, like in a dream, a nightmare, there is an obsession with white, the designable, the possible. In another drawing, perhaps an outline for a talk, called* Mappa della mia vita *(My Life Map), we find a series of fascinating notes, almost like confessions: "Olivetti top cultura ital/europea"; "affamato/curioso/pieno di energia/ carico/ ricettivo/ dedicato/ curiosissimo"; "Compasso d'oro!!! Dis. a 26 anni"; "non sento nessun bisogno di fare apprendistato"; "Zorzi Soavi Viti Mostre Palazzo Grassi Mondo Torino," "collezionista inizio con Cagnaccio 1970-75," "Jean Clair Pompidou Les realismes," "Moma E. Ambasz," "Viaggio coast to coast, Giappone, fotografo." Precise indications, therefore, of a particular sensitivity to painting. Indeed, Bellini collects nineteenth-century art, he appreciates metaphysics, but, most of all, he is skilled at choosing who to enter into conversation with, and, on the same sheet, we read: "Rogers, Albini, Gardella, (Scarpa), Caccia, (Magistretti), I Castiglioni," and, with an "X" above it, "Zanuso" and then "Scontro Sottsass (Gli resisto!)."*

Bellini therefore engages with architects with a profound love for drawing, who have an important tradition of graphic expression. On this point, and on the importance of Giò Ponti, he writes: "The great twentieth-century architects were almost always architects who designed roads, town plans, buildings, sometimes exhibitions, museums, furniture, they designed interiors, they are the architects who were important when I was a student. BBPR designed buildings and the Museo del Castello and office furniture. Today, I consider the Pirelli skyscraper to be more modern, more interesting, more fundamental to the history of Italian architecture than the Torre Velasca. The tower feels of its age, the Pirelli skyscraper does not. I was a student in my second or third year. Rogers was our professor of Stylistic Characteristics and he showed us the drawings for the tower, which they were just starting to build. The tower aged even though it was a sign of its times, the Pirelli skyscraper is still a powerful symbol of modernity. And so, when I was a student, we looked down our noses at Ponti and saw Rogers as a first-rate intellectual, but Ponti was more of an artist than Rogers, who was an intellectual. I like reassessing Ponti, who in my time was treated somewhat coldly, maybe because he drew everything, tiles, interiors, bathroom fixtures, but every once in awhile he did something that really left a mark."

And so, Ponti, architecture, design as "sign," but also as reclamation of an overall aptitude for design, like Bellini, who designs architectural space as well as everyday objects. In this regard, a few drawings for Venini for the Sogni infranti (1992) vases are of great interest, since, in this case, the drawing types themselves reveal the creative process. Bellini created new vases for

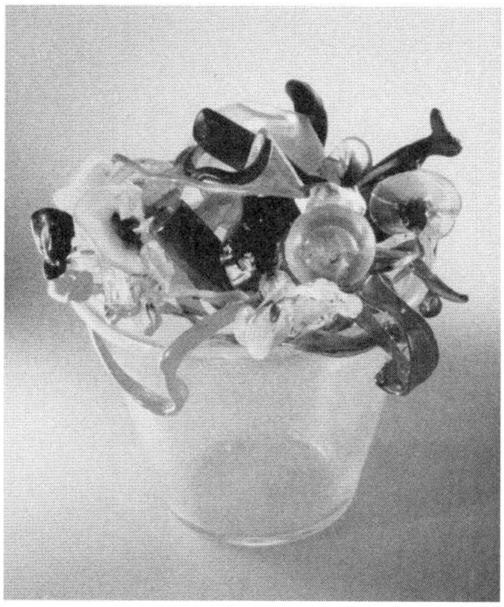

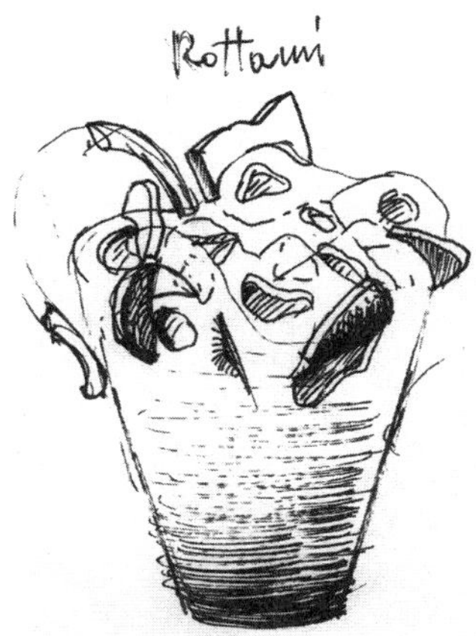

Sogni infranti: *one of the vases of the series and a sketch, Venini, 1992*

Sogni infranti: uno dei vasi della serie e uno schizzo, Venini, 1992

con Cagnaccio 1970-75", "Jean Clair Pompidou Les realismes", "Moma E. Ambasz", "Viaggio coast to coast, Giappone, fotografo". Indicazioni precise, dunque, di una cultura attenta alla pittura. Bellini infatti colleziona dipinti del Novecento, apprezza la metafisica, ma soprattutto sa scegliere le figure con le quali dialogare e, sempre nel foglio citato, leggiamo: "Rogers, Albini, Gardella, (Scarpa), Caccia, (Magistretti), I Castiglioni" e, con su una croce, " Zanuso" e, ancora "Scontro Sottsass (Gli resisto!)".

Bellini dunque dialoga con architetti che amano profondamente il disegno, che hanno una civiltà della scrittura grafica importante, ma, su questo punto, e sull'importanza di Gio Ponti, Bellini precisa: "I grandi architetti del '900 sono quasi sempre stati architetti che hanno fatto una strada, un PRG, edifici, a volte allestimenti, musei, mobili, hanno disegnato progetti di interni, sono gli architetti che erano importanti quando ero studente. BBPR hanno fatto edifici e il Museo del Castello e mobili per ufficio. Oggi considero il grattacielo Pirelli più moderno, interessante, fondamentale nella storia dell'architettura italiana più della Torre Velasca, la torre sente la sua età, il grattacielo Pirelli no. Ero studente del II o III anno, avevamo Rogers come professore di *Caratteri stilistici* e lui ci mostrava i disegni della torre che allora iniziavano a costruire; la torre invecchia pur essendo segno di quel tempo, il grattacielo Pirelli è ancora un segno forte di modernità. Allora, quando ero studente, guardavamo a Ponti con sufficienza e a Rogers come intellettuale di prima classe, ma Ponti era un artista più di quanto fosse Rogers che era un intellettuale. Mi piace rivalutare Ponti che ai miei tempi era trattato con qualche distacco, forse perché disegnava tutto, piastrelle, interni, sanitari, ma ogni tanto dava zampate che sono rimaste". Dunque Ponti, dunque architettura, progetto come *segno*, ma anche recupero della progettualità globale, la stessa di Bellini, che disegna lo spazio architettonico, ma anche gli oggetti d'uso.

A questo proposito, alcuni disegni per Venini per *Sogni infranti* (1992) sono di grande interesse perché proprio dai tipi di disegni si intende il processo creativo: Bellini per Venini inventa forme nuove di vasi, profili assoluti, trasparenti, misurati; questi sono disegni di progetto, schizzi

Venini, transparent, measured vases with pure lines. The drawings are project drawings, quick, effective sketches. Then, on the sketches, he added colored fragments that, in the finished pieces, are the colorful bits leftover from making glass objects, which were applied to the original structure. And so here we have the exact same process: first the creation of the rigid, absolute form, then the addition of color to create an entirely new combination.

Now it's time to think about how Bellini designs, and therefore draws, architecture. Looking at the Portello design, what we see is the expression of sustained attention to a specific typology. Bellini, having traveled extensively in the West and the East, has seen time and time again gates and ancient city walls from Constantinople to Rome, and from Babylon to China, and the Portello structure was indeed rethought as a long, fitted-out block of 700 meters of curtain wall with what almost amounts to a Roman gate in the middle, with towers, suspended walkways and various spaces. Clearly, the idea emerged from the evocation of the relationship between the walled city and the surrounding space. And then, when he returned to the project between 2008 and 2012, he created the Cometa, which resides in a different, mobile, luminous dimension that transforms the space and very shape of Bellini's creation, like a vast veil suspended over the structures. Bellini was, for that matter, the one who invented the Nuvola lamp (2010), and discovered an idea for a vast veil in tensile structures for architecture, to which he returned for other projects, like the one for the Department of Islamic Arts at the Louvre (2005–2012). In short, for Bellini the drawing represents planning itself, the initial phase of creation, the idea that emerges from a late-night flash of inspiration and that unites architectural and object design, urban space and landscape, buildings built all over the world and seemingly minor structures, like domestic furnishings, which also dialogue with a different, innovative space—the space of gestures and thought.

On conceiving design, both that of major buildings and that of the smallest of objects, Bellini says: "You need to be able to do both, design a fountain pen and a skyscraper. Our measuring instrument is the world: when you enter a church, you hear the footsteps, you are touched by rays of light, you smell the mold, the damp, the incense, these are all things that put you in dialogue with the city, with space. Drawing is a way of noting things down, of thinking. I believe in the broad talent, creative capacity, 'artisticness' of everyone who does design, I mean artisticness figuratively, it's the gift of knowing how to draw. It is hard to find an architect who draws poorly, if you do, beware. Let's set aside comparisons. I get a shiver just saying it, but Michelangelo knew how to fresco, paint on panel, build and sculpt, so the breadth of figurative skill, the skill of drawing, is fundamental. Drawing is a gift from God. In drawings, cavemen revealed their enormous strength: just think of what they must have made them with, maybe it was a piece of flint."

And therefore, we might say, everything is connected, the project drawing and the one made in the factory out of a diverse range of materials, because for Bellini, the drawing is, first of all, an absolute model. Drawing, therefore, as a platonic idea. From flint to the biro.

velocissimi, efficaci; sugli schizzi, eccolo inserire a colori dei frammenti che poi, nei pezzi finiti, sono i colorati resti di lavorazione del vetro che vengono applicati alla struttura originaria. Ecco dunque lo stesso procedimento: prima invenzione della forma rigorosa, assoluta, poi aggiunta del colore a creare un insieme nuovissimo.

È tempo adesso di pensare a come progetta e quindi disegna l'architettura Bellini. Se si vede il progetto di Portello si scopre una lunga attenzione a una tipologia: Bellini ha molto viaggiato in occidente e in oriente, ha visto e rivisto le porte e le antiche mura urbane da Costantinopoli a Roma, da Babilonia alla Cina, e la struttura del Portello infatti è ripensata come un lungo, attrezzato blocco di 700 metri di cortine che ha al mezzo quasi una porta romana con le torri e poi sospesi camminamenti e spazi diversi; dunque l'idea nasce dall'evocazione del rapporto fra città murata e spazio attorno. E poi, nella ripresa del progetto fra 2008 e 2012, ecco *La Cometa*, una dimensione diversa, mobile, luminosa che trasforma lo spazio, la forma stessa dell'invenzione di Bellini, come una grande vela sospesa sulle strutture. Del resto Bellini, proprio lui, ha inventato la lampada *Nuvola* (2010) e ha scoperto nelle tensostrutture per l'architettura un'idea, quella di una grande vela, che torna altre volte, per esempio nel progetto al Louvre del dipartimento di Arte islamica (2005-2012). Insomma il disegno rappresenta per Bellini la progettualità stessa, quella fase di invenzione, quell'idea che nasce magari da un'illuminazione notturna e che tiene uniti progetto architettonico e progettazione di oggetti, spazio urbano e spazi del paesaggio, edifici realizzati in mezzo mondo e strutture apparentemente minori, come l'arredo di casa, che pure dialogano con uno spazio diverso, innovativo, lo spazio dei gesti, del pensiero.

Sul come pensare il progetto, quello dei grandi edifici o il più piccolo degli oggetti, Bellini dice: "Bisogna saper fare le due cose, il disegno di una stilografica e di un grattacielo. Il nostro misuratore è il mondo: quando cammini in una chiesa senti i passi, hai il raggio di luce che ti colpisce, senti il profumo della muffa, l'umido, l'incenso, sono tutte cose che ti fanno entrare in dialogo con la città, con lo spazio. Disegnare è un modo di annotare, di pensare. Io credo al talento diffuso, alla capacità creativa, all'artisticità di tutti quelli che fanno progettazione, parlo di artisticità in senso figurato, è la dote del saper disegnare. È molto difficile trovare un architetto che disegna male, se è così bisogna stare attenti. Lasciamo da parte i paragoni, e sento un brivido solo a dirlo, Michelangelo sapeva affrescare, dipingere su tavola, costruire, scolpire, dunque la latitudine del talento figurativo, quella del disegno, è determinante. Il disegno è un dono di Dio.

Nei disegni l'uomo delle caverne mostra una forza enorme: pensa ai mezzi con cui li facevano, magari una selce". Così, si potrebbe dire, tutto si collega, il progetto disegnato e quello fatto in fabbrica con i materiali più diversi, perché per Bellini il disegno è, all'origine, schema assoluto. Disegno dunque come idea platonica. Dalla selce alla biro.

The "Magic" Collector

Vittorio Sgarbi

The Italian magic realism artworks Mario Bellini has collected since the 1970s are connected by a slender psychological thread. A thread that seems to have irresistibly attracted him to the dream-like dimension, the vitreous, crystalline, aesthetic and ecstatic sphere full of magic evocation distinctive of a group of artists who were promoted for the first time in Milan by the Galleria del Levante, also active in Munich, between 1960 and 1981, the year of Emilio Bertonati's death.

Indeed, in the 1970s, attention to the German New Objectivity—to Christian Schad and other painters of works marked by a dramatic expressionist realism—had the positive effect of making not just foreign artists but also Italian ones known to a slightly broader public. The Italian equivalent of Schad was thus found in artists such as Achille Funi and Ubaldo Oppi. But also, and especially, Cagnaccio di San Pietro, in whose work Italian realism took on a plastically vitreous dimension, far distant from carnality and physicality.

Cagnaccio is one of the artists who emerges in the reassessment of twentieth-century art, which began with the critic Margherita Sarfatti and the Scuola romana (School of Rome), in its most crystalline dimension, as represented by Antonio Donghi. And, the Italian designer having attended the Politecnico di Milano with Bertonati, it was indeed Cagnaccio's most famous work, Dopo l'orgia, *that launched Bellini's collection.*

On the one hand, the Galleria del Levante marked out a new direction, but it also inspired renewed interest in what had been going on in Italy during the years of the Return to order, in both Milan and Rome. Attention that was suffocated after the Second World War and made impracticable by Lionello Venturi's Gruppo degli Otto and figures like Anastasio Soldati and the abstractionists of the Como School.

The parallel Roman movement Valori Plastici had gone hand in hand with Carlo Carrà's research on Giotto and the reassessment of the Italian Primitives, to which Roberto Longhi also contributed with his research on Piero della Francesca. And the new sensitivities that then went on to project themselves onto a segment of contemporary artistic practice probably matured between 1914 and 1927, the date of the first edition of Longhi's reassessment of Piero della Francesca.

The time of Valori Plastici and of the re-evaluation of Piero della Francesca was also the time of the Romans Mario and Edita Broglio—who founded the magazine Valori Plastici (1918–1922) and published both Longhi and Carrà—two magic realists oriented towards an almost abstract dimension, a purified vision in comparison with that of the

Il collezionista "magico"

Vittorio Sgarbi

C'è una sottile linea psicologica che collega tutte le opere del realismo magico italiano collezionate da Mario Bellini dagli anni settanta in poi. Una linea che lo deve aver attratto fatalmente per quella dimensione onirica, vitrea e cristallina, estetica ed estatica, carica di evocazione appunto magica, che contraddistingue gli artisti promossi per la prima volta a Milano dalla Galleria del Levante, attiva anche a Monaco di Baviera, tra il 1960 e il 1981, anno della morte del suo fondatore Emilio Bertonati.

Il riflesso dell'attenzione volta alla nuova oggettività tedesca negli anni settanta – a Christian Schad e ai pittori di un realismo drammatico espressionistico – ha prodotto infatti effetti benefici non solo nel portare alla ribalta di un pubblico un po' più ampio artisti stranieri, ma anche artisti italiani. L'equivalente italiano di Schad lo si individua così in artisti come Achille Funi e Ubaldo Oppi. Ma anche, e soprattutto, in Cagnaccio di San Pietro, l'artista nel quale il realismo italiano assume una dimensione plasticamente vitrea, lontana dalla carnalità e dalla fisicità.

Cagnaccio è uno degli artisti che affiorano nel percorso di rivalutazione dell'arte novecentesca, partita da Margherita Sarfatti e dalle esperienze della Scuola Romana, nella sua dimensione più cristallina che è quella di Antonio Donghi. E proprio da Cagnaccio, con l'opera sua più nota, *Dopo l'orgia*, parte la collezione di Bellini, che di Bertonati era stato compagno d'università al Politecnico di Milano.

Da un lato la Galleria del Levante indica una direzione nuova, dall'altro lato apre anche la strada a guardare con nuovo interesse ciò che è accaduto in Italia durante gli anni del "rappel à l'ordre", sia a Milano, sia a Roma. Un'attenzione che poi nel dopoguerra era stata soffocata e resa impraticabile dal "Gruppo degli otto" di Lionello Venturi o da figure come quella di Anastasio Soldati e degli astrattisti della Scuola di Como.

Con tutto questo, va detto anche che l'esperienza romana parallela, quella di "Valori Plastici", era andata di pari passo con gli studi di Carlo Carrà su Giotto e la rivalutazione dei primitivi italiani cui concorreva anche Roberto Longhi con i suoi studi su Piero della Francesca. E probabilmente tra il 1914 e il 1927, data della prima edizione del Piero della Francesca rivisto da Longhi, maturano nuove consapevolezze che si proietteranno su un filone della ricerca artistica coeva.

Se è l'ora quindi di "Valori Plastici" ed è l'ora di Piero della Francesca, diventa anche l'ora dei romani Mario ed Edita Broglio – che fondano la rivista "Valori Plastici" (1918-1922) e pubblicano sia Longhi sia Carrà –, due "realisti magici" volti a una dimensione quasi astratta, una visione depurata rispetto a quella nordista, che pur aveva i suoi campioni anche in figure non allineate come quella appunto del veneziano Cagnaccio.

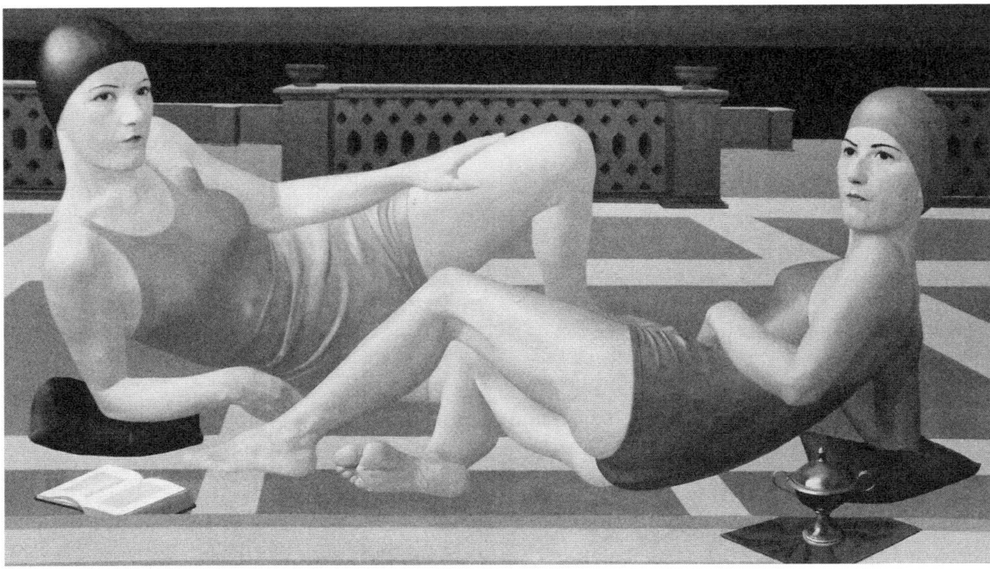

Mario Broglio,
Il romanzo,
1939, oil on wood,
Mario Bellini Collection

Mario Broglio,
Il romanzo, 1939,
olio su tavola,
collezione Mario Bellini

north, which also had amongst its champions some figures who were out of alignment, like the Venetian Cagnaccio.

In the early 1970s, Mario Bellini saw Bertonati's exhibitions and was taken with this ecstatic, crystalline, mineral, vitreous dimension that Mario and Edita Broglio, in particular, had introduced in the 1920s, at the time of Valori Plastici and research on Piero della Francesca. Piero also became the paradigm for an international magic realism represented by Balthus. And with less snobbism and market success, the Broglios set out along the same aesthetic trajectory.

*Mario Bellini's broad international sensibility, unconnected to trends, finds a kind of formal resonance, in terms of his early design choices, in the magic realism of Mario and Edita Broglio, of whom the architect is the most established collector (*Il romanzo, Bagno al parco, La donna e il mare, Le ciliegie, I carciofi, Le scarpette, *etc.), and later expands to embrace a more ruthless and tragic realism, namely that of Cagnaccio, of whom Bellini owns some of the most important works. The Milanese architect's choices are thus made within this neo-Renaissance and neo-Plastic pictorial tradition, which starts with Bernard Berenson's "tactile values," touches upon the "plastic values" championed by the Broglios and then enters the dimension of dreams, the surrealism of Balthus and the Lucien Freud of the 1940s and even the more recent Antonio Lopez Garcia.*

The collector and architect makes cultured selections, also showing a preference for a kind of eroticism that is neither unhealthy nor decadent but rather possessed of a geometric, luminous sensuality, always indirect, detached, cool. His is an autobiographical selection of ideal and aesthetic identification that leads him to enrich his collection with Felice Casorati's Doppio ritratto *and Mario Sironi's* L'architetto *of 1922, a work located*

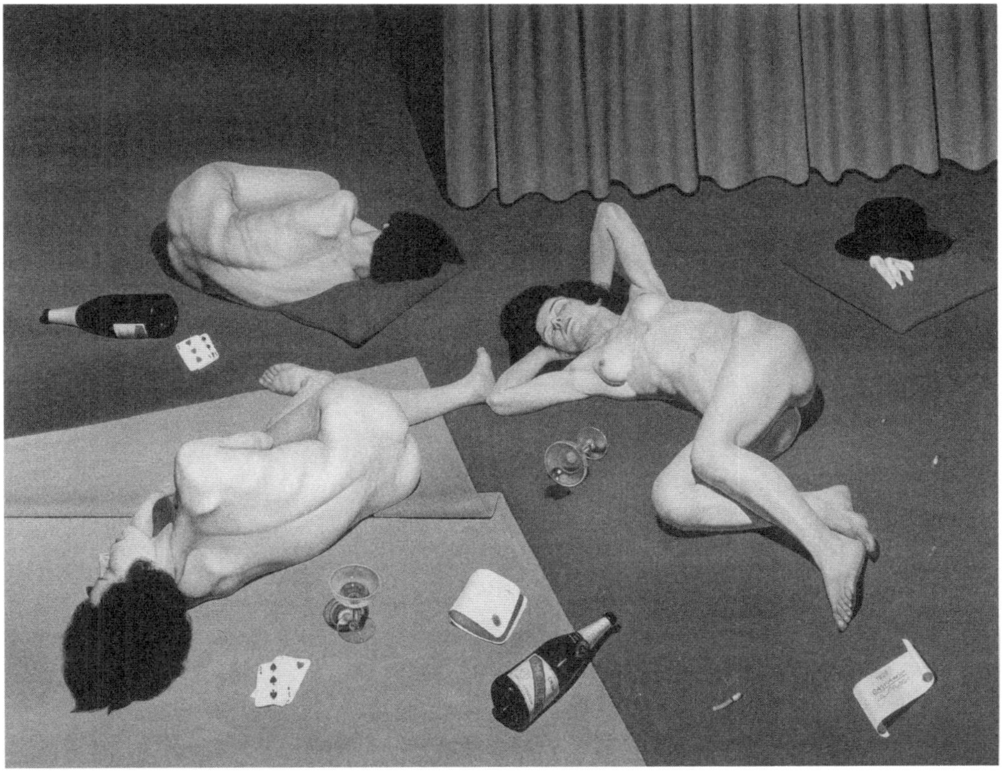

Cagnaccio di San Pietro, Dopo l'orgia, *1928, oil on canvas, Mario Bellini Collection*

Cagnaccio di San Pietro, *Dopo l'orgia*, 1928, olio su tela, collezione Mario Bellini

Nei primi anni Settanta Mario Bellini vede le mostre di Bertonati e rimane preso da questa dimensione estatica, cristallina, minerale, vitrea che, in particolare, Mario ed Edita Broglio avevano messo in circolazione negli anni venti, in parallelo con "Valori Plastici" e con gli studi su Piero della Francesca. Piero diventa il paradigma anche per un altro "realista magico" internazionale quale è Balthus. E con minore fortuna snobistica e di mercato i Broglio si pongono nella stessa traiettoria estetica.

La sensibilità internazionale, ma non collegata alle mode, com'era ed è quella di Bellini, trova una specie di risonanza formale, per le sue iniziali scelte progettuali, proprio nel realismo magico di Mario ed Edita Broglio dei quali l'architetto è il più consolidato collezionista (*Il romanzo*, *Bagno al parco*, *La donna e il mare*, *Le ciliegie*, *I carciofi*, *Le scarpette*...), allargando poi questa sintonia sino a includere un realismo più impietoso e tragico, che è quello di Cagnaccio, di cui Bellini possiede alcune delle opere più importanti. Le scelte dell'architetto milanese si muovono, dunque, in questa figurazione neorinascimentale e neoplastica che parte dai *Valori tattili* di Bernard Berenson, tocca i *Valori plastici* propugnati dai due Broglio ed entra in quella dimensione del sogno, della surrealtà, nel quale si insinua Balthus, s'intravvede il Lucien Freud degli anni quaranta e perfino il più vicino Antonio Lopez Garcia.

Il collezionista e architetto fa una scelta colta, dimostrando anche di prediligere un erotismo non morboso, non decadente, ma una sensualità geometrica, luminosa, sempre indiretta, distaccata, raffreddata...

between the twentieth century and Valori Plastici that touches on a metaphysical, built, architectural dimension. And then there is Arturo Martini's evocative and magical La Pisana *of 1926, which is of special value as the work that perhaps best represents the spirit of the collection. Also noteworthy is the presence in Bellini's collection of a particular work by Gigiotti Zanini, a painter and architect active in Milan in the 1920s and 1930s:* Grande Paesaggio *of 1922, which is considered the Valori Plastici manifesto.*

It is an open, fluid collection that does not pinpoint a single, defined movement, highlighting instead a psychological thread and permitting Bellini to even include, for example, a sculptor (as well as painter and architect) like Giuseppe Gorni, dear to Giovanni Testori, who represents a naturalistic, humble realism, transferred into a cathartic dimension that is more fabulous than magic.

This text was put together by Elena Marco based on a conversation with Vittorio Sgarbi.

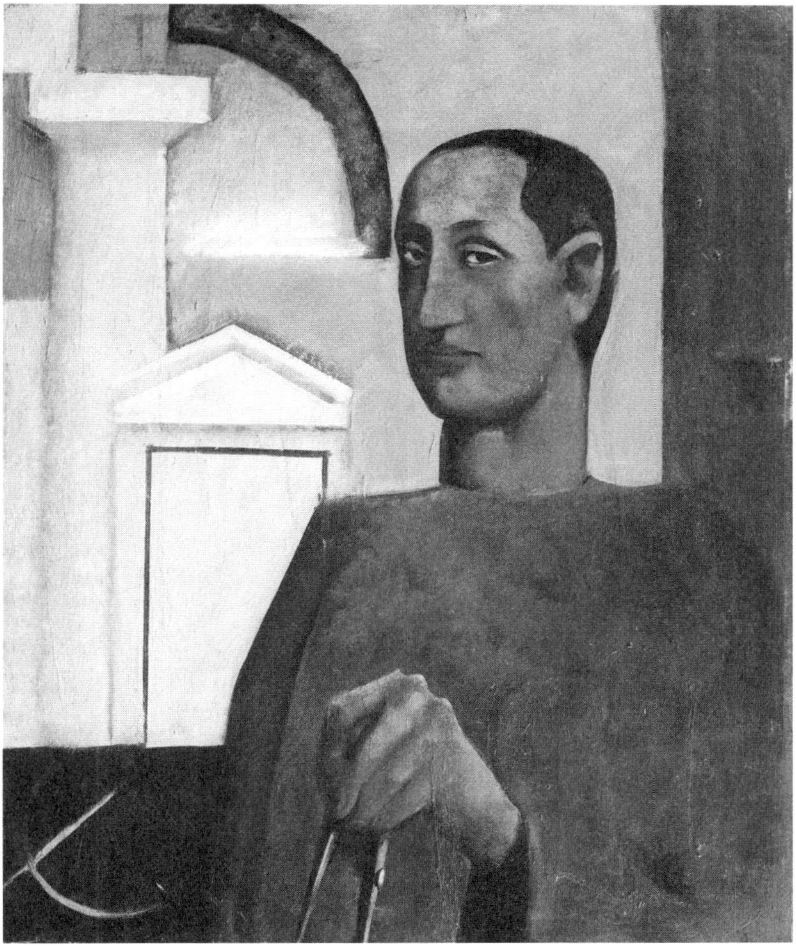

Mario Sironi,
L'architetto, *1922,*
oil on canvas,
Mario Bellini Collection

Mario Sironi ,
L'architetto, 1922,
olio su tela, collezione
Mario Bellini

Una scelta autobiografica di identificazione ideale ed estetica che lo porta poi ad arricchire la collezione con il *Doppio ritratto* di Felice Casorati, con *L'architetto* di Mario Sironi del 1922, concezione a cavallo tra Novecento e "Valori Plastici" che tocca una dimensione metafisica, costruita, architettonica. Preziosa poi *La pisana* del 1926, evocativa e magica, forse l'opera di Arturo Martini più corrispondente allo spirito della collezione. Notevole anche Gigiotti Zanini, pittore e architetto attivo a Milano tra gli anni venti e trenta, di cui Bellini possiede il *Grande paesaggio* del 1922, considerato il manifesto di "Valori Plastici".

Una collezione aperta, fluida, che non individua un movimento unico e definito, ma evidenzia piuttosto una linea psicologica e consente a Bellini di includere, per esempio, anche uno scultore (e pittore e architetto) come Giuseppe Gorni, caro a Giovanni Testori, che rappresenta un realismo naturalistico, contadino, trasferito in una catartica dimensione, più favolosa che magica.

Testo raccolto da Elena Marco a seguito di una conversazione con Vittorio Sgarbi.

Seven Questions in Search of Answers

Sette domande in cerca di risposta

Mario Bellini

1.

Can the urban model of small, historical Italian towns still show the way for designers of megalopolises, where there is often a risk of neglecting quality of life?

Il modello urbano delle piccole città storiche italiane potrà servire ancora da bussola per i progettisti delle megalopoli dove spesso si rischia di non rispettare la qualità della vita?

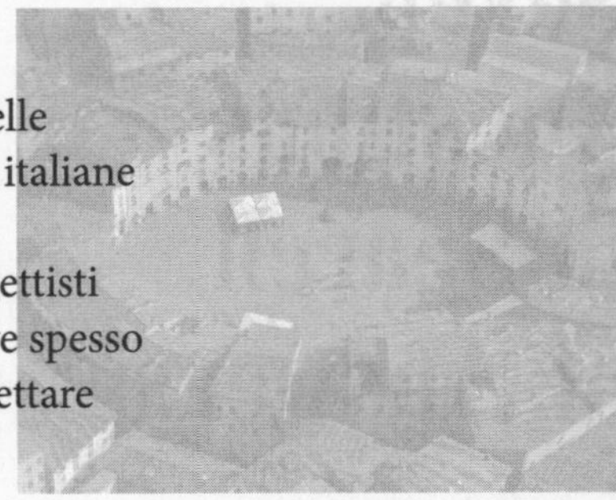

2.

What is the relationship between architecture and the city, if it is true that it is not enough to assemble a large number of buildings—even if functionally well distributed—to obtain a meaningful urban fabric that is recognized as such by its citizens?

Qual è il rapporto tra architettura e città se è vero che non basta assemblare una grande quantità di edifici – anche se ben distribuiti funzionalmente – per ottenere un tessuto urbano significante e come tale riconoscibile dai suoi cittadini?

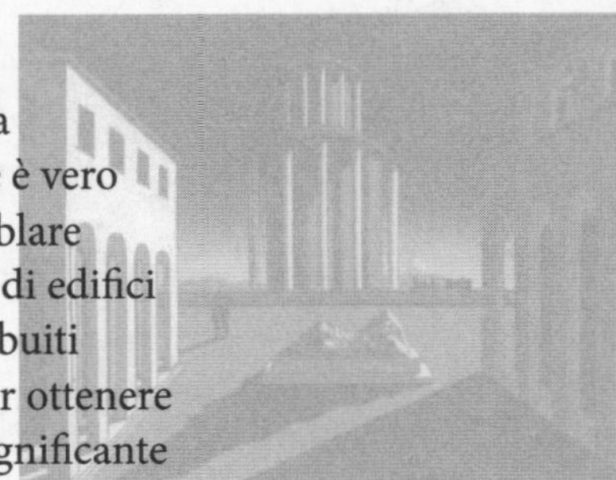

3.

What is the difference between the Parthenon and a skyscraper—considering that under the “skin” of the latter there are structures and utility lines that are extraneous to the syntax of its visible image (“metaphorical architecture”)?

Che differenza c’è tra il Partenone e un grattacielo, se consideriamo che sotto la “pelle” (“carrozzeria”) di quest’ultimo ci sono strutture e impianti estranei alla sintassi della sua immagine visibile (“architettura metaforica”)?

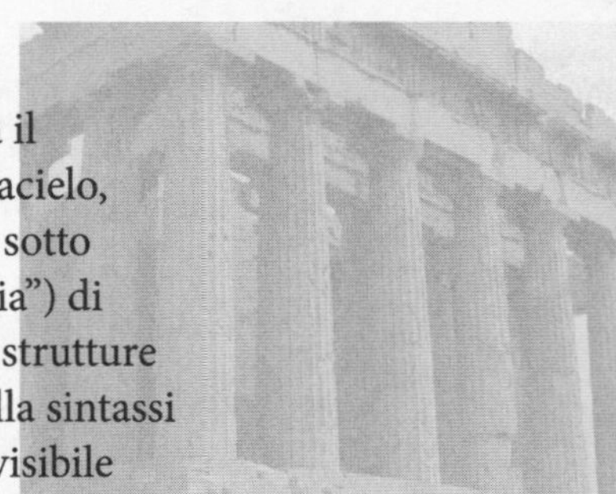

4.

Why do buildings and domestic furniture last a long time, whilst machines in general quickly become obsolete?

Perché gli edifici e gli arredi domestici hanno una lunga permanenza nel tempo e le macchine, in senso lato, diventano subito obsolete?

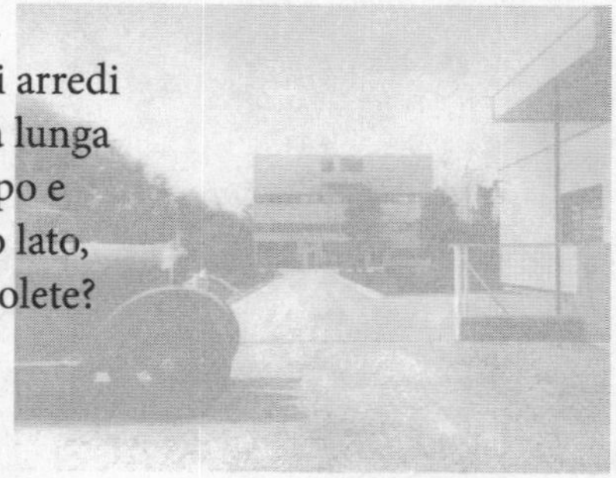

5.

Why does much of what belongs to the realm of domestic living resist industrialization so tenaciously? Why does it resist being serially produced in a few models that conform to prevalently “functional” criteria?

Perché gran parte di ciò che concerne la dimensione abitativo/domestica resiste così tenacemente all’industrializzazione, alla produzione in grande serie di pochi modelli omologati secondo criteri prevalentemente “funzionali”?

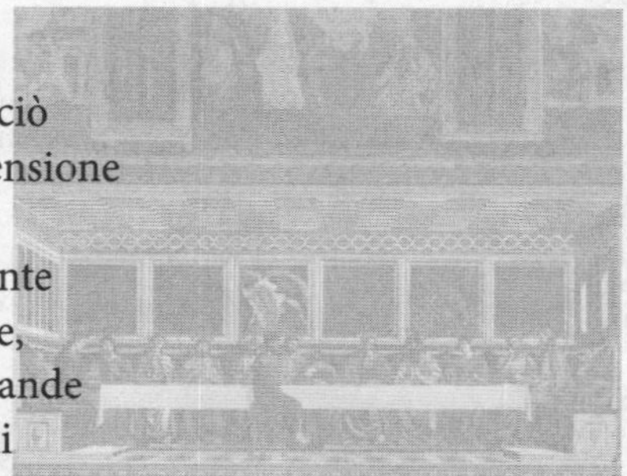

6.

Can *St Jerome in His Study* by Antonello da Messina be used as a means to better understand the contemporary home and office?

Lo *Studiolo di San Girolamo* di Antonello da Messina può essere preso come chiave di lettura per comprendere meglio casa e ufficio di oggi?

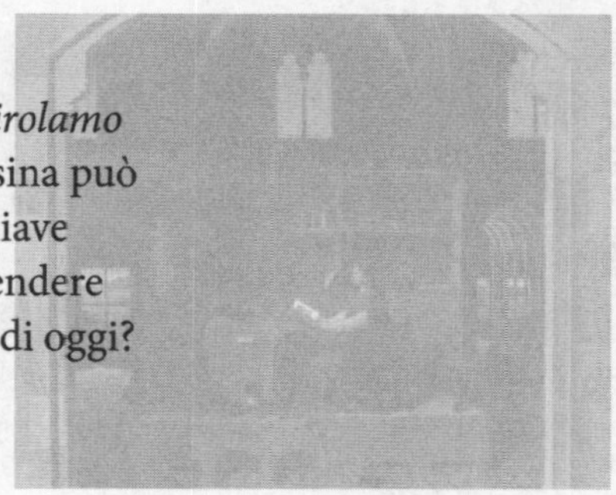

7.

Who designed Tutankhamen’s throne? Where does its structural architecture come from and why is it still so similar to our contemporary chairs?

Chi ha progettato la sedia-trono di Tutankhamon? Da dove ci viene la sua architettura strutturale e perché è ancora tanto simile a una nostra sedia?

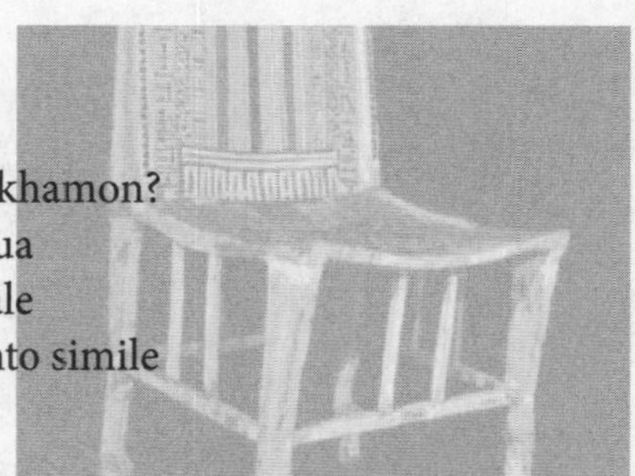

Notes for the Design of an Alphabet Primer

Appunti per un progetto di abbecedario

Mario Bellini

A

Architecture. Try to define it or explain it to a child...

B

Beauty. It will save us.

C

City. Italian historical cities are a masterpiece, they are the book of our history. I suggest you read Marco Romano and his theory about the beauty of the city.

D

Design. It simply refers to form. And that's it. Otherwise, just tell me the difference between a "normal" coffeepot and a "designer" coffeepot.

E

Expression. What can we ask of cities, furniture and objects other than to express our style of living?

F

Freedom. I am free to live in my multi-storey bookcase, where I can sit, lie down, and go up and down.

G

Grandstand. Altarpieces (Giotto), drawings, paintings, architectural models (from the Italian Renaissance), drawings, paintings, architectural models (from the European Baroque), treasures (St Mark's) antiques (precious Italian furnishings)... These are just some of the exhibitions for which I have designed the mise en scène.

H

Hall. The indentation of every architectural composition, and one of my obsessions.

I

Intelligent machines. Don't miss two books by Raymond Kurzweil: *The Age of Intelligent Machines* and *The Singularity Is Near*.

J

Jobs (Steve). After hearing me talk at the Aspen Design Conference in 1981, he came to see me at my studio in Milan, asking me to design for him...

J bis

Jazz. Those who love jazz, follow me.

K

Kar-a-sutra. In 1972, at the request of MoMA, I made a mobile human space unit, which is now considered the mother of all space wagons (MPVs).

L

Lightness. What Italo Calvino teaches in the first of his *Six Memos*.

M

Mirror. The artifice I love best. An absence that doubles a presence.

A
Architettura. Provate a definirla o a spiegarla a un bambino…

B
Bellezza. Ci salverà.

C
Città. Le città storiche italiane sono un capolavoro, il libro della nostra storia. Suggerisco di leggere Marco Romano e la sua teoria sulla bellezza della città.

D
Design. Significa solo disegno. E basta. Spiegatemi sennò la differenza tra una caffettiera "normale" e una "di design".

E
Espressione. Cos'altro possiamo chiedere a città, arredi e oggetti se non quello di esprimere la nostra cultura dell'abitare.

F
Finestre. Sono gli occhi degli edifici attraverso i quali gli abitanti guardano la città e i cittadini guardano chi vi abita.

G
Grado zero. Talvolta è necessario farvi ricorso per fare un reset e tornare ai fondamenti dell'esistere e dell'abitare.

H
Hall. Il capoverso di ogni composizione architettonica, una delle mie ossessioni.

I
Ipogeo. Sogno da anni di progettare una cantina. E di esserne ricompensato con vini pregiati.

J
Jobs (Steve). Dopo avermi ascoltato all'Aspen Design Conference del 1981 è venuto a trovarmi in studio a Milano per propormi di disegnare per lui…

J bis
Jazz. Chi lo ama mi segua.

K
Kar-a-sutra. Nel 1972, su invito de MoMA, ho realizzato un'auto-spazio-mobile, considerata oggi la madre di tutte le autovetture monovolume (MPV).

K bis
Kurzweil (Raymond). Non perdetevi due suoi libri: *The age of intelligent machine* e *The singularity is near*.

L
Leggerezza. Quella che insegna Italo Calvino nella prima delle sue *Lezioni americane*.

L bis
Libri. Abito una libreria multipiano dove posso, sedermi, sdraiarmi, salire e scendere.

N

Navigation. I love sailing the seas, because that way I can see the world from different shores.

O

Orbs. Windows are the eyes of buildings, through which the inhabitants look at the city and citizens look at those who live in it.

P

Perspective. The subtitle of my retrospective exhibition.

Q

Quaderno. The last PC I designed for Olivetti, in 1993, the forerunner of today's laptop.

R

Responsibility. Design is always an act of responsibility.

S

Shadow. Proof of the existence of light. In Japan, a country I know and where I have traveled a lot and constructed buildings, I learned that casting a shadow on other people's property is done at a cost.

T

Theater. For me, the house and the city are theaters of private and social life.

T bis

Tutankhamen. His throne is an amazing archetype of the chairs of our time.

U

Urbino. The beautiful capital of the Marche, home to *The Ideal City*, a tempera on wood from the late fifteenth century, by an unknown artist, which never ceases to thrill me.

U bis

Underground. For years I've been dreaming of designing a wine cellar. And to be rewarded with fine wines.

V

Vision. There can be no design without vision.

W

Wolfgang Amadeus Mozart. I think I'm one of the very few who have read the three hefty volumes of his and his family's entire correspondence. It's strange that he never mentions the places he goes through, even when they are as unique as Venice.

Z

Ziggurat. One of the most stunning architectural inventions of ancient Mesopotamia, which just shows how architecture has no age. And it has no progress.

Z bis

Zero, reset. Sometimes we need to go back to zero and to the fundamentals of existence and living.

M

Mostrare. Pale d'altare (Giotto), disegni, quadri, modelli d'architettura (quelli del Rinascimento italiano), disegni, quadri, modelli d'architettura (quelli del Barocco europeo), tesori (quello di San Marco), antiquariato (preziosi arredi italiani)… Sono alcune delle mostre per le quali ho progettato l'allestimento.

N

Navigare. Amo molto andare per mare perché così posso vedere il mondo da un'altra sponda.

O

Ombra. La prova dell'esistenza della luce. In Giappone, Paese che conosco e dove ho molto viaggiato e costruito, ho imparato che proiettare l'ombra sulle proprietà altrui ha un costo.

P

Prospettiva. È il sottotitolo della mia retrospettiva.

Q

Quaderno. Il mio ultimo pc disegnato per Olivetti nel 1993, progenitore degli attuali lap top.

R

Responsabilità. Progettare è sempre un atto di responsabilità

S

Specchio. L'artificio che amo di più. Un'assenza che raddoppia la presenza.

T

Teatro. Per me sono la casa e la città, entrambe teatro della vita privata e della vita sociale.

T bis

Tutankhamon. Il suo trono è un sorprendente archetipo delle sedie del nostro tempo.

U

Urbino. Lo splendido capoluogo delle Marche che custodisce *La città ideale*, tempera su tavola della fine del Quattrocento di autore ignoto, che non finisce mai di emozionarmi.

V

Visione. Senza visione non c'è progetto.

W

Wolfgang Amadeus Mozart. Credo di essere tra i pochi ad avere letto i tre corposi volumi che raccolgono tutta la corrispondenza epistolare sua e dei suoi famigliari. Curioso che non accenni mai ai luoghi che ha attraversato, quand'anche fossero stati unici come Venezia.

Z

Ziggurat. Una delle più straordinarie invenzioni architettoniche dell'antica Mesopotamia che dimostra come l'architettura non ha età. E non ha progresso.

Annexes

Apparati

Chronogical List of Works on Display

Regesto cronologico delle opere in mostra

1960

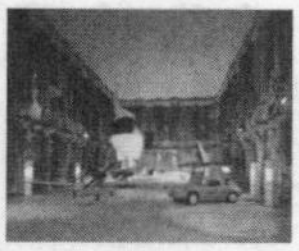

Compasso d'Oro 1960
Allestimento mostra,
Sala delle Cariatidi, Palazzo
Reale, Milano, Italia.
Filmato

1962

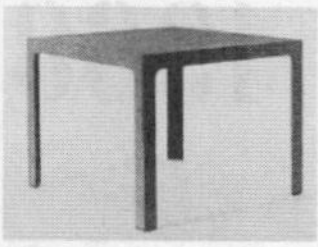

Cartesius
Tavolo da pranzo, gioco, studio,
Pedretti, Gavina.
Premio Compasso d'Oro 1962

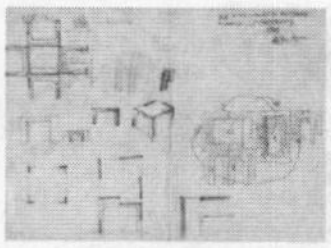

***Schizzo per il Tavolo Cartesius**
1 dei 98 schizzi esposti
in mostra.

1963

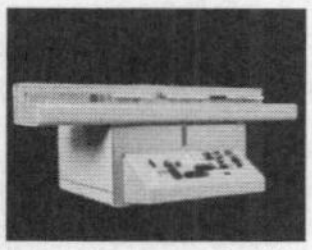

CMC7
Lettore automatico di documenti
con caratteri magnetici, Olivetti.
Premio Compasso d'Oro 1964.

1965

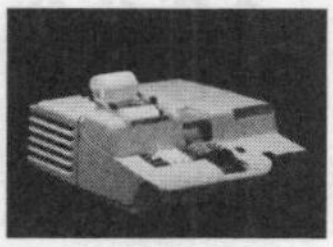

Programma 101
Primo personal computer
da tavolo, Olivetti.

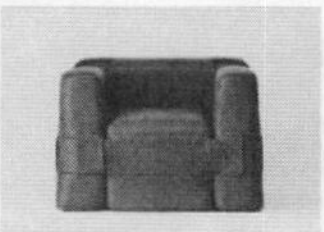

932
Poltrona,
Cassina.

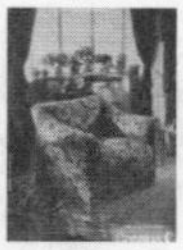

Le Tentazioni
Famiglia di imbottiti.
Manifesto, 100 x 140 cm.

1966

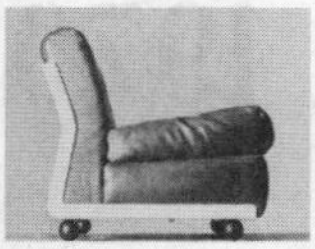

Amanta
Famiglia di imbottiti,
C&B Italia.

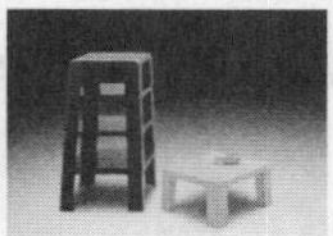

4 Gatti
Sistema di tavoli impilabili,
C&B Italia.

1967

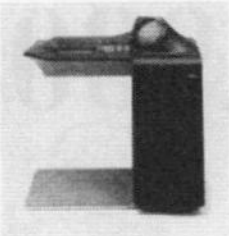

TCV250
Terminale video alfanumerico,
Olivetti.

1968

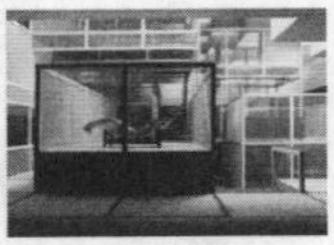

Showroom Cassina,
Via Durini, Milano, Italia.
Filmato

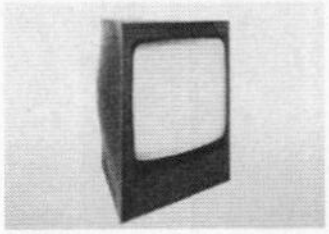

TC3
Televisore, prototipo, Brionvega.

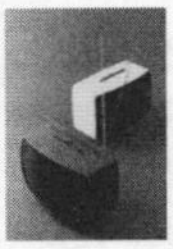

Volans 17"
Televisore, Brionvega.

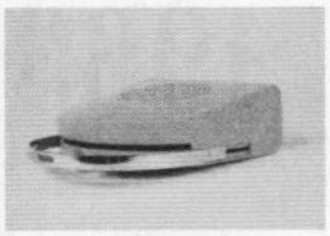

GA 45 POP
Giradischi automatico portatile,
Minerva/Grundig.

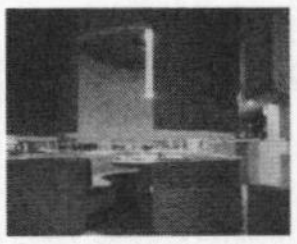

Ristorante "Il Tondorante"
Bard (Aosta), Italia.
Filmato.

1969

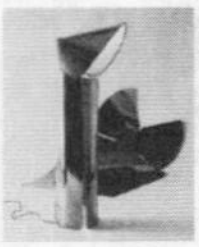

Chiara
Lampada da terra, Flos.

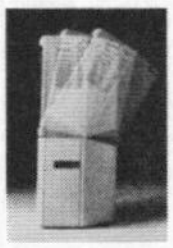

Aster 20
Televisore, Brionvega.

1970

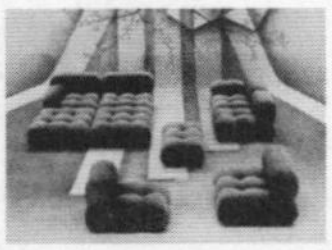

Camaleonda
Elemento di sistema di imbottiti
componibili, C&B Italia.

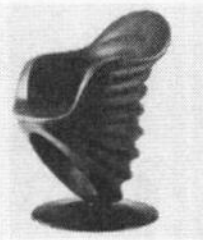

Teneride
Poltroncina per ufficio, prototipo,
Cassina.

1971

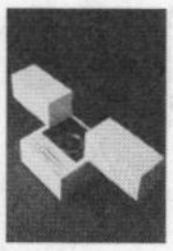

Totem
Complesso stereo Hi-Fi,
Brionvega.

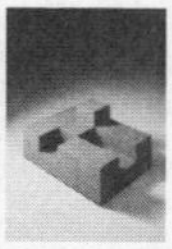

Gli Scacchi
Sistema di appoggi componibili,
C&B Italia.,

1972

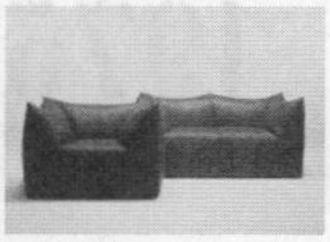

Le Bambole
Famiglia di imbottiti, C&B Italia.
Premio Compasso d'Oro 1979.

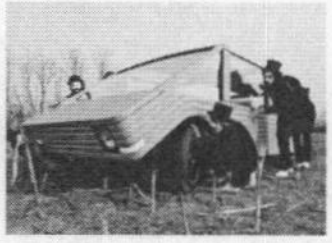

Kar-a-sutra
Spazio-mobile, concept car,
MoMA New York,
Filmato.

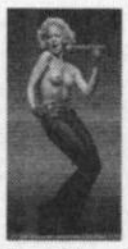

Le Bambole
Modella Donna Jordan
Foto Oliviero Toscani.
Manifesto, 197 x 62,5 cm.

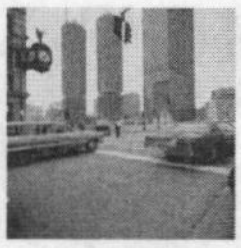

Mario Bellini. USA 1972.
Viaggio in America.
Libro, Humboldt Books, Milano
2015. Foto di Mario Bellini

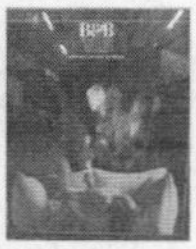

Le Bambole
Foto Ginka Cordana
Manifesto, 100 x 90 cm.

1973

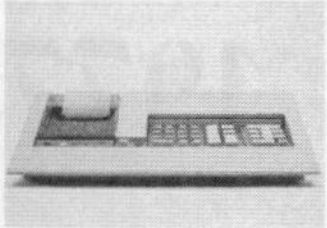

Logos 50/60
Calcolatrice elettronica scrivente
da tavolo, Olivetti.

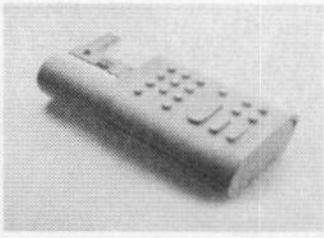

Divisumma 18
Calcolatrice elettronica da mano
scrivente a batteria ricaricabile,
Olivetti.

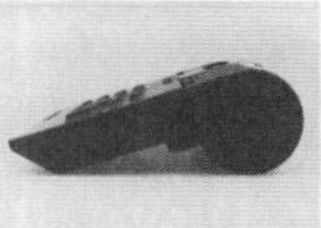

Divisumma 28
Calcolatrice elettronica scrivente
da tavolo, Olivetti.

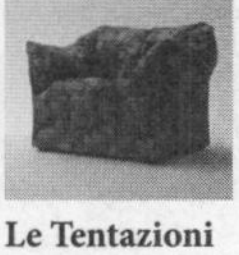

Le Tentazioni
Famiglia di imbottiti, Cassina.

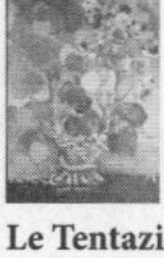

Le Tentazioni
Famiglia di imbottiti.
Elaborazione grafica di Mario
Bellini e Francesco Binfaré.
Manifesto, 200 x 140 cm.

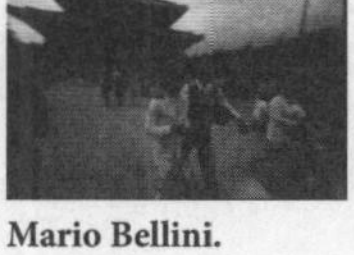

Mario Bellini.
Il fuoco nell'occhio
Viaggio in Giappone.
Libro, Nicolodi Editore, Rovereto
2006. Foto di Mario Bellini.

1974

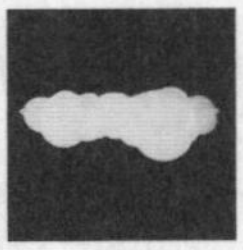

Nuvola
Lampada per il Pianeta Ufficio di Marcatré, ri-prodotta da Nemo Lighting nel 2011.

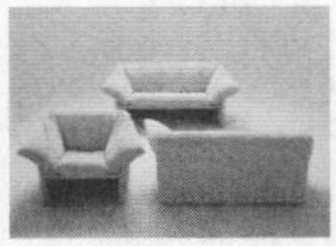

Le Stelle
Famiglia di imbottiti, B&B Italia.

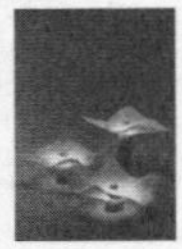

Area
Famiglia di lampade. Artemide.

1975

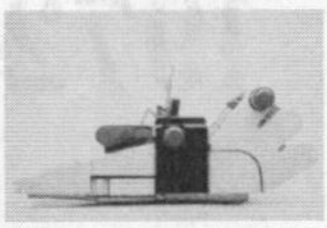

A4
Macchina contabile, Olivetti.

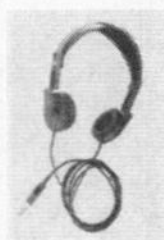

HP-1
Cuffia stereophonica, Yamaha.

1976

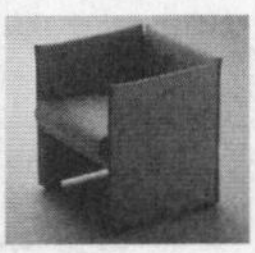

Whiskey
Poltroncina e divanetto, Cassina.

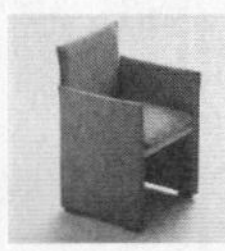

Break
Famiglia di poltroncine, Cassina.

1977

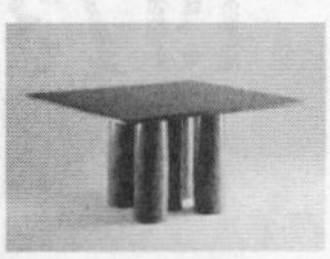

Il Colonnato
Famiglia di tavoli, Cassina.

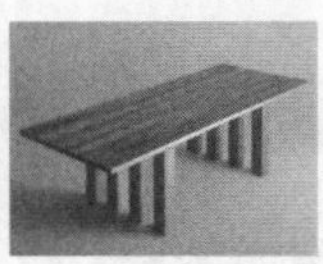

La Basilica
Famiglia di tavoli, Cassina.

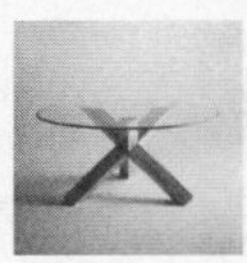

La Rotonda
Tavolo, Cassina.

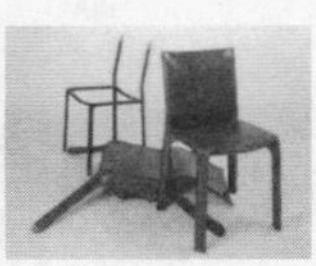

CAB 412
Sedia, Cassina.

1978

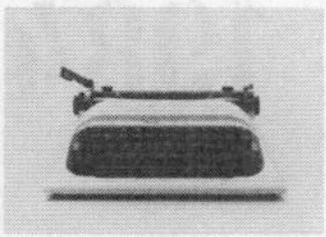

Lettera 10
Macchina per scrivere meccanica portatile, Olivetti.

1979

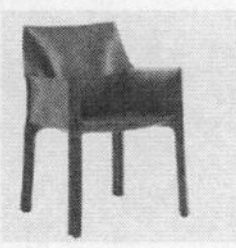

CAB 413
Poltroncina, Cassina.

1980

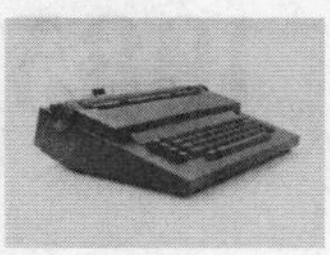

Praxis 35
Macchina per scrivere elettronica portatile, Olivetti.
Premio Compasso d'Oro 1981.

1981

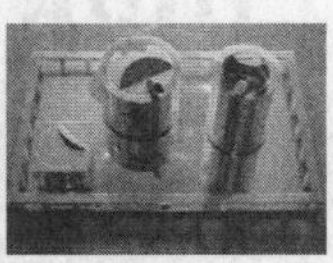

Vassoio in argento e pietre dure
con teiera, caffettiera, lattiera, zuccheriera, Cleto Munari.

1982

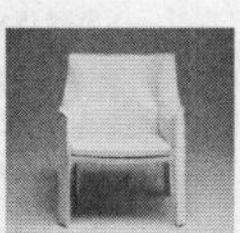

CAB 414
Poltrona, Cassina.

1984

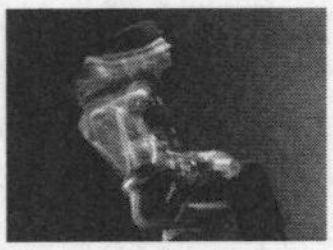

Persona
Sedia per ufficio, Vitra.

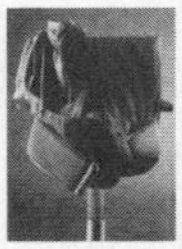

Figura
Sedia per ufficio, Vitra.

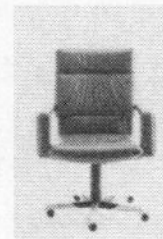

Imago
Sedia per ufficio, Vitra.

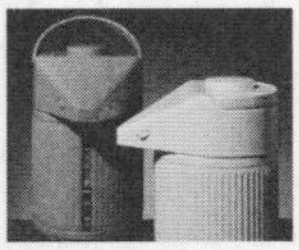

Minideca
Bollitore elettrico automatico, Zojirushi.

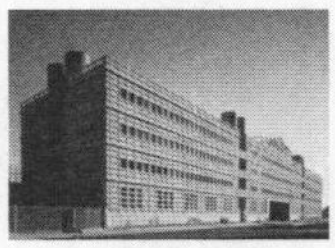

Complesso multifunzionale per uffici
Milano, Italia, 1984-1988.
Filmato

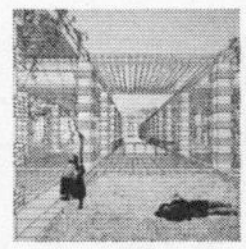

Piazza Anita Garibaldi
Baggio (Milano), Italia.
Disegni.

1985

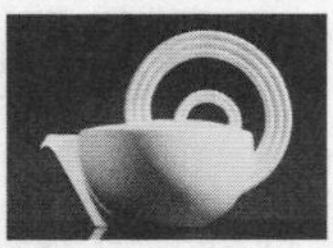

Cupola
Servizi da caffè e da the, Rosenthal.

1986

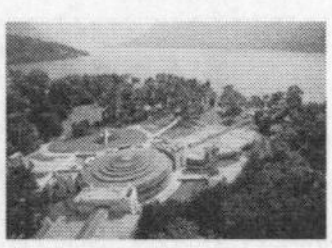

Centro Internazionale Espositivo e Congressi di Villa Erba
Cernobbio (Como), Italia, 1986-1990.
Disegni e filmato.

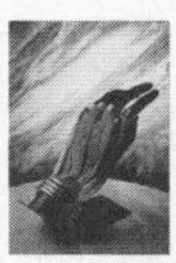

Gioielli in platino, oro, pietre preziose e pietre dure.
Gioielli, Cleto Munari.

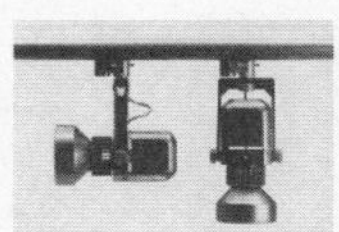

Eclipse
Sistema di apparecchi di illuminazione ad alta e bassa tensione e alogeni, Erco Leuchten.

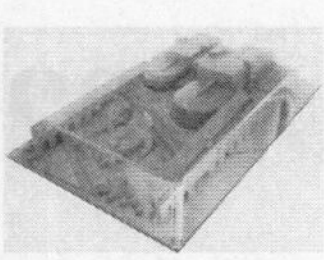

Teatri di Tokyo
Tokyo, Giappone.
Modello, 45 x 29 x h12 cm.

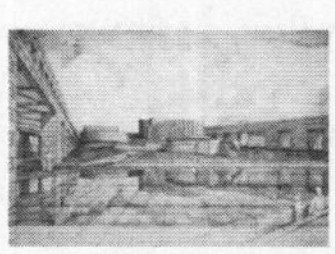

Teatri di Tokyo
Tokyo, Giappone.
Filmato.

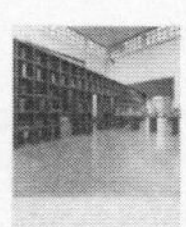

Il Progetto Domestico
Allestimento mostra, Triennale di Milano, Italia,
Filmato.

1987

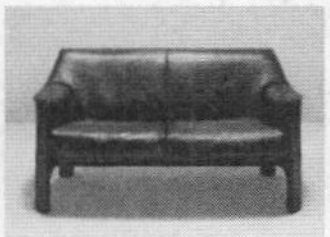

CAB 415
Divano, Cassina.

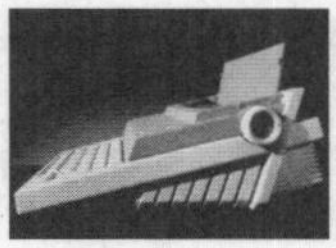

ETP 55
Macchina per scrivere elettronica, Olivetti.

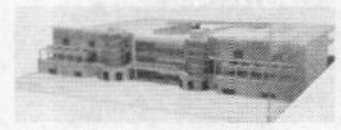

Fiera Milano City
Milano, Italia.
Modello, 181 x 158 x h45 cm.

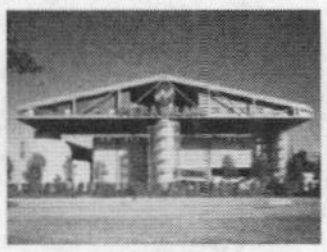

Fiera Milano City
Milano, Italia,
1987-1997.
Disegni, schizzi e filmato.

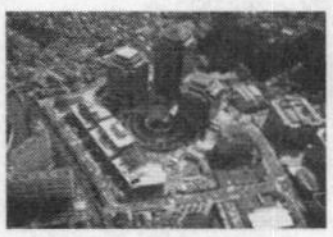

Yokohama Business Park
Yokohama, Giappone,
1987-1991.
Disegni e filmato

1988

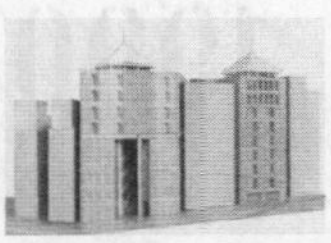

Tokyo Design Center
Tokyo, Giappone.
Modello, 97 x 65 x h61 cm.

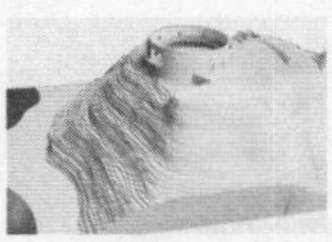

Ryoma Sakamoto Memorial Hall
Kochi City, Giappone.
Modello, 120 x 80 x h46 cm.

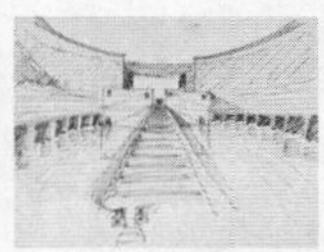

Ryoma Sakamoto Memorial Hall
Concorso internazionale, Kochi City, Giappone.
Disegni e filmato.

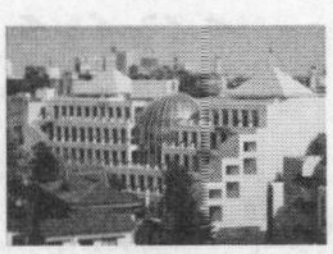

Tokyo Design Center
Tokyo, Giappone,
1988-1992.
Disegni e filmato.

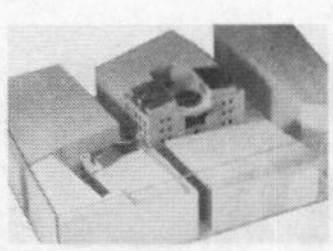

Edificio Residenziale
Milano.
Modello, 95 x 68 x h28 cm.

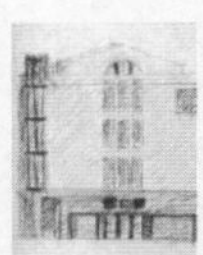

Edificio Residenziale
Milano.
Filmato

1989

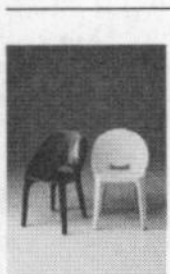

Lira e Liuto
Sedie, Cassina.

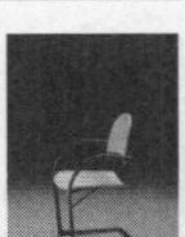

Onda
Sedia per ufficio, Vitra.

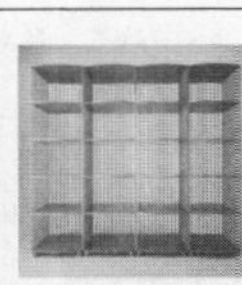

Étagère
Libreria, Bottega Ghianda,
ri-prodotta nel 2016.

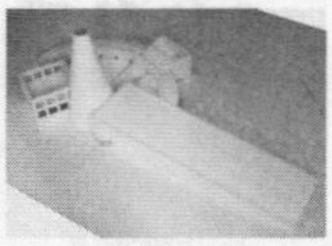

Autogrill Mod4 per rete autostradale italiana
Lainate (Mi), Italia.
Modello, 62 x 36 x h35 cm.

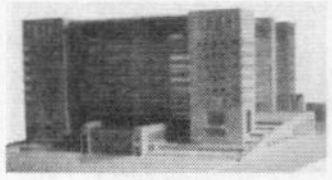

Nuovo Quartier Generale Bayer Sud Europa
Milano.
Modello, 90 x 73 x h33 cm.

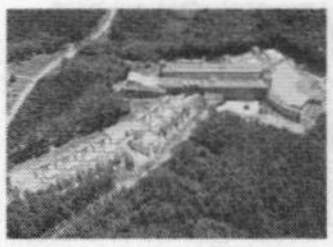

Risonare Vivre Club Complex
Kobuchizawa, Yamanashi, Giappone, 1989 / 1992.
Disegni e filmato.

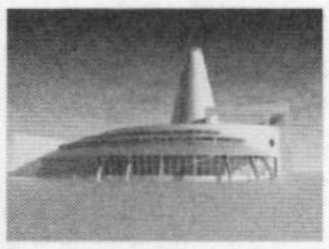

Autogrill Mod4 per rete autostradale italiana
Lainate (Mi), Italia.
Disegni e filmato.

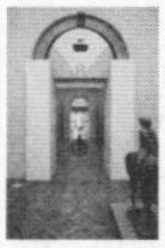

Italian Art in the 20th Century
Allestimento mostra
Royal Academy of Art, Londra, Gran Bretagna.
Filmato.

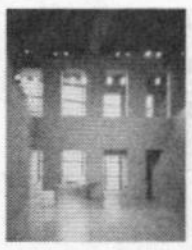

Showroom Cassina Japan
Tokyo, Giappone, 1989-1990.
Filmato.

1990

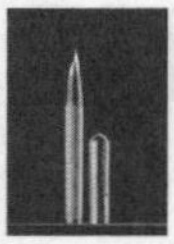

Lamy Persona
Penna stilografica e penna a sfera con astucci, C. Josef Lamy.

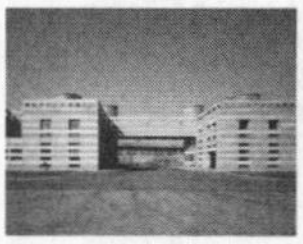

Centrale AEM di teleriscaldamento, uffici e strutture operative
Cassano D'Adda, Italia.
Disegni.

1991

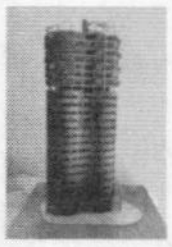

Grattacielo a Osaka
Osaka, Giappone.
Modello, 35 x 33 x h60 cm.

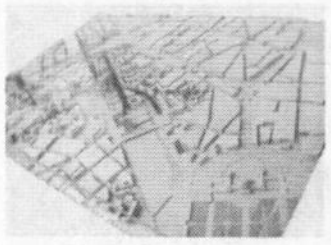

Polo direzionale-finanziario Garibaldi-Repubblica
Milano, Italia.
Modello, 113 x 76 x h13 cm.

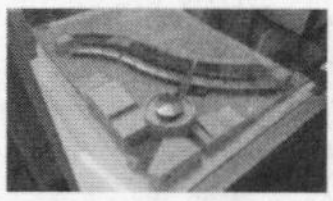

Scuola Elementare Gabrio Piola
Giussano (Milano), Italia.
Modello, 110 x 100 x h24 cm.

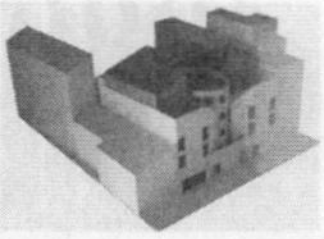

Edificio Residenziale
via Varese, Milano, Italia.
Modello, 54 x 41 x h31 cm.

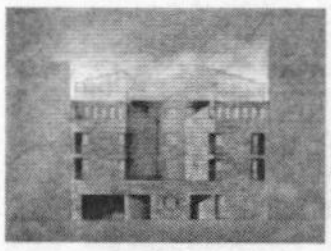

Edificio Residenziale
via Varese, Milano, Italia.
Filmato.

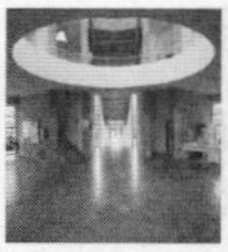

Scuola Elementare Gabrio Piola
Giussano (Milano), Italia.
Disegni.

1992

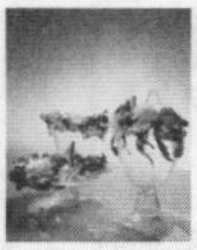

Sogni infranti
Vaso, alzata e vaso veronese,
Venini.

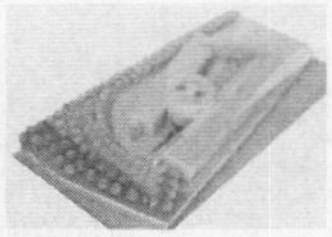

Nuova Sede Unicem
San Mauro Torinese (Torino),
Italia.
Modello, 38 x 18 x h11 cm.

1994

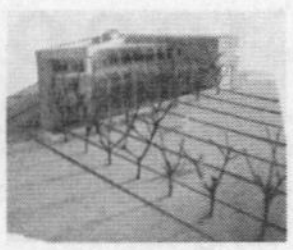

Schmidtbank
Germania.
Modello, 94 x 66 x h31 cm.

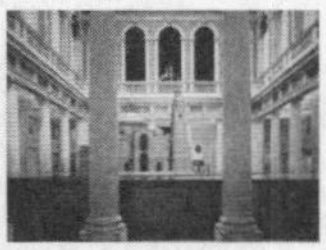

Il Rinascimento da Brunelleschi a Michelangelo. La rappresentazione dell'Architettura
Allestimento mostra,
Palazzo Grassi, Venezia, Italia,
1994-1995.
Filmato.

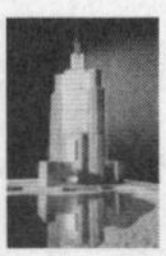

Complesso terziario-alberghiero Stolitsa Towers
Mosca, Russia, 1995-1996.
Modello, 65 x 41 x h70 cm.

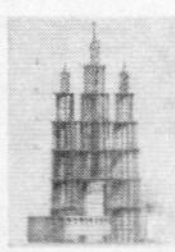

Complesso terziario-alberghiero Stolitsa Towers
Mosca, Russia, 1995-1996.
Filmato.

1996

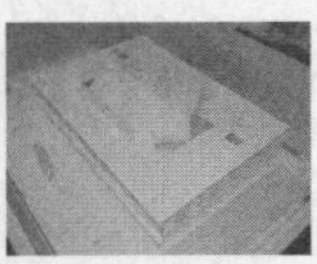

Biblioteca Universitaria Regionale
Dresda, Germania.
Modello, 79 x 61 x h15 cm.

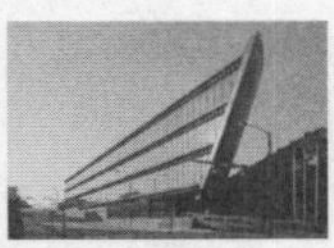

Natuzzi Americas
High Point, North Carolina,
USA, 1996-1998.
Filmato.

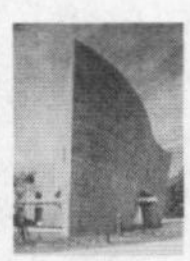

Arsoa Co. Cosmetici
Kobuchizawa, Yamanashi,
Giappone, 1996-1998.
Filmato.

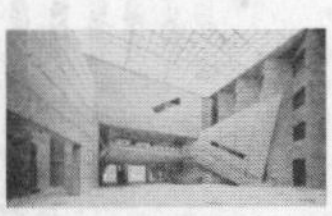

National Gallery of Victoria
Melbourne, Australia,
1996-2003.
Filmato.

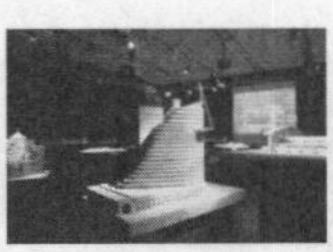

Urban Island. Architecture and Works of Mario Bellini 1985-1995
Allestimento mostra, Royal
Institute of British Architects
(Riba) Londra, Gran Bretagna.
Filmato.

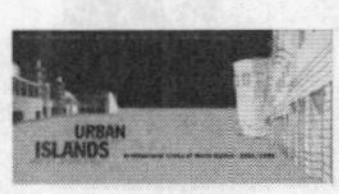

Urban Island
Manifesto, 68,5 x 49 cm.

1997

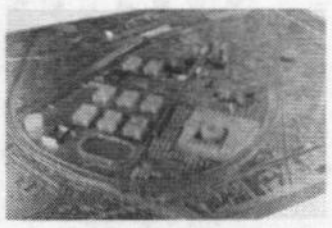

Nuovo Polo Universitario del Politecnico di Milano - Masterplan
Milano (Bovisa), Italia.
Modello, 180 x 140 x h28 cm.

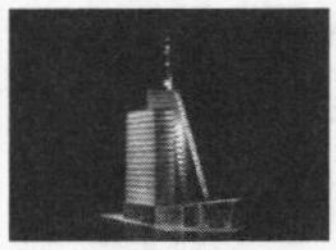

Nuovo Polo Universitario del Politecnico di Milano - Torre Aem
Modello, 73 x 56 x h80 cm.

1998

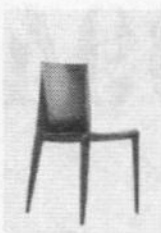

Bellini Chair
Sedia impilabile, Heller.
Premio Compasso d'Oro 2001.

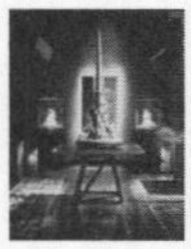

I Trionfi del Barocco. Architettura in Europa, 1600-1750
Allestimento mostra,
Palazzina di Caccia di Stupinigi,
Torino, Italia, 1998-1999.
Filmato.

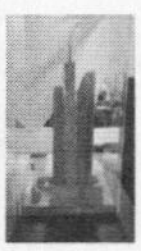

Grattacielo MAX
Frankfurt, Germania.
Modello, 66 x 42 x h50 cm.

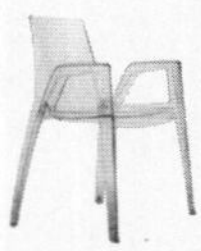

Arco
Sedia per esterno impilabile,
Heller.

2000

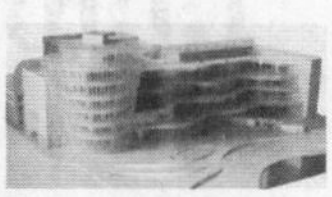

Centro Culturale
Torino, Italia.
Modello, 106 x 86 x h40 cm.

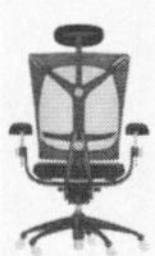

Ypsilon
Sedia per ufficio, Vitra.

2001

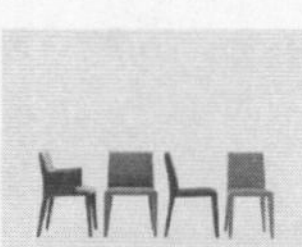

Vol au vent
Sedia e poltroncina, B&B Italia.

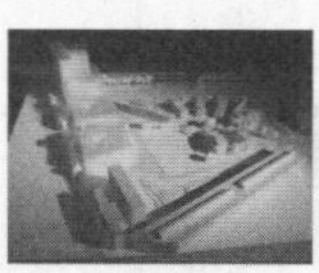

Quartiere per uffici - Masterplan
Rheinmetall areal district,
Dusseldorlf, Germania.
Modello, 80 x 70 x h16 cm.

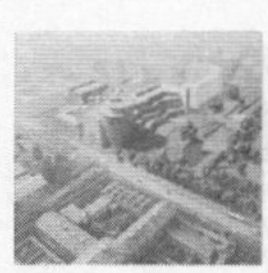

Centro Culturale
Torino, Italia,
2001-2007.
Filmato.

2002

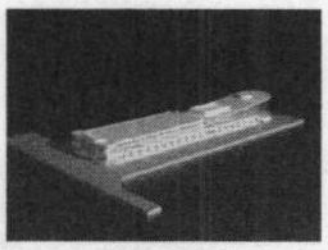

Riqualificazione Frontemare e Stazione Marittima di Trieste
Trieste, Italia.
Modello, 90 x 61 x h26 cm.

2003

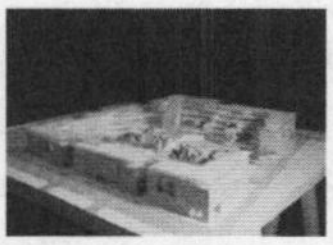

Nuova Sede Cassa di Risparmio di Firenze
Firenze, Italia.
Modello, 150 x 100 x h30 cm.

2004

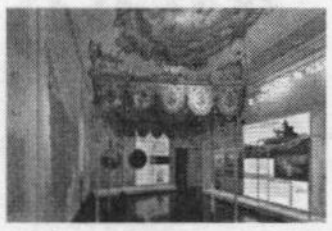

Museo della Città di Bologna
Palazzo Pepoli Vecchio, Bologna, Italia, 2003-2011.
Filmato.

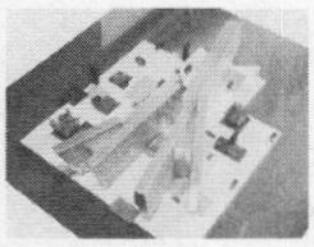

Nuova Sede European Patent Office
L'Aia, Olanda.
Modello, 80 x 90 x h30 cm.

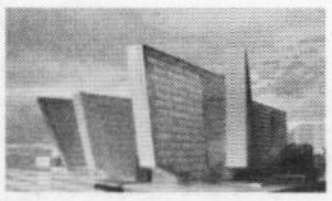

Nuova Sede European Patent Office
L'Aia, Olanda.
Filmato.

2005

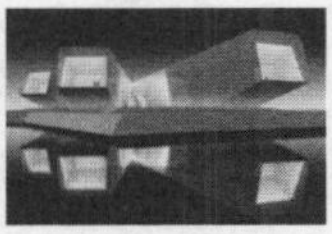

Nouveau Musée des Beaux-Arts,
Losanna, Svizzera.
Filmato.

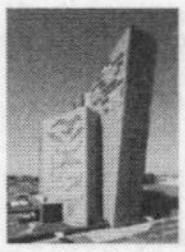

Verona Forum – trasformazione dell'area ex Foro Boario
Verona, Italia,
2004-2011.
Filmato.

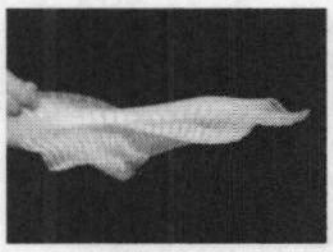

Nuovo Dipartimento delle Arti Islamiche
Museo del Louvre, Parigi, Francia, con Rudy Ricciotti, 2005-2012.
Modello, 90 x 125 x h25 cm.

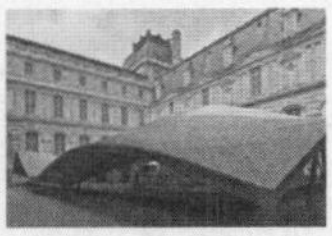

Nuovo Dipartimento delle Arti Islamiche
Museo del Louvre, Parigi, Francia, con Rudy Ricciotti 2005-2012.
Filmato.

2006

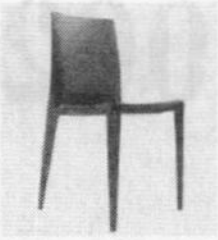

Ultrabellini Chair
Sedia impilabile, Heller.

2007

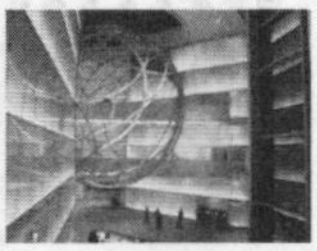

Deutsche Bank Headquarters,
Frankfurt am Main, Germania,
2006-2011.
Filmato.

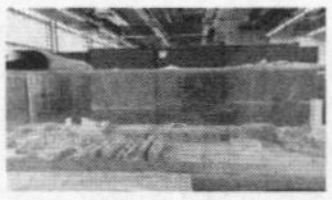

Centro Congressi Fondazione Fiera Milano - MiCo
Milano, Italia.
Modello, 101 x 61 x h25 cm.

2008

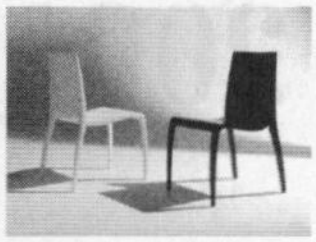

KI
Sedia, Horm.

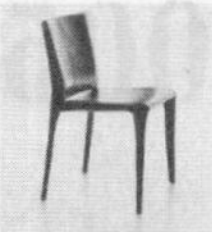

Bull
Sedia, Cassina.

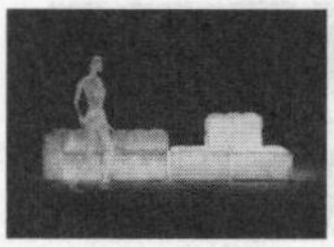

Via Lattea
Serie di imbottiti luminosi,
Meritalia.

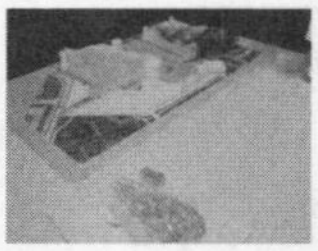

Centro Congressi Fondazione Fiera Milano - MiCo
Milano, Italia,
2008-2012.
Modello, 320 x 110 x h35 cm.

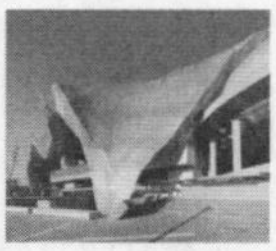

Centro Congressi Fondazione Fiera Milano - MiCo,
Milano, Italia,
2008-2012.
Filmato.

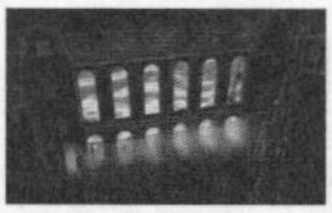

Museo della Città di Berlino
Berlino, Germania.
Filmato.

2009

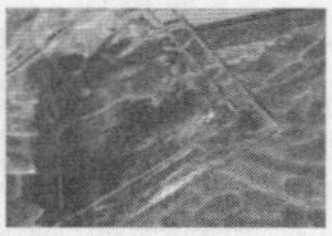

Dune
Vassoio, Kartell.

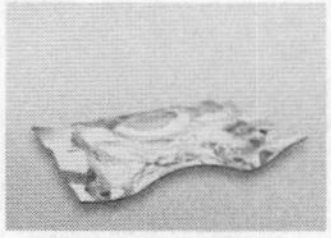

Mar Bianco
Vassoio in argento e plexiglass, Sawaya&Moroni.

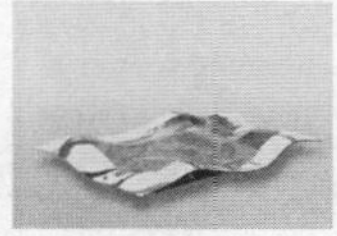

Mar Rosso
Vassoio in argento e plexiglass, Sawaya&Moroni.

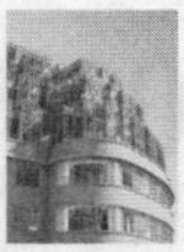

Trasformazione ex Garage Traversi
Milano, Italia.
Filmato.

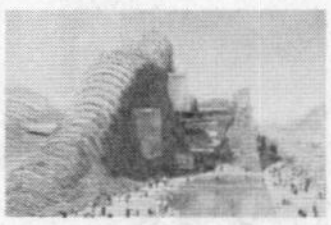

Taipei Pop Music Center
Taipei, Taiwan.
Filmato, realtà aumentata.

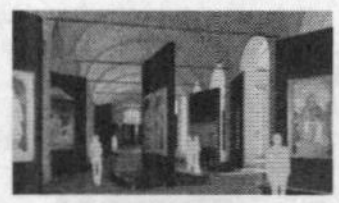

Brera in Brera Riorganizzazione architettonica e museografica del Complesso di Brera
Milano, Italia,
2009 / in progettazione.
Filmato.

2010

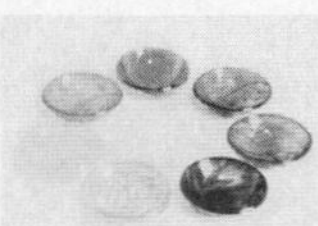

Moon
Ciotola, Kartell.

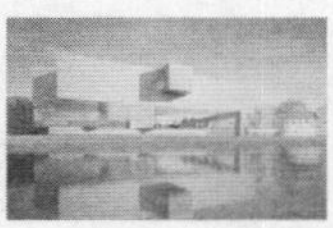

Nuova Art Gallery di Maribor
Maribor, Slovenia.
Filmato.

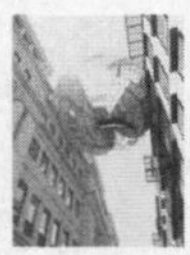

London Link Bridge - Deutsche Bank
Londra, Gran Bretagna,
2010-2011.
Filmato, realtà aumentata.

2011

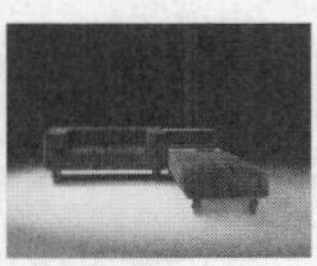

No Design
Imbottiti componibili, Meritalia.

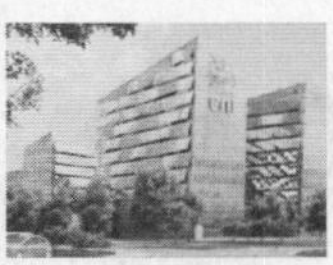

Centro Direzionale-ENI
San Donato Milanese (Milano), Italia.
Filmato.

2012

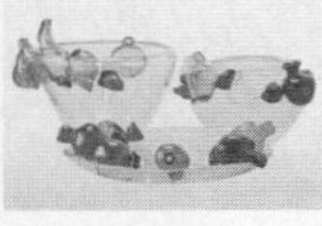

Chimera
Vaso, alzata e vaso veronese, Venini.

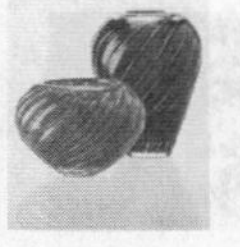

Canneti
Vaso, Venini.

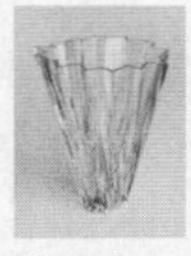

Shanghai
Vaso, Kartell.

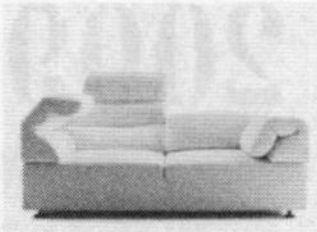

Freud
Imbottiti componibili, Meritalia.

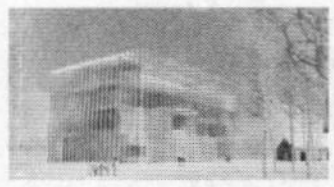

The Heart of the Metropolis. Biblioteca Centrale di Helsinki
Helsinki, Finlandia.
Filmato.

2014

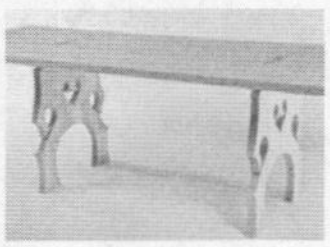

Tavola Armonica
Tavolo, Riva1920.

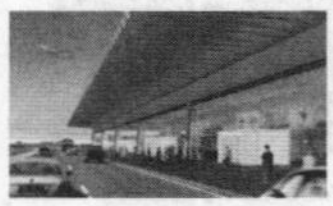

Aereoporto Leonardo da Vinci di Fiumicino - Terminal 3
Fiumicino, Roma, Italia,
2014-2018
Video.

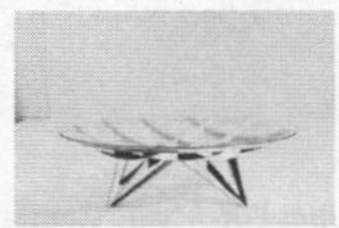

Opera
Famiglia di tavoli, Meritalia.

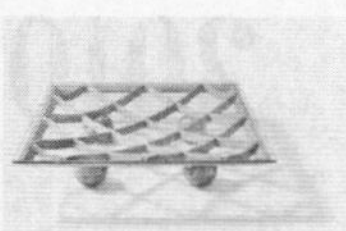

Opera Coffee
Tavolino da caffè, Meritalia.

2015

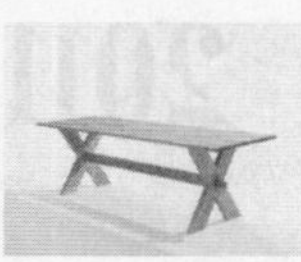

X-Table
Tavolo, Riva1920.

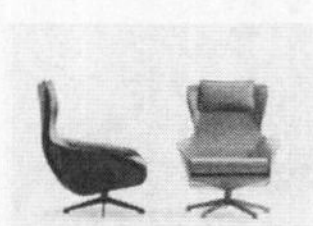

CAB Lounge
Poltrona, Cassina.

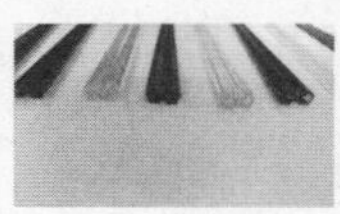

Chopsticks
Posate e bacchetta,
Design Memorabilia.

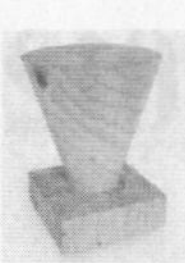

Kono
Sgabello, Riva1920.

Generali Group Academy
Trieste, Italia,
2015-2019.
Video.

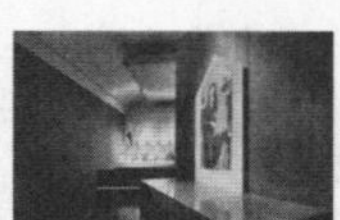

Giotto, l'Italia
Allestimento mostra, Palazzo Reale, Milano, Italia,
2015-2016.
Filmato.

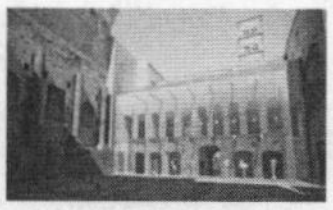

Nuovo Museo del Foro Romano - "Antiquarium"
Roma, Italia,
2015-2018.
Video, realtà aumentata.

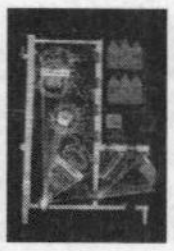

Giotto, l'Italia
Manifesto, 70 x 50 cm.

Padiglione informativo EXPO 2015
Milano, Italia.
Filmato.

2016

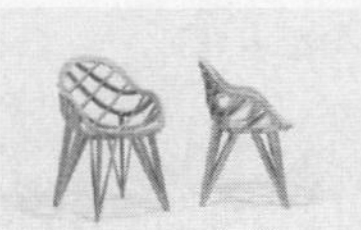

Seat Opera
Poltroncina, Meritalia.

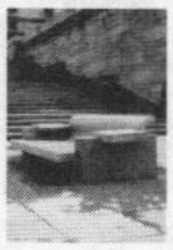

Fortino Rosso
Divano in pietra, MGM (rifacimento del progetto realizzato in India a New Delhi nel 1985 in occasione della mostra *The Golden Eye*).

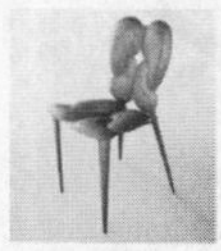

Air Bump Chair
Sedia, prototipo sperimentale, Mario Bellini Architects.

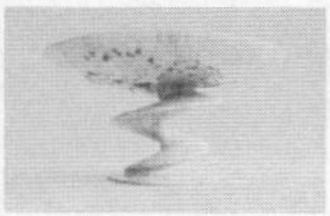

Tango
Tavolo in marmo, MGM.

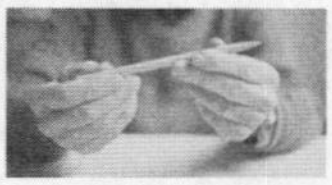

Wunderkammer
Gli oggetti di affezione di Mario Bellini sono esposti in mostra con una serie di fotografie (a cura di Zetalab) in cui sono sempre inquadrate anche le mani dell'architetto.

2017

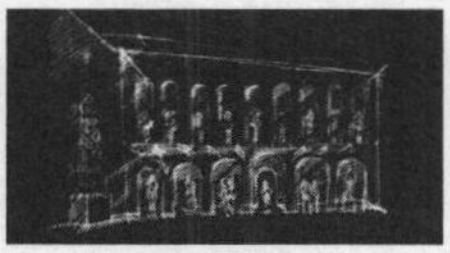

Next Architecture
Progetti di architettura più significativi in corso (alcuni modelli in realtà aumentata).
Video.

Next Design
Progetti di design più significativi in corso (alcuni modelli in realtà aumentata).
Video.

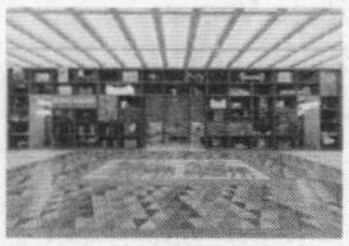

Mario Bellini. Italian Beauty
Palazzo dell'Arte - Triennale di Milano, Italia.
Allestimento mostra.

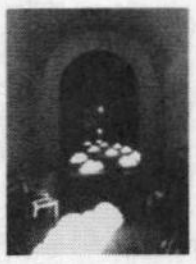

Sottosopra - Unexpected Italy
Milano, Italia.
Allestimento installazione.

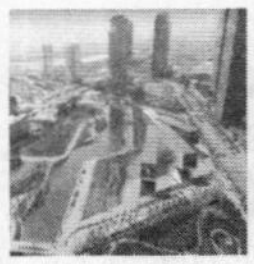

National Museum of World Writing
Songdo, Korea.
Concorso internazionale.

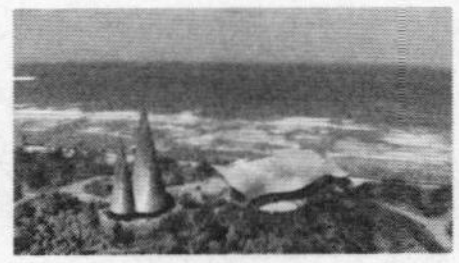

Biras Creek Resort
Nuova struttura alberghiera-residenziale, Virgin Gorda Island.
Progetto architettonico.

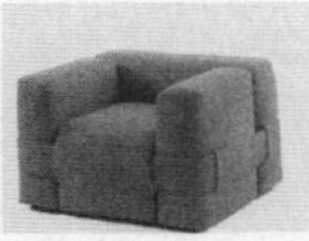

MB1 Quartet Re-edition 932
Poltrona, Cassina.

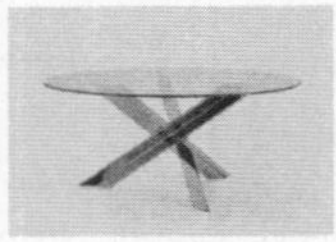

Bolt
Tavolo, B&B Italia.

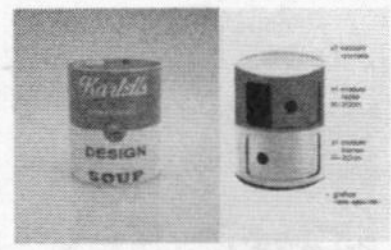

Componibili Re-edition
Elementi d'arredo componibili, Kartell.
Tribute to Componibili, 50th Anniversary.

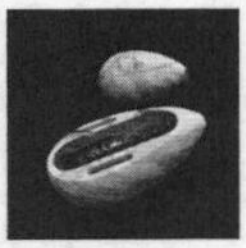

Uovo Divino
Portabottiglie, Passione Agricola.

2018

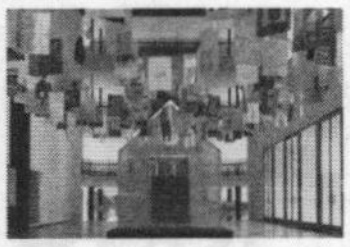

House in Motion
Università Statale di Milano, Italia.
Allestimento installazione.

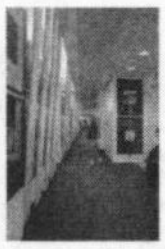

Life in Vogue
Milano, Italia.
Allestimento installazione.

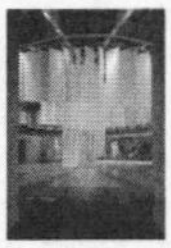

Proposte 2018
Centro espositivo di Villa Erba, Cernobbio (Como), Italia.
Allestimento installazione.

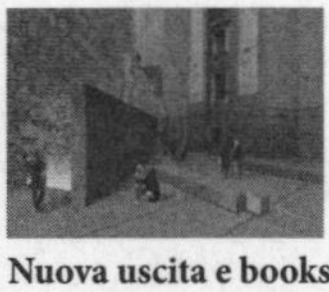

Nuova uscita e bookshop del Museo delle Cappelle Medicee
Firenze, Italia.
Concorso internazionale.

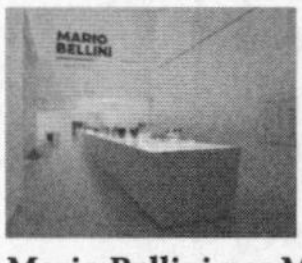

Mario Bellini per Murano
Museo del Vetro di Murano, Italia.
Allestimento mostra.

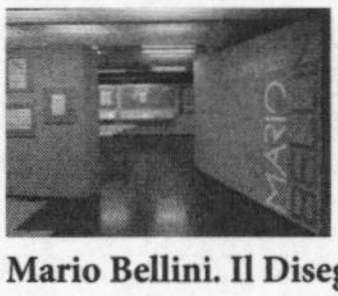

Mario Bellini. Il Disegno del progetto
Politecnico di Milano, Italia.
Mostra personale.

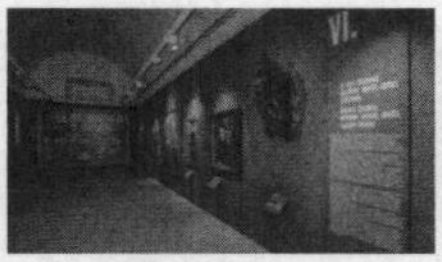

Margherita Sarfatti. Segni, Luci e Colori
Museo del Novecento - Palazzo dell'Arengario di Milano, Italia.
Allestimento mostra.

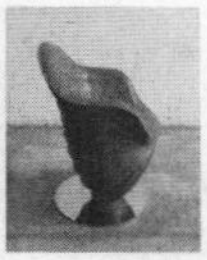

Teneride Re-edition
Poltroncina, Cassina.

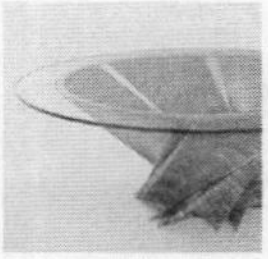

Torsion
Tavolo, Natuzzi.

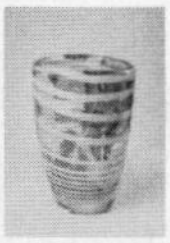

Torre di Babele
Collezione di vasi, Venini.

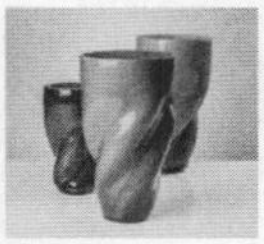

Torcia
Collezione di vasi, Venini.

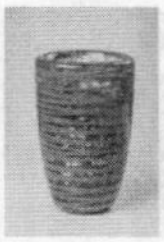

Abissi
Collezione di vasi, Venini.

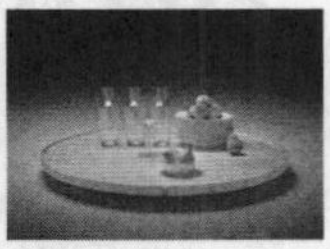

Fresbee
Vassoio, Bottega Ghianda.

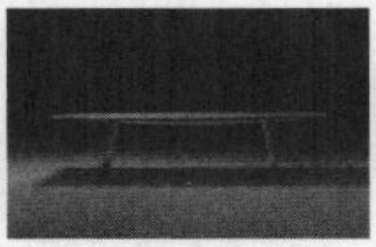

Flying Bridge
Tavolo, Bottega Ghianda.

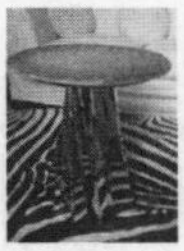

Shanghai T
Tavolino, B&B Italia.

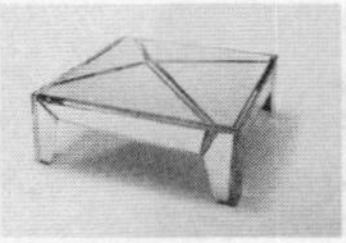

Hypertable
Tavolo, Glas Italia.

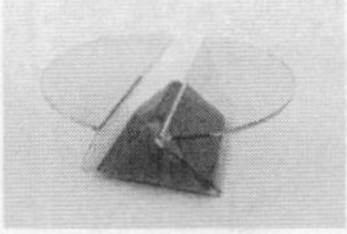

Plissé
Tavolo, Glas Italia.

2019

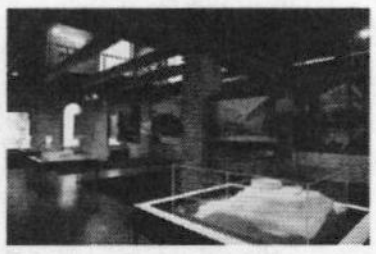

Mario Bellini. Italian Beauty
Museo Statale di Architettura Shchusev, Mosca, Russia.
Allestimento mostra.

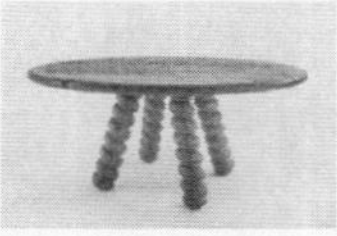

Bric
Tavolo, Riva 1920.

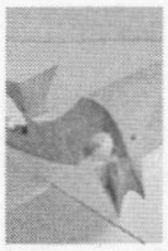

Canyon & Grand Canyon
Tavoli, OAK Arredamenti.

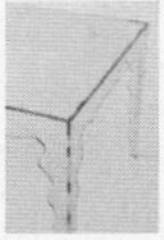

Jabot
Tavolo, Glas Italia.

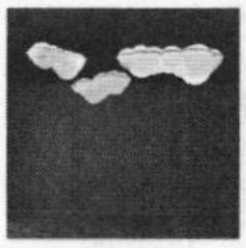

Nuvola Minor
Lampada a sospensione e parete, NEMO Lighting.

2020

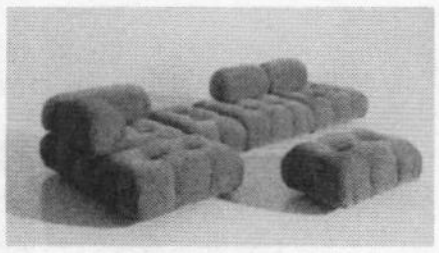

Camaleonda Re-edition
Famiglia di imbottiti componibili, B&B Italia.

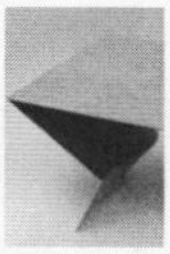

Blitz
Tavolo, B&B Italia.

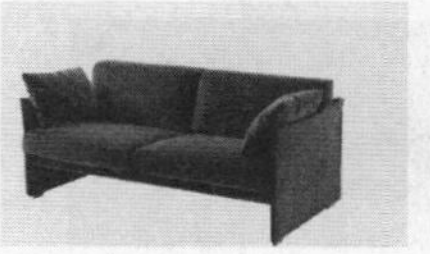

Duc Duc
Famiglia di imbottiti, Cassina.

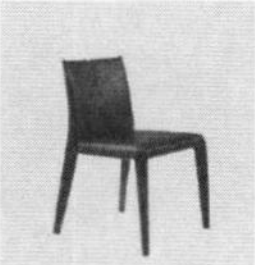

Cutter
Sedia, B&B Italia.

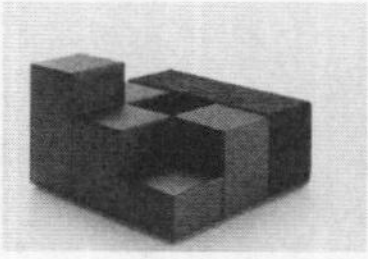

Gli scacchi Re-edition
Elementi di arredo, B&B Italia.

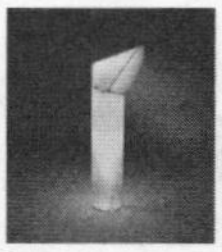

Chiara Re-edition
Lampada da terra, FLOS.

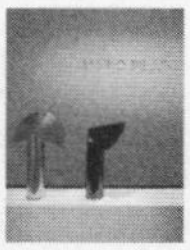

Chiara Mini
Lampada da tavolo, FLOS.

2021

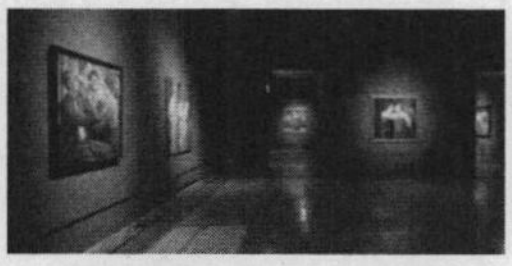

Realismo Magico
Palazzo Reale, Milano, Italia.
Allestimento mostra.

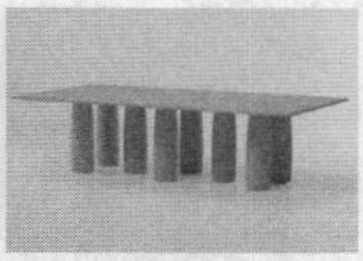

Il Colonnato Re-edition
Famiglia di tavoli, KETTAL SL.

Avvertenza
Le opere riportate dal 2017 al 2021 nel presente regesto sono un aggiornamento della prima edizione del 2017 pubblicata in occasione della omonima mostra.

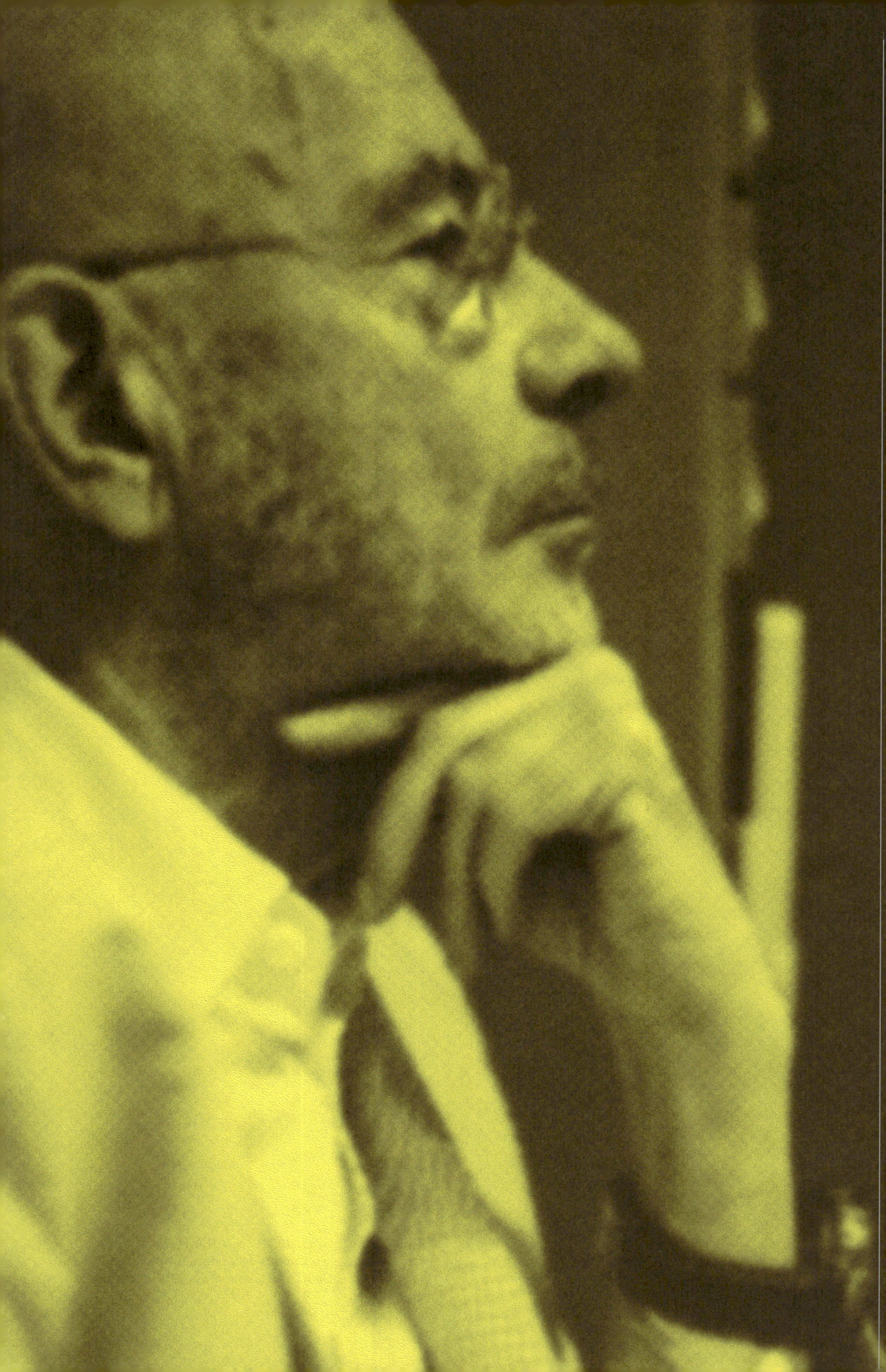

Biography

Mario Bellini (Milano, 1935) graduates in Architecture in 1959 at the Politecnico di Milano.
During his studies, he meets, as his professors among the others, Gio Ponti, Piero Portaluppi, and Ernesto Nathan Rogers. In 1987, as a continuation of the studio he opened at the beginning of his career, he establishes the Mario Bellini Associati S.r.l., that becomes Mario Bellini Architects, with base in Milan, Bellini has received the Golden Compass Award eight times, and various international recognition, such as the Gold Medal of the Chartered Society of Designers (UK), the Honorary Title of Designer for Industry of the RSA (UK), the Gold Medal awarded by the President of the Italian Republic Carlo Azeglio Ciampi for the diffusion of Design and Architecture in the world (2004), the Gold Medal of Civic Merit of the Municipality of Milan (Ambrogino d'Oro, 2011); and the Gold Medal for the Career in Architecture (2015) bestowed by Triennale di Milano, that has devoted to him a personal exhibition (2017). The exhibition will be organized again in Moscow in March 2019.

Other important awards
Medal of the Chamber of Deputies, conferred by the President of the Italian Senate, 2019
Targa d'Oro UID Award, conferred by the Italian Association for Drawing, 2018
Master of Architecture Award, conferred by the Italian Association of Architecture and Criticism, 2017
Red Dot Germany Award for High Design Quality, 2016
PIDA Ischia Architecture Award for Lifetime Achievement, 2013
Dama d'Argento Award conferred for carrer achievements by the Poldi Pezzoli Museum, 2006
TrE number one Award, for T-Hotel of Verona Forum Complex, 2010
Pinnacle Award, North Carolina, USA, for Headquarters Natuzzi Americas, High Point, 1998
Award of Japanese Society of Commercial Space Designers, 1992
Kasumigaseki Prize, Japan, for the Yokohama Business Park project, 1991
Fellow of Bezalel Award of Bezalel Academy, Israel, 1991
Made in Germany Award, 1985
Delta de Oro Award, Spain, 1977 and 1979
24th Annual Award, USA, 1969
Golden medal at Biennial of Lubiana, 1968

Biografia

Mario Bellini (Milano, 1935) si laurea in architettura nel 1959 al Politecnico di Milano.
Durante il corso di studi incontra, come insegnanti, tra gli altri, Gio Ponti, Piero Portaluppi, Ernesto Nathan Rogers. Nel 1987, in continuità con lo studio aperto agli inizi della carriera, fonda la Mario Bellini Associati S.r.l., poi Mario Bellini Architects, con sede a Milano. Bellini è stato premiato otto volte con il Compasso d'Oro e insignito di riconoscimenti internazionali, tra cui la Medaglia d'Oro della Chartered Society of Designers (Inghilterra), l'Honorary Title of Designer for Industry della RSA (Inghilterra), la Medaglia d'oro assegnata dal Presidente della Repubblica Carlo Azeglio Ciampi per la diffusione del design e dell'architettura nel mondo (2004), la Medaglia d'oro di Benemerenza Civica del Comune di Milano (Ambrogino d'Oro, 2011) e la Medaglia d'oro alla carriera per l'Architettura (2015) della Triennale di Milano, che gli ha anche dedicato una mostra retrospettiva (2017) riproposta a Mosca nel marzo 2019.

Altri premi ricevuti
Medaglia della Camera dei Deputati, conferitagli dal Presidente del Senato Italiano, 2019
Premio Targa d'Oro UID, conferito dall'Associazione Italiana per il Disegno, 2018
Premio Maestro dell'architettura, conferito dall'Associazione Italiana di Architettura e Critica, 2017
Premio Red Dot Germany for High Design Quality, 2016
Premio PIDA - premio internazionale Ischia di Architettura alla carriera, 2013
Premio TrE number one Award 2010, per il T-Hotel del Verona Forum Complex, 2010
Premio Dama d'Argento, conferito alla carriera dal Museo Poldi Pezzoli, 2006
Pinnacle Award, North Carolina, USA, per la sede Natuzzi Americas ad High Point, 1998
Primo Premio della Japanese Society of Commercial Space Designers, 1992
Kasumigaseki Prize, Giappone, per il progetto dello Yokohama Business Park, 1991
Fellow of Bezalel Award della Bezalel Academy, Israele, 1991
Premio Made in Germany, 1985
Delta de Oro, Spagna, 1977 e 1979
24th Annual Award, USA, 1969
Medaglia d'Oro alla Biennale di Lubiana, 1968

DESIGN

He is renowned since the beginning of the 60' for his design work, starting from 1963 as consultant for the industrial design of Olivetti and continued with the most important Italian and international companies (B&B, Cassina, Flou, Heller, Kartell, Meritalia, Renault, Rosenthal, Tecno, Venini, Vitra, Yamaha, etc.).

He is present in the design collection of major museums and 25 of his works are in the permanent design collection of the New York MoMA, that in 1987 dedicated to him a personal retrospective; among these works, aside from a series of Olivetti typewriters and calculators - the *Programma 101* in 1965, first true personal computer in history - the furniture for Cassina and B&B - like the *Cab* chair and the innovative chairs and office furniture systems designed for Vitra.

Among the works of the period to be remembered: the table *Cartesius* for Pedretti (1962, his first Golden Compass Award); the *TC250* (1967), the *Logos 50-60* (1973), and *Divisumma 18* (1973) for Olivetti; *GA 45 POP* for Minerva (1968); le *Bambole* for C&B (1972-2007); the *Cab* chair for Cassina (1977), *Pianeta Ufficio* desk system for Marcatré (1974); the *Bellini Chair* for Heller (1998).

His most recent works include: for Cassina, the *Duc Duc* sofa (2020), that became part of Cassina's newly created "Mario Bellini Collection" with the *MB1* re-edition of his *932* armchair (2017); for Riva 1920, the *Bric* table (2019); for OAK the *Canyon* and *Grand Canyon* tables (2019); for B&B Italia the *Bliz* table (2020), the *Cutter* chair, (2020) and the re-edition of storic sofa range *Camaleonda* (2020); for Flos the re-edition of *Chiara* lamp and the new *Chiara Mini* (2019); for Nemo Lighting the suspension and wall lamp *Nuvola Minor* (2019).

ARCHITECTURE

Since the 1980' Bellini he works with growing success in architecture in Europe, Japan, United States, Australia and Arab Emirates. His architectures have received many important awards and recognitions, and have been published by the most important international publications and inserted in the most prestigious architecture and culture events in the world.

Architecture built projects

Headquarters of Generali Group Academy (restoration and reorganization), Trieste, Italy, 2015-2017

Leonardo da Vinci Airport – Terminal T3 (restoration and reorganization) in Fiumicino, Rome, Italy, 2014-2018

Museum of Islamic Arts at Louvre Museum, Paris, 2005-2012

Museum of the City of Bologna, Bologna, Italy, 2003-2012

MiCo, Milan Convention Centre, Europe's largest convention centre, 2008-2012

Urban redevelopment "Verona Forum", Verona, Italy, 2004-2011

Deutsche Bank Headquarters (radical refurbishment), Frankfurt, Germany, 2007-2011

Meritalia showroom in Milan (restoration and reorganization), 2008-2009

National Gallery of Victoria (extension and redevelopment), Melbourne, Australia, 1996-2003

Essen International Fair Extension, Germany, 1998-2001

Natuzzi Americas Headquarters, High Point, North Carolina, USA, 1996-2098

DESIGN

È notissimo già dai primi anni sessanta per la sua attività di progettista iniziata nel 1963 come consulente per il disegno industriale della Olivetti e proseguita con le più importanti aziende italiane e internazionali (B&B, Cassina, Flou, Heller, Kartell, Meritalia, Renault, Rosenthal, Tecno, Venini, Vitra, Yamaha ecc.).

È presente nelle collezioni di design dei maggiori musei del mondo e con 25 opere nella collezione permanente del Museum of Modern Art di New York che nel 1987 gli ha dedicato una retrospettiva personale; tra quelle opere, oltre a una serie di macchine per scrivere e calcolatori Olivetti – tra cui la *Programma 101* del 1965, primo personal computer della storia – gli arredi per Cassina e B&B – come la sedia *Cab* e le innovative sedie e sistemi di arredo per ufficio disegnati per Vitra.

Tra i suoi lavori del periodo si ricordano: il tavolo *Cartesius* per Pedretti (1962, primo Compasso d'Oro); *TVC 250* (1967), *Logos 50/60* (1973) e *Divisumma 18* (1973) per Olivetti; *GA 45 POP* per Minerva (1968); le *Bambole* per C&B (1972-2007); la sedia *Cab* per Cassina (1977); il sistema di scrivanie *Pianeta Ufficio* per Marcatré (1974); la *Bellini Chair* per Heller (1998).

Tra i suoi lavori più recenti si segnalano: per Cassina, il divano *Duc Duc* (2020), entrato a far parte della neocostituita "Collezione Mario Bellini" di Cassina assieme alla *MB1* riedizione della sua poltrona *932* (2017); per Riva 1920 il tavolo *Bric* (2019); per OAK i tavoli *Canyon* e *Grand Canyon* (2019): per B&B Italia il tavolo *Bliz* (2020), la sedia *Cutter* (2020) e la riedizione della storica gamma di sofà *Camaleonda* (2020); per Flos la riedizione della lampada *Chiara* e la novità *Chiara Mini* (2019); per Nemo Lighting la lampada a sospensione e parete *Nuvola Minor* (2019).

ARCHITETTURA

Dagli anni ottanta Bellini lavora con crescente successo nel campo dell'architettura in Europa, Giappone, Stati Uniti, Australia e Emirati Arabi. Le sue architetture hanno ricevuto importanti premi e riconoscimenti, sono pubblicate dalle più qualificate testate della stampa internazionale e inserite nei più prestigiosi eventi d'architettura e culturali nel mondo.

Progetti realizzati

Grattacielo Rosso della Generali Group Academy (ristrutturazione e riallestimento), Trieste, 2015-2019

Aeroporto Leonardo da Vinci - Terminal Internazionale T3 (ristrutturazione e riallestimento), Fiumicino, Roma, 2014-2018

Museo delle Arti Islamiche al Musée du Louvre, Parigi, 2005-2012

Museo della Città di Bologna, 2003-2012

MiCo, Milano Convention Center alla Fiera di Milano (Portello), il più grande d'Europa, 2008-2012

Riqualificazione urbana del Complesso Verona Forum, Verona, 2004-2011

Quartier generale della Deutsche Bank a Francoforte (rinnovo radicale), 2007-2011

Showroom Meritalia (ristrutturazione e riallestimento) a Milano, 2008-2009

National Gallery of Victoria (ampliamento e riqualificazione, Melbourne, Australia, 1996-2003

Nuovo quartiere della Fiera di Essen, Germania, 1998-2001

Arsoa Co./Cosmetics- Headquarters, Yamanashi, Japan, 1996-2098
New fair district of the Milan Trade Fair, 1987-1997
Risonare Vivre Club Complex, Kobuchizawa, Japan, 1989-1992
Tokyo Design Center, Tokyo, Japan, 1988-1992
Yokohama Business Park, Yokohama, Japan, 1987-1991
Villa Erba Exhibition and Congress Centre, Cernobbio (Como), 1986-1990
Thermoelectric power plant of Cassano d'Adda-Office building, 1985-1990

Projects under construction
New Polytechnic School of Genoa, 2006 - in progress
A vast hotel and residential development on Virgin Gorda Island in the British Virgin Island, 2018 - in progress

Projects under development
Residential, Cultural and Sports Complex Oasis in United Arab Emirates
New Headquarters of Rai in Milan - Italian radio and television broadcasting studios and offices
Shenzhou International New Area, a sports, cultural and residential complex in China

Competitions won but never developed or completed
Brera in Brera, expansion and restoration of the Brera Pinacoteca in Milan, 2009
Redevelopment of the Trieste seafront, Italy, 2002
New Cultural Centre of Turin, 2001

Among the most interesting architectural projects, unbuilt
Italian Pavilion for Expo 2015, 2013
Taipei Pop Music Center, Taipei, Taiwan, 2009
New Museum of the city of Berlin, Germany, 2008
Sheikh Zayed National Museum International Competition, Abu Dhabi, United Arab Emirates, 2007
European Patent Office, L'Aja, Holland, 2004
Cittanova 2000, Modena, Italy, 2003
Redevelopment of the City Centre of Tianjin, China, 2003
Cassa di Risparmio di Firenze-Bank-New H.Q., Italy, 2003
New International Trade Fair of Milan – Rho/Pero, Milan, 2002
Multifunctional Complex "MAB. Zeil Project", Frankfurt, Germany, 2002
Stolitza Towers, Moscow, 1996
Dubai Creek Complex, Dubai, United Arab Emirates, 1994
Goshikidai Marine Resort, Japan, 1993

EXHIBITION DESIGN
Avid art lover and collector, he has often designed major art exhibitions, among which:
"Realismo Magico", Palazzo Reale, Milan, Italy, 2021
"Margherita Sarfatti. Segni, colori e luci a Milano", Museo del Novecento, Milan, Italy, 2018-2019
"Mario Bellini a Murano", Venice, Italy, 2018-2019
"Giotto, l'Italia", Palazzo Reale, Milan, Italy, 2016
"Magnificenza e Progetto", Palazzo Reale, Milan, Italy, 2009
"Annisettanta. Il decennio lungo del secolo breve", Triennale of Milan, Italy, 2008
"Christopher Dresser, un designer alla corte della Regina Vittoria", Triennale of Milan, Italy, 2001

Natuzzi Americas Headquarters, High Point, North Carolina, USA, 1996-1998
Arsoa Headquarters, Yamanashi, Giappone, 1996-1998
Nuovo quartiere Portello della Fiera di Milano, 1987-1997
Risonare-Vivre Club Complex, Kobuchizawa, Giappone, 1989-1992
Tokyo Design Center, Tokyo, Giappone, 1988-1992
Yokohama Business Park, Yokohama, Giappone, 1987-1991
Centro Internazionale Congressi ed Esposizioni di Villa Erba a Cernobbio (Como), 1986-1990
Edificio per uffici per la centrale termoelettrica di Cassano d'Adda (Milano), 1985-1990

Progetti in fase di costruzione
Nuova Scuola Politecnica, Genova, 2006 - in corso
Struttura alberghiera e residenziale, Virgin Gorda Island - British Vergin islands, 2018 - in corso

Progetti in via di sviluppo
Complesso sportivo, culturale e residenziale "Oasis" negli Emirati Arabi Uniti
Nuova sede Rai di Milano
Shenzhou International New Area, complesso sportivo, culturale e residenziale in Cina

Concorsi di progettazione vinti non ancora avviati o completati
Brera in Brera, ampliamento e ristrutturazione della Pinacoteca di Brera a Milano, 2009
Riqualificazione Stazione Marittima di Trieste, 2002
Nuovo Centro Culturale di Torino, 2001

Tra gli altri progetti più significativi non costruiti
Padiglione Italia Expo 2015, 2013
Taipei Pop Music Center, Taipei, Taiwan, 2009
Museo della città di Berlino, Germania, 2008
Sheikh Zayed National Museum, Abu Dhabi, Emirati Arabi Uniti, 2007
European Patent Office, L'Aia, Olanda, 2004
Cittanova 2000, Modena, 2003
Riqualificazione del centro della città di Tianjin in Cina, 2003
Banca Cassa di Risparmio di Firenze - Nuova sede, 2003
Nuova Fiera Internazionale di Milano - Polo esterno Rho/Pero, Milano, 2002
Complesso multi-funzione "MAB. Zeil Project", Francoforte, 2002
Stolitza Towers, Mosca, 1996
Dubai Creek Complex, Dubai, Emirati Arabi Uniti, 1994
Complesso Goshikidai Marina Resort, Giappone, 1993

PROGETTI DI ALLESTIMENTO
Appassionato d'arte, collezionista, si è più volte dedicato all'allestimento di mostre d'arte.
Tra le realizzazioni più importanti:
Realismo Magico, Palazzo Reale, Milano 2021
Margherita Sarfatti. Segni, colori e luci a Milano, Museo del Novecento, Milano, 2018-2019
Mario Bellini a Murano, Venezia, 2018-2019
Giotto, l'Italia, Palazzo Reale, Milano, 2016
Magnificenza e Progetto, Palazzo Reale, Milano, 2009
Annisettanta. Il decennio lungo del secolo breve, Triennale, Milano, 2008

"Il Tesoro della Statale", Rotonda della Besana, Milan, Italy, 2004
"I Trionfi del Barocco. Architettura in Europa 1600-1750", Stupinigi, Turin, Italy, 1999
"The Renaissance from Brunelleschi to Michelangelo. The Representation of Architecture", Palazzo Grassi, Venice, Italy, then in Paris and Berlin, 1994-1995
"The Italian Art in the 20th Century", Royal Academy of Arts, London, U.K., 1989
"Le Città del Mondo e il Futuro delle Metropoli", Triennale of Milan, Italy, 1988
"Le Trésor de Saint-Marc de Venise", Grand Palais, Paris, France, and the major museums around the world, 1984-87
"Il Progetto Domestico", Triennale of Milan, Italy, 1986

A series of personal exhibitions have also been dedicated to Mario Bellini. Among them:
"Mario Bellini. Italian Beauty", Shchusev Museum of Architecture, Moscow, 2019
"Mario Bellini a Murano. L'Architettura del Vetro, il Vetro dell'Architettura", Glass Museum, Murano (VE), Italy, 2018
"Mario Bellini. Italian Beauty", Triennale of Milan, Italy, 2017
"Mostra Tokyo - Osaka, Il fuoco nell'occhio", Villa Sartirana, Giussano, Milan, Italy, 2006
"Mario Bellini Architect and Designer" National Gallery of Victoria, Melbourne, Australia, 2003
"Mario Bellini: un percorso tra architetture, mobili e macchine", Municipal Gallery of Contemporary Art, Trento, Italy, 2000
"Urban Islands. Architectural Works of Mario Bellini 1985/95", Royal Institute of British Architects (RIBA), London, UK, 1996
"Mario Bellini Architecture and Design", Tokyo Design Center, Japan, 1992
"Mario Bellini progetti di Architettura", church of S. Giacomo in Vicenza, 1989
"Mario Bellini Designer", Museum of Modern Art, New York, USA, 1987

Significant is his editorial and academic activities. From 1986 to 1991, he was editor of *Domus*, the prestigious international monthly magazine of architecture, design and art.
He was professor of Architectural Composition at the Hochschule für Angewandte Kunst in Wien in 1982-83; professor of "New Habitat Models" at the postgraduate school Domus Academy in Milan from 1983 to 1985. In 1995 he has been an adjunct professor at the Faculty of Architecture in Genoa, where he has also presented a project design seminar as part of the course "Theories and techniques of design". He has participated as lecturer to seminars at the Nationaal Hoger Instituut in Antwerp, at the Royal College of Art of London, at the Institut pour l'Environment in Paris, at UCLA in Los Angeles as a Regent's Lecturer; at the first international seminar promoted by the Faculty of Architecture of Naples, entitled "Naples, architecture and city".
Mario Bellini's activities and philosophy have been documented by a vast bibliography, along two monographies, published by Electa and Skira respectively in 1988 and 1996, and by more than 60 editorial articles in the Domus magazine, dedicated to the themes of the city, architecture, design and the relationship between art and industry. A book of his own writ-

Christopher Dresser, un designer alla corte della Regina Vittoria, Triennale, Milano, 2001
Il Tesoro della Statale, Rotonda della Besana, Milano, 2004
I Trionfi del Barocco. Architettura in Europa 1600-1750, Stupinigi (To), 1999
Il Rinascimento da Brunelleschi a Michelangelo. La rappresentazione dell'architettura, Palazzo Grassi, Venezia, e poi Parigi e Berlino, 1994-1995
The Italian Art in the 20th Century, Royal Academy of Arts, Londra, 1989
Le Città del Mondo e il Futuro delle Metropoli, Triennale, Milano, 1988
Le Trésor de Saint-Marc de Venise, Grand Palais, Parigi e in altri musei del mondo, 1984-1987
Il Progetto Domestico,Triennale, Milano, 1986

A Mario Bellini sono inoltre state dedicate mostre personali. Si ricordano:
Mario Bellini. Italian Beauty, Museo Statale di Architettura Shchusev, Mosca, 2019
Mario Bellini a Murano. L'Architettura del Vetro, il Vetro dell'Architettura, Museo del Vetro – Spazio Ex Conterie, Murano (Ve), 2018
Mario Bellini. Italian Beauty, Triennale, Milano, 2017
Mostra Tokyo-Osaka. Il fuoco nell'occhio, Villa Sartirana, Giussano (Milano), 2006
Mario Bellini Architect and Designer, National Gallery of Victoria, Melbourne, Australia, 2003
Mario Bellini: un percorso tra architetture, mobili e macchine, Galleria Civica di Arte Contemporanea, Trento, 2000
Urban Island: Architectural Works of Mario Bellini 1985-95, Royal Institute of British Architects (RIBA), Londra, 1996
Mario Bellini Architecture and Design, Tokyo Design Center, 1992
Mario Bellini progetti di Architettura, chiesa di San Giacomo,Vicenza, 1989
Mario Bellini Designer, Museum of Modern Art, New York, 1987

Di rilievo la sua attività editoriale e accademica. Dal 1986 al 1991 è stato direttore di "Domus", prestigiosa rivista mensile internazionale di architettura, design, arte.
È stato professore di Composizione architettonica alla Hochschule für Angewandte Kunst di Vienna nel 1982-1983; professore di "Nuovi modelli abitativi" all'istituto post-universitario Domus Academy di Milano dal 1983 al 1985. Nel 1995 ha ricoperto l'incarico di professore a contratto alla Facoltà di Architettura di Genova, dove ha inoltre tenuto un seminario di Progettazione nell'ambito del corso "Teorie e tecniche della progettazione". Ha partecipato come docente a seminari al Nationaal Hoger Instituut ad Anversa, al Royal College of Art di Londra, all'Institut pour l'Environment a Parigi, all'UCLA di Los Angeles in qualità di Regent's Lecturer; al primo seminario internazionale promosso dalla Facoltà di Architettura di Napoli e intitolato "Napoli, architettura e città".
L'attività e il pensiero di Mario Bellini sono documentati da un'ampia bibliografia, tra cui due monografie, pubblicate da Electa e Skira rispettivamente nel 1988 e nel 1996, e da più di 60 editoriali della rivista "Domus" dedicati ai temi della città, dell'architettura, del design e del rapporto arte-industria. È in preparazione un libro sui suoi scritti. Sono inoltre

ing is in the works. Recently two volumes have been published on his design work and architecture work (*Mario Bellini: disegno, architettura, design*, ed. by Marco Muscogiuri, Camilla Casonato, Maggioli Editore, Sant'Arcangelo di Romagna 2019; *Mario Bellini. Il Disegno del progetto*, ed. by Marco Muscogiuri, Camilla Casonato, Maggioli Editore, Sant'Arcangelo di Romagna 2021).

SELECTED PUBLICATIONS

Mario Bellini a Murano. L'architettura del vetro, il vetro nell'architettura, Museum Musei Edizioni, Milano 2018
Mario Bellini. Il design spiegato ai bambini, Bompiani Editore, Milano 2018
Mario Bellini. Italian Beauty, Silvana Editoriale, Cinisello Balsamo 2017
Mario Bellini. Architetture e allestimenti, Silvana Editoriale, Cinisello Balsamo 2016
Mario Bellini. Forma e Bellezza, Lezioni di Architettura e Design, Rcs, Milano 2016
Mario Bellini. Machines, objects and furniture, Phaidon, New York 2015
Mario Bellini – U.S.A. 1972, Humbold Books Editore, Milano 2015
Mario Bellini, I grandi maestri del design, Il Sole 24 Ore, Milano 2014
Mario Bellini, I protagonisti del design, Hachette, Paris 2014
Mario Bellini, I maestri dell'Architettura, Hachette, Paris 2013.
Mario Bellini. Architetture. 1984-1995, Skira, Milano 1996
Mario Bellini: Designer, The Museum of Modern Art, New York 1987
l libro dell'arredamento secondo Mario Bellini - I tavoli, Edizioni Centro Cassina, Milano 1977
Il libro dell'arredamento secondo Mario Bellini. - Gli imbottiti, Edizioni Centro Cassina, Milano 1976

di recente pubblicazione due volumi sulla sua opera di designer e di architetto (*Mario Bellini: disegno, architettura, design*, a cura di Marco Muscogiuri, Camilla Casonato, Maggioli Editore, Sant'Arcangelo di Romagna 2019; *Mario Bellini. Il Disegno del progetto*, a cura di Marco Muscogiuri, Camilla Casonato, Maggioli Editore, Sant'Arcangelo di Romagna 2021).

PRINCIPALI PUBBLICAZIONI

Mario Bellini a Murano. L'architettura del vetro, il vetro nell'architettura, Museum Musei Edizioni, Milano 2018
Mario Bellini. Il design spiegato ai bambini, Bompiani Editore, Milano 2018
Mario Bellini. Italian Beauty, Silvana Editoriale, Cinisello Balsamo 2017
Mario Bellini. Architetture e allestimenti, Silvana Editoriale, Cinisello Balsamo 2016
Mario Bellini. Forma e Bellezza, Lezioni di Architettura e Design, Rcs, Milano 2016
Mario Bellini. Machines, objects and furniture, Phaidon, New York 2015
Mario Bellini – U.S.A. 1972, Humbold Books Editore, Milano 2015
Mario Bellini, I grandi maestri del design, Il Sole 24 Ore, Milano 2014
Mario Bellini, I protagonisti del design, Hachette, Paris 2014
Mario Bellini, I maestri dell'Architettura, Hachette, Paris 2013.
Mario Bellini. Architetture. 1984-1995, Skira, Milano 1996
Mario Bellini: Designer, The Museum of Modern Art, New York 1987
Il libro dell'arredamento secondo Mario Bellini - I tavoli, Edizioni Centro Cassina, Milano 1977
Il libro dell'arredamento secondo Mario Bellini. - Gli imbottiti, Edizioni Centro Cassina, Milano 1976

Silvana Editoriale

Editorial Director / Direzione editoriale
Dario Cimorelli

Art Director
Giacomo Merli

Editorial Coordinator / Coordinamento editoriale
Sergio Di Stefano

Translators / Traduzioni
Stephen Sartarelli (translation of Germano Celant's text)
Contextus srl, Pavia (Sarah Elisabeth Cree, Sara Crimi, Vittoria Farallo)

Italian Copy Editor / Redazione italiana
Lara Mikula

English Copy Editor / Redazione inglese
Teresa O'Connell

Layout Designer / Impaginazione
Claudia Brambilla

Production Coordinator / Coordinamento di produzione
Antonio Micelli

Editorial Assistant / Segreteria di redazione
Giulia Mercanti

Photo Editors / Ufficio iconografico
Alessandra Olivari, Silvia Sala

Press Office / Ufficio stampa
press@silvanaeditoriale.it

ISBN: 9788836636006

Available through ARTBOOK | D.A.P.
155 Sixth Avenue, 2nd Floor, New York, N.Y. 10013
Tel: (212) 627-1999 Fax: (212) 627-9484

Silvana Editoriale S.p.A.
via dei Lavoratori, 78
20092 Cinisello Balsamo, Milano
tel. 02 453 951 01
fax 02 453 951 51
www.silvanaeditoriale.it

Reproductions, printing and binding in Italy
Le riproduzioni, la stampa e la rilegatura sono state eseguite in Italia
Printed by / Stampato da La Pieve Poligrafica, Villa Verucchio S.r.l., Rimini
Printed December 2021
Finito di stampare nel mese di dicembre 2021